Sophie Mereau.
Bleistiftzeichnung um 1798

DAGMAR VON GERSDORFF

Dich zu lieben kann ich nicht verlernen

DAS LEBEN DER
SOPHIE BRENTANO-MEREAU

INSEL VERLAG

Erste Auflage 1984
© Insel Verlag Frankfurt am Main 1984
Alle Rechte vorbehalten
Satz: LibroSatz, Kriftel
Druck: Nomos Verlagsgesellschaft, Baden-Baden
Printed in Germany

INHALT

Meine Liebe, meine ich, müßte Dich umgeben wie ein warmes, weiches Kleid, das Du überall mit Dir trägst und in dem Du Dich wohlbefindest.

*

Leb wohl! ich wünschte, es wäre Dir so zu Mute, daß Du dichten müßtest, traurig oder froh, nichts Schöneres kann ich Dir wünschen.

SOPHIE AN CLEMENS BRENTANO

Ich glaube, daß ich auch wieder dichten kann, denn ich will, und will nicht eitel mit dem Meinigen zufrieden sein. Irgend etwas zu lernen habe ich hier gar keine Gelegenheit, sondern in allem das Gegenteil, nur eines nicht, geliebtes Weib: Dich zu lieben kann ich nicht verlernen . . .

CLEMENS AN SOPHIE BRENTANO

KAPITEL I
VORAUSGESETZT

> Denn wozu dient alle der Aufwand von Son-
> nen und Planeten und Monden, von Sternen
> und Milchstraßen, von Kometen und Nebel-
> flecken, von gewordenen und werdenden
> Welten, wenn sich nicht zuletzt ein glück-
> licher Mensch unbewußt seines Daseins er-
> freut?
>
> SOPHIE BRENTANO-MEREAU

Die Zeit, in der man zu leben hat, kann man sich nicht
aussuchen. Die vor uns lebten, waren den Gesetzen, den
Forderungen und Bedingungen ihrer Epoche stärker ausgesetzt als wir Heutigen, und doch erkennen wir uns in
ihnen wieder. Manches verändert sich nie. Indem wir einem
fremden Dasein zusehen, das vor uns sich aufrollt, treten
die Umrißlinien, die Möglichkeiten und Grenzen des eigenen Lebens deutlicher hervor: Lebenskonturen, die von-
einander abzuweichen scheinen, sich nähern, sich über-
schneiden –

Lebensmuster. Frauenschicksale. Indem wir, unseren
Standort sichernd, aufblicken, sehen wir jene, die vor uns
das Terrain geebnet haben: die brauchten mehr Mut als wir.
Über-mut. Lebenstapferkeit. »Keine ist eine Virtuosin im
Leben so wie Du.« Unter Anstrengung lächeln: Sophie
Mereau.

Der Wille zur Veränderung. Der Wunsch, anders zu sein.
»Denn was man auch sagen mag, so ist es doch gewiß, daß
sich die äußern Umstände öfterer nach dem Menschen
formen als er sich nach ihnen ... und der Wunsch, sie

verändert zu sehen, ist vergebens, wenn er sich nicht selbst ändern will und kann.«* – *Ergebung – oder Mut?* fragt sie im Tagebuch. *Selbstbestandheit,* heißt die Antwort.

»Sophie Brentano, *Clemens Brentanos erste Frau, geb. am 28. März 1770 in Altenburg. Sie war die Tochter des gräflichen Sekretarius Gotthelf Schubart daselbst, dem sie allein nach dem frühen Tode der Mutter ihre Bildung verdankte. Als die schöne junge Frau des Bibliothekars und späteren Professors Carl Mereau trat sie 1793 dauernd in die litterarischen Kreise Jenas ein.« (Goedeke, Geschichte der deutschen Dichtung, 1898)*

Sophie Brentano-Mereau, Schriftstellerin, Verfasserin klassizistischer Romane, Autorin der Romantik, Lyrikerin der Empfindsamkeit – sie hat verschiedene Attribute, auch solche, die sich widersprechen. Widersprüchlich war ihr Leben. Sie habe sich *im Widerspruch zur Welt gebildet,* sagte Schiller, sei so zur Dichterin, zur Verfasserin von Romanen geworden. Dabei führte sie selber ein romanhaftes, romantisches, nämlich ungewöhnliches Leben, herausragend aus sich selbst, durch ihre Persönlichkeit, in einer außergewöhnlichen Zeit.

»*Wie sie sich für ihre Dichtungen mit Leichtigkeit die Formen Schillers und Goethes zu eigen machte, berührte sie sich andererseits mit den Anschauungen der* R o m a n t i k e r. *Ihre Ehe, der eine Tochter entstammte, war eine unglückliche; Sophie wandte sich nach Weimar. Mit Clemens Brentano, der sie seit dem Jahre 1798 mit leidenschaftlicher Glut liebte, ging sie in Marburg eine zweite Ehe ein.«*

Die weibliche Autorin verschwindet hinter den berühmteren männlichen Kollegen, den großen Geistes- und Zeitgenossen. Wird sie erwähnt, in Literaturgeschichten, in Anthologien, dann unter zwei Aspekten: sie war *Ehefrau von Brentano,* und sie war *Schülerin von Schiller.* Um ihrer eigenen schriftstellerischen Leistung, des eigenen dichterischen Werkes willen hat man sie kaum beachtet.

---

* Die mit einem * versehenen Textstellen verweisen auf den Anmerkungsteil im Anhang am Schluß des Bandes.

»Wiewohl noch immerfort als Schriftstellerin tätig, sah sie doch ihre höhere Pflicht darin, die Arbeitspläne ihres Gatten zu fördern. In diesem Sinne hat sie auf die schönsten Dichtungen Brentanos, besonders auf den ersten Band des Wunderhorn, wohltätig eingewirkt. Er hat ihr Bild in seinen Werken gezeichnet. Sie starb am 31. Oktober 1806 in Heidelberg.«

Und ihr Leben? Es wurde interessant, als ihr Briefwechsel mit Clemens veröffentlicht worden war, wurde Bestandteil innerhalb der Brentano-Biographien, ein Teilaspekt *seines* Lebens. Mehr nicht.

* * *

»In dieser Zeit lebte in Jena in der frühlingshaften Anmut ihrer blühenden Jahre die höchst reizvolle Dichterin *Sophie Mereau.*

Nicht nur durch das Äußere ihrer Erscheinung trat sie hervor, viel mehr noch durch die angeborenen Gaben ihres Geistes, wofür ihre Schönheit das wahrhaftigste Erscheinungsbild war. Und sie verstand es, derart seltene Vorzüge mit einem solchen Maß an passender Bescheidenheit gefällig zu verbinden, daß sie den meisten Damen – und es gab viele auffallende Erscheinungen in der Gesellschaft dieser gepflegten Stadt – ungewollt den Siegespreis entwand.

Immerwährend und unerschöpflich sprudelte in ihr eine Quelle liebreizenden Wesens in inniger Verbindung mit taktvollem Anstand: einfachen und geraden Sinnes, unverdorben in der Seele, bar der Prahlerei mit einer Gelehrsamkeit, in der sie gerade stark war, verfügte sie über eine bewunderungswürdige Kunstfertigkeit, die Zartheit ihrer Empfindungen und die blütengleiche Art ihres guten Geschmacks denen mitzuteilen, die sie ihres freundschaftlichen Umgangs für wert erachteten.«

(Karl Abraham Eichstädt, Herausgeber der Allgemeinen Literatur-Zeitung)

Das wirkliche Leben der Sophie Mereau war aufregend, faszinierend und einmalig in seiner Art, zu seiner Zeit. Sie gehörte einer Zwischengeneration an, der Epoche zwischen Aufklärung, Empfindsamkeit und Frühromantik in Deutschland. Geboren wurde sie am 27. März 1770, im gleichen Zeitraum wie August Wilhelm Schlegel (1767), Ludwig Tieck (1773), Wackenroder (1773), Novalis (1772), Friedrich Schlegel (1772), Jean Paul (1763), Hölderlin (1770), Schelling (1775), Creuzer (1771). Sie hat jeden von ihnen gekannt, die größten Geister ihrer Zeit in ihrem Hause gesehen: Herder und Fichte, Goethe und die Schlegels, die Dichter Manso und Matthisson, Schütz, Loder und Paulus, den Physiker Ritter und den Verleger Frommann, den Kanzler v. Müller und den Arzt Hufeland, Winkelmann und Savigny, Caroline von Günderode, Sophie La Roche, Caroline Schlegel und Dorothea Veit, Kotzebue und Jean Paul, Hölderlin, Schelling und Schiller, Achim von Arnim, Bettine Brentano und die Brüder Tieck.

Im Jena der Goethezeit ist sie eine berühmte Erscheinung, Mittelpunkt von Geselligkeit und Kultur, umgeben von Anbetern und Verehrern: sie wird *das Wahrzeichen Jenas* genannt. Mit dreiundzwanzig Jahren wird sie die bewunderte Frau des Juristen Karl Mereau, die Erzählungen und Gedichte veröffentlicht, an der Universität Fichtes philosophische Vorlesungen besucht und mit Caroline Schlegel auf der Liebhaberbühne Theater spielt. Sie ist klug, gebildet, geistvoll, musikalisch, eine interessante, anregende, vor allem mutige Frau. Sie hat sich das Leben nicht leicht gemacht. Sie wollte selbständig sein, frei, autonom, sie prägte sich dafür ein eigenes Wort: *Selbstbestandheit*.

Sophie Mereau entsprach den üblichen Vorstellungen nicht. Sie lebte in Schillers Jena und in Goethes Weimar. Andere schienen übermächtig und waren größer als sie. Sie war der Beobachtung und Kritik ausgesetzt. Denn die Schriftstellerei war ihr die Hauptsache, das Wichtigste, wichtiger sogar als der nach dem ersten Ehejahr geborene Sohn Gustav. Ihr Leben war voller Konflikte. Sie wollte den eigenen Ansprüchen genügen, wollte schreiben, sich Erfolg erschreiben. Im Geburtsjahr des Sohnes erschien der erste Roman, Gotha 1794, aus Bescheidenheit noch anonym und doch ihr ganzer Stolz.

Gelebte Widersprüche. Dabei war ihr Wesen auf Ausgleich, auf Harmonie, nicht auf Konflikte angelegt. *Güte,* so heißt das Zauberwort. »Deine Ansicht des Lebens, Dein unendlicher Frohsinn, Deine Güte und Sanftmut, ich sehe sie immer vor Augen.« Das schreibt Brentano, und sie: »Das Wort *Güte* wäre mir ein liebes Wort für einen Ring . . . Wie geht es denn? – o! *Clemens, Clemens! lieber, schrecklicher,* göttlicher, unmenschlicher Clemens! –«*

Das ist zu einem Zeitpunkt, da Brentano hoffte, Sophie werde ihn heiraten.

Noch sind wir nicht soweit.

*   *   *

»Eine liebliche Erscheinung in jenen Zusammenkünften war die Professorin Mereau, eine reizende kleine Gestalt, zart bis zum Winzigen, voll Grazie und Gefühl.

Beides an einen rohen Gatten gekettet und verschwendet, ließ sie später von der geraden Linie weiblicher Einfalt abschweifen. Sie ward von ihrem Manne getrennt, hat sich wiederverheiratet und ist, wie ich glaube, mit gebrochenem Herzen gestorben.

Damals war sie von allem, was Sinn und Geschmack besaß, hoch gefeiert; wo sie erschien, drängte man sich um sie und fast um sie allein, ein dichter Schwarm von Bewunderern, die nach einem Wort, einem Lächeln von ihr haschten, ringsumher schlossen noch die Gaffer einen undurchdringlichen Kreis.

Es ist das Schicksal schöner und geistreicher Frauen, vorzüglich auf den Universitäten, daß sie, alleinstehend in ihrem Geschlecht, selten die rechte Haltung bewahren und der gefährlichen, stets *erneuerten Versuchung so vieler Huldigungen nicht zu widerstehen vermögen.«**

»Von der geraden Linie weiblicher Einfalt abzuschweifen« war, man erfährt es auch aus den Erziehungsschriften für das weibliche Geschlecht, ein unverzeihliches Skandalon.

VORAUSGESETZT, Sophie Mereau hätte in unserer Zeit gelebt – manches wäre erklärbar, verständlich, selbstverständlich gewesen. Das enorme Freiheitsbedürfnis. Die Abneigung gegen jede Bindung, auch gegen die Ehe. Sich nie einem Mann unterordnen wollen. »Dies höchste Gut, es heißt *Selbständigkeit*«, sagt sie in einem Gedicht.

Der Wunsch nach schriftlicher Mitteilung, nach Veröffentlichung: Der Drang, sich schreibend ihrer selbst zu versichern. Schreibend das Leben erfassen: Lebens-Versicherung des Dichters:

»Und sieh! das ist die Gewalt des Dichters, daß er durch eine wahre Empfindung, die er in das Zauberkleid der Dichtung hüllt und an ein fremdes Schicksal knüpft, in dem ähnlich empfindenden Gemüte eine schöne Kette von Bildern, ein magisches Gemisch von Wahn und Wirklichkeit hervorrufen kann!«

*   *   *

»Auch Dir ist Dein Herz einziger Trost gewesen, und Dein Kopf mit der freundlichen Stirn, mit der hohen, feinen Miene und der Schwermut in den schwarzen Augen – und der Liebe, der süßen und ernsten Liebe auf den Lippen.«

SOPHIE MEREAU, »AMANDA UND EDUARD«

»Die Mereau ist wieder hier. Von ihr habe ich Ihnen was zu erzählen.« –

»Sagen Sie mir doch etwas von der Geschichte der kleinen Schönheit.«

Es ist Goethe, der sich von Weimar aus nach der *Geschichte* der jungen Dichterin in Jena erkundigt.

Sein Berichterstatter ist *Schiller*. Er war derjenige Freund, an den sich die damals sechsundzwanzigjährige Professorengattin wenden konnte, der einzige überhaupt, der sich uneigennützig für sie einsetzte. Damals, im Herbst des Jahres 1796, handelte es sich um ihre tiefe Lebenskrise. Es ging um Zukunft und Existenz, es ging um den Bestand ihrer Ehe.

Immer wirkte Schiller für sie schlichtend und vermittelnd. In der Katastrophenzeit schreibt er sogleich an Goethe, von dem er Rat erhofft (am 19. Okt. 1796):

»Unsre Dichterin hat vor ein paar Tagen an mich geschrieben und mir ihre Geschichte mit ihrem Mann und Liebhaber gebeichtet. Sie gesteht, das Leben mit jenem sei ihr fast unerträglich geworden, und sie habe ihn vor einiger Zeit verlassen wollen. Doch habe sie sich zusammengenommen, und sich zur Pflicht gemacht, ferner und verträglich mit ihm zu leben ... Von jetzt an hoffe sie alles zu ertragen und endlich noch mit ihrer Lage zufrieden zu werden.«

Nicht auf Dauer. Sophie Mereau wird nicht zufrieden mit den vorgegebenen Bedingungen ihres Lebens, den Einschränkungen, Grenzen und Tabus. In ihr Tagebuch notiert sie:

»Nur selten gelangt das Weib zu einem freien, lebendigen Bewußtsein ihrer Existenz. Verwiesen in die enge Grenze des *Gefallens*, verliert es beinahe allen Reiz des Vergnügens; denn das ist das Wesentliche des Vergnügens, daß es frei ist ... Nur *Liebe* bringt Selbsttätigkeit und Leben in den dumpfen Kreis ihrer Ideen. Hier, und hier allein, ist es ihr vergönnt, ein freieres Dasein zu genießen und mit dem Mann die Rechte des Lebens zu teilen.«

Sie sieht das beengte Hausfrauendasein der Frauen um sie her – so will sie nicht sein. Die Liebe, erkennt sie, ist der einzige Bereich, der erlaubt, »mit dem Mann die Rechte des Lebens zu teilen«. Kein Wunder, daß die Liebe zum Hauptgegenstand ihrer Romane wird, da jeder andere Bereich, das gesamte öffentliche Leben Frauen verwehrt bleibt. Für sich selber aber löst sie damit die Konflikte nicht. Es gibt eine undatierte Aufzeichnung, bei der die Resignation überwiegt:

»Wo hätte ich Mut hernehmen sollen, das Schicksal zu bezwingen? Ich fand in mir eine Welt, die mich beschäftigte, die ich gern in die Wirklichkeit hineinstellen wollte, ein angenehmes Bild für die Zuschauenden! wo ich nur Ruhe von außen brauchte, um auszubilden, was in mir lag! – Das Schicksal gönnte mir diese Ruhe nicht. Es drängte mich in Verhältnisse, wo alles mich peinigt, wo die heitern Bilder, die in mir liegen, nur wie Blumen aus Trümmern sich hie und da hervorringen. (. . .) Was ich erreichen wollte, war mehr, aber es bedurfte des Sonnenscheins glücklicher Umstände, und ein Nebel vergiftete die Blüten meines Geistes.«

Sie hat sich auch mit diesem Lebenskonflikt an Schiller gewandt, dessen Antwortschreiben erhalten blieb: »Der Fall, von dem Sie schreiben, ist das Schicksal so vieler . . . Aber glauben Sie mir, daß, wenn es möglich ist, sich aus einer solchen Lage zu reißen, dieses nur durch eine strenge Beharrlichkeit . . . geschehen kann.« (23. Dezember 1795) Schiller, der ihre schriftstellerische Entwicklung positiv beurteilte, schrieb an Goethe: »Sie hat sich bloß in einer einsamen Existenz und in einem Widerspruch mit der Welt gebildet.« (17. 4. 97)

»Im Widerspruch mit der Welt« – dieser Widerspruch war nicht behoben. Die beiden Waagschalen im Leben der Sophie Mereau: privates Dasein und schriftstellerische Produktivität, fanden sich in jener Zeit nicht im Gleichgewicht.

Gewiß: gerade die Reibung, dieser Widerspruch, von dem Schiller spricht, stellte eine Bedingung der Produktivität her, gab den Anstoß zu neuen Werken – nicht Flucht, nicht Ersatz, sondern Herausforderung, Bewältigung, Befriedigung. So heißt es dann im Tagebuch häufig: *Gearbeitet. Zufrieden.*

Vorausgesetzt, sie lebte heute – man würde ihr den in ihren Schriften begründeten Vorschlag, in freier Gemeinschaft, ohne kirchliche oder staatliche Bevormundung zusammenzuleben, eher abgenommen haben. Daß sie ein Jahr nach der Heirat einen Liebhaber hatte und wiederum ein Jahr später mit einem anderen nach Berlin reiste, – heute würde es toleriert. Damals stieß sie auf Unverständnis, machte sich Feinde, lebte in beständiger Spannung. »Du schreibst, die *Mereau* schiene gegen alle Welt gespannt zu seyn. Das wundert mich nicht«, schreibt die Freundin, Charlotte von Ahlefeld, an Friedrich Tieck in Weimar. »Sie muß es ja wohl fühlen, daß es niemand aufrichtig mit ihr meint.«

Und noch hundert Jahre nach ihrem Tod finden sich moralische Bedenken in allen Schriften, die von Sophie Mereau handeln, Zweifel an ihrer Lebensführung, die eine vorurteilsfreie Betrachtung auch ihrer Werke verhinderten. Vielleicht ist es überhaupt heute erst möglich, eine solch unabhängige Existenz wie die ihre, die den Frauen der nachromantischen, restaurativen Ära kaum mehr gestattet war, zu verstehen und zu respektieren.

* * *

Die Tagebücher, die lange als verschollen galten, sind wieder aufgetaucht. Es haben sich Entwürfe, unbekannte Fragmente, Übersetzungen gefunden. Briefe, die zuvor nicht als die ihren identifiziert waren, kamen hinzu: an Achim von Arnim, an Bettine Brentano, an Clemens.

Die Durchsicht ihrer Korrespondenz mit Verlegern hat

es möglich gemacht, anonym erschienene Erzählungen aufzufinden und Arbeiten, die bisher für ein Werk Brentanos galten, als die ihren zu erkennen, so den umstrittenen Aufsatz über Goethes »Wilhelm Meister«.

Der Briefwechsel mit Schiller wird hier zum erstenmal vollständig im Zusammenhang wiedergegeben. Auch die Briefe von Friedrich Schlegel und Achim von Arnim, bisher unveröffentlicht oder nur auszugsweise publiziert, erscheinen hier vollständig, so daß ein Zusammenhang gewahrt bleibt, der ihr Leben nicht als ein romanhaft-erfundenes Stückwerk, sondern als wirklich gelebtes Ganzes erstehen läßt: ein unerwartetes Bild von Sophie Brentano-Mereau, eine neue Persönlichkeit.

KAPITEL II
FÜR JENA. FÜR MEREAU

> Der Hauptgrund des Wunsches ist, daß Du
> öfters Schillers und Reinholds sehen könn-
> test; Menschen, die ihres Kopfes und Her-
> zens wegen vielleicht nicht leicht ihresglei-
> chen finden, und die wenigstens künftigen
> Sommer noch in Jena sein werden ... Gern
> werden Sie Dich als Gast aufnehmen, wer-
> den Dich in Genüsse des Lebens einweihen,
> die Du bis jetzt bey Gott noch nicht kennst,
> und die Du unter die seeligsten zählen wirst.
> KARL MEREAU AN SOPHIE SCHUBART
> 14. November 1791

»Ich wählte ja selbst, zwar aus Irrtum, aber ich wählte
doch.«

Das schrieb Sophie Mereau zwei Jahre nach ihrer Heirat,
1795, dem Freund, den sie liebte.

Mereau aber war nur eine Lösung, ein Ersatz.

Liebe war, was sie betraf, nicht im Spiel.

*

Schon die Werbe- und Brautzeit war merkwürdig genug.
Karl Mereau hatte aus Jena mehrere schriftliche Heiratsan-
träge an »seine edle Sophie« geschickt, jedesmal war er
abgewiesen worden. Trotzdem erneuerte er in Altenburg
mündlich seinen Antrag, wieder ohne erhört zu werden. Er
reiste ab, kehrte jedoch auf der Rückreise in Eisenberg
schon wieder um und bat abermals um ihre Hand. Auf
Zureden ihrer Verwandten und aus Mitleid mit dem bestän-
digen Verehrer gab sie ihm 1793 ihr Jawort.

Es gab viele Bewerber, die sich um das bildhübsche

Mädchen in Altenburg bemühten. Zärtliche Briefe stammen von einem Freund A. H. nebst Gedichten von verschiedenen Jünglingen, die sie anhimmeln. Unter den engeren Freunden ist ein gewisser Student Kurtzwig aus Livland, der es ernst meint, aber offenbar auch weiß, daß er in Mereau einen Rivalen hat.

Am 24. Oktober 1787 schreibt er der Siebzehnjährigen: »So aber höre, Mädchen! bist Du das zweite Wesen, also zunächst dem Göttlichen, das ich verehre – hier hast du eine Definition von meiner Liebe, richtiger und einfacher kann ich sie Dir nicht geben.«

Am 1. Januar 1788 äußert er sich über Mereau: »M – hat mein ganzes Mitleiden, könnte ich ihm helfen, ich thät es gewiß; den Briefwechsel brechen *Sie* nicht ab, er ist ihm Trost, es ist ihm Balsam für seine Wunden, und ohne diese fürcht' ich *alles* für ihn.«

So stand es. Mereau blieb hartnäckig, fast drohend, und Sophie spielte damals schon ein Doppelspiel, ein halbherziges Lieben ohne rechte Entscheidung, wie später bei Mereau und Kipp, bei Schmidt und Lindner, Winkelmann und Friedrich Müller, bei Schlegel und Brentano.

Eins war sicher: eine gute Heirat war für ein Mädchen die Grundbedingung und einzige Voraussetzung für eine gesicherte Existenz. Ein unverheiratetes Mädchen – wir sehen es noch am Beispiel von Sophies Schwester Henriette – war nicht nur gesellschaftlich eine Null, sondern konnte buchstäblich an den Rand des Hungerns gebracht werden. Die Ehe galt für ein Mädchen als einzige und wahre Bestimmung in jeder Hinsicht.

Sophie Schubart weigerte sich sechs Jahre lang. Sie vertraute sich ihrer Freundin Henriette Geißler an, deren Antwortbrief Aufschluß über den Gedankenaustausch junger Mädchen gibt.

»Ich sage mit Ihnen, daß es der höchste Grad von Selbstverläugnung ist, wenn ein Mädchen, beim Eintritt in die

Ehe, sich so ganz ihres eigenen Selbst entkleidet, alles angefangen liegen läßt und – als Anhang eines Mannes – in der Welt erscheint – als wenn sie nur eine menschenähnliche Maschine wäre, die durch die Seele des anderen muß bewegt werden!

Was man uns von unsrer *unerbittlichen* Bestimmung zur Ehe vorsagt – daran konnte ich nie recht von ganzem Herzen glauben: so viele verschiedene Menschen an Neigung und Verstand sollten alle auf einen Punkt ihrer Bestimmung hingewiesen sein, das doch aus sich selbst kein Verdienst gibt, wenn wir's uns nicht zu erwerben wissen – Wahr ist, wir alle sind geschaffen, für ein gemeinschaftliches Bestes zu wirken; aber ob gerade die Ehe das einzige Mittel zu diesem Endzwecke ist?« –

Siebzehnhundertzweiundneunzig. Mädchenbriefe. Freundinnen. Sie durchschauen längst, wie eine Frau behandelt wird: »als Anhang eines Mannes – als wenn sie nur eine menschenähnliche Maschine wäre.«

* * *

Am 4. April 1793 heiratet Sophie Schubart den 28jährigen Juristen Karl Mereau, der eben eine Anstellung als Universitäts-Bibliothekar erhalten hat und sich in der Lage sieht, einen Hausstand zu gründen.

»*Mereau, Friedrich Ernst Karl, Rechtsgelehrter, wurde am 11. April 1765 zu Gotha geboren, studierte in Jena, wurde dort Magister der Philosophie, Doktor der Rechte und Advocat beim Gesamthofgericht. Eine Zeitlang Universitätsbibliothekar, erhielt er 1795 eine außerordentliche Professur der Rechte, rückte 1800 in die fünfte und 1801 in die vierte ordentliche Lehrstelle der juristen Fakultät auf . . .*«

. . . doch als es soweit war, als sein glänzender Aufstieg sich vollzog, hatte sich Sophie, seine Frau, bereits von ihm getrennt.

Eigentlich war der promovierte Jurist aus Gotha, Sohn

eines französischen Hoftanzmeisters, der mit Rousseau korrespondierte und von Iffland als dessen wichtigster Lehrer gerühmt wird*, eine gute Partie. Er war ehrgeizig und von einer Korrektheit, die von einigen schon wieder als penibel, kleinlich bezeichnet wurde. Er besaß weder Phantasie noch Humor. Aber er war gerecht, aufrichtig und, wie sich auch lange nach der Scheidung noch herausstellte, von sehr anständigem Charakter. Brentano haßte ihn als grob und spießig, Winkelmann nannte ihn einen ehrlichen, aber schwachen Charakter, und das mag stimmen. Sophie notierte später, sie könne nicht neben einem Menschen leben, den sie nicht achte. Von Anfang an war sie der geistig überlegene Teil und von völlig anderer Wesensart. Die Wahl sprach ihren eigenen Grundsätzen, die sie in ihrem Roman »Blütenalter der Empfindung« aufgestellt hatte, Hohn. Denn Liebe war, was sie betraf, nicht im Spiel.

Warum ausgerechnet Mereau?

Die Frage stellt sich, liest man ihre Briefe an den Freund Heinrich Kipp, den sie ein Jahr später kennenlernte.

Jena, d. 26sten Oktober 1795
»Ich habe mit M-[Mereau] von neuem eine Szene gehabt, die mir auf einige Tage alle Heiterkeit des Geistes geraubt und mich in einen Abgrund von düsteren Gefühlen gestürzt hat. Ich frage nicht, warum ward mir, mit dem weichfühlenden Herzen, gerade diese Härte, warum mußte ich streben, meinen Sinn für Gerechtigkeit so auszubilden, um das mir getane Unrecht desto tiefer zu fühlen – ich frage nicht, denn ich wählte ja selbst, zwar aus Irrtum, aber ich wählte doch.

Was der Mensch seine Lage nennt, das heißt seine Verhältnisse gegen andere Menschen, das bildet er sich selbst, durch seine Denkungsweise, seine Empfindungen, seine Irrtümer.

Hab ich die Kraft, mich heraus zu reißen, so werde ich es, hab ich sie nicht, so bestimme ich mich selbst zur Resignation – ach! und auf die reinsten Freuden des Lebens!«

Sophie Schubart war siebzehn, als ihr Stiefbruder Friedrich Pierer den Kommilitonen Karl Mereau mit nach Hause brachte.

Nach Hause: da war ihr Vater, herzoglich-sächsischer Obersteuerbuchhalter Gotthelf Heinrich Schubart, die achtzehnjährige Schwester Henriette und der zweijährige Karl, den die Schwestern versorgten, da die Mutter, Johanna Sophie Friederike Schubart, geb. Gabler, schon 1786 gestorben war.

Friedrich Pierer heiratete 1792 Sophies Freundin Henriette Reichenbach, die älteste der schönen Töchter des Altenburger Bankiers Reichenbach, dessen stattliches Haus sich noch heute breit hingelagert am Markt nahe der Brüderkirche präsentiert.

Clemens Brentano hat seinen Roman *Godwi* 1801 den drei Reichenbach-Schwestern mit den Worten gewidmet: »Den schönen Launen/der lieblichen Minna,/dem guten Geiste Juliens/und dem stillen heitern Sinne/Henriettens/ weihe ich dies Buch ohne Tendenz.« Sophie Mereau selber hatte ihn nämlich 1799 zu den Schwestern geschickt, und der leidenschaftliche Feuerkopf, dem das gesellige, von Geist und Lebensfreude geprägte Reichenbach-Haus zusagen mußte, hatte sich prompt in die *liebliche Minna* verliebt – daher die Widmung. Allerdings war Clemens, als er aus Altenburg zurückkam, von seiner Leidenschaft für Sophie keineswegs geheilt.

Zeitlebens hat Sophie Mereau an ihrer Geburtsstadt Altenburg sehr gehangen. Schubarts wohnten vor dem Burggraben mit Blick auf das hohe Schloß und die gotische Schloßkirche. Der Berg ist bewaldet, an seinem Fuß fließt der Bach, der in ihren Gedichten auftaucht, genannt ›Die

Blaue Flut«. Die Stille, die malerische Schönheit, die freundlichen Bewohner haben sie immer wieder angezogen.

Sophie Mereau an Johann Heinrich Kipp
Jena, den 27. Juni 1795
Ich bin zurückgekehrt! – in welchen süßen Empfindungen
hat deine Sophie geschwelgt! – Ich fand meine holden
Gespielinnen wieder, seit Jahren hatten wir uns nicht geschrieben, hatten uns nicht gesagt, daß wir uns liebten, aber
ein einziger Moment reichte hin, uns alles vergessen zu
machen, uns wieder ganz in jene glückliche Zeit hinzuzau-
bern; (. . .) – wie ich nun wieder zu den kalten, abgemess-
nen Jenenserinnen zurückkomm, – ich kann dir nicht sagen, wie beklommen mir ward! –
     Auch mein Dörfchen habe ich wieder gesehn – o Him-
mel, o Entzückung! – Überall quoll mir Liebe, herzinnige
Liebe entgegen! (. . .) Alle Bäume begrüßten mich, die
Zweige bogen sich, mich zu küssen, das Bächlein rauschte
Töne der Freude. Ich sage Dir, Lieber – so sehr knüpfen
sich unsre Gefühle an die äußern Erscheinungen an – ich
war ganz die alte, dieselbe Ruhe, dieselben Ahnungen,
dasselbe Entzücken. Einige Buchenbüschgen, über die ich
sonst leicht hinweggesehen hatte, wölbten sich jetzt über
mich hin, und das riß mich aus meiner Täuschung und
brachte mir das Bild der Trennung vor Augen.

Die Briefe offenbaren etwas von dem sehr persönlichen
Naturgefühl, das sich, von der abstrakten Naturschwärme-
rei der Empfindsamkeit entfernt, der Naturauffassung der
Romantik nähert. Aus ihrem Verständnis, die Natur als
einen selbständig organisierten, lebendigen Teil der Schöpfung zu betrachten, resultieren die Gedichte, die ihr den
Namen einer vorzüglichen Landschaftsdichterin gaben. Sie
enthalten romantische Naturbilder, wechselvolle Szenen,
in die der Mensch nicht als Staffage hineingebaut wird,

sondern in denen er mitfühlend, mitdenkend sich spiegelt,
indem er in der Natur sich selbst erkennt.

Licht und Schatten.

Wenn sich der Äther erhebt in hoher heiliger Klarheit,
wenn sich ein fließendes Gold über die Erde ergießt,
und von dem strahlenden Gott die Schatten leise zerrinnen,
freut sich der blendende Glanz und das allmächtige Licht.

Aber bezaubernder, Freund, erscheint dir die liebliche
    Gegend –
denn dich freut der Contrast und der gemäßigte Glanz –
wenn die Wolke sich hebt und wechselnd auf Täler und
    Dörfchen,
Tannenwälder und Seen dunkle Schattierungen streut.

Oder der silberne Mond am Berge freundlich hervorsteigt,
und der Schatten des Bergs tief in die Täler sich senkt.
O, wie die Höhen sich dann in heiligem Schimmer ver-
    klären;
wie das erfreuliche Licht heller den Schatten besäumt! –

Und doch klagtest du jüngst, dein trauriges Schicksal be-
    weinend,
wie des Lebens Gefild' oft, ach! so dunkel dir sei; wie auf
    der Stellen geliebtester dämmernd ein Schatten sich lagre,
oft, nach dem lieblichsten Tag, schwarz dich umgebe die
    Nacht.

Wechsel vergnügt dein Gemüt; es freut der Wechsel uns
alle: freue dich, Glücklicher, doch, daß du nicht glücklicher
bist.*

Die Herbstgegend.

Verdämmert ist in lichte blasse Farben
der Fluren Schmelz; der Wälder kühn Profil
sinkt leicht und hellgrau auf die Felder hin.
Allein mit mir durchstreich' ich öde Fluren,
und o! wie lebhaft ist die Unterhaltung!
Hier liegt in wilder, gänzlicher Zerstörung
die Pflanzenwelt; doch ist's die Aussaat nur
für eine neue Schöpfung; unverdrossen
erfüllten sie getreu die kleine Sphäre,
die ihnen die Natur bezeichnet. So erreichen,
gebunden an den mächtigen Instinkt,
die Wesen alle ihres Daseins Zweck;
und nur des Menschen freie Willkür lockt
ihn aus dem friedlichen, gezog'nen Kreis.*

Des Lieblingsörtchens Wiedersehen.

Was wallst du, Luft, so liebend mir entgegen?
was rührt mein Innerstes mit zarter Hand,
und führt den Geist auf unbekannten Wegen
in der Erinn'rung stilles Schattenland?

Ich folge still dem Pfad, der sich gewunden
durch dichte Büsche drängt, dem Wäldchen zu.
Bald ist das Dörfchen hinter mir verschwunden,
und alles atmet Einsamkeit und Ruh.

Hier war es, hier, wo einst in holden Träumen
der Hore Flug mit sanftem Hauch zerrann;
wo sich die Phantasie in fernen Räumen
ein goldnes Zauberland mit Lust ersann.

Da wehte um das neue, frische Leben
der Zauberduft der Unerfahrenheit:
ich sah die Gegenwart mir hold entschweben,
und in der Ferne lauter Seligkeit.

Verloren in die Blüte der Gefühle,
der Täuschung buntes Zauberland verblich;
der Menschheit schönes Bild floh im Gewühle,
und ach! die Götter selbst entfernten sich.

Erfahrung schuf mir neue Lust und Schmerzen;
auf ihr Geheiß floh der geliebte Wahn.
Nur du, Natur – an dem verlaßnen Herzen
klang rein dein schöner Ton, wie vormals, an.

Wohl mir, daß in des Lebens bunten Szenen
nicht diese zarte Harmonie entwich!
Noch quillt für dich ein ewig reges Sehnen,
und mein Gefühl bleibt ewig jugendlich!*

Dieses Gedicht machte sie berühmt, es wurde von Reichardt gelobt, von Zelter, dem Direktor der Berliner Singakademie, vertont und erschien mit einer Notenbeilage in
der Zeitschrift »Deutschland« von 1796.

Die Sehnsucht, in den Heimatort zurückzukehren, blieb
ihr immer. Noch im Sommer 1803, als die Verbindung mit
Brentano bereits geplant war, schreibt sie ihm abschiednehmend von dort:

»Sehr früh kam ich nach Altenburg, und die Überraschung machte mir großen Spaß. Ich fand mehr Liebe und
Herzlichkeit, als ich erwartet hatte, alles hing sich an mich,
die frühen Jahre kehrten wieder . . . Sie sähen es gern, wenn
ich nach Altenburg käme.«

Altenburg war für sie eine glücklich verlebte Kindheit,
ein Paradies an Geborgenheit und Unbeschwertheit. Beide

Töchter erhielten eine für damalige Zeiten hervorragende Ausbildung. Sie wurden nicht nur im üblichen Zeichnen, Singen und Klavierspielen unterrichtet, sondern vor allem in den modernen Sprachen, so daß später beide Schwestern in der Lage waren, Literatur aus dem Französischen, Italienischen, Spanischen und Englischen zu übersetzen. Henriette Schubart lebte davon und machte sich durch die Übertragung der Balladen von Walter Scott einen Namen.

Die Mutter starb, als Sophie sechzehn war, der Vater fünf Jahre später, 1791 – ein schwerer Schlag für die Töchter, denen der Stiefbruder nun zum Vormund bestimmt wurde. Sophie legte ihre Traurigkeit in Verse.

> Todesschauer weht mir aus den Zweigen,
> Sterbetöne klagen durch die Flur,
> Schatten seh' ich aus der Erde steigen,
> und in Trauer hüllt sich die Natur.
>
> Ach! von alles Wissens Fackeln breitet
> keine ihren Strahl nach Jenseits hin;
> und Vernunft, die uns durch's Leben leitet,
> ist nur diesseits Tagverbreiterin.

Den Gedichten, unveröffentlichten Prosastücken und Fabeln dieser frühen Zeit ist ein rationalistischer, moralisierender Zug anzumerken. Im Sinne der Aufklärung war sie erzogen worden. Ihre geistige Aufgeschlossenheit zeigt sich darin, daß sie 1792 korrespondierendes Mitglied des sogenannten »Tugendbundes« wurde, dem in Berlin Wilhelm von Humboldt und sein Bruder Alexander, Dorothea Mendelssohn, Caroline von Dacheröden, Henriette Herz und Carl La Roche, ein Onkel von Clemens Brentano, angehörten.*

Karl Mereau trat verstärkt auf den Plan, nachdem Sophie Vollwaise, aber trotz ihrer unglücklichen Situation ihm gegenüber immer noch so abweisend war, daß er drohte: »– daß ich fähig sein würde, im Augenblick, wo ich Dich ganz für verloren für mich halten könnte, mir das Leben zu nehmen.«

Von Mereau haben sich einhundertzwanzig Briefe erhalten. In einer barock-verschnörkelten Handschrift macht er, zum Teil auf französisch, verliebte Geständnisse, nennt ihre Kälte eine edle Zurückhaltung, nennt sie seine *platonische* Sophie und behauptet, sich selber täuschend, ihre Briefe »übertreffen alles an Liebe, ohne das Leidenschaftliche derselben mit sich zu führen«.

Karl Mereau an Sophie Schubart

d. 22. Januar 1791

Da liegt nun Ihr lieber letzter Brief wieder vor mir, und mein Auge weilt mit ruhigem Wohlgefallen und – laß mich ganz aufrichtig sein, meine heilige Sophie! – mit süßer Wehmut bei der Stelle, wo Du mir mit der innigsten Aufrichtigkeit das Verschwinden der heißen Leidenschaft gestehst! – Es ruft mir dies eine Stelle Deines Tagebuchs zurück, – die außerordentliche Bildung, die Du Dir erwarbst (. . .) – Und daß Du doch hoffentlich nicht Leidenschaft und warme Liebe verwechseln wirst – durch Deinen Kopf fand ich den Weg zu Deinem Herzen, und dieser Weg, der bei jedem andern Mädchen eine widersinnige Chimäre gewesen wäre, war bei Dir, meine heilige Sophie, der einzige, der mich zum Zweck führen konnte.

Sophie war diejenige, die sich weder täuschte noch täuschen ließ. Die über sechs Jahre reichende Korrespondenz zeigt einen bis zur Unterwürfigkeit werbenden Mann, eine zurückweichende, schließlich nachgebende junge Frau.

Warum willigte sie letztlich ein? Denn, wie gesagt, Liebe war, was sie betraf, nicht im Spiel . . .

Karl Mereau an Sophie Schubart

d. 15. Januar 1791 – Nachts.
An Schillers Krankenlager, – in stiller Nacht mitten unter allen Schwächen und Leiden der Menschheit, umgeben von allen Schrecken des Todes denke ich *Dein* meine Sophie. – Schiller ist sehr krank, er ist es schon seit dem 12ten Nachts, sein Körper unterliegt der Epidemie die hier crassiert, dies ist die zweyte Nacht die ich bei ihm zubringe. – Daß er ein großer, ich darf wohl sagen unerreichbarer Geist ist, weiß jeder, der ihn aus seinen Schriften kennt, daß er aber hiermit auch alle Eigenschaften des braven Mannes, des guten Menschen verbindet, das wissen nur diejenigen, die ihn durch genauern Umgang kennen lernten – Ja Sophie, als bloßen Menschen lernte ich dies Phänomen seines Zeitalters kennen, lernte ihn innigst hochachten – (. . .)

Auf meine wichtige Frage, ›ob Du mich wirklich noch liebst‹, – antwortest Du mir doppelt (. . .) Wozu, ich bitte Dich, diese Deklamation von *Freiheit und Liebe?*

Schiller.

Derjenige, der die Beziehung zwischen Schiller und Sophie Schubart vermittelte, war Karl Mereau. Unablässig setzte er sich für die dichterischen Produkte, die schriftstellerischen Pläne seiner Freundin ein, lobte, unterstützte, reiste sogar zu Schiller nach Rudolstadt, um wegen eines Verlegers mit ihm zu sprechen.

Darin liegt die Begründung für ihr nicht nachlassendes Interesse an diesem Bewerber: er berichtet aus Jena von seinem Umgang mit Schiller, er malt ihr die Zukunft – an seiner Seite und in Schillers Nähe – in leuchtenden Farben aus. Auf das an allem Geistigen interessierte, lesende und dichtende Mädchen machen diese Briefe, macht die bedeutende Freundschaft Eindruck und gibt der schwankenden Beziehung die positive Wendung. Von nun an taucht der

Name *Schiller* in seinen und ihren Briefen wie ein Bindeglied auf, wie ein magischer Bezugspunkt, die Gewähr für
ein geistig anregendes, produktives Leben.

Karl Mereau an Sophie Schubart

                              Jena, d. 21. Mai 1791
Schiller, der, wie Sie wissen, in Rudolstadt sich aufhält, ist
wieder sehr krank gewesen, – viele zweifeln an seiner voll-
kommenen Wiederherstellung! – Doch bis jetzt habe ich
das Projekt nicht aufgegeben, auf Pfingsten ein paar Tage
nach Rudolstadt zu gehen, vorzüglich um mit Schiller eines
Verlegers wegen Ihrer Gedichte zu reden. Dazu aber sind
mir nun Ihre Gedichte unumgänglich nötig, lassen Sie mir
also diese so bald als möglich zukommen, beste Sophie.

                              *

                              d. 14. November 1791
Schiller äußerte schon öfters den Wunsch, daß es wohl
schön wäre, wenn Du ihm und überhaupt unserem ganzen
hiesigen Cirkel näher kommen könntest. Deinen Aufenthalt in Jena aufzuschlagen, ehe wir miteinander leben können, das werde ich dir nie wieder anraten, nachdem Du
mich von der Unschicklichkeit überzeugtest. Allein ich
habe einen anderen Vorschlag, den mir Schiller und seine
Frau mit aufs Klare bringen halfen.

Am 10. September 1791 übersandte Mereau einen Ring und
bezeichnete Sophie fortan als die Seine. Am 7. November
übermittelt er eine dichterische Beilage von Schiller. Der
Schwester Henriette schlägt er eine Übersiedlung nach Weimar zur dortigen Zeichenschule vor, die Idee sei Schiller
gekommen, da Jena für ein junges Mädchen zu gefährlich
sei. Sophie, die sich weigert, zu ihm zu ziehen, erhält den
Rat, ins nahegelegene Kahla zu gehen, wo er bei einer

Witwe bereits ein Zimmer für sie reserviert hat. Diesen Wunsch – den sie übrigens nicht beherzigt – begründet er folgendermaßen:

»Der Hauptgrund des Wunsches ist, daß Du öfters Schillers und Reinholds sehen könntest; Menschen, die ihres Kopfes und Herzens wegen vielleicht nicht leicht ihresgleichen finden, und die wenigstens künftigen Sommer noch in Jena sein werden. Kleine Exkursionen nach Jena, wo Du mehrere Tag mit ihnen verleben wirst – denn gern, gern werden sie Dich als Gast aufnehmen, werden Dich in Genüsse des Lebens einweihen, die Du bist jetzt bey Gott noch nicht kennst, und die Du unter die seligsten zählen wirst. Ferner kömmt noch dazu, daß unsere litterärischen Spekulationen sehr dadurch würden erleuchtet werden, und – daß Dein Carl dadurch den höchstmöglichen Vorgeschmack seines künftigen Glücks erhalten würde. – Befürchte nicht, süße Sophie, daß ich im *geringsten* indicent war – von dieser ganzen Spekulation weiß niemand als Schiller, der mich zu ihrer Ausführung aufmunterte – erfülle meine Hoffnungen und Bitten und Schillers Wünsche. Er und sie grüßen Dich.«

Schiller lernte die einundzwanzigjährige Sophie 1791 kennen, als er sie zu sich nach Hause einlud. Mereau gibt einem Studienfreund, dem Nürnberger Arzt Erhard, einen Bericht von diesem Kennenlernen, er schreibt: »Sie war hier auf Schillers Einladung. Ach Gott, da hat mein bißchen praktische Philosophie den Rest bekommen. Wenn ich sie nicht recht bald als mein Weib umarme, so bin ich ganz unglücklich.«*

Schiller.

Er lasse ihr sagen, versichert Mereau, daß er sich über ihre Wahl der Übersetzungsarbeit und ihren literarischen Geschmack freue.

Jena, 16. Januar 1792

Gestern fuhr ich auf dem Schlitten. Es war eine Partie von 8 Schlitten, die Schiller anführte, der das Fahren garnicht satt werden konnte, wie es scheint. Ich fuhr die Paulus (. . .)

Gestern hoffte ich so halb und halb auf einen Brief von Dir, – aber freilich, ich wunderte mich nicht, keinen von Dir zu erhalten. Nächstens erhältst Du die Arbeit von Schiller: Les mémoires de Madame de Staël, écrits par elle-même.

Schiller hatte ihr das Buch zukommen lassen, weil es »meisterhaft geschrieben sei«, er prüfte dann auch die Übertragung und riet ihr, sich mehr an den Sinn als an den genauen Wortlaut zu halten. (10. April 1792). Mereau blieb in ständigem Kontakt mit dem Dichter, ihretwegen.

Jena, 18. Dez. 1791

Schillers, Paulus, Schnauberts und Seidlers hab' ich heute gesehen. Die ersteren fragten so warm nach Dir, daß ich überzeugt bin, – er würde es nicht bei einem bloßen Händedruck haben bewenden lassen, wenn meine Sophie zugegen gewesen wäre.

*

Sophie Schubart hatte niemanden, an den sie sich mit ihren Zweifeln wenden konnte. So wandte sie sich an Mereau selber. Sie warnt ihn. Sie spricht von einer »unvermeidlichen Ehestands-Kälte«, die notwendigerweise nach der Heirat eintrate. Mereau ist betroffen über ihre Einwände. »Verliere ich dich ja, sei's physisch oder moralisch, so ist *alles* für mich verloren, und – – dann bleibt mir nichts übrig als – – – weg mit diesem Gedanken! –«

Sophie will nicht Anhängsel des Mannes werden, sie bangt um ihre Freiheit, ihre Selbständigkeit – ein Lebensgefühl, das ihr angeboren und, mehr als anderen, Existenzbedingung ist: frei sein. Warum soll eine Frau nicht allein leben dürfen, schreibt sie in ihrem zweiten Roman, und noch an Clemens Brentano, der sich wie Mereau darüber beklagte: »Es ist wahr, ein Gefühl ist in mir, ein einziges, welches nicht Dein gehört. Es ist das Gefühl der Freiheit.« Das sagt sie auch, sechs Wochen vor dem festgesetzten Hochzeitstermin, Mereau. Er antwortet empört:

»Sophie, das Phantom von Freiheitsbeschränkung, das Du Dir bildest und das Du zum Attribut aller Männer machst, die gesonnen sind, sich mit einem Weibe auf immer zu verbinden – macht Dich ungerecht und kränkt mich in den Tod! – Alles will ich ertragen, nur das nicht, daß das Wesen, was ich über alles liebe, einen entehrenden Argwohn gegen die Integrität meines Herzens hege. Du hast mich beleidigt, Sophie, wenn Du der Eitelkeit Schuld gibst, daß ich Dich bat, auch in Gesellschaft als mein liebevolles Weib zu erscheinen.«

Liebevoll ihm gegenüber, das ist sie wirklich nicht.

Und Mereau aus Jena wieder an Sophie, blind gegen ihre Abwehrversuche, in leidenschaftlicher Werbung für ihr eigentliches Interesse, die schriftstellerischen Pläne, eintretend, am 16. Januar 1792:

»Nächstens erhältst Du Arbeit von Schiller. Es ist recht hübsch von Schiller, daß er darauf bedacht ist, Dir Deinen ersten Schritt in die litterärische Praxis so angenehm wie möglich zu machen. Auch er und seine Frau grüßen Dich.«

Sie entscheidet sich. Für Jena. Für Mereau.

KAPITEL III
DIE TAGEBÜCHER

Ich bin mir selbst der Repräsentant der
Menschheit, und ich leide nicht, daß den
Menschen etwas zuteil wird, was ich nicht
auch in mir fühle. –

*   *   *

Die Liebe führt zur Natur, zur Gleichheit
zurück, hier endet der Widerspruch, und De-
mokratie und Aristokratie sind weiter ohne
Bedeutung.

SOPHIE MEREAU, TAGEBÜCHER.

TAGE-BÜCHER? EHER TAGE-BLÄTTER.

Ein eiliges Leben.

Es ist ein Bündel engbeschriebener Papiere, angegilbt,
leicht stockfleckig, ohne Umschlagseiten. Tagebücher. Sie
selbst hat sie nicht als solche bezeichnet, vielleicht ist das
Titelblatt verloren gegangen bei den Umzügen von Altenburg nach Jena, nach Camburg, nach Schwarzburg, nach
Weimar, nach Marburg und Heidelberg. Die jetzige Betite-
lung stammt von Varnhagen von Ense, dem Bettine von
Arnim die Blätter nach dem Tode des Bruders Clemens
schenkte. *Die Tagebücher von Sophie Mereau,* schrieb er in
seiner exakten Schrift.

Tagebücher ohne Anfang, ohne Ende. Denn das Ende kam
jäh.

Mitten in einem Gedicht über die alten Linden vor ihrem

Heidelberger Fenster bricht die Zeile ab. Es muß am letzten Abend gewesen sein, Clemens Brentano berichtet dem Freund Achim von Arnim: »Sie war froh und gesund den 30. Oktober 1806, wir waren auf dem Schloß. Hinten im Schloßgarten wurden grade die schönen Linden durch Gatterer abgehauen. ›Ach, wenn nur die nicht umfällt, die wir aus unsrem Fenster sehen!‹ Sie eilte hin, sie bat, aber der Baum war schon unterwurzelt. Die Stricke zogen, er schlug vor ihren Füßen nieder. Da faßten wir uns in den Arm und gingen sehr erschüttert und sehr liebend, aber traurig nach Haus.«

Das war abends kurz vor acht Uhr. Wenig später setzte die Geburt ein, Sophie Brentano erwartete ihr fünftes Kind.

Die Verse auf dem letztem Tagebuchblatt heißen:

Ach! was Fleiß sich erschuf, was Liebe sinnig gepfleget,
Hat ein unwürdig Geschlecht hassend und träge zerstört!

*

    Sag, o! Heilige Linde, wer durfte es wagen,
    legen das mordende Beil an den geheiligten Stamm,
    daß Dein ehrwürdi'ges Haupt, Dein grünes vollendetes Leben,
    weit verbreitet umher, traurig dem Staube genaht,
    Du, die meist D – – der Dichter mit Liebe besungen,
    deren Runde heilige Namen geziert –
    unter –

Am Morgen des nächsten Tages starb sie an den Folgen der schweren Entbindung.

Clemens bewahrte ihre Papiere in einem Koffer, »alles, was an unzähligen Briefschaften und Manuskripten und an tausend Flitter und Gerät aus freudigem und schwerem Leben der Geliebten übrig war«.

Auch ihre Tagebücher.

* * *

»Einsamer, froher, poetischer,
freier Tag.«
(TAGEBÜCHER, 1799)

Auf siebzig Seiten ein Leben. Das Papier im Quartformat,
mit eingeschobenen Zetteln dazwischen. Die täglichen Ereignisse gedrängt: Ausflüge, Besuche, Gäste, Reisen, Kin-
derkriegen, Ärger mit Mereau, Briefe, Arbeit. *Arbeit* meint
übrigens immer: Schriftstellerei.

Das alles ohne Pathos, ohne Feierlichkeit, ohne Senti-
mentalität. Gedächtnisstützen. Erfahrungen. Empfindungen im Stenogrammstil. Entschlüsse.

Beharren, heißt es Ende 1799 an fünfzehn Tagen hintereinander. Das sind die aufwühlendsten Seiten, die den *kalten Entschluß* enthalten, Mereau endlich zu verlassen und ein
eigenes Leben zu beginnen. Den Plan tatsächlich durchzu-
führen: *Beharren.* Und dahinter die Frage: *Ist es recht?*

Zwischen den oft eher hingeworfenen als geschriebenen
Notizen meist nur die Anfangsbuchstaben der Personen,
denen sie begegnete. *S.* und *S – l* ist *Friedrich Schlegel. R.* ist
Jean Paul Richter. M. ist meist *Mereau,* kann aber auch der
beharrliche Freund und Privatdozent *Friedrich Majer* sein.
J. ist die Schwester *Henriette (Jette) Schubart. B.* ist *Brentano.*

Schiller als einziger Name wird immer ausgeschrieben,
niemals abgekürzt.

Seit der Hochzeit 1793 wohnte Sophie Mereau in Jena, hier
ist der größte Teil der Tagebücher entstanden, nachdem die
Dreiundzwanzigjährige, damals schon bekannt durch ihre
ersten lyrischen Arbeiten, den Universitätsbibliothekar
Mereau geheiratet hatte. Jena war seit den 70er Jahren des
18. Jahrhunderts zu einem Mittelpunkt des Geistes und der

Wissenschaft in Deutschland geworden. Die Universität hatte einen glänzenden Ruf. Mit dem Geist der kritischen Philosophie Kants, zu dessen Zentrum Jena seit 1785 wurde, setzten Wissenschafts- und Erkenntnisoptimismus, Geistesfreiheit und eine Toleranz ein, die in gewissem Rahmen auch die Frauen mit einschlossen. Die Vertreter kantischen Geistes in Jena waren an der Universität Karl Reinhold (1787), Friedrich Schiller (1788) und Johann Gottlieb Fichte (1794). Mit der von Friedrich Justin Bertuch (1747-1822) gegründeten Literaturzeitung, die von Freunden der Mereaus, Schütz und Eichstädt, redaktionell betreut wurde, etablierte sich in Jena das im geistigen Deutschland führende, täglich erscheinende Rezensionsorgan für alle literarischen und wissenschaftlichen Gebiete. Über die lebendige Geistigkeit und Anregungen schreibt Dorothea Veit, die aus Berlin nach Jena gekommen war, an Schleiermacher: »Ich werde alle Tage klüger und geschickter. Wer es aber bei diesen und mit diesen Menschen nicht werden sollte, müßte von Stein und Eisen sein. Ein solches ewiges Konzert von Witz und Poesie, von Kunst und Wissenschaft, wie mich hier umgibt, kann einem die ganze Welt vergessen machen.«

Sophie Mereau, aus der Abgeschiedenheit Altenburgs kommend, lebt in Jena auf. Sie befreundet sich mit den bedeutendsten Persönlichkeiten der literarischen und künstlerischen Welt, sie liest, diskutiert, schreibt: ihr Tagebuch ist Zeugnis eines intensiven Lebens.

Tagebücher –

Die Zeilen laufen hintereinander fort, es gibt keine Zwischenräume, nicht einmal Jahresangaben. Nur die Datierung der Tage, und beim ersten auch der Monat: den 1sten Junii, den 1sten Aprill, 1ster December.

Dezember 1796

1sten Dezember fleißig. Abends bei der E. (Eber). Lese-
probe. *2. Dezember* Abends Probe. Sehr dabei intressiert.
Neues Vergnügen. *3. Dezember* Gesellschaft bei der Schütz.
Heiter, unbefangen. *4. Dezember* Vollendete Arbeit. *8. De-
zember* Nach Tische Probe. Immer neues Intresse. Dann ins
Conzert. Erst sehr heiter. Dann verstimmt. Spät wieder
Probe. *9. Dezember* Früh Probe. Nachmittags gearbeitet.
Dann Komödie. Höchstes Intresse. Fortdauernde Stim-
mung.

Die nüchterne Art, große Ereignisse mit kleinen Worten zu
notieren, entspricht der Sachlichkeit, mit der Sophie Mereau ihre Briefe abfaßt. Aus einer einzigen Zeile muß ein
breites Umfeld erst erschlossen werden.

Ein Beispiel ist der 9. Dezember 1796: *Früh Probe.* Man
erfährt, daß sie an privaten Theateraufführungen mitwirkte
und mit großem Interesse ihre Rolle lernte, die am Abend
des gleichen Tages vor geladenem Publikum vorgeführt
wurde. Sie war eine begehrte Mitspielerin, so daß sie im
Tagebuch wie auch in Briefen den Plan erwägt, den Beruf
der Schauspielerin zu ergreifen und durch eigene Einkünfte
von ihrem Mann unabhängig zu werden. In einer ihrer
Erzählungen, der *Flucht nach der Hauptstadt,* wird dieser
Plan zumindest in der Fiktion Wirklichkeit.

Caroline Schlegel, die sich in ihren ausführlichen Briefen
anschaulich, aber auch klatschsüchtig über die Damen der
Jena-Weimarer Gesellschaft äußert, gibt für die im Tagebuch erwähnte Theateraufführung wichtige Hinweise. Sie
schreibt an Luise Gotter in Gotha am 12. Dezember
1796:

»Um auf unsre Theaterlust zurückzukommen – die Schütz
hat mir offenbart, daß sie auch eins in ihrem Hause anlegen

will. Sie hat mir, wie es schien nicht mit großer Zuversicht, eine Rolle angeboten (. . .) Wir haben von andern aufführbaren Stücken gesprochen, ich habe verlauten lassen, daß ich in der *Stella* wohl die Cäcilie mir zutraute, und da hat sie es mit beyden Händen ergriffen, weil sie gern die Stelle übernähme. –

Ich gehe heut zu der Mereau, die letzthin auch mitspielte, sie machte die verdorbene Tochter vom Hause.«*

Tagebuch, *9. Dez. 1796:* Früh Probe. Nachmittag gearbeitet. Dann Komödie. Höchstes Intresse. Fortdauernde Stimmung. *10. Dezember 1796* Gearbeitet. Gesellschaft der A. [Frau Asverus]. Abends mit vielem Vergnügen gelesen, im Meister. *12. Dezember 1796* Arbeit. Besuch. Nicht befriedigt.

So lassen sich die kürzelhaften Notizen auflösen: »Früh Probe.« Die Jenaer Damen spielten regelmäßig Theater, und zwar die unterschiedlichsten Stücke von Lessings *Minna von Barnhelm* über Kotzebues *Kleinstädter* bis Goethes *Stella.* Am 9. 12. 1796 gaben sie Ifflands Schauspiel *Die Reise nach der Stadt,* worin Sophie Mereau die Rolle der Tochter innehatte. Am 12. 12. 1796 notiert sie »Besuch. Nicht befriedigt«. Es war Caroline Schlegel, die sie besuchte, wobei es um neue schauspielerische Projekte ging, da Madame Schütz, Frau des Ästhetik-Professors und Herausgebers der Jenaischen Allgemeinen Litteratur-Zeitung, in ihrem Hause eine eigene Bühne installieren wollte. »Arbeit« besagt, daß Sophie bereits mit den ersten Kapiteln des Romans *Amanda und Eduard* begonnen hatte, der »im Vorabdruck« 1797 in Schillers *Horen* erschien; »gelesen, im Meister« (16. 11./10. 12. 1796) erklärt den Einfluß von Goethes neuem Roman *Wilhelm Meisters Lehrjahre* auf ihren eben entstehenden Briefroman: auch hier tritt eine Mignon-Gestalt auf, ins Knabenhafte gewendet, ein elternloses Kind, das Wilhelm genannt und von Amanda wie ein Sohn erzogen wird.

So unsentimental und karg die Aufzeichnungen im allgemeinen sind, so heftig und widersprüchlich werden sie zur Zeit der Freundschaft mit Clemens Brentano. »21. Januar 1799. Menschenfeindliche Stimmung. B. [Brentano] mißversteht mich. Seine Verzweiflung. Brief. Kinderball. Wir sprechen uns allein. Verstehen uns, sind glücklich. – 23. Februar 1799. Heftiges Gespräch mit Mereau. Förmlicher Brief. Heftige Gemütsbewegung. Ball. Leidenschaftlich. Fliegende Worte gegen B. [Brentano].«

Ihr eigener Lebensroman steckt in diesen Zeilen. Pläne, Hoffnungen, Mißverständnisse, Sehnsucht, Enttäuschung, Glück, Verzweiflung.

Das Leben der jungen Frau ist, noch während sie verheiratet ist, von inneren Erlebnissen gespannt. Die Kette der Verehrer und Bewerber reißt nicht ab.

Wie beschrieb Johann Georg Rist diese Situation? Sie ward gefeiert, »wo sie erschien, drängte man sich um sie und fast um sie allein, ein dichter Schwarm von Bewunderern« . . . Dazu gehörte beispielsweise auch der berühmte Verfasser des Räuberromans »Rinaldo Rinaldini«, August Vulpius, Goethes Schwager. Von ihm fand sich in Sophies Mappe ein Huldigungsgedicht mit der Überschrift: »AN SOPHIE MEREAU. *Als ich ihr Gedicht: der Frühling, in Schillers Musenalmanach gelesen hatte.*« In vielen Strophen bekennt er, wie ihre Verse ihn berührt, verwandelt haben:

»Welche Bilder weckt in meinem Busen
Deines Sanges sanfte Harmonie!
Ja, die Lyra schenkten Dir die Musen,
Und die Götter Deine Fantasie!

Weimar, den 17. Jänner 1796. August Vulpius.«

41

Sophie Mereau hatte viele Frauenfreundschaften, aber für Männer besaß sie eine geradezu unwiderstehliche erotische und intellektuelle Anziehungskraft. Unter den in Jena und Weimar lebenden Bekannten des Ehepaares sind es immer wieder Dichter, Professoren, Schriftsteller – Jean Paul, Manso, Eichstädt, Georg Philipp Schmidt, Woltmann, Ritter, Niethammer, Winkelmann – die, angezogen von ihrer Anmut und Schönheit, ihrer gerühmten Herzlichkeit, in ein »zärtliches Verhältnis« mit ihr zu treten suchen. Es geht das Gerücht, die Mereau könne nicht mit einem Manne im Zimmer sein, ohne von ihm umarmt zu werden. War diese Bemerkung boshaft gemeint, so bezeugt sie doch auch die Tatsache, welchen Grad an Selbstbehauptung die *liebliche Sophie*, »diese Miniatür-Grazie«, wie Jean Paul sie nennt, im Laufe der Zeit erwerben mußte, um sich männlicher Zudringlichkeit zu erwehren. Sie beschreibt ihrem Freund Kipp 1795 folgende Szene:

»*Woltmann* quält mich von neuem – er treibt mich öfters so in die Enge, daß ich all mein bißchen Klugheit – Du weißt daß es freilich nicht viel ist! – aufbieten muß, um einen Ausweg zu finden . . . Ich sagte ihm, daß er viel zu viel Sinnlichkeit habe, daß dies seinem Charakter schade, und noch vieles andere. Es schien Eindruck auf ihn zu machen, er dankte mir und versprach, mir nur einen Kuß abzwingen zu wollen. – Da ich mit ihm einmal umgehen muß, so ist mir dies schon großer Gewinn. Du siehst, wie Du alle Eifersucht ganz verbannen kannst.«

Karl Ludwig von Woltmann, gleichaltrig mit Sophie Mereau, war außerordentlicher Professor der Philosophie in Jena. Der Schriftsteller Heinrich Laube gibt folgende Beschreibung von ihm: »Am nachteiligsten war sein – Goethes – Erscheinen zu Jena für Woltmann, weil dadurch eine Art geselliger Rivalität entstand, die sich sonst nirgends zeigte. Woltmann war nämlich ein sehr hübscher, artiger und feiner Mann, ein Held der Damen und sehr beliebter Redner, dessen sauberer norddeutscher Akzent sehr viel Anklang fand. Es mag sein, daß sich zu allem etwas Ziererei in sein Wesen drängte, kurz, Goethe fühlte sich darob veranlaßt, ihn aufzuziehen.«

Woltmann als Mitarbeiter an verschiedenen Zeitschriften war es, der den ersten Roman von Sophie Mereau, *Das Blütenalter der Empfindung,* in der *Allgemeinen Litteratur-Zeitung* vorstellte und rezensierte. Zur Zeit des zitierten Briefes an Kipp plante sie, ein gemeinsames Journal mit ihm herauszugeben, nahm aber bald von diesem Projekt Abstand: ». . . Auf der andern Seite lerne ich Woltmann mehr nicht nur als einen aufdringlichen, sondern auch als einen unzuverlässigen Menschen kennen, mit dem ich ungern in Verbindung treten möchte. – Ich habe also beschlossen, für jetzt noch nichts Entscheidendes zu tun, mich, wo möglich, von Woltmann loszumachen, den Plan aber gar nicht aufzugeben, sondern meine Arbeiten fortzusetzen und mich um gute Beiträge zu bewerben.« (Am 15. Januar 1796 an Kipp.)

Ein Frauenleben – in nachgelassenen Papieren.

Befriedigt, ausgeglichen, ruhig ist dieses Leben nicht. Die aufeinanderfolgenden Zerstreuungen, gegen die Langeweile geplant, scheinen ihr das Maß an Unausgefülltsein noch mehr zum Bewußtsein zu bringen. »Die ewigen Gesellschaften ohne Leben und Freiheit!« schreibt sie. »Ich fühle das so innig, und es wird mir fast mit jedem Tag deutlicher, daß das Vergnügen durchaus frei sein muß. – Es gibt bei uns auch Partien in Menge, besonders seit ein gewisser großer Doktor, den Du vielleicht kennst, weil er schon vor einigen Jahren hier gewesen ist, Göritz, es sich einfallen läßt, an mir Geschmack zu finden. Da kommen dann unaufhörlich Einladungen bald da, bald dorthin, die ich selten vornehme. Man findet sich beleidigt und kömmt doch immer wieder. Der Mensch hat wirklich viel Feinheit, auch etwas Witz, und spricht über vieles vortrefflich. Aber Falschheit, Liebe und niedrige Sinnlichkeit lauern im Hinterhalt . . . Viel lieber schwärme ich mit Menschen, deren Kopf weniger gebildet ist, deren Herzen aber eine Fülle von Empfindungen haben. Dort ist alles leere Form, ein gemaltes Feuer, bei dem einen friert – hier ist ein Überfluß von Stoff, den meine Phantasie nach Willkür bilden kann.« (An Kipp, den 26. September 1795.)

Im Tagebuch fällt die Menge der Ereignisse auf, *Parthien* zu Pferde, mit Kutsche oder zu Fuß in die landschaftlich reizvolle Umgebung, in der man Gesellschaften gibt, Café-Nachmittage, Punschabende. Es gibt Einladungen des Professorenklubs, zu dem auch Goethe erscheint, der Studentenverbindung »Die Rose«, die im Gasthof zur »Rose« tagt, Besuche und Gegenbesuche der Professoren und ihrer Frauen: »Bei Niethhammers. Bei Schütz. Bei Loders.«

Da ist häufig die Rede von Konzerten und Theaterereignissen, die teils im von Goethe geleiteten Weimarer Theater, teils privat gegeben werden. Man sieht im April/Mai 1798 den berühmtesten Schauspieler seiner Zeit, Iffland, auf der Weimarer Bühne in Gemmingens »Der deutsche Hausvater«. Iffland war Schauspielschüler ihres Schwiegervaters gewesen des Hoftanzmeisters Mereau, und sie kannte ihn. Am 27. April 1798 verzeichnet Sophie Mereau »hohen Kunstgenuß«: sie sah das Melodrama »Pygmalion« nach Rousseau. Das Schauspiel von Kotzebue, »Graf Benjowsky«, scheint ihr eher nichtssagend. Im Tagebuch: »Nach Weimar. Mehr zerstreut als vergnügt. Wenig Genuß im Schauspiel.« (30. April 1798)

Dem Theater kam große Bedeutung zu. Wir haben einen Bericht über die Uraufführung von Schillers »Piccolomini«, die Sophie Mereau am 17. April 1799 sah: »Die

Spannung, mit welcher man dieser Aufführung entgegen-
sah, war merkwürdig. Die Familien der Professoren sorgten mit der größten Mühe schon bei der ersten Nachricht
von der bevorstehenden Aufführung für Plätze. Man hörte
in der ganzen Stadt von nichts Anderem sprechen. Frauen
und Töchter intrigierten gegeneinander, um sich wechsel-
seitig zu verdrängen; wer einen Platz erhalten hatte, pries
sich glücklich. Es entstanden aber auch Feindschaften, die
später nicht ohne Folgen waren. Ich fuhr mit Justizrat
Hufeland und Loder, beider Frauen waren mit, und Loder's
schöne Tochter. So waren wir sechs in eine Kutsche zusam-
mengequetscht, stiegen in dem *Elephanten* ab und eilten in
das Schauspielhaus. Schlegel's geistreiche Frau war zu
Hause geblieben, ebenso Schelling, der mit seinen Vorträ-
gen anhaltend beschäftigt war. Ich hatte in Schiller's Loge
einen Platz gefunden und machte unter so interessanten
Verhältnissen seine persönliche Bekanntschaft.«

Der Berichterstatter, Heinrich Steffens, erklärt sodann
das aufblühende geistige Klima in der Universitätsstadt.
»Nun darf man nicht vergessen, daß in Jena eine Begeisterung, durch welche die ganze deutsche Literatur einen
neuen Aufschwung erhielt, eben in dem ersten Moment
frischer, jugendlicher Ausbildung war. (...) Jena hatte
noch von früheren Zeiten her verdienstvolle Lehrer, Paulus
und Griesbach in der theologischen Fakultät hatten einen
großen und verdienten Ruf; Justizrat Hufeland galt für
einen tüchtigen Juristen; Hufeland, Gruner und Starke
hoben die medizinische Fakultät; Schütz und Eichstädt
waren berühmte Philologen.«

Alle diese Persönlichkeiten tauchen als Freunde in So-
phie Mereaus Tagebuch auf, gehören zu ihrem engeren
Umgang, zu dem noch August Wilhelm Schlegel und seine
Frau Caroline, der Philosoph Schelling, der Indologe
Friedrich Majer, der Verleger Frommann hinzukommen.

Hingegen war sie zu Empfängen und Redouten bei Hofe

nicht zugelassen – Sophie Mereau war nicht von Adel. In den fürstlichen Residenzen wie Weimar spielte dieser Umstand gesellschaftlich eine Rolle. Im Theater, in den Konzertsälen saß das bürgerliche Publikum vom Adel getrennt. Es ergab sich die merkwürdige Situation, daß Charlotte von Lengefeld, nachdem sie Schiller geheiratet hatte, bei Hof nicht ohne weiteres zugelassen war, während ihre Schwester Caroline von Beulwitz und ihre Schwägerin Sophie von Schardt dort rege Gäste waren. Erst durch das 1802 verliehene Adelsdiplom wurden Schillers aus dieser grotesken Situation befreit.

Sophie Mereau war mit dem etwa gleichaltrigen, sehr exzentrischen Herzog August von Sachsen-Gotha (1772-1822) befreundet, der ihr in Prosa und in Versen die zärtlichsten Billetts schrieb. Darüber hinaus aber hatte sie keine Verbindung zum Hof, und es hieß zurückstehen, wo ihre Freundinnen Charlotte von Ahlefeld und Henriette von Egloffstein selbstverständlich zugelassen waren. Erst nachdem sie sich als Herausgeberin von Taschenbüchern und als Dichterin einen Namen gemacht hatte, wird sie zu Soiréen in Schloß Tiefurt und zu musischen Zusammenkünften bei der Herzogin Luise gebeten.

Das ist dann merkwürdigerweise zugleich die Zeit, da sie allein lebt und ihre Fähigkeit, sich durchzusetzen und anerkannt zu werden, bewiesen hatte.

Bis es soweit ist, vergehen sieben Jahre.

KAPITEL IV
»DAS BLÜTENALTER DER EMPFINDUNG«

> Es gibt eine Zeit in unserm Leben, wo unser
> Gefühl in seiner ersten vollen Blüte steht, wo
> das trunkne Herz, selbst in seinen Verirrun-
> gen noch unschuldig, nach jedem Schatten-
> bilde der Phantasie hascht, wo wir in holden
> Träumen schwelgen, an Erfahrung Kinder,
> an Genuß Götter sind.
>
> SOPHIE MEREAU, BLÜTENALTER

Der erste Roman, den die junge Autorin ein Jahr nach ihrer
Eheschließung veröffentlicht, erscheint noch anonym und
trägt den Titel, der wie ein Programm wirkt: *Das Blütenalter der Empfindung,* Gotha 1794. In einer kleinen Vorrede, in
der sie sich immerhin als weibliche Verfasserin zu erkennen
gibt, legt Sophie Mereau ihre Absicht dar, die Äußerungen
eines *reinen Gefühls unter gewissen äußeren Verhältnissen* darzustellen, nicht aber, *die höhern Forderungen einer reifern Vernunft
zu entwickeln.*

Es stellt dieses Erstlingswerk eine Besonderheit dar, läßt
sich weder mit anderen Frauenromanen der Zeit vergleichen noch auf Vorbilder abstützen. Der Leser, der das Buch
heute zur Hand nimmt, ist überrascht, nicht etwa einen
autobiographisch getränkten kleinen Familien- und Ehe-
Roman, wie er der eigentlichen Domäne hausfraulicher
Schriftstellerinnen damals zukam, auch keinen Roman »in
Briefen« vorzufinden, sondern ein Geschehen zu erleben,
das teils in Italien, teils in der republikanischen Schweiz
sich abspielt, ins Paris der Revolutionszeit führt und mit
der Übersiedlung nach Amerika endet. Die Orte stehen für
politische Ansprüche, die man von einem Buch mit diesem
Titel kaum erwarten konnte.

Noch mehr aber überrascht es, daß es sich bei dem Erzähler der Geschichte, der die Ich-Form verwendet, nicht um eine Frau, sondern um einen Mann handelt. Dies ist inhaltlich wie formal ein äußerst geschickter Kunstgriff. Einen Mann nämlich kann die Verfasserin das aussprechen lassen, was eine Frau sagen zu lassen unmöglich, kompromittierend gewesen wäre.

Sophie Mereau mußte einerseits darauf achten, ihre Ansichten, die sie innerhalb der großen Themenbereiche: *Liebe* und *Ehe, Gesellschaft, Natur, Leben* und *Freiheit* als wichtig erkannt hatte, darzustellen, ohne andererseits als weibliche Verfasserin die »Grenzen des Schicklichen«, wie Herder sich ausdrückte, zu überschreiten. Diese Möglichkeit verschafft sie sich durch Albert, den jungen, männlichen Erzähler. Er wird ihr Sprachrohr.

Der Roman schildert ein Paar, Albert und Nanette, in einzelnen Phasen der Entwicklung: erwachende Sympathie, Neigung, Leidenschaft und Liebe. Dieser Entwicklung, durch äußere Handlungsfäden durchkreuzt, gehemmt oder schließlich gefördert, werden die anderen Bereiche zugeordnet. Über allem dominieren »die reinen Regungen des Gefühls«. Albert sagt es zu Beginn: »Ich kannte keinen andern Führer, keinen andern Richter als mein innres Gefühl; es rein zu erhalten, war meine einzige Sorge, und mit glücklicher Selbstzufriedenheit lachte ich der kühnen Geister, die durch kalte Grübeleien sorgfältig den Menschen in sich ersticken wollen, und zuletzt all' ihr erkünsteltes todtes Wissen gern für einen Funken lebendiges Gefühl hingeben möchten.«

Es ist ein Kunstgriff der Autorin, den Leser über die ersten zwölf, dreizehn Seiten des Buches nicht wissen zu lassen, ob die erzählende Person Mann oder Frau ist. So kann sie deutlich machen, daß sie Gleiches für beide Geschlechter fordert:

»Im Vollgenuß der Gesundheit, in keine Verhältnisse verwickelt, von keinen Vorurteilen gefesselt, stand ich da – ein freier Mensch! –«

Ein freier Mensch! – darauf kommt es ihr an, und in dieser Weise führt sie das Paar zueinander. Zwar engen im Laufe der Handlung verwandtschaftliche Rücksichten, gesellschaftliche Zwänge, soziale Nöte die Selbstbehauptung der beiden Menschen ein, doch gelingt es ihnen, sich innerlich und äußerlich frei zu machen, den Sinn für Gerechtigkeit und Wahrheit zu erhalten und gemeinsam den Weg in jenen »jugendlichen Staat« anzutreten, wo »der Genius der Menschheit sich wieder seiner Rechte« erfreut: in Amerika.

Ein interessanter Plan. Die Handlung spielt auf zwei Ebenen. Da sind die verwickelten, zum Teil konventionellen Ereignisse, die den Gang der Handlung bestimmen, da ist vor allem als zweite Schicht das innere Geschehen: Entwicklung der Personen, ihre Bewußtwerdung, ihre Überlegungen philosophischer Art zu allen Bereichen des Lebens, Analysen und Betrachtungen, wie wahres Mensch-Sein zu realisieren sei.

Natur und Liebe sind die Konstanten des Romans, Ideen über eine angemessene Staatsform angesichts der französischen Revolution, über Gleichberechtigung und Selbstbestimmung kommen hinzu. Der Mensch wird sich seiner Stellung innerhalb der Gesellschaft bewußt, er flieht sie nicht, aber er will ihre erstarrten Regeln ändern, um sich als handelndes Individuum nach seinen subjektiven Möglichkeiten tätig in ihr zu verwirklichen.

Was Sophie Mereau 1794 beschreibt, sind inhaltlich bereits die Positionen der Romantiker.

Friedrich Schlegel hat nach der Lektüre des »Blütenalters« 1798 seinem Bruder gegenüber geäußert: »Anfangs tritt ein junges Wesen auf, in dem alle möglichen Gefühle Purpurisch durcheinanderfluthen. Es sizt dabey ganz gelassen im Grase. Ich sage es, weil ich gewiß glaubte, es sey ein

Mädchen; es sollte aber ein Junge seyn.« Die Geringschätzung, die in seiner arroganten, übrigens in einer obszönen Äußerung gipfelnden Bemerkung liegt, ist nicht berechtigt. Schlegels *Lucinde,* die fünf Jahre später, 1799, erschien, ist durchaus ähnlich konzipiert wie das *Blütenalter,* Reflexionen über die Liebe und das Verhältnis von Mann und Frau sind sein Thema, und es wäre aufschlußreich zu untersuchen, wie weit ihn Sophie Mereaus Roman dazu inspirierte.

Die Partnerin, die dem Helden Albert beigegeben wird, Nanette, besticht ihn zunächst durch ihre Worte. Er hört sie – »die glücklichste Mischung von ruhiger Feinheit und treffendem Witze«, denn Nanette ist schlagfertig, unverbildet, schnippisch. Dann erst sieht er sie – diese Reihenfolge ist wichtig. Es ist ihr Verstand, der ihn besticht, dann »der geistvolle Zug, der um Mund und Augen schwebte . . . alles dies vollendete die Schöpfung ihrer Augen«. Ihre Blicke treffen sich, von dem ›Augenblick‹ an liebt er sie, und zwar ganz.
»Meine Seele hatte sich mit der Vorstellung des schönen Geschöpfs vereinigt, und genoß in dieser Vereinigung auch Augenblicke des höchsten Entzückens. Ach! dieser Zustand dauerte nicht lange! – Bald suchten die Sinne ihre Ansprüche geltend zu machen. Ich wollte sie sehen, hören, umfassen. –«

Ihre großzügigen und toleranten Ansichten über die Liebe läßt Sophie Mereau durch einen Mann verkünden, er vertritt ihre Auffassung auf Berechtigung auch der sinnlich-erotischen Liebe.
»Was die Natur selbst in unser Wesen eingeflochten, was sie zur Bedingung unsrer Erdenseligkeit gemacht – dürfen wir uns dessen schämen? – Ich sah Nanetten oft, aber ich wünschte sie unaufhörlich zu sehn, ich besaß ihr Vertrauen,

aber ich rang nach dem höchsten innigen Grad desselben, ich fühlte es mit jedem Augenblicke, daß sie mich liebte, aber ich verlangte aufloderndes Gefühl, Leidenschaft.«

Der innere Wunsch nach Vereinigung gipfelt in der äußeren Forderung nach freiem Miteinanderleben.

»Unser Bund besteht durch *eigne Kraft*. Nicht die zerbrechlichen Stützen von priesterlichem Segen, von bürgerlicher Ehre, von kränkelnder Gewissenhaftigkeit halten ihn. *Wir selbst* sind uns Bürge für uns *selbst*.«

Kühne Vorstellungen, bis heute kaum verwirklicht, von den Romantikern später nachdrücklich vertreten, von Sophie Mereau vorgetragen zu einer Zeit, da Frauen selbst nicht einmal das Recht hatten, sich ihren Ehepartner frei zu wählen. Der Verwirklichung liegen soziale Gleichstellung und geistige Partnerschaft zugrunde. Bemerkenswert an diesem Roman: nicht der Konflikt Adel–Bürgertum wird hier ausgetragen, denn beide Protagonisten entstammen bürgerlichem Milieu, sondern im wesentlichen der Konflikt Individuum–Gesellschaft. Eine zentrale Stelle nimmt dabei die Rolle der Frau ein, im Entwurf einer Weiblichkeit, wie sie Sophie Mereaus eigener Vorstellung entsprach.

»Nanette war fern von allem erkünsteltem Wissen; ihr ganzes Studium schränkte sich bloß auf die Kenntnis des Menschen ein, aber von natürlichem Scharfsinn unterstützt, hatte sie sich in Beurteilung und Schätzung der Menschen eine Fertigkeit erworben, die ich nie habe fehlen sehen. Dieser tief eindringende, geübte Blick machte ihren Umgang zu einer unerschöpflichen Nahrung für den Geist. Ihre Urteile waren immer voll Eigentümlichkeit und Tiefe, nie nachgebetet und seicht. Die Wahrheit ihrer Begriffe, von dem reinsten Gefühl begleitet, machte sie gerecht gegen andre, gab ihr Frieden mit sich selbst, Selbständigkeit im Gedränge der Umstände. (. . .) In einem Umgange fühlte auch ich mich täglich besser (. . .) – denn sie liebte *den*

Menschen – kein überirdisches Wesen einer erhitzten Einbildungskraft – in mir.«

*

Die Frau ist in diesem Roman eindeutig der stärkere, der führende, ja selbst in der politischen Gegenwart aktivere Teil. Am Jahrestag der französischen Revolution sieht Albert die Freundin, von der er getrennt war, plötzlich im Gewühl der Menschen wieder, sie ist es, die bezeichnenderweise das Wort »Freiheit« ruft.

Entschieden setzt Sophie Mereau diese Persönlichkeit von den Heldinnen zeitgenössischer Frauenromane ab, die ihr Ideal in der Ausübung häuslicher Tugenden finden und sich dienst- und opferbereit unterordnen. »Sie selbst faßte das Ruder, und wir schwammen dahin«, berichtet Albert, und: »Sie verlangte gleiche Rechte mit dem Manne, den sie lieben wollte.«

Dieser Ton ist vollkommen neu. Er steht in krassem Widerspruch zu den Romanen anderer Autorinnen wie etwa Caroline von Beulwitz' »Agnes von Lilien«, Amalie von Imhoffs »Schwestern von Lubos« oder Caroline von Wobesers »Elisa oder das Weib wie es sein sollte«, worin die Unterwerfung der Frau unter die Wünsche des Mannes als höchste Form von Tugend gefordert wird. Sophie Mereau erhebt sogar Anklage gegen die herrschende Ungerechtigkeit:

»Wo haben wohl Weiber das Recht, sich unmittelbar des Schutzes der Gesetze freuen zu dürfen? – sind sie nicht fast allenthalben mehr der Willkühr des Mannes unterworfen? wie wenig wird noch jetzt auf ihre natürlichen Rechte, auf den ungestörten Genuß ihrer Freiheit und ihrer Kräfte Rücksicht genommen! werden sie nicht vielmehr bloß geduldet als beschützt? –«

Ein Aufschrei. Er entsprach den realen Zuständen. Der Mann war Vormund der gesetzlich als unmündig geltenden Frau. Friedrich Pierer ist Vormund der dreiundzwanzigjährigen Sophie Schubart. Clemens Brentano kann, als seine zweite Ehefrau Auguste ihm als Hysterikerin auf die Nerven geht, verfügen, daß sie in ein Kloster gebracht wird. Die Verfügungsgewalt auch über die Kinder ist nahezu unbegrenzt. Sophie Mereau darf nach der Scheidung die Tochter nur durch gutmütiges Entgegenkommen Mereaus behalten, was in der Urkunde eigens, mit den entsprechenden Vorbehalten, formuliert wird.

Die unwürdige Lage der Frau ist im nachhinein oft geschildert worden; Sophie Mereau *lebte* in jener Zeit, und, sich wehrend, lebte sie nach ihren Maximen: sie trennte sich von einem Mann, den sie nicht achten konnte, und sie tat sich in freier Verbindung mit demjenigen zusammen, den sie liebte.

Das Paar ihres Romans ist verschiedenen Bedrohungen und Ängsten ausgesetzt; an einem Gegen-Paar, dem jüngeren Bruder Nanettes und seiner Luise, wird kontrapunktisch das Scheitern einer Liebe an gesellschaftsbedingten Konventionen demonstriert, Selbstmord des Bruders ist die Konsequenz.

Nanette und Albert in ihrem neuen, subjektiven Wertesystem empfinden Familie, Gehorsam, Sitte, Vaterland nicht mehr als regulative Prinzipien. Sie durchbrechen die Tradition und finden nicht in der Idylle einer gesellschaftsentfernten Natur, wie bei Rousseau, sondern auf einem neuen Kontinent ihre Zukunft.

»Geliebte, rief ich mit dem vollen Tone der Liebe, wir sind uns Vaterland und Welt. Was hält uns hier unter Menschen, die uns nicht verstehen, nicht lieben? Ohne Haß laß uns sie fliehen. In *Amerika* leuchtet eine eben so freundliche Sonne, strahlt ein eben so reiner Himmel. Dort wohnt ein freies Volk, dort freut der Genius der Menschheit sich wieder seiner Rechte, dort lassen die neuen glücklichen Verhältnisse eines jugendlichen Staates noch lange keine widrige Reform befürchten. Laß uns dahin! – «

Das *Blütenalter* ist einer der frühesten Romane, in dem die Entscheidung für Amerika als Möglichkeit freier Zukunftsgestaltung aufgezeigt wird. Sophie Mereau konnte sich noch auf kein Vorbild stützen; Tiecks »William Lovell« und Goethes »Wilhelm Meisters Lehrjahre« erschienen beide erst zwei Jahre später.

Karl Ludwig Woltmann, der schon erwähnte Freund, Historiker und Schriftsteller-Kollege, konnte mit dem Roman der Mereau nicht viel anfangen: er vermochte ihn nicht recht einzuordnen, sah ein Mittelding zwischen Roman und Idylle darin und schlug vor, ihn einfach zu ändern. »Nach dem angegebenen Gesichtspunkte muß man diese kleine Schrift als eine Reihe von Gemälden betrachten, welche sich mit geringer Mühe in solche Idyllen umschaffen ließen. Dann wird mancher Tadel wegfallen oder milder werden, der sie als einen Roman träfe.« Daß der männliche Held das Ganze selber erzählt, behagt ihm ebensowenig wie die Fülle der Reflexionen. Trotzdem bietet er den Lesern der *Allgemeinen Literatur-Zeitung* vom Juli 1795 einige Stellen des Romans als Kostproben an. Er lobt, was noch stets bei weiblichen Autoren gelobt worden ist: das zarte Gefühl, die blühende Phantasie, Scharfsinn und Anmut. Das soziale Anliegen, die Forderungen für die Frau, das kühne, subjektive Erleben der Liebe übersieht er, und die Begegnung des Paares im revolutionären Paris, den Aufbruch nach Amerika erwähnt er mit keinem Wort*.

Das *Blütenalter der Empfindung* stützt sich nicht auf Selbsterlebtes, Selbsterfahrenes, im Gegenteil: Das Leben, das Sophie Mereau in Jena zu führen gezwungen war, stand in krassem Gegensatz zu ihren Ideen, und ein größerer Gegensatz als der zwischen ihrem trocken-vernünftelnden Ehemann und dem gefühlsbetonten Romanhelden läßt sich nicht denken. Ihr Werk enthält aber manchen Hinweis, wie sie selber hätte leben wollen.

Inmitten der gebildetsten Gesellschaftsschicht Deutschlands lebend, wünschte sie der Menschheit die verlorene Ursprünglichkeit zurück, wollte sie das Leben aus seinem natürlichen Mittelpunkt geheilt sehen, so wie später Kleist es im »Marionettentheater« dargestellt hat. Es ist der Versuch, das verlorene Paradies wiederzugewinnen.

*   *   *

Zentrum des Menschen – nicht etwa nur der Frau – und alleiniger Ratgeber solle, so heißt es im *Blütenalter der Empfindung,* das Gefühl sein. In der Landesbibliothek Dresden liegt ein Stammbuchblatt von Sophie Mereau an einen Freund, den Oberkonsistorialrat Böttiger in Weimar, bei dem sie nach der Scheidung eine Zeitlang wohnte. In Schönschrift, von Band, Schleife und Lorbeerkranz umrankt, der Sinnspruch, der ihr Leitwort war:

> *Allwaltendes Gefühl! – von allem*
> *Das einzig sichre! Süßes Unterpfand*
> *von unserm Sein! wenn Deine Saiten hallen,*
> *dann fragt der kalte, grübelnde Verstand*
> *nicht länger, ob wir sind?, uns sagt's ein innres Leben,*
> *wir fühlen es, wozu noch länger widerstreben?*

Jena, im Aprill 1796
zur Erinnerung an Sophie Mereau.

KAPITEL V
STUDENTIN BEI FICHTE

Weise sind die Kräfte, die in der Welt leben,
berechnet. Nichts bleibt ungenützt, nichts
wirkt ohne Zweck. Scheinbar ist der Überfluß, scheinbar der Mangel. Aus dieser Masse
von Kräften und Formen fließt alles; zu ihr
kehrt alles wieder zurück.

Auch ich gehöre zwiefach ihr zu. Aus einigen
Teilen von Erde, Salz, Wasser und Öl bildete
sich das bewundernswürdige Kunstwerk
meines Körpers; ein Lebensfanal drang hinein, es zu beseelen. – Es *muß* etwas da sein,
worauf die *Ideen,* die durch die Sinne erzeugt
werden, wirken, weil sich keine Wirkung
ohne einen Gegenstand, auf den sie wirkt,
denken läßt. Dieses Etwas bin ich.

SOPHIE MEREAU,
UNVERÖFFENTLICHTE FRAGMENTE

»Mit vielem Vergnügen las ich Ihre Gedichte«, schreibt
Schiller am 18. Juni 1795 an Sophie Mereau. »Ich entdeckte
darinn denselben Geist der Contemplation, der allem aufgedrückt ist, was Sie dichten. Ihre Phantasie liebt zu symbolisieren und alles, was sich ihr darstellt, als einen Ausdruck von Ideen zu behandeln.«

Völlig richtig. Sophie Mereau liebte es, *zu symbolisieren,*
und für Philosophie hatte sie das größte Interesse. Woltmann, der nicht wußte, ob er ihren Roman »Blütenalter«
mehr als Folge von *Gemälden* oder von *Idyllen* bezeichnen
sollte, räumt zum Schluß seiner Kritik ein, daß die Schrift
»die trefflichsten philosophischen Gedanken und Betrach-

tungen« enthalte, wovon er als Beleg eine Romanstelle zitiert, »in der das Ich göttlich prankt«, wie Humboldt an Schiller schreibt. Es ist eine Reflexion über die Unsterblichkeit.

»Aus der unendlichen Masse des Urseins fließt alles; zu ihr kehrt alles wieder zurück. Wo ist das Rätsel, das zur Auflösung einer andern Welt bedürfte? Das einmal gewesene Sein mischt sich, wenn es nun schwindet, wieder mit der unerschöpflichen, schaffenden Urkraft, ohne Spur, daß es war; es ist nun ewig nicht mehr, und mein eigenes Dasein ist bloß an Erinnerung geknüpft. Wenn diese schwindet, so bin ich selbst nicht mehr, so ist ein andres Wesen an meine Stelle getreten. Der Staub vermischt sich mit dem Staube; der Lebensfunke mit der ewigen Urkraft. Er verlischt nicht; in andern Körpern wird er flammen; aber mein Ich ist dann auf ewig untergegangen.«

Diese Idee von der ewig schaffenden Urkraft weist auf die Wissenschaftslehre Fichtes hin. Sophie Mereaus Interesse am Studium der Philosophie war so groß, daß sie sich nicht scheute, als einzige Frau an Fichtes Vorlesungen teilzunehmen, was von dem berühmten Philosophen selbst wie von den Jenaer Kreisen mit verwundertem Staunen quittiert wurde.

Johann Gottlieb Fichte (1762-1814), der 1794 nach Jena berufen, dort 1799 der Gottlosigkeit angeklagt und im Verlauf des sogenannten »Atheismusstreits« entlassen wurde, äußert sich bald nach Antritt seiner Lehrtätigkeit befriedigt über den Andrang, den seine Vorlesungen bewirken. »Schmal werden wir es nicht haben . . . Noch gestern bin ich wieder um ein Privatissimum gebeten worden, wo einige Professoren, Doktoren, und unter andern auch eine Dame, bei mir Philosophie hören wollen. Da könnte ich wieder Geld schneiden, wenn ich wollte.« (Am 17. 6. 1794 an Marie Fichte in Zürich.)

Die *Dame* in Jena ist Sophie Mereau.

Ihre Beschäftigung mit philosophischen Studien war intensiv, man erfährt es aus ihren Aufzeichnungen, die sie unter dem Titel »Betrachtungen« sammelte.

Fichtes weltanschaulicher Dualismus, seine Setzung von Ich und Nicht-Ich scheinen sie zu Beginn der Jenaer Jahre sehr zu beschäftigen; sie macht diese Ideen zum Gegenstand in ihrem Roman, zum Thema ihrer von Reflexion bestimmten Gedichte.

»So wenig mein Auge sich selbst sehen kann, so wenig vermag ich das Problem meiner eignen Natur befriedigend aufzulösen. Eben die Unerkennbarkeit meines Ichs bürgt mir für mein Dasein. Alle Gegenstände außer mir können Gegenstände meiner Betrachtung werden, Formen und Kräfte, Sinnlichkeit und Verstand, Wirkungen meiner eignen Tätigkeit, und nur *ich selbst* oder, nach dem Sprachgebrauch, die *Seele,* diese immer aufmerksame, alles Betrachtende, kann alles, außer sich selbst, sehen.

Wie lange werde ich dieses Gefühls meines *Ich* genießen können, wie lange wird mein Dasein dauern? – Bloß an Erinnerung ist es geknüpft; wenn diese schwindet, so bin ich selbst nicht mehr, so ist ein anderes Wesen an meine Stelle getreten. Der Stoff, aus dem mein Körper gebildet ward, war schon im Anfang der Welt da, und die Kraft, die ich jetzt mein Ich nenne, wirkte schon damals. Eben die Summe von Kräften und Formen, die jetzt da ist, war es immer.

Was wir sind, das wissen wir nicht, aber wir wissen, daß wir etwas sind. Ich kann mir meine Sinne, meinen Verstand, meine Vernunft, selbst meine Liebe feurig vorstellen und denken, und es bleibt doch Etwas, was ich mir nicht vorstellen kann. *Ich* selbst, dieses Etwas, das ich mir nicht vernichtet denken kann, weil ich mir es gar nicht denken kann, ist selbst über das Sein erhaben, und das Sein ist erst eine Bestimmung desselben.«

Solche Überlegungen finden sich auch in ihren Schriften.

Halb anonym, unter der Bezeichnung *Demoiselle S – t* Sophie Schubart nennend, brachte Schiller 1791 in der Thalia zwei Gedichte von ihr, wovon das letztere, durchaus klassizistischem Gedankengut verhaftet, das Thema ›Vernichtung, oder Unsterblichkeit‹ behandelt.

Die Zukunft

Wie auf ausgespannten Sturmesschwingen
Eilt der Augenblick! – Den Flug der Zeit
Hemmt kein Wünschen, keine Freuden tauchen
Aus den Wellen der Vergangenheit.

Weh dem Armen, dem am Lebenspfade
Ungepflückt das kleinste Blümchen blüht,
Ungehascht der junge Mai enteilet
Und des Glückes goldne Hora flieht!

Bald entflogen ist wie Morgenträume
Unser Leben, und der Vorhang sinkt!
Wir erwachen – Unbekannte Pfade
Warten unser, wo kein Führer winkt.

Daß ich hinzudringen doch vermöchte,
Dort, wo Nacht die weite Aussicht deckt,
Wo der Phantasie vermeßnen Flügel
Die geheimnisvolle Tiefe schreckt.

Welche Fluten müssen wir durchfahren?
Welche Labyrinthe, wo noch nie,
Nie ein Pilger wiederkehrte, müssen
Wir durchwandern, wer enthüllt mir sie?

Bin ich? Bin ich nicht mehr? – Zwischen beiden
steht entsetzt der fragende Verstand,

Trostlos stürzt der kühne Wunsch zurücke
Von der Sinne schwarzer Kerkerwand.

In der Seele martervollem Kampfe
Faßt er endlich, Ungeheuer, dich,
Ewigkeit – O du dem Erdgebornen
So entzückend und so fürchterlich.

Schaudernd vor dem Dolch, der ihn durchbohret,
Flieht der lebenvolle Geist zurück.
Ach, die Wünsche, die in diesem Busen
Feurig schlagen, still kein irdisch Glück.

Nein, vergebens wehte nicht sein Wille
In mein Wesen diese Sehnsucht ein.
Dieses Herzens nie gestilltes Sehnen
Muß ein Bürge der Erfüllung sein.

*   *   *

Das Interesse an philosophischen Studien war, soweit man
das sehen kann, die einzige Gemeinsamkeit der Eheleute
Mereau und die einzige Veranstaltung, zu der Sophie ihren
Mann gern begleitete. Zwischen den Ehepaaren Fichte und
Mereau bestand freundschaftlich-geselliger Verkehr, auch
wenn Fichtes eigensinnige, vernachlässigt wirkende Persönlichkeit Anlaß zu vielen Anekdoten gab.

Im Intelligenzblatt der Allgemeinen Literaturzeitung
vom 16. April 1796 teilte Fichte offiziell mit, daß er ein
»Collegium   privatissiumum   über   die   Wissenschaftslehre . . . in den Sommermonaten Juny und July v. 6-7 Uhr
vor einem hiesigen Professor und seiner Frau und einigen
jungen Doctoren hielt«.*

Ein Zeitgenosse, Friedrich Karl Forberg, setzte diese
trockene Mitteilung in eigene Anschauung um; er schrieb:

»Daß die Kantische und die Reinholdische Philosophie auch von Damen mit Erfolg studiert worden ist, wissen Sie ohne Zweifel. Von der Fichtischen hätte man es kaum vermuten sollen. Indessen ist es wirklich geschehen. Eine hiesige Dame, die Jugend und Schönheit mit Verstand und Geist verbindet, und deren Bl. d. E – g. [›Blütenalter der Empfindung‹] eine der reizendsten Früchte der Phantasie und des Gefühls gewesen ist, die ich je in meinem Leben genossen habe, war vorigen Sommer die erste Zuhörerin unseres Philosophen.«

Ohne sich um das Aufsehen zu kümmern, das sie erregte, blieb Sophie Mereau jahrelang einzige Studentin unter Männern, wobei die Kollegien übrigens nicht in einem Universitätsgebäude, sondern in Privathäusern abgehalten wurden. Das Aufsehen war groß; mit Ausrufungszeichen wird ihre Eigenständigkeit in manchem Brief aus Jena quittiert. Es schreibt der Philosophiestudent Herbart 1796 über die Merkwürdigkeiten der Stadt: »Eine von unsern Professorinnen, die Hofrätin S. [Schütz], fegt selbst die Straße; eine andere, die Madame Mereau, macht Gedichte für den Schiller'schen Musen-Almanach und studiert Kant und Fichte!«

Sophie Mereau notiert, sie selbst sei einer der wenigen Menschen, die Kant verständen und sich bemühten, seinen Lehren nachzuleben; – es war der Philosoph Reinhold, der bis zum Eintreffen Fichtes die Kantische Philosophie in Jena lehrte. – Als sie 1795 den Plan faßte, ein eigenes Journal herauszugeben, wandte sie sich – obgleich die Möglichkeit bestand, Fichte anzusprechen – an den berühmteren Kant in Berlin. Was sie gewiß nicht wußte: ein Jahr zuvor, bei Gründung der *Horen,* hatte Schiller ebenfalls den großen Philosophen (am 13. Juni 1794) um seine Mitarbeit gebeten; wie er, blieb Sophie Mereau ohne Erfolg. Immerhin, ihr Brief an Kant ist erhalten.

Sophie Mereau an Immanuel Kant

Jena, Dezember 1795

Wenn ich auch nach dem Ausspruch meines eigenen Gefühls den Schritt, welchen ich jetzt zu tun bereit bin, für gewagt erklären muß, so finde ich doch nichts darin, wodurch wahre Schicklichkeit beleidigt werden könnte (. . .)

Mit Hülfe einiger Freunde will ich mit dem neuen Jahr ein Journal anfangen, mehrere hiesige Schriftsteller wollen mir Beiträge liefern. Bei einer solchen Unternehmung träumt wohl ein jeder, der nicht lediglich für Gewinn schreibt, mehr oder weniger stolz. Ich träumte *sehr* stolz, denn ich hielt es nicht für unmöglich, *Sie* für mich zu gewinnen. Etwas aus Ihren Papieren, was *Sie* vielleicht eine Kleinigkeit nennen, einige hingeworfene Bemerkungen, denen Ihr Geist Licht und Ihr Name Glanz verleiht, würden mich sehr glücklich machen – Können Sie, so unterstützen Sie meine Unternehmung – (. . .)

Achten Sie es der Mühe wert, das Weib, welches Mut genug hatte, sich geradezu an Sie zu wenden, näher kennen zu lernen, so lesen Sie das Buch, welches ich hier beilege. Dies ist der einzige Grund, der mich bewegen konnte, dem großen Kant ein Geistesprodukt darzubieten, dessen Fehlerhaftes ich selbst am lebhaftesten fühle. (. . .)

Möchte ich einer baldigen Antwort entgegen sehen dürfen! – (. . .) Mein Name ist: *Professorin Mereau* in Jena.

Fichtes Begriff von der reinen Subjektivität – »in allem Bewußtsein schaue ich mich selbst an« – diese Vorstellung blieb ihr letztlich fremd. Die Kantische »Kritik der praktischen Vernunft« enthielt die ihr verständlichere Form der Daseinsbetrachtung. Ihren Notizen, die sie über die immer erneut diskutierten Themenkreise *Neigung* und *Pflicht, Natur* und *Ich, Persönlichkeit* und *Unsterblichkeit, Schönheit* und *Freiheit* niederschreibt, ist anzumerken, daß sie auch durch die ästhetischen Aufsätze Schillers angeregt wurden, und

Kant als Philosoph stand ihr darum näher, weil sie seine Ideen in Schillers großen Gedichten wiederfand. »Freude und Entzücken durchströmt meine Seele, reines, nie gefühltes Glück. Dies ist die Folge der Selbsttätigkeit, die Frucht des Entschlusses, der Lohn des sittlichen Gefühls. Die Natur ist es nicht mehr, die mich beherrscht, ich beherrsche sie, denn der Wille des Menschen allein macht ihn zum edlen Wesen, zum Gebieter der todten Schöpfung. Wie tot ist die Natur ohne das Leben, das aus seinem Herzen quillt, wie tot sein Herz ohne die Freiheit des Willens, die Seele dieses Lebens!«

Die Freiheit des Willens – die Seele dieses Lebens.

Sie hat aber auch die Gefahren dieses freien Willens erkannt und in einem großen Gedicht »Die Herbstgegend« formuliert:

> So erreichen,
> gebunden an den mächtigen Instinkt,
> Die Wesen alle ihres Daseins Zweck;
> und nur des Menschen freie Willkür lockt
> ihn aus dem friedlichen gezog'nen Kreis.

Um Sinn und Ziel menschlicher Existenz bewegen sich ihre Gedanken, sie sucht die Widersprüche zu lösen und sieht in einer endlich erreichten Harmonie von Mensch und Kosmos den Zweck allen Daseins:

»Wenn die gesunde Natur des Menschen als ein Ganzes wirkt, wenn er sich in der Welt als in einem großen, schönen, würdigen und werten Ganzen fühlt, wenn das harmonische Behagen ihm ein reines, freies Entzücken gewährt; dann würde das Weltall, wenn es sich selbst empfinden könnte, als an sein Ziel gelangt aufjauchzen und den Gipfel des eigenen Werdens und Wesens bewundern. Denn wozu dient alle der Aufwand von Sonnen und Planeten und

Monden, von Sternen und Milchstraßen, von Kometen und Nebelflecken, von gewordenen und werdenden Welten, wenn sich nicht zuletzt ein glücklicher Mensch unbewußt seines Daseins erfreut?« -

In ihren Anschauungen und Erkenntnissen ist sie an die sinnliche Erfahrung gebunden. »Wir können uns nichts denken, als was irgend einen Sinn beschäftigen könnte. Die Sinne geben unseren Vorstellungen die Form.« Und weiter schreibt sie:

»Sollte es nicht gewisse eigentümliche Formen der Dinge außer uns geben, die an sich bestehen und nicht von uns gegeben werden? oder ist die Form, worin die Natur den menschlichen Geist goß, allenthalben dieselbe? – Denn woher kommt es, daß unter allen Himmelsstrichen alle Nationen über gewisse Begriffe, was rund, was eckig, was lang ist, durchaus einig sind, da doch ihre Meinungen vom Schönen und Häßlichen, Angenehmen und Unangenehmen sehr verschieden sind.«

In einer an Schopenhauer erinnernden Formulierung heißt es dann in den »Betrachtungen«:

»Gewiß ist es, daß, so wenig diese Teile – solange der Erdball dauert – werden zerstört werden, so wenig wird der Lebensfunke, der in mir glüht, verlöschen. In andern Körpern wird er flammen, aber ich bin dann nicht mehr. So wenig ich mich meines vorigen Zustands erinnern kann, so wenig werde ich künftig den gegenwärtigen erkennen. Die Erinnerung schwindet, und mit ihr mein Dasein.«

In poetisierter Gestalt finden sich diese Gedankengänge in einer Erzählung, die mit dem Titel *Der Sänger* in ihrem Almanach *Kalathiskos* 1801 erschien und eigenen Angaben zufolge von Brentano stammt, aber in einzelnen Teilen so sehr an Sophie Mereaus Betrachtungen erinnern, daß man, wenn nicht ganze Passagen von ihr stammen, zumindest von einer Beeinflussung sprechen kann. Über eine verstorbene Schwester heißt es in der Erzählung:

»Wir kennen solche Menschen nie, als nach ihrem Tode; sie haben dann aufgehört, in jeder Minute zu beginnen (. . .) und nur die Erinnerung ist ein Gewand, um sie dem Blicke zu fesseln.« – »Das Dasein dieser schönen Wesen ist ganz bewußtlos, sie können sich nie selbst betrachten, weil kein Anfang in ihnen ist, der nach ihnen anfängt und nur in der Zerstörung reflektiert werden kann.«

Diese Ideen sind so und ähnlich auch in ihre Gedichte eingegangen. In ihren großen Landschaftsgedichten entwickelt sie, Fichtes Naturphilosophie entsprechend, ihre Auffassung von Natur als einem eigengesetzlichen, gerechten und geordneten Organismus, in dem jedes Glied die ihm zugeschriebene Funktion übernimmt. »In allen Wirkungen der Natur zeigt sich eine weise Sparsamkeit. Jedes Individuum ist ein wohlberechnetes Glied in ihrem unermeßlichen, immer fortsprossenden Ganzen. Unwandelbar sind ihre Gesetze.«

> Was sich regt auf diesem großen Balle,
> diese Bäume, dieser Schmuck der Flur:
> Einer Mutter Kinder sind wir alle,
> Kinder einer ewigen Natur.
>
> Sind wir nicht aus Einem Stoff gewoben?
> Hat der Geist, der mächtig sie durchdrang,
> nicht auch mir das Herz empor gehoben?
> tönt er nicht in meiner Leier Klang?
>
> Was mich so an ihre Freuden bindet,
> daß mit wundervoller Harmonie
> meine Brust ihr Leben mitempfindet,
> ist, ich fühl' es, heil'ge Sympathie!

Sophie Mereau war schon mit Fichtes Vorgänger, dem erwähnten Philosophen Reinhold (1758-1823), einem

Schwiegersohn von Wieland, eng befreundet. Sie hat ihn, als er 1794 Jena verließ, zum Abschied mit Gedichten gefeiert, die sich nur im Nachlaß handschriftlich erhalten haben. Menschlichkeit, Würde, Unsterblichkeit sind die wiederkehrenden Ideale: »voll edlem Stolz, als Mensch ein Mensch zu sein.«

Sie teilt diese Ideale nicht nur mit Schiller. Auch der jugendliche Brentano schrieb im ersten Jahr seines Studiums die Überzeugung nieder:

Stolz sei, wer Mensch sich fühlet! Sein Wesen ist
Geboren aus dem ewigen Feuerborn –

Er schrieb dies im Jahre 1798 einem Freund. Im gleichen Jahr lernen Clemens Brentano und Sophie Mereau sich kennen. Beide sind erfüllt von des Menschen Würde, Größe und Gottähnlichkeit, die im Bewußtsein von Unsterblichkeit sich ausdrückt. Damals schrieb Sophie in ihrem Gedicht *Der Dichter* die Zeilen:

> Lenz und Winter umarmen den Busen der Erde
> und fliehen;
> aber es hält die Natur ewig
> ein denkender Geist.
> Leicht, wie Schatten der Wolken, gehn
> die Gefühle vorüber,
> Menschen erscheinen und flieh'n, aber
> die Menschheit besteht.

KAPITEL VI
DER FREUND JOHANN HEINRICH KIPP

Du, Freiheit und Frankreich – nur diesen
Himmel, wo alle meine Gefühle, alle meine
Lieblingsbilder sich begegnen –

SOPHIE MEREAU
AN JOHANN HEINRICH KIPP, 1796

*

Im Schöpfungskreis stets von Dir angezogen,
Vermählt uns ewig heil'ge Sympathie!
Im Sternentanz und im Gesang der Wogen
Webt uns Ein Geist, der Liebe Harmonie.

Die Hochzeit mit Mereau hatte am 4. April 1793 stattgefunden. Von allen Seiten trafen Gratulationen ein, die der
durch Schillers Musenalmanache inzwischen bekannten
Dichterin Glück und Harmonie zudachten – Wünsche, die
sich nicht erfüllten.

Immerhin, neun Monate nach der Hochzeit, am 23. Januar 1794, kam ein Sohn zur Welt, Gustav, ein Bindeglied
zwischen den häufig zerstrittenen Eltern. Sophie hängt
mehr an diesem Kind, als sie wahrhaben will. Als der Junge
mit sechs Jahren an einer harmlos scheinenden Krankheit
innerhalb von drei Tagen stirbt, ist sein Tod der endgültige
Anlaß für ihren Entschluß, Mereau zu verlassen.

Bald nach der Geburt des Sohnes, im Frühjahr 1794,
beginnen in abgerissenen Skizzen die tagebuchartigen Aufzeichnungen.

Ohne Jahr. In blasser Schrift zu erkennen: 1794.

»Welch ein Erwachen war das meinige in diesem Frühling! –
Die Zeit des ersten Wiederauflebens nach der Geburt eines
Kindes ist für ein Weib stets eine Auferstehung. Und es war
Frühling, als ich erwachte, und der schönste Frühling, der
jemals die Erde beglückt hat! – Alles war Blüte, Wollust,
Entzücken. Ich genoß den Frühling zum erstenmal in dieser
reizenden Gegend. Ich ergoß mein seliges Gefühl in tausend
Tönen und Liedern. Ach! damals kannte ich nur Frieden,
Genuß, Unschuld und Zärtlichkeit, und nun kam noch die
Liebe, um mich die Freuden des Himmels fühlen zu lassen!

* * *

Ich sah ihn zuerst in einem Garten voll froher Menschen
und Blumen. Sein helles feuriges Auge, das alle Freuden zu
enthalten schien, seine geistvolle Laune, seine jugendliche
Fröhlichkeit, die kräftige Gestalt, sein – doch wozu, denn
wie kann ich das alles beschreiben, genug, ich bemerkte ihn
vor allen andern und sagte leise zu meiner Schwester: dieser
Mensch muß mein Freund werden. –

In wenig Tagen ward er, ich weiß nicht wie? – so bei uns
bekannt, daß er uns auf einer Reise nach D. begleitete, wo
ein kleiner Bruder, den ich sehr liebte, krank geworden
war. Wir sprachen wenig zusammen, aber die Nähe eines
ganzen Tages, unsre Blicke, die sich vereinten, und wir
kannten uns vollkommen. Wer je wahres Gefühl empfunden hat, den wird es nicht befremden, daß –

Noch an diesem Abend, von der Dunkelheit begünstigt,
gab ein Kuß uns beiden die Gewißheit, daß wir eben so
geliebt wurden, als wir liebten.

* * *

Von nun an lebte ich ganz der Liebe, die all ihre Seligkeit
über uns ausgoß. Alle Tage war ich gewiß, den Geliebten zu
sehen; jeden Tag war die Sehnsucht neu, und jeden befriedigt.

Ich hatte keinen Plan, keinen Wunsch, ich war unschuldig, ich war gut, ich war selig; die Freuden der Engel waren mein. – O wenn ich bedenke, daß wohl soviel Menschen nie so glücklich waren, – – glücklicher kann keiner sein – so strafe ich mich vor jeden unzufriedenen Augenblick, der mich überrascht.

––––––––

F – bemerkte bald unser Glück und entbrannte vor Wut, doch ich bemerkte es nicht. Doch als er einst meinetwegen ein kleines Fest in einem Garten – demselben, wo ich ihn zuerst gesprochen – veranstaltet hatte, und K – von unbezwinglicher Neigung getrieben, und von meinen Augen aufgemuntert, sich eingeladen zu uns gesellte, da vergaß sich der stolze milde F – so weit, daß er uns hinweg zu gehen nötigte.

Natürlich, daß ich nun von seinen Schmähungen alles leiden mußte. – Doch hielt mich dies von ähnlicher Handlungsart auch nicht zurück. – Öfter geschah es, daß ich bei Lustbarkeiten, die meinetwegen veranstaltet worden waren, den Unternehmer ganz vernachlässigte und mich ausschließend mit denen unterhielt, zu welchen mich stärkeres Wohlgefallen hinzog.

Und dann durfte es mich freilich nicht wundern, wenn ich auf das ärgste geschmäht wurde.

Von diesem Augenblick an ward ich schuldig!«

*   *   *

Das Tagebuch bricht ab.

Eine Liebesgeschichte in vier Abschnitten. Erlebt? Erdichtet? Das Tagebuch bricht ab, weil das Leben, das sie nun über lange Zeit führte, keine Aufzeichnungen mehr zuließ. Weil sie *lebte,* anstatt zu schreiben.

Nicht erdichtet.

Erlebt.

Die Personen der Handlung sind leicht zu entschlüsseln. F. –, stolz und mild, ist der Ehemann Friedrich Karl Mereau, der von weichem Gemüt war, wie Winkelmann an Brentano schrieb. K – ist der Mann, den Sophie Mereau leidenschaftlich und bedingungslos liebte, dem sie ihr Leid schilderte und ein kurzes Glück verdankte: Johann Heinrich Kipp aus Lübeck.

Kipp war ein blendend aussehender junger Mann; sein gutes Äußeres, so schreibt er selbst, öffne ihm in seiner Heimatstadt alle Türen. In Jena war er Student der Jurisprudenz. Der junge Mann lebte leichtsinnig, konnte schließlich nicht einmal mehr die Promotionskosten bezahlen. Er besaß gute Anlagen, aber einen offenbar zu labilen Charakter, um den Versuchungen der Universitätsstadt zu widerstehen. Acht Jahre nach seiner überstürzten Flucht aus Jena hat er seiner Freundin, die ihm trotz der Verlobung mit Brentano noch einmal schrieb, die Jugendsünden gebeichtet.

Sophie hatte, als sie Kipp kennenlernte, keine Ahnung, daß es sich um einen Leichtfuß handelte, der seiner Neigung zum Spiel nachgab und die Stadt verlassen mußte, weil seine Gläubiger ihm keinen Kredit mehr gaben. Sie verliebte sich glühend in den temperamentvollen, zärtlichen, geistig regen Mann, der all das verkörpert und besitzt, was sie an Mereau vermißt: Sinnlichkeit, Heiterkeit, Selbstbewußtsein, Überzeugungskraft. Im übrigen bewies sie bei diesem damals noch kaum hervorragenden Jüngling gute Menschenkenntnis. Es waren immer bedeutende Männer, die Sophie Mereau anzogen, ob es der Jurist und Dichter Georg Philipp Schmidt war, dessen Lieder Schubert vertonte, ob Friedrich Müller, damals weder Kanzler noch geadelt, ob Jean Paul, Friedrich Schlegel, Brentano oder Hölderlin.

Johann Heinrich Kipp, bei Nacht und Nebel aus Jena geflohen in der Hoffnung, in seiner Heimatstadt vielleicht ein »brauchbarer Handelsmann« zu werden, machte dort erfolgreich Karriere.

Es besagen die Auskünfte des Archivs der Hansestadt Lübeck: JOHANN HEINRICH KIPP, *geboren 1773. Besuch des Katharineums. Studium der Rechte, in Jena. 1795 zum Dr. jur. promoviert, 1799 in Lübeck Amanuensis judicii und Notarius, Gerichts-Actuar. 1811 Richter am französischen Tribunal in Lübeck, 1820 Senator. Mitglied des Finanzdepartements. Erster Archivherr. 1833 zum Bürgermeister von Lübeck erhoben.*

Sophie Mereau war es, die ihm in Jena die Welt der Literatur und Philosophie nahebrachte. Kipp trug sich mit der Absicht, die Juristerei aufzugeben und ein »belletristischer Schriftsteller« zu werden.

Umgekehrt wirkte die gegenseitige Zuneigung auf Sophie Mereau inspirierend. Es entsteht die Idee zu einem neuen Roman, es entstehen die ersten selbständigen Erzählungen und die von Schiller, Humboldt und Herder mit Lob bedachten großen Gedichte. *»Schwarzburg«* erscheint 1795 in den *Horen,* im Musenalmanach von 1796 ist sie mit vier Gedichten vertreten, die ihre Berühmtheit steigern. Der *»Frühling«* entspricht den Tagebuchaufzeichnungen; sie ist in dem bisher glücklichsten Zustand ihres Lebens.

Frühling.

Wie die Zweige sich wölben!
Blüthen und Blumen sich drängen,
Rosen den Äther umwallen!
Mutter Natur, wie schön bist du!

Wie die Vögelein schwärmen!
Käfer mich fröhlich umsummen!
Fische im Abendglanz spielen!
Holde Freiheit, wie süß bist du!

Wie die Täubelein girren!
Schwalben ihr Nestchen sich bauen,
kleine Würmchen sich suchen!
Liebe, Liebe, ich ahnde dich.

Der Briefwechsel, der im Sommer 1795 einsetzt, beweist, wie wichtig diese Liebe für Sophie gewesen sein muß. Immer, auch als die Korrespondenz der Entfernung und neuer Bekanntschaften wegen dem Ende zugeht, schreibt sie aus einer optimistischen Lebenshaltung heraus, bleibt sie dem Grundsatz treu, auch hier die Freiheit zu bewahren. Sie entwickelt zwar Pläne, gemeinsam mit Kipp in die Welt zu gehen, sich von den Zwängen, die sie drücken, zu befreien – aber an eine neue Heirat, an neue Fesseln denkt sie nicht.

Varnhagen von Ense, der die Briefe 1856 von Bettine von Arnim erhält, schreibt in sein Tagebuch: »Ich zwang mich zu einiger Arbeit; las dann in den Liebesbriefen der Sophie Mereau, die sehr bemerkenswert sind, ein lebhaftes Bild von ihrer Liebenswürdigkeit und von den Sitten der Zeit geben. In *allen* Zeugnissen, Briefen und Erzählungen von damals findet sich durchaus dasselbe: Vergötterung und Allberechtigung der Liebe, Mißachtung der Ehe, poetische Anerkennung der Sinnlichkeit, Ringen nach Freiheit, Hinblick auf Frankreich. Dies alles ist auch hier.«

Der *Wunsch nach Freiheit* ist bei Sophie derart stark ausgeprägt, daß sie den Freund letztlich aufgibt um der eigenen Freiheit willen. Sie hatte erfahren, daß er eine Jugendfreundin wiedergesehen, von Heiratsplänen gesprochen

habe – was den Tatsachen übrigens nicht entsprach: Kipp
heiratete sehr spät eine ältere Witwe – Sophie jedenfalls
schreibt ihm, sich nicht gebunden zu fühlen, Zwang sei das
Grab jeder Liebe. Zwar will sie ein neues Leben beginnen,
».. . doch müßte ich dabei frei sein. Ich fühl es, wie dieses
Bedürfnis sich immer fester in mein Wesen schlingt.«
(21. Juli 1796)

Seinen ersten Brief schreibt Kipp am Tag nach der überstürzten Abreise aus Merseburg, wo er Station macht, am
16. Juni 1795.
    »Liebe, liebe Sophie! Einzige!
    Gott was hab' ich verloren, was habe ich aufgegeben! –
Das muß ich sagen, wird es nicht anders mit mir, so muß ich
wieder bei Dir sein oder aufhören zu leben. (. . .) Recht oft
erinnere ich mich Deiner Taten, Deiner Grundsätze. Große
Sophie, ich verehre Dich. Ich will gut sein, und tätig, denn
Du bist mein und Du liebst mich.«
    Ihr Bild, das sie ihm mitgab, sei ihm einziger Trost.
Gemeinsam sieht er sich mit ihr in der Verehrung Schillers.
Er hat die Szene zwischen König Philipp und Marquis Posa
wieder gelesen, »voller Lebhaftigkeit und Empfindung:
Sofie, ich bete Dich an. Ich habe zuvor die Natur geliebt.
Aber alles, was ich damals empfand bei dieser großen
Geliebten, das wiederholte sich tausendmal bei Dir.«

Sophie Mereaus erster Brief an Johann Heinrich Kipp

den 17ten [1795]
Nun ist es vorbei! – zwei Wesen sind getrennt, die ohne
einander nicht leben können. Die Welt ist tod für mich,
Harmonie ist aus allen Wesen gewichen, und in der ganzen
Natur spricht kein süßer Ton mehr für mich an.
    Es ist unbegreiflich, wie deine Gegenwart in mein ganzes
Leben verschlungen war . . . Jetzt tritt mir überall eine
unerträgliche Leerheit entgegen, und in mir selbst finde ich

nichts, das mich erheitern kann. Ohne Hoffnung und ohne Wünsche sehe ich jedem kommenden Tag entgegen . . .

Nähe und Ferne, Glück und Trauer hat sie in vielen Gedichten in »Schwärmerey« und »Andenken«, »Schwermuth« und »Klage« beschrieben. Das Gedicht »Andenken« erschien in Schillers Musenalmanach von 1797.

Andenken.

Atmet, von Lüftchen bewegt, die Linde mit stillem
                                             Gesäusel:
wähn' ich, es atme darin leise dein zärtlicher Laut.
Seh' ich von fern ein Gewand, an Farbe ähnlich dem
                                             deinen:
zuckt mir ein lieblicher Schreck schauernd durch Mark und
                                             Gebein.
Zeichnet mit Rosengewölk der Tag die beginnende
                                             Laufbahn,
strahlet der Äther so blau: denk' ich, es wäre wohl schön,
heut' in der freien Natur, in himmlisch blühenden Lauben
fröhlich beisammen zu sein, ach, mit dem lieblichen
                                             Freund!

Dämmert der Abend so mild, und wandelt durch duftige
                                             Wolken,
ihren Geliebten zu sehn, Luna, mit thauigem Blick;
schimmern die Sterne herab in schweigender, ewiger
                                             Klarheit:
tauch' ich mich, einsam und still, gern in die Kühlung der
                                             Nacht,
denke deiner, bewegt, und seufze mit liebender Sehnsucht:
Wehet, ihr Lüfte, o weht seine Gedanken mir zu!
Sieh', es umringet mich so dein Bild in lieblichen Träumen,
bist du dem Auge gleich fern, ewig dem Herzen doch nah.

Seliger Ahnung getreu, liebt dich die Freundin in Allem,
wie sie in schönerer Zeit Alles einst liebte in dir.

*   *   *

Sophie Mereau an Kipp
Wie sehn ich mich hinaus in die freie Welt! – Der süße
Wahn, Dir irgendwo begegnen zu können, hat alle vorigen
Wünsche nach Freiheit wieder in mir aufgeweckt. Wilde
Phantasien umschwärmen mich nun!

*

Eile, mein guter Kipp, Dir so schnell als in Deinem prosai-
schen Lübeck möglich ist, das 6te Stück der *Horen* zu
verschaffen. Was habe ich empfunden, und welche himmlischen Bilder haben Goethes *Elegien* in meine Seele zurück-
gerufen! – *Wir* sind die Liebenden! *Du empfandest,* was
Goethe schilderte; wie er geliebt wurde, *liebte ich Dich*! – wie
hat der Dichter mich in einen so lieblichen Taumel hinge-
zaubert.

Kipp besorgt sich das neue Heft der Horen, er ist von den
Römischen Elegien so hingerissen wie sie, er schreibt sie ab
auf vielen Seiten, denn Schöneres habe er nie gelesen »als
diese edle Fantasie, diese einfache Sprache, dieses schöne
Gewebe alter Mythen!« Sie solle nicht mit irgendwem über
diese Dichtung sprechen: »Mit Goethe selbst magst Du
reden, wenn Du ihn siehst.«

Die literarischen Interessen, die sie in Jena verbanden,
Neuerscheinungen und Rezensionen werden zum Inhalt
ihrer Korrespondenz. Sophie schildert den Eindruck, den
die Verserzählung *Luise* von Voß auf sie machte. »Diese
Dichtung schmiegt sich so sanft an die Wirklichkeit an, und
weiß das Herz so innig an die Reize eines einfachen Lebens
zu fesseln, daß ich einige Augenblicke lang mit ganzer Seele
wünschte, ein so unerfahrenes Landmädchen geworden zu

sein (...) Aber es ist doch nichts mit dem Tausch. Diese Einfachheit der Ideen und Gefühle, die für die Vorstellung ein so lieblicher, ästhetischer Gegenstand ist, artet gewöhnlich in Dumpfheit aus, in ein bewußtsinloses Glück. Nein! wir wollen mit unsern Bedürfnissen, mit unseren gemischten Empfindungen und mit unsern Qualen zufrieden sein. Alle mögliche[n] Erfahrungen zu machen, alle Genüsse zu durchfühlen, tausendfach zu leben, dies sind Wünsche für Seelen wie die unsrigen – und dies mag uns über unsere widerspruchsvolle Lage trösten!«

*

Kipp an Sophie Mereau

den 26. [Okt. 1796]

Jean Paul Richter kenne ich itzt und schätze ihn. Ich danke Dir, gute, liebe Sofie, für den Genuß, den mir sein Hesperus macht. Jeden Morgen lese ich einige Seiten, daß mich sein Reichtum nicht ermüde. Denn die Geschichte fasse ich nicht, wohl aber seine vortrefflichen Einfälle. Was Dein Urteil über ihn so bestimmt und richtig war.

Schillers Musenalmanach, soeben erschienen, nennt Kipp mißlungen und geschmacklos. Einzig ihre beiden Gedichte darin gefallen ihm. Es handelt sich um den berühmtem Xenien-Almanach, in dem Goethe und Schiller zum Teil sehr boshafte Seitenhiebe auf ihre Kollegen und Zeitgenossen austeilen. »Aber diese Ungezogenheiten alle!« sagt Kipp empört.

In Schillers *Musenalmanach für das Jahr 1797*, als *Xenien-Almanach* berühmt geworden, war Sophie Mereau mit vier Gedichten vertreten. Obgleich der Markt seit den siebziger Jahren mit Almanachen, Kalendern und Jahrbüchern überschüttet war, ging Schiller optimistisch ans Werk, um seinen Produktionen ein Vehikel zur Veröffentlichung zu schaffen (an Cotta, 30. Okt. 1795).

Der Xenien-Almanach, den Kipp bemängelt, wurde auch von anderen scharf gerügt; eine Flut von Entgegnungen, Empörungen setzte ein, zugleich mit dem allgemeinen Rätselraten, welches Distichon von wem verfaßt und auf wen gemünzt war. Schiller hatte in listiger Vorfreude Humboldt mitgeteilt: »Die Xenien . . . haben sich nunmehr zu einem wirklich interessanten Produkt, das in seiner Art einzig sein dürfte, erweitert. Goethe und ich werden uns darin absichtlich so ineinander verschränken, daß uns niemand ganz auseinanderscheiden und absondern soll.« (1.2.1796) Dem einzigartigen Produkt entsprach ein enormer buchhändlerischer Erfolg; es erschien eine zweite, im Frühjahr 1797 eine dritte Auflage.

Es ist kaum anzunehmen, daß Sophie Mereau, als sie Schiller ihre Gedichte übersandte, den Inhalt des Almanachs kannte, doch an der großen Verbreitung war sie nun mitbeteiligt. Ihr Gedicht »Die Landschaft« gehört zu jenen Natur- und Landschaftsschilderungen, derentwegen sie sich einen Namen machte. In diesem Gedicht ist der Mensch nicht, wie in späteren Gedichten, etwa der »Bergphantasie«, eingebunden in die Natur – hier steht ihm die Natur als Eigenmacht selbsttätig gegenüber.

Die Landschaft

Einsam, auf des Berges ödem Gipfel,
Schau ich über die bewegten Wipfel
Tief hinunter in das weite Tal,
Wie harmonisch liebliche Gestalten
Sich in Jugendfülle rings entfalten,
Freundlich glühen in der Sonne Strahl.

Ha! wie wanket hier im Sonnenglanze
Dieser lichte Grund, wo wie im Tanze
Eingewurzelt, froh die Bäume stehn,

Bald in Gruppen vielfach sich verschlingen,
Dort gepaart in stille Lüfte dringen,
Einzeln hier an kühlen Bächen wehn!

Wie ein Silberband in Blau getauchet
Schlingt der Fluß, von Kühlung sanft umhauchet,
Seine Fluten durch der Wiese Grün.
Sichtbar jetzt und jetzt in die Gebüsche
Schwindend, krümmt an seines Ufers Frische
Heimlich sich der schmale Fußsteig hin.

Fern von ihm, bedeckt mit weißem Sande
Ziehet, bald mit einer Felsenkante
Eingefaßt, in Dörfer hier versteckt,
Die belebte Straße sich in breiter,
Träger Krümmung, zögernd immer weiter,
Bis sie fern der dunkle Wald bedeckt.

Voll Bedeutung schaut aus blauen Lüften
In des Tales froh belebte Triften
Die Ruine schwermutsvoll herab.
In sich selbst gedankenvoll versunken,
Blickt die stille Seele schauertrunken
In der Zeiten ewig offnes Grab.

Hinter ihr in langen Streifen dehnen,
Bis sie sich an ferne Berge lehnen,
Anmutsvoll sich stille Saaten hin;
Ihre Farben, die wie bunte Flammen
Sich durchkreuzen, schmelzen fern zusammen,
Und entschweben dem getäuschten Sinn.

Mir zur Seite, über die Gefilde
Trotzt ein Klippengrund, dem nie die milde
Frühlingssonne einen Halm entlockt.

Nur des Gießbachs wilde Ströme haben
Tiefe Spuren zürnend eingegraben,
Wo durch ihn ihr rascher Lauf gestockt.

Jetzt erhebt auf dunstbeladnen Schwingen
Sich der Sturm, und schnell verstummt das Singen
Froher Vögel, alles atmet schwer.
Horch, der Donner hallt in langen Pausen,
Und es zieht, voran ein banges Sausen,
Dort ein drohendes Gewölk einher.

Unablässig beugt, ein Spiel der Winde,
Auf dem Hügel sich die hohe Linde,
Beben alle Gräschen um mich her.
Während dort, versteckt in Blütenzweigen,
Tief im Tal noch alle Lüftchen schweigen,
Säuselt hier kein lauer Zephyr mehr.

Sieh, dort flieht, vom schnellen Sturm ereilet,
Noch ein Sonnenblick, der nirgends weilet,
Schnell verlöschend durch die weite Flur.
Und ein Schauer fliegt den Ungewittern
Leicht voran, und dringt mit bangem Zittern
Tief in die erschütterte Natur.

Und mit länger nicht verhaltnem Grimme
Rollet nun des Donners laute Stimme,
Und der Himmel und die Erde schwankt,
Dünste fahren auf in lohe Flammen,
Staubgewölke ballen sich zusammen,
Und des Tages matter Schein erkrankt.

Und der Sturm, den keine Kräfte zügeln,
Rast umher mit nachtbedeckten Flügeln,
Droht Verheerung der geschmückten Flur.

In der großen Szene ganz verschlungen,
Ehr' ich mit bescheidnen Huldigungen,
Dich in deiner Leidenschaft, Natur!

Das Gedicht zeigt, daß Sophie Mereau keineswegs das
»Rokoko-Dämchen«*, die Frühlings-Sängerin war, als die
männliche Kollegen sie einstuften und damit in eine bestimmte, dem »weiblichen Gemüte« vorbehaltene Rich-
tung drängten. Sie machte kraftvolle, ernste Gedichte, fand
aber beim Publikum und auch bei Schiller damit weniger
Beifall als mit »empfindsamer« Lyrik. Schiller taucht immer
wieder in Sophies Briefen auf.

An Kipp, am 8. Juli [1795]: »Schiller hat mir über meine
Gedichte das schmeichelhafteste Billet geschrieben, das ich
je erhalten habe. Er hat mich gebeten, *Schwarzburg* in die
Horen einrücken zu dürfen. – Mich freut es um der süßen
Erinnerung willen, denn Du bist der Gott, der mich dazu
begeistert hat, und es würde vollkommen sein, wenn ich
alles hätte sagen dürfen.«

Sie arbeite, schreibt sie, täglich fünf bis sechs Stunden.

Sie hat Kipp ein heimliches Treffen in Leipzig vorgeschla-
gen und will das Geld für die Reise, »da sie Mereau füglich
zu diesem Zweck nicht um Unterstützung bitten könne«,
selbst verdienen. »Was ich tun kann, ist Streben nach Unabhängigkeit.« In diesem Wunsch nach selbstverdientem
Geld zur eigenen, freien Lebensgestaltung, vor allem in der
nüchternen Durchführung, wirkt Sophie Mereau sehr modern, sehr kühn für eine Frau ihrer Zeit. Sie teilt Kipp mit,
daß nur eigenes Geld ihr die Basis schaffen könne, »die dem
Menschen die Freiheit gibt, den Dingen außer sich eine
selbstgewählte Form zu geben und sie zu seinen freien
Zwecken zu gebrauchen.«

»Es gibt Stunden, wo ich nah der Verzweiflung bin –
aber ich bin tätig und dies reißt mich wieder heraus.«
(26. Okt. 1795)

»Ich überlege und sinne, und alles, alles in mir wird
Harmonie bei meinem Entschluß, nur der Mut der Ausführung fehlt mir. (. . .) Ich muß Geld haben – mein Kind muß
mit mir – M. [Mereau] darf nichts erfahren, bis ich schon
mit [ihm weg] bin. Ich gehe dann an einen entfernten Ort,
wo ich ganz unbekannt bin, werde – Schauspielerin, um
doch etwas zu sein, und schreibe dabei, das versteht sich.«
(15ten [Januar 1796]).

Von der unerträglich werdenden Situation in ihrer Ehe
handeln viele Briefe, die in ungeschminkter Klarheit die
eigene Schuld aussprechen. Sophie tändelt nicht, ziert sich
nicht, beschönigt nichts. Sie ist nicht die ›Coquette‹, für die
Gunda Brentano sie hält, sie fordert und gibt Offenheit und
Wahrheit.

Sophie Mereau an Kipp

den 24sten [Juli 1795]
Nach der Rückkehr von Dornburg, unter einem Strom von
Tränen, sagte ich M. [Mereau], daß ich Dich liebe, und daß
es mich beruhige, wenn er mir verspräche, nur als Bruder
mit mir umzugehen. M. [Mereau] war sanft, versprach, was
ich wünschte, und suchte mich nur zu beruhigen. (. . .)

Ich benutzte diese Stimmung, um ihn nur etwas humaner
zu bilden, aber von Neigung kömmt auch kein Funke in
mein Herz und wird es auch in alle Ewigkeit nicht.

O daß ich Sünderin das Weib eines Mannes ward, für den
kein Ton in meiner Seele anspricht! –

*

den 22sten Oktober 95
So heiter ich auch jetzt im Ganzen bin, so schwer sinkt doch
in gewissen Augenblicken das Gefühl meiner Lage auf

mich ein. Soll ich zu dem großen Haufen der Weiber herab-
sinken, die sich durch Betrug für die Mißtöne der Ehe
schadlos halten? – ich bin von Natur offen und frei und
gerecht – ich fordre von keinem mehr, als ich zu geben
bereit bin. Um Deinetwillen konnte ich mich verstellen;
denn ein solches Entzücken war einer solchen Aufopferung
wohl wert – aber jeden unendlich kleinen Genuß mit dieser
Anstrengung zu erkaufen! – und doch, wie kann ich mich
mit einem Herzen begnügen, wo ich ewig, ewig nicht
verstanden werde, wo alles was mein Gefühl, meine Phantasie, mein Geschmack wohlwollend hingibt, und gleichen
Einsatz dafür hofft, auf ewig verloren geht? –

*

den 27.

Ich hatte diesen Abend viel phantasiert, viel von Sehnsucht
nach Freiheit gesprochen, wie ich es oft tue, und halb
scherzend, halb ernst, von Plänen in die weite Welt zu
gehen. – M. (Mereau) hatte das mehr als gewöhnlich erschüttert, oder vielmehr, es kam nur jetzt zum Ausbruch. –
Er bat mich um Erklärung, und ich sagte ihm, daß ich
allerdings solche Ideen hätte, daß ich zu eingeschränkt sei,
überhaupt für diese Lage nicht passe, u. s. w. – Er tobte
nicht, aber er war wehmütig. Er versprach alles, bat mich,
ihn nicht zu verlassen – dann brachte er mein Kind, das
lieblich seine Händchen nach mir ausstreckte. –

Du fühlst, was ich fühle, Du weißt, wie weich ich bin. O!,
daß ich auch mit diesem Gefühl mich in eine solche Lage
wagen konnte! –

*

Kipps Antwort an Sophie Mereau

1[Nov. 1795]

Über M. [Mereau]: Was willst du mehr, als gerecht sein?
Nach allen Umständen, die ich von Deiner *Verheiratung* mit

ihm weiß, nach allem, was ich zwischen euch erlebt habe, ist M. ein Tor, den ich nur bemitleiden kann. Er hat gar keinen eigentlichen Wert. Von seinem Kopf sage ich nicht ein Wort. Das Gute, was sein Herz zu haben scheint, ist Laune, oft Schwäche. Ich urteile nicht zu hart, verkenne mich nicht. – Was M. in Jena ist, ist er bloß durch Dich. Ohne Dich würde M.s Name nie genannt werden.

Ich fühle, gutes Weib, was Du gefühlt hast, als er Dir Dein Kind brachte, das auch *sein* ist.

Der Gedanke an eine Flucht nimmt in dieser Zeit konkret Gestalt an. Wenn Kipp es möglich gemacht hätte, wäre sie zu ihm gekommen. »Glaubst Du an unsere Träume, und arbeitest Du für ihre Erfüllung? Was ich tun kann, ist Streben nach Unabhängigkeit.«

In der Erzählung *Die Flucht nach der Hauptstadt,* die 1806 erscheint, hat Sophie Mereau die Situation einer Frau beschrieben, die aus unglücklicher Lage heraus tatsächlich die Flucht ergreift, die Schauspielerin wird und sich ihr Leben aufbaut. Von Flucht ist immer wieder, im Briefwechsel und auch im Tagebuch, die Rede. Aufreibende Monate, seelische Verzweiflung, Höhen und Tiefen, »wachsendes Selbstgefühl« oder Angst, »Ergebung und Mut«, Wechselbäder der Seele: kaum hat sie sich in ihre Lage gefunden, begeistert sie sich wieder für Kipps Zukunftspläne:

Sophie Mereau an Kipp

Im März 1796
Du, Freiheit und *Frankreich,* – nur diesen Himmel, wo alle meine Gefühle, alle meine Lieblingsbilder sich begegnen, – selbst den Gedanken ertragen, daß nur erst der Tod den Weg dahin öffnen soll! – Doch was soll diese trübe Vorstellung? – wir stören die Ordnung der Natur nicht, wir wollen nur die künstlichen Verhältnisse des Lebens für unsre Be-

dürfnisse passen, um ihr desto reiner und ungestörter folgen zu können.«

Das sind Sätze, wie sie sich ebenso in ihrem ersten Roman finden. In ihren Briefen ist sie noch freier, noch offener, ohne Scheu, ihre sinnlichen Wünsche auszusprechen.

Sophie Mereau an Kipp

d. 29sten Aug. [95]

Schwang sich nicht aus jeder unsrer Umarmungen eine neue Liebe empor, jugendlich schön und neu? – – Ich habe – Du weißt es – oft geliebt, oder zu lieben geglaubt, die Gefühle meines Herzens verirrten sich und bildeten sich durch Irrtum, nie war ich mit dem Mann, den ich liebte, vertraut, und doch erlosch mit dem Reiz der Neuheit stets die Fackel der Begeisterung, die bei Dir nur stärker flammte. –

Sie habe ein Gedicht gemacht und es Schiller zugeschickt. Unter dem Titel *Schwärmerey der Liebe* erscheint es 1799 im Musenalmanach. Die letzten vier (von 28) Strophen lauten:

Die Lieb' ist ewig! Ihren Harmoniien
Folgt treu die ganze bildende Natur!
Und werd ich auch in neuen Formen glühen,
So folg' ich ewig ihrer Rosenspur.

Nie wird der hohe Einklang untergehen,
Der uns vereint. – Ich will, an dich gebannt,
Mich als Planet um deine Sonne drehen,
Den Lichtstrahl saugen vor dir hergesandt;

Im Wetterstrahl mich dir entgegen stürzen,
Als Blume dir die Gartenblume sein,

Im Blütenduft mit dir die Lüfte würzen,
Und gaukelnd mich mit dir als Vogel freun.

Im Schöpfungskreis stets von dir angezogen,
Vermählt uns ewig heil'ge Sympathie!
Im Sternentanz und im Gesang der Wogen
Weht uns Ein Geist, der Liebe Harmonie!

*   *
        *

Im Sommer 1796 wurden die Briefe seltener zwischen Jena und Lübeck. Kipp baute seine Existenz als Jurist auf, das prosaische Leben der Handelsstadt nimmt ihm, wie er schreibt, Zeit und Gedanken. Zu jener Zeit lernte Sophie Mereau einen Landsmann von ihm kennen, Georg Philipp Schmidt aus Lübeck, über den sie sich erst abfällig, dann wärmer äußert. Denn im Gegensatz zu Kipp, mit dem sie vergeblich ein Wiedersehen zu arrangieren versuchte, ist Schmidt ihr nah, steht zur Verfügung, ist da.

Kipp blieb allein und schwieg. Erst als er sich etabliert hatte und eine Frau suchte, meldete er sich wieder, im Herbst 1803, – aber da war es zu spät, Sophie Mereau hatte sich gerade mit Clemens Brentano verlobt.

Was geschehen wäre, hätte er früher geschrieben, diese Frage bleibt Spekulation: er schrieb zu spät.

Nicht zu spät freilich, um einiges Unheil anzurichten, als der eifersüchtige Brentano jene Briefe, die Sophie ein Leben lang treulich in einer Mappe verwahrte, in ihrem Schreibtisch entdeckte.

KAPITEL VII
REISE NACH HAUSE. ABSCHIED VON LIEBE.
GEORG PHILIPP SCHMIDT

Was suchst du hier? Die Stunden sind ver-
weht,
Vergangenheit nahm sie in ihren Schoß.
Die Blume stirbt – ein neu Gebild entsteht,
Und keine Stunde reißt sich wieder los.

SOPHIE MEREAU

*

Was fern wie dunkle Sage,
Wie Traumbild vor mir schwebt:
Es waren goldne Tage,
So zauberschön gewebt.

GEORG PHILIPP SCHMIDT AN SOPHIE MEREAU

»Ich habe eine neue, intreßante Unterredung mit dem Mann
gehabt, von dem ich Dir vor einiger Zeit schrieb. Es ist
Schmidt. Ich hatte mich seit einiger Zeit sorgfältig von ihm
entfernt – er fühlte es, und es kam endlich zu einer Erklärung. Er sagte mir vieles, so, ob er eine Stelle in meiner
Liebe erhalten könnte? – Ich sagte ihm nein! nie! – er war in
heftiger Bewegung, sagte, daß er, auf diese unsinnige Hoffnung hin, verschiedne seiner Verhältnisse zerrissen hätte
usw. – Noch diesen Abend hörte ich ihn unbemerkt mit M-
sprechen. Er sprach im Ton eines Verzweifelnden, alles was
Leidenschaft nur eingeben kann.«

So steht es in einem der letzten Briefe, die Sophie Mereau
an Kipp schreibt, freimütig und ehrlich. Sie hat neue
Freundschaften: mit Behn aus Lübeck, der voller Begeisterung ihre Gedichte, ihr »Blütenalter« liest, mit einem F-h-r,
der sie mit Leidenschaft verfolgt. Sie braucht diese Freund-

schaften, und sie braucht Liebe. Eine Stelle in ihren Notizen lautet:

»Liebe und allenthalben Liebe, ich begreife nicht, wie ohne sie nur etwas interessant sein kann. Ist sie nicht die einzigste Angelegenheit des Lebens? – Wär sie nicht der höchste Reiz des innigsten, geistigsten Lebens, so bedurfte es der süßen Harmonie, die aus Mann und Weib erst Ein Wesen, den Menschen, bildete, nicht, so war es der Natur genug, ein dumpfes, hermaphroditisches Geschöpf hervorzubringen, das nie zum wahren Leben erwacht.«

Darin ist sie Clemens Brentano am meisten ähnlich: beiden ist die Liebe eigentliches Element. Sie ist ihr mehr als etwa Mittel zu Inspiration und Empfindung, zu Phantasie und Erfahrung: sie ist ihre Lebensgrundlage. Brentano schrieb einmal, als Sophie ihn zu verlassen drohte, verzweifelt an Savigny: »ich habe ein einziges Element, Liebe – meine Freundschaft ist nichts anderes –, in dem ich mich frei bewegen kann, in allen andern Atmosphären bin ich ein Fisch auf dem Lande.« (Juli 1800) Das gilt auch für Sophie, die er als Ehemann beschwört: »Ich weiß keine Rettung als in Liebe.« (20. 11. 1804)

GEORG PHILIPP SCHMIDT (1766–1849) stammte aus Lübeck, wie Kipp. Kipp hatte sie geliebt, ihm hatte sie folgen, mit ihm reisen wollen.

Nun, da das geplante heimliche Treffen mit Kipp in Leipzig nicht stattfand, reist Sophie Mereau mit Schmidt. Denn er ist anwesend, besucht sie immer häufiger, gewinnt ihr Vertrauen, gesteht seine Liebe.

Schmidt war ein gebildeter, in klassischer wie moderner Literatur versierter, eleganter und beliebter Mann, hochgewachsen, mit vielen Talenten. Er hatte in Jena Medizin studiert und promovierte 1797 zum Arzt, daneben veröffentlichte er biographische und historische Schriften, gab 1799 die Praxis in Lübeck auf und führte ein erfolgreiches und kultiviertes Leben als Sekretär des Finanzministers Graf Schimmelmann, schließlich als Königlich-Dänischer Justizrat und wohlsituierter Bankdirektor in Altona. Als »Schmidt von Lübeck« wurde er berühmt auch durch seine Gedichte, die Schubert vertonte.

In Jena war Schmidt mit dem Übersetzer Gries (1775–1842), dem Anatomieprofessor Loder (1753–1832) und dem Arzt Hufeland (1762–1836) befreundet. Sie alle waren auch Freunde der Mereaus, bei denen er, wie später Brentano, den Mittagstisch einnahm. Hier lernte er den jüngsten Sohn Herders kennen und dadurch Herder selber, Schiller und Goethe. Es schreibt der Biograph Schmidts – ich zitiere den Bericht unter Vorbehalt, da die Besuche Goethes sonst nirgends belegbar sind – über die Geselligkeit im Hause Mereau:

»Um die vielumschwärmte Sophie Mereau fand sich an den Abenden gewöhnlich eine auserlesene Gesellschaft zusammen; es waren vor allen Wieland, Goethe und Schiller, die hier verkehrten, und auch Schmidt war meistens unter ihnen. An Anregungen zu dichterischem Schaffen fehlte es da gewiß nicht, und daß Sophie Mereau auch Schmidts mehr als mittelmäßige lyrische Begabung erkannte, beweist, daß sie sich mit ihm über ihre Gedichte des öfteren beriet. In Verehrung und tiefer Herzensneigung hat sich Schmidt zu der Dichterin hingezogen gefühlt. Die schönste Zeit seines Lebens hat er in diesen drei Jahren in Jena zugebracht.«* Als Schmidt aus Jena fortging, schrieb er an Sophie das Gedicht

Abschied aus Jena.
An Sophie Mereau.

Ich werde dich im Herzen tragen,
So wie das Bildnis an der Brust,
Wohin auch je der Reisewagen

Und Meereswogen mich verschlagen –
Du leb und liebe, wie du mußt.

*

Schmidt wurde 1796 als leidenschaftlicher Verehrer Ersatz
für den unerreichbar gewordenen Kipp – auch er, wie
Mereau, ein Ersatz. Das unglückliche Ende lag im zögern-
den Anfang schon beschlossen. Das Tagebuch gibt dafür
ein inneres Protokoll.

»S. [Schmidts] Erklärung, meine Kälte. Das Ende unsers
Umgangs. (24. Mai 1796). – »Geschmeicheltes Selbstgefühl. Glückliche Aussicht« (4. Juni 1796). – »Die Frage:
ist's auch Recht?« (8. Juli 1796) – »Seine Leidenschaft, mein
Mißmut. Meine Offenheit.« (31. Juli 1796). – »Sein Unglück. Meine mir gemachten Vorwürfe. Geschmeichelt.«
(2. August 1796). – »Verabredung mit Schmidt. Reise-
Plan.« (28. August 1796).

*

Reise-Plan

Schmidt ist keine Hauptfigur in Sophies Leben, und man
könnte ihn als die Randerscheinung stehen lassen, die er
war. Aber an ihm wird ihr Drang zur Befreiung meßbar:
auf Biegen und Brechen, sie wollte fort. Schmidt wird zum
Gehilfen ihrer Selbständigkeit: Aufbruch in ein schmales
Stück Anderssein, Einübung zum Mut, sich durchzusetzen.

Ergebung – oder Mut? Sie ist sechsundzwanzig, Schmidt
dreißig Jahre alt.

Am 4. Juni 1796 steht im Tagebuch: »Er hat nach Amerika gehen wollen. Was ihn zurückgehalten. Neues Interesse an ihm. Wohlgefallen.«

In diesen Zeilen liegt eine gute Portion Naivität. Es lockt
sie das Abenteuer, die neue Welt in jedem Sinne der Vorstel-

lung. Und noch etwas lockt sie: die Lebensgeschichten anderer Menschen. In den Tagebüchern tauchen solche Bemerkungen immer wieder auf: »Lindners Geschichte. Sehr intreßante Gespräche.« (6. Okt. 1799) Bei Schlegel: »Geistreiche Unterhaltung« (13. Mai 1798), bei Brentano: »Sehr intreßante Erzählung seiner Geschichte. Wohlgefallen an ihm und süße Träume.« (11. Dez. 1798)

Es liegt dichterische Neugier darin – sie hat solche erzählten Geschichten in ihren Dichtungen verarbeitet –, aber auch, aus der Enge Jenas heraus, der Wunsch, Erlebnisse aus einer ihr unbekannten Welt zu hören. Sie hat Fernweh: »Wie sehn' ich mich hinaus in die freie Welt.« (An Kipp, 1795)

Als Frau sieht sie keine Chance, diese Sehnsucht zu befriedigen. Sie ist auf Berichte angewiesen. Sie entschädigt sich durch ihre Phantasie: »da ich doch ... mit meiner Phantasie, die allein stets Beschäftigung verlangt, ja immer nach Gefallen in der Weite umherschweifen kann.« (2. Mai 1796 an Kipp).

In ihrem Roman läßt sie das Paar nach Amerika auswandern. Die dichterische Fiktion ist das eine, die tatsächlich durchgeführte Reise das andere. Sie war so frei: sie reiste. Nicht nach Amerika, aber nach Berlin. Nach Leipzig, Potsdam und Dessau.

Man kann heute kaum mehr ermessen, was das bedeutete für eine verheiratete, ›anständige‹ Frau, allein mit einem Liebhaber für vierzehn Tage zu verreisen. Ein unvorstellbarer Skandal. Noch Jahre danach erzählt man in Berlin davon. Brentano erfährt es 1804, als er Arnim besucht, und findet sich bitter gekränkt und beschämt. Schmidt, den sie längst schon vergessen, den sie nie wieder gesehen hat, taucht noch spät trennend in ihrer Ehe mit Clemens auf, der ihr aus Leipzig schreibt: »Wie konnstest Du nur von mir fordern zu glauben, Du habest mit Schmid[t] so vor nichts und wieder nichts gereist und geschlafen, sieh das zerreißt. Nie, nie hätte ich diesen Weg gehen sollen, der meinen alten Schmerz über Deinen Leichtsinn, Deinen bösen Ruf erweckt, o Sophie verzeihe, sieh, ich ringe die Hände, indem ich dieses schreibe, ich liebe Dich, ich bin behext, aber ich bin auch sehr unglücklich, daß Du nicht aufrichtig bist gegen mich.«

Pläne, in die Welt zu gehen

DAS TAGEBUCH IM JAHRE 1796

24. Mai. 1796 S. [Schmidts] Erklärung, meine Kälte. Das Ende unsers Umgangs.

25. Mai. S. [Schmidts] Verzweiflung. Unruhe. Sehnsucht nach Genuß, nach Freiheit.

26. Mai. Besuch von S. [Schmidt]. Neue Hoffnung, neue Liebe.

27. Mai. S. [Schmidt] der Alte

29. Mai. Ausgeritten. Neue Hoffnung, neues Leben. Reise nach Italien: Glückliche Aussicht.*

30. Mai. Abends Besuch von S. [Schmidt]. Sein rasender Mißmut. Verlorne Hoffnung. Abschied.

31. Mai. Verstimmt und in Trauer und Unentschlossenheit.

1sten Juni 1796: Zuhause. Trüber Tag. S. [Schmidt] wie vorher.

3. Juni. Mit Mereau weggefahren. Seine Bekenntnisse. Gleichmütig.

4. Juni. S. [Schmidt] kömmt. Die glückliche romanhafte Wendung seines Schicksals. Er hat nach Amerika gehen wollen. Was ihn zurückgehalten. Neues Interesse an ihm.

Wohlgefallen. Vollkommne Zufriedenheit. Nachrichten von K. [Kipp]. Meine Unruhe. Vergnügen mit S. [Schmidt]. Geschmeicheltes Selbstgefühl. Glückliche Aussicht.

5. Juni 1796. Heiter. Vergnügte, schöne Stunden mit S. [Schmidt]. Seine Freundschaft. Frohe Hoffnung. Gelungene Arbeit.

8. Juni. Zuhause. Heitere Stimmung. Zärtliche Empfindungen gegen S. [Schmidt].

9. Juni. Froh. Arbeit. Vergnügt mit S. [Schmidt].

12. Juni. Ausgefahren. Angenehme Vertraulichkeit gegen S. [Schmidt]. Offenheit.

3. Juni. Brief von L. [Lindner]. – Entzücken. Frohe Erwartung. Liebe. Besuch der E. [Ebert]. Gleichgültig. Süße Gespräche von K. [Kipp]. Abends viel Besuch.

15. Juni. Weggefahren. S. [Schmidt] Zärtlichkeit, meine Aufmerksamkeit.

18. Juni. Traurig. Nachricht wegen E. [Ebert]* – Tod. Besuch von S. [Schmidt]. Gleichgültig.

23. Juni. Besuch von H. Die Nacht bei der E. [Ebert] zugebracht. Mit mir zufrieden.

25. Juni. Schöner heiterer Morgen. Teilnehmende Gespräche mit M. [Mereau]. Reise nach A. [Altenburg]. M. [Mereaus] Zufriedenheit. Angenehmer Aufenthalt im Garten. Abends fröhliches Wiedersehen.

26. Juni. Nicht heiter. Juliens [Julie Reichenbach] Freundschaft. Romantische Spaziergänge. Unsre Freuden.

27. Juni. Frühe Abreise. M. [Mereau] wieder der Alte. Heimlicher Gram.

28. Juni. Zerstreut. Besuch bei der E. [Ebert]. Abends Gespräch mit S. [Schmidt]. Seine Teilnahme. Meine Rührung. Pläne, in die Welt zu gehen.

---

6. Juli 1796. Unruhig. Fortgesetzte Pläne, ganz nah und gegenwärtig gedacht.

7. Juli. Beinah zum Entschluß gereift. Höchste Unruhe. Zweifel. Phantasie.

8. Juli 1796. Die höchste Spannung. Lebhafter Kampf. Abschied von allen. Die Frage: ists auch Recht? – Brief von S. [Schmidt]. Süßer Brief. Entschluß. Entzückung. Heitrer Abend.

10. Juli 1796. Besuch. Langweilig. Verstimmt. Abends S. [Schmidt] voll drängender Glut.

12. Juli. Unangenehme Nachrichten. Ruhiger. Abends vergnügt. S. [Schmidt] mit inniger Liebe. Neue Pläne.

16. Juli. Sturm in der Natur. Sturm in der Seele.

21. Juli. Nachdenken. Keine Entscheidung der Frage: ists Recht. Entschluß zu bleiben, aber zugleich zur Reise. Innere Harmonie und Selbstvertrauen.

23. Juli. Ruhig. Stärke des Charakters.

27. Juli. Gearbeitet. Abends Spaziergang mit S. [Schmidt]. Mißfallen an ihm. Mangel an Zutrauen. Seine Versicherung. Neues freundliches Gefühl.

31. Juli. Reise nach Burg – Romantisches Gefühl. Angenehmes Gespräch mit S. [Schmidt]. Seine Leidenschaft, mein Mißmut. Meine Offenheit. Heitrer Abend von innen und außen. –

1sten August 1796. Vergnügt bei der E. (Ebert). Abends Gespräch mit S. [Schmidt]. Sein Unglück. Meine mir gemachten Vorwürfe.

2. August. Spaziergang. Geschmeichelt.

6. August. Gefühl meiner Schuld. Stärke der Seele. Heiterkeit.

10. August. Um Seiltänzer zu sehen. Freude, Schönheit, Beifall, Unruhe, Mißmut. Häuslicher Verdruß.

11. August. Besuch eines Fremden. Geschmeichelte Eitelkeit. Viel Weihrauch. Geschmeichelter Ehrgeiz. Traum von Ruhm. Verdruß mit M. [Mereau]. Selbstüberwindung. Lohn dafür.

26. August 1796. Abends Spaziergang. Gespräch mit S. [Schmidt]. Immer der Alte.

28. August. Verabredung mit S. [Schmidt]. Reise-Plan.

29. August. Brief von L. [Lindner]. Unruhe. Misfallen. Sorge, lange Unentschloßenheit. Kampf zwischen Liebe und Stolz.

31. August. Bei der S. [Schütz oder C. Schlegel]. Etwas mehr Unterhaltung. Dumpfheit der Seele. Erwartung des Kommenden.

―――――

2. September 1796. Weggefahren. Den Berg erstiegen. Entschluß. Sehr heiter.

17. September. Angenehmes Gespräch mit S. [Schmidt]. Seine Liebe. Vorsatz. Zufrieden.

18. September. Heitrer Morgen. Erwartung. Neue Lebenslust. Der Tag gleichgültig.

19. September. Gespannte Erwartung.

20. September. Innere Unruhe. Haltung.

21. September. Zerstreut. Zubereitung zur Reise.

* * *

Was Mereau, den Ehemann betrifft, so kann man sagen, daß in diesem Falle nicht seine Frau, sondern er selber das Opfer einer eigensinnig geschlossenen Ehe war. Die Zeitgenossen berichten übereinstimmend, daß er grob, ja roh gewesen sei, – Sophie sei »an einen rohen Gatten gefesselt« –, andere wieder nennen ihn launisch, töricht, schwach und pedantisch.

Wie dem auch sei, er liebte seine Frau, und er mußte mitansehen und erleben, wie sie umlagert wurde von Studenten, Professoren, jungen Gelehrten, denen er den Zutritt in sein Haus schlechterdings nicht verwehren konnte. Die in den Tagebüchern erwähnten »Szenen«, die Streitereien mehrten sich ins Unerträgliche. Sophie Mereau, ebenso schöner Anziehungspunkt wie geistvolle Unterhalterin, liebte die immer wieder erwähnten »Schmeicheleien« und »bewundernden Blicke«, brauchte sie wohl schließlich: »Geschmeicheltes Selbstgefühl« (4. 6. 1796). Ihre Freundin Charlotte von Ahlefeld bescheinigte ihr ebensoviel Ernst wie Leichtsinn. Sie selbst ist sich dieses Leichtsinns bewußt, den sie positiv bewertet, denn er ist nicht Oberflächlichkeit, sondern mit Mut und Frohsinn gepaart.

Es wäre ungerecht zu behaupten, hier sei, wie in so vielen Fällen, die Frau das Opfer eines über sie verhängten Heiratsbeschlusses. Das war so bei Elisa von der Recke, bei Caroline von Beulwitz und Charlotte von Kalb, bei vielen anderen Frauen der Zeit – nicht bei Sophie Mereau. »Ich wählte ja selbst – zwar aus Irrtum, aber ich wählte doch« – sie leidet viele Jahre unter diesem Irrtum, und der Gedanke, Mereaus teils unterwürfige, teils befehlende Art zu ertragen, wurde ihr mit der Zeit so ekelhaft, daß sie sich selbst darüber zu verachten begann. In den »Betrachtungen« stehen hintereinander zwei Gedanken, die aus jener Zeit des Ringens stammen können:

»Alles kann und darf man ertragen im Gefühl des Guten, was man stiftet, nur nicht mit einem Menschen zu leben, den man nicht achten kann.«

»Nichts sollte die Ehe trennen, als gerade das, was nicht trennt, die unheilbare Verschiedenheit der Gesinnungen.«

Aus Mereaus Sicht muß das Werben um Liebe ein zermürbender, verzweifelnder Kampf gewesen sein, und immer unterlag er den Liebhabern, die Kurtzwig, Kipp, Behn, Schmidt, Lindner, Herzog August von Sachsen, Woltmann, Winkelmann, Göritz, F-h-r, Schlegel und Brentano hießen. Es ist bezeichnend für ihn und folgerichtig, daß er sich als zweite Frau eine junge Person aussuchte, die nicht schön, aber haushälterisch, nicht klug, aber bieder und selbstlos ihm zugetan war.

*

Zubereitung zur Reise – das konnte Mereau nicht verborgen bleiben. Sie aber tritt die Fahrt an Schmidts Seite so offiziell an, als reise eine Schriftstellerin von heute zur Leipziger Buchmesse. Möglich, daß sie sowohl in Leipzig wie in Berlin Gespräche mit Buchhändlern, die auch Verleger waren, geführt hat. Dennoch bleibt die Verwunderung über einen Schritt, der so gewagt war, daß er einer Verzweiflungstat gleichkam. Die Liebe zu Kipp, die ihr wichtig war, hat Sophie ein Leben lang verborgen; die Beziehung zu Schmidt aber, der ihr relativ gleichgültig war, wurde zum offiziellen Unternehmen. Und hat diese Reise die Sehnsucht gestillt, die Unruhe beseitigt, das Glück beschworen? Keineswegs. Mit Schmidt gelang ihr die äußere, nicht die innere Befreiung. Es gibt Streit und verheulte Nächte.

Kalt steht am Schluß die Notiz: *Reise nachhauße. Abschied von Liebe.*

So lakonisch beendet sie ja später auch die sehr viel herzlichere Freundschaft zu Clemens Brentano: »Gänzlich aufgehobner Umgang mit B.« Resignation liegt in diesen Abschieden und bittere Enttäuschung. Sophie Mereau scheint selber im Beginn das Ende schon vorausgesehen zu haben. Schiller berichtet sie, die Reise sei unternommen worden, um von einem Liebhaber Abschied zu nehmen – eine Begründung, die *so* nicht stimmt.

Wir wissen es besser.

Pläne, in die Welt zu gehen.

Die Reise

22. September 1796. Reise nach Leipzig. Sonderbares Gefühl. Heiter. Schöner Tag. Außerordentlich froh. Heitere Aussicht ins Leben. Glückliche Phantasie. Abends Szene mit S. [Schmidt]. Meine Teilnahme und Sorge darüber.

23. September. Reise nach Wittenberg. Schöner Tag. Heitre Laune. Viel glückliche Ideen. S. [Schmidt] wird immer reizender. Er macht Eindruck. Meine Verwirrung. Unzufriedenheit mit mir selbst. Schwäche.

24. September. Reise nach Beelitz. Trüber Tag. Meine Verwirrung dauert fort. Angenehme Lektüre. Etwas heitrer. Vorsicht und glücklich besiegte Gelegenheit.

25. September. Reise nach Berlin. Sonderbare Unruhe. Zärtliche Erwartung. Erwachte Leidenschaften. Neue Eindrücke. Ungewißheit.

26. September. Angenehme Eindrücke: Größe, Schönheit. Heitre Stimmung. Ungewißheit. Komisches Unglück in der Komödie. Spaziergang. Angst. Gespannter Zustand. Höchste Betrübnis. Überraschung. Wiedersehen. Höchstes Entzücken. Rausch. Genuß.

27. September. Glückliche Gefühle. Neue Gegenstände. Merkwürdigkeiten, Vergnügen. Abends Feuerwerk.* Sonderbarer Eindruck. Liebe und Genuß.

28. September. Anblick höchster Pracht. Wünsche. In allem das Höchste. In der Komödie. Eifersucht. Unruhe. Gestörtes Glück. Neuer Genuß.

29. September. Nach Potsdam. Geistvolle Gespräche. Unangenehmer Tag. Neue Pracht. Das Auge gewöhnt sich bald daran. Stürmisches Wetter. Schöne Nacht.

30. September. Vergnügen. Liebe. Abends Komödie. Ruhiger. Genuß.

*

1sten Oktober 1796. Frohe Stimmung, heitre Gespräche. Erinnerung. Liebe. Abends Komödie. Nicht heiter. Wiedergefundne Liebe.

2. Oktober. Abgespannt, doch froh. Spazierfahrt. Trübe Stimmung. Glücklicher Abend.

3. Oktober. Trennung. Seine Tränen. Meine Fassung. Völlige Dumpfheit. Schmerzliches Erwachen. Verlaßne Liebe. Bitterkeit. Traurige Reise.

4. Oktober. Reise nach Dessau. Etwas zerstreut. Erleichterung durch Worte. Neuer Mut – Entsagung. Pläne. Reizende Gegend.

5. Oktober. In Wörlitz. Reiz der Natur. Schwärmerei und Glück. S. [Schmidts] wiederkehrende Zärtlichkeit. Meine Kälte. Nach Leipzig. Vergnügt. Zerstreut. Gespannt in der Komödie. Äußerst verstimmt.

6. Oktober. Reise nachhause. Abschied von Liebe. Neue Ideen. Froher Empfang. Unruhe wegen Folgen.

*   *   *

Zurückgekehrt nach Jena, hat sie das Bedürfnis, sich offen jemandem anzuvertrauen. Sie wendet sich nicht an ihren Mann. Sie schreibt an Schiller. Er ist die Instanz, vor der sie sich zu entschuldigen und verteidigen zu müssen glaubt. Schiller lädt sie zu einem Gespräch ein, »weil sich so etwas nicht wohl schriftlich verhandeln ließe«, und bittet Goethe um Rat. (18. oder 19. Okt. 76) Die Gespräche mit dem Freund sind für Sophie Mereau hilfreich, im Januar 1797 kann sie ihm sagen: »Mein Gefühl hat mich irre geführt; ich bin auf dem Wege, ruhig, ohne Abspannung, zu werden. Stete Beschäftigung und Nachdenken haben manche Träume zum Schweigen gebracht.«

Von Schmidt wollte sie nichts mehr wissen. Noch dreimal findet sich sein »S.« im Tagebuch, am 7., 11. und 20. November 1796, dann ist eine Episode vorbei, aus der doch, wie sich später zeigt, Gedichte und Prosatexte hervorgegangen sind: die *Prinzessin von Cleves* und die *Briefe der Ninon de Lenclos*, die Erzählungen und *Vier kleine Gemälde* in ihrem Almanach, auch das von Friedrich Nicolai gerühmte Gedicht *Der Garten zu Wörlitz*. – Schmidt hingegen vergißt sie nie. Er schreibt ihr nach sieben, nach zehn Jahren noch Briefe in der Hoffnung, sie könnte zu ihm kommen, und erinnert sich ihrer in Gedichten, die sie in Beckers *Taschenbuch zum geselligen Vergnügen* 1804 lesen kann:

An S. M.

Was fern wie dunkle Sage,
Wie Traumbild vor mir schwebt:
Es waren goldne Tage,
So zauberschön gewebt.

Als liebe Blumen blühten,
Von Hoffnung angehaucht,
Und alle Farben glühten
In Morgenrot getaucht:

Welch Sehnen, welches Bangen!
Es war nicht zu verstehn.
Ein Ahnen, ein Verlangen
Und selig untergehn.

Was galten dem Entzücken,
Was galten Raum und Zeit?
Vom Himmel Sterne pflücken
War eine Kleinigkeit . . .

Des Busens wildes Dehnen.
Der Liebe zarter Sinn,
Und all das süße Sehnen,
Wohin verrauscht, wohin?

KAPITEL VIII
SCHILLER

> Mit vielem Vergnügen las ich Ihre Gedichte.
> Ich entdeckte darin denselben Geist der
> Comtemplation, der allem aufgedrückt ist,
> was sie dichten.
>
> Schiller an Sophie Mereau

> Wie die Liebe, ewig unergründet,
> schnell den Geist mit reger Glut entzündet:
> naht auf Schwingen, frey und jung
> sich dem Dichter die Begeisterung.

> Und des Lebens heil'ge Zwecke walten
> ihm vorbey als heitre Lichtgestalten;
> ihm, der selbst ein Schöpfer ist, enthüllt
> sich des Daseyns räthselhaftes Bild.
>
> Sophie Mereau, Dichterglück

Noch bevor Schiller die junge Sophie Schubart persönlich kennengelernt hatte, veröffentlichte er die Gedichte, die sie ihm zusandte, in seiner Rheinischen *Thalia*. Sie war gerade einundzwanzig Jahre alt.

Das erste Gedicht »Bey Frankreichs Feier« war in eben dem Jahr 1791 entstanden, in welchem dem Verfasser der *Räuber* von der französischen Nationalversammlung der Ehrenbürgertitel verliehen worden war – als er die Urkunde auf Umwegen erhielt, waren die Unterzeichner bereits guillotiniert und Schiller, wie die meisten seiner Zeitgenossen, über die verfehlte Politik enttäuscht. »Politische und bürgerliche Freiheit bleibt immer und ewig das heiligste aller Güter«, schreibt er an den dänischen Prinzen von Augustusburg, »aber man wird damit anfangen müssen, für die Verfassung Bürger zu schaffen, ehe man den Bürgern eine Verfassung geben kann.«

In Jena waren es Fichte und vor allem Wieland, die an einer pro-französischen Haltung festhielten. Sophie Schubart las neunzehnjährig Wielands Stellungnahme im *Teutschen Merkur,* worin er die Revolution ein großes, »nie erhörtes, nie für möglich gehaltenes Ereignis« nannte, und das blieb es für sie, die in der Entwicklung Frankreichs den Inbegriff von Freiheitswillen, die Durchsetzung der Menschenrechte erblickte.

So ist ihr erstes publiziertes Gedicht bezeichnenderweise eine Apotheose der Freiheit. Sie stellt darin die Sehnsucht eines Volkes nach Befreiung hoch über andere Tugenden, sogar über die Liebe: »aber selbst der Flammenhauch der Liebe / wird verschlungen von der Freiheit Glut.«*

Bei Frankreichs Feier.
Den 14ten Junius 1790

Genius der Freiheit! Du, der glühend
Sich ins Herz der Nationen taucht,
Wo ein Strahl von Menschenwürde schimmert,
Schnell den Strahl in lohe Flammen haucht,

Wo, an welchem Himmelsfeuer zündest
Du die Fackel? – Welche Sonne leiht
Ihren Strahl dir, daß von ihm erwärmet
Jede Zone dir Altäre weiht?

Mächtig zwar rührt auch der Liebe Zauber
Menschenseelen, adelt Herz und Mut,
Aber selbst der Flammenhauch der Liebe
Wird verschlungen von der Freiheit Glut.

Wo dein hoher, kühner Flügel rauschet,
Stehn entschlossene Nationen auf,
Fühlen ihre Kräfte, richten mutig
Zu des Ruhmes Tempel ihren Lauf.

Freiheit adelt! und nach ihr zu ringen
Ist der Kräfte jedes Edlen wert,
Ist auch jedem nicht die Siegespalme
Von des Schicksals hoher Hand beschert.

Sinkt ihr rückwärts von erstiegnem Gipfel
In der Knechtschaft fürchterlichen Schoß,
Jeder Edle wird euch Tränen weihen!
– Doch auch dann bleibt, was ihr tatet, groß!

Das Gedicht erscheint 1795 nochmals in einem Band mit
dem bezeichnenden Titel »Poetische Sammlungen zur Erweckung des Gefühls für Menschenwürde. Im 4. Jahr der
Frankenrepublik.« Die Begeisterung des ersten Augenblicks war damals längst abgeklungen, Verse dieser Art
zündeten nicht mehr wie noch im Jahr ihrer Entstehung,
1791, als in der *Thalia* die »vorbereitenden Ursachen der
französischen Staatsveränderung« Interesse erregten. Sophie Mereau hat darum ihr Freiheitslied nicht mehr in ihre
Gedichtsammlung von 1800 aufgenommen, doch findet
sich darin ebenfalls ein Gedicht, das dem Freiheitsgedanken
huldigt:

Gib, Erhabner! der Natur uns wieder,
Mach uns wahr, gerecht und gut und bieder,
Allerkannt sei deine Göttlichkeit!
Deine heiligen Gesetze binden
Die Natur; doch deine Menschen finden
Nur in Freiheit ihre Seligkeit!

In die nächste Ausgabe seiner *Thalia* von 1791 rückte Schiller ihr Gedicht *Die Zukunft* ein, das die Strophe enthält:

Und von einer höhern Macht beflügelt,
faßt er dann voll Mut, Gedanke, dich,
O Unsterblichkeit! – Dem Erdenwaller
So entzückend und so fürchterlich!

Berühmtheit erlangte die mittlerweile in Jena lebende Dichterin, als Schiller ihre Lyrik in die von ihm begründeten *Musen-Almanache*, ihre Übersetzungen und den Beginn eines Briefromans seit 1795 in den *Horen* veröffentlichte.

Aus dieser Zeit datiert auch der erhaltene Briefwechsel. Es geht zunächst um die erforderlichen Beiträge für Schillers neue Monatsschrift, die er mit den Worten ankündigte: »Je mehr das beschränkte Interesse der Gegenwart die Gemüter in Spannung setzt, einengt und unterjocht, desto dringender wird das Bedürfnis, durch ein allgemeines und höheres Interesse an dem, was *rein menschlich* und über allen Einfluß der Zeit erhaben ist, sie wieder in Freiheit zu setzen und die politisch geteilte Welt unter der Fahne der Wahrheit und Schönheit wieder zu vereinigen.«

Die *Horen,* eine Zeitschrift, an der »die besten Köpfe der Nation vereinigt mitwirken«, zählt Herder, Jacobi, Goethe, Matthisson, Voß, Woltmann und schließlich Sophie Mereau zu ihren Mitarbeitern.

Für Sophie war diese philosophisch und literarisch ausgerichtete Zeitschrift die glänzende Chance, ihre Dichtungen einem anspruchsvollen Publikum vorzustellen. Schon mit ihrem ersten großen Gedicht *Schwarzburg* erregt sie allgemeines Aufsehen. Von allen Seiten, von Goethe, Humboldt, Körner und Herder erhält Schiller Zuschriften zu diesem Gedicht.

Schwarzburg, die Landschaft des Thüringerwaldes mit
dem mächtigen Schloß, dem reich bewaldeten Tonschie-
fergebirge, von der Schwarza durchflossen, war Sophie
Mereau von vielen Ausflügen her vertraut. In diesem ersten, großen Landschaftsgedicht beschreibt sie, wie in einer
als ursprünglich gedachten Natur alle Wesen gleichberechtigt nebeneinander existieren können – nur der Mensch läßt
sich zwingen durch äußere Fesseln und Gesetze. Darum
flieht er in die ungebundene, ungekünstelt wirkende Natur
– *Menschenflucht* heißt das Stichwort – und findet inmitten
von Wäldern und dunklen Felsen, wo keine *kalte Weisheit*
die Bilder von *Erinnerung und Phantasie,* kein Zwang sein
waches *Gefühl* zerstören kann, Freiheit und Ruhe in der
Harmonie der ordnenden Natur wieder.

Schwarzburg

In sich gehüllt, umkränzt von grünen Hügeln,
leis' angeweht von milder Schwermut Flügeln,
ruht dort das Tal in stiller Dämmerung.
Ein kühler Luftstrom wallt mir sanft entgegen,
Und der Begeist'rung süße Schauer regen
des Herzens Saitenspiel mit leisem Schwung.

. . .

O du, Natur! Wie strebt in deinem Reiche,
voll ew'ger Harmonie, der Grashalm und die Eiche
in ihrer Kraft mit gleichem Recht empor,
und alles lebt und wirkt mit fröhlichem Beginnen,
und aus der Freiheit Götterschale rinnen
Glückseligkeit und Ruhe mild hervor!

Und nur der Mensch, von außen und von innen
bestürmt, geengt, wünscht mit entflammten Sinnen,
was ihn aus deinem stillen Kreise zieht,

und gibt des Herzens süße Trunkenheiten,
des Selbstgefühls, der Freiheit Seligkeiten,
für ein erkünstelt Glück, das bald ihn flieht!

. . .

Dort schwimmen, wie mit Flammen übergossen
im Sonnenschein, von Azurblau umflossen,
von süßen Düften freundlich überwallt
die jungen Büsche sanft den Hügel nieder,
und Fels und Hain tönt vom Gesange wieder,
der lieblich durch die zarten Zweige hallt.

Dicht nebenan, gehüllt in finstre Trauer,
stürzt, leis' durchweht vom kühlen Abendschauer,
ein Fichtenwald den steilen Berg hinab,
und seitwärts blickt, umweht von Ulm und Flieder,
ein dunkler Fels aus jäher Höh' hernieder,
bedeutungsvoll und schweigend wie das Grab.

. . .

Der Schimmer stirbt, die Sterne blicken nieder,
der Nachtwind weht mit tauigem Gefieder,
und tiefe Ruhe wohnt im Fichtenhain:
verworren quellen nun aus leichten Schatten
der Bäume Formen weich hervor, und gatten
sich lieblicher im bleichen Mondenschein.

. . .

Die reinste Luft, geschöpft aus Ätherquellen
umsäuselt mich; auf ihren leichten Wellen
wallt die entzückte Seele himmelan.
Wie wogt im Glanz der jungen Morgensonne
ein Meer von neuer Lebenskraft und Wonne
durch meine Brust, ein Freudenozean!

Hinab! ich will mir selbst die Banden kürzen.
In diesen Himmel mich hinabzustürzen,
in dieser Glut zu sterben, Götterglück!
Ich seh' die leichten Schranken niederfallen,
mich aufgelöst im reinen Äther wallen,
und Gottheit liegt in diesem Augenblick!

* * *

Schiller an Sophie Mereau (1)

[Jena, den 18. Juni 1795]*
Entschuldigen Sie, daß ich Ihnen für die überschickten
Beiträge zu meinem Almanach nicht früher als heute danke.
Kopf- und Zahnschmerzen, die mich schon seit mehreren
Tagen quälen, raubten mir alle Stimmung zu einem Urteil
über poetische Werke.

Mit vielem Vergnügen las ich Ihre Gedichte. Ich entdeckte darin denselben Geist der Kontemplation, der allem
aufgedrückt ist, was Sie dichten. Ihre Phantasie liebt zu
symbolisieren und alles, was sich ihr darstellt, als einen
Ausdruck von Ideen zu behandeln. Es ist dies überhaupt
der herrschende Charakterzug des *deutschen* poetischen Geistes, wovon uns Klopstock das erste und auffallendste
Muster gegeben und dem wir alle, der eine weniger der
andre mehr, nicht sowohl nachahmen als durch unsre nor-
disch-philosophierende Natur gedrungen folgen. Weil leider unser Himmel und unsre Erde der eine so trüb und die
andre so mager ist, so müssen wir sie mit unsern Ideen
bevölkern und ausschmücken, und uns an den Geist halten,
weil uns der Körper so wenig fesselt. Deswegen philoso-
phieren alle deutschen Dichter, wenige ausgenommen, welche Sie so gut kennen als ich.

Ich habe mir die Freiheit eines Redakteur genommen
und in Ihren Gedichten einiges angestrichen, wogegen ein
strenger Aristarch etwas einwenden möchte. Sie finden

vielleicht Zeit und Lust, diese Kleinigkeiten zu ändern. *Schwarzburg* hat vorzüglich meinen Beifall. Nur finde ich dieses Gedicht um ein merkliches zu lang: es übersteigt beinah um ein Dritteil die Grenze, welche der Ton der Empfindung und die Natur der Sache dergleichen Schilderungen setzt. Auch dies ist ein Fehler, den wir alle mit Ihnen teilen, und den ich umso weniger Bedenken trage zu rügen, da ich mir ihn selbst vorzuwerfen habe.

Allen den jetzt überschickten Gedichten haben Sie einen Geist der Melancholie aufgedrückt. Nun wünschte ich auch einige zu lesen, die eine fröhliche Stimmung und einen Geist der Lustigkeit atmen.

Leben Sie recht wohl und nehmen meine Bemerkungen so freundschaftlich auf, als ich sie niedergeschrieben habe.
Jena, d. 18. Jun. 95.   Schiller.

Sophie Mereau an Schiller (2)
[Jena, den 11. Juli 1795]
Endlich bin ich im Stande, diese Gedichte zum zweitenmal Ihrer Wahl zu unterwerfen. Ich hoffe, daß die *Veränderungen,* die ich mit ihnen vorgenommen habe, auch vor *Verbesserungen* gelten können. – Gern hätte ich, Ihrem Urteil gemäß, *Schwarzburg* um ein Drittel verkürzt, wenn es mir nur möglich gewesen wäre! – aber ich fühlte, daß ich nicht Scharfsinn genug besaß, um gerade *das* herauszufinden, was füglich wegbleiben konnte, um so mehr, da mein Urteil, durch die Vorliebe für dies Gedicht, weil es mir als ein Denkmal einiger meiner süßesten Stunden erscheint, schon im voraus bestochen war. Wenn ich weglassen wollte, was konnte stehen bleiben? – Genug, es stellt sich, mit Ausnahme eines einzigen Verses, Ihnen wieder in seiner *ganzen Länge* dar. – Mit gleich schlechtem Erfolg habe ich unter meinen Papieren nach einem Gedicht gesucht, das, wie Sie es wünschten, einer frohen Laune seine Entstehung zu

verdanken hätte; aber ich fand keines, das nicht höchst unbedeutend gewesen wäre. Dies Phänomen, das mir bis jetzt aufgefallen war, befremdete mich allerdings, da ich nicht fern davon bin, mich unter die Klasse derer zählen zu wollen, die ihr ganzes Leben durch mit wirklichen oder erträumten Übeln zu kämpfen haben. Alles was ich mir darüber Befriedigendes sagen konnte, war: eine heitre, ruhige Stimme ist mir natürlich, sie wird folglich, auch bei gegebnen Anlässen zu größerer Lebhaftigkeit, immer noch zu nah bei der Wirklichkeit bleiben, um den Flug der Einbildungskraft zu erwecken, da hingegen bei Veranlassung zur Schwermut die entgegengesetzte Stimmung, die schon an sich ungewöhnlich ist, leichter in Begeistrung übergehen kann.

Leben Sie wohl! – Den Dank für Ihre so freundschaftlich mitgeteilten Belehrungen fühle ich mehr, als ich sagen kann.

d. 11ten Julii.   Sophie Mereau.

Schiller an Sophie Mereau (3)

[Jena. Den 11. Juli 1795]
Die Mühe, welche Sie auf Verbesserung Ihrer Gedichte gewendet haben, ist durch einen sehr glücklichen Erfolg belohnt. Klarheit, Leichtigkeit und (was bei Produkten der weiblichen Muse ein so seltnes Verdienst ist) Korrektheit zeichnen solche sehr vorzüglich aus, und ich darf Ihnen ohne alle Schmeichelei im Voraus versichern, daß sie in dem Almanach hervorstechen werden.

Ihre Vorliebe für das Gedicht *Schwarzburg* ist vollkommen gerecht, denn was in den übrigen Gedichten einzeln verstreut ist, Geist, Empfindung, poetische Malerei und fließende Sprache, ist in diesem vereinigt. Was die Abkürzung des Gedichts betrifft, so war meine Meinung nicht, eine

Auswahl unter den einzelnen Stanzen zu treffen, sondern aus Einem Gedicht deren 2 zu machen, weil ich zwei verschiedene Töne der Empfindung darin zu bemerken glaubte, und mir gegen die Einheit des Geistes gefehlt schien. Nach einem zweiten Lesen fällt mir aber dieser Umstand weit weniger auf, und so wie es ist, bin ich jetzt auch vollkommen damit zufrieden.

So gern ich dieses Gedicht meinem Almanach gönne, dem es zur großen Zierde gereichen wird, so liegen mir doch die Horen noch näher an, und ich hätte große Lust, es in diese zu setzen, wenn Sie damit zufrieden sind.

Unterdessen nehmen Sie für die ganze, mir sehr willkommene Lieferung meinen verbindlichen Dank an.

In der *letzten* Zeile des Gedichts Schwarzburg ist eine Silbe ausgelassen, welche noch einzurücken bitte. Ganz der Ihrige

Schiller.

Herder an Schiller

Weimar, den 10. Oktober 1795

Auch für die neuen Stücke in den Horen muß ich Ihnen besonders noch danken. Der *philosophische Egoist, Weisheit und Klugheit,* insonderheit *Natur und Schule* enthalten treffliche Gedanken, und das Bild zu Sais tut mir ganz Genüge. Überhaupt dünkt mich, geht mit diesem Stück der Horen eine andre Hora an. Auch *Schwarzburg* ist ein schönes Stück, voll Wohlklang und glücklicher Bilder. Schade, daß ihm eine etwas lichtere Auszeichnung des fortstrebenden Plans fehlet. Einige der andern Stücke habe ich noch nicht gelesen.

Schiller an Körner

Jena den 19. 8br. 95

Du willst von jenem Stück die Verfasser wissen. *Schwarzburg* ist von einem Frauenzimmer, der Professorin *Mereau*

von hier, die schon verschiedne artige Sachen hat drucken
lassen.

Wilhelm von Humboldt an Schiller

Tegel, 30. 8br. 1795.
Schwarzburg ist unstreitig das Beste, was ich je von der
Mereau gelesen. Es hat sehr poetische Stellen; nur kommt
es mir im Ganzen zu lang, und gegen das Ende matt vor.

Schiller an Cotta

Jena den 18. Sept. 95
Von dem neunten Stücke der Horen bitte ich mir für *Madame Mereau* (die Verfasserin des schönen Gedichts
Schwarzburg) und für Prof. Meyer (der Verfasser der Beiträge zur Kunstgeschichte) 2 Exemplarien auf Postpapier
aus. Auch bitte ich um den Julius der Flora, der vergessen
worden oder auf der Post verloren gegangen ist.

*   *   *

Damals hatte Sophie Mereau den Plan, ein eigenes Journal
für Frauen herauszugeben, das Projekt war schon fortge-
schritten. Am 8. November 1795 schrieb sie an Kipp:
»Woltmann kam, und gab mir Nachricht, daß der Vertrag
mit einem Verleger wegen meinem Journal geschlossen sei
und ich doch nun ziemlich auf 200 Rth. jährlich rechnen
darf. – Der Titel ist: *Phantasie und Gedanke.*

Als Frau ein Journal zu unternehmen – davon rät Schiller, der gerade dabei ist, selber schlechte Erfahrungen zu
machen, dringend ab. Er macht Vorschläge, wie sie sich
nicht als Herausgeberin, sondern als Mitarbeiterin an bestehenden Zeitschriften wie Wielands *Merkur,* Zahns *Flora*
und seinen *Horen* beteiligen könne.

Sophie Mereau schiebt daraufhin die Gründung eines

eigenen Journals auf. Sein Rat habe sie zu der Überzeugung gebracht, schreibt sie Schiller, den Plan ganz aufzugeben; etwas anders klingt es im Brief an Kipp: »Schiller hat mir einen Brief geschrieben, worin er mir so teilnehmend, so warm meinen Plan mit dem Journal widerrät und mir verschiedne andre Vorschläge tut, daß ich ohnmöglich gleichgültig dabei sein kann. Auf der andern Seite lerne ich W-mann [Woltmann] mehr nicht nur als einen aufdringlichen, sondern auch als einen unzuverläßigen Menschen kennen, mit dem ich ungern in Verbindung treten möchte. – Ich habe also beschlossen, für jetzt noch nichts Entscheidendes zu tun, mich, wo möglich von W- loszumachen, den Plan aber gar nicht aufzugeben, sondern meine Arbeiten fortzusetzen, und mich um gute Beiträge zu bewerben. – Dagegen habe ich nun völlige Gewißheit wegen meiner Übersetzung, die mir im neuen Jahr 300 Thaler einbringen wird. Ach! dieses Geld! – Der Gedanke wie es vielleicht angewendet werden *könnte,* jagt mein Blut schneller in den Adern! –«

Der Brief vom 23. November 1795 endet resignativ: »Ich gestehe, daß ich seit einiger Zeit mit meiner Lage wieder äußerst unzufrieden bin . . . Die Zukunft liegt schwarz und ängstlich vor meiner Seele.« – Sie hat diesen Zwiespalt, diesen Widerspruch auch Schiller mitgeteilt, denn er antwortet am 23. Dezember in einem langen Schreiben tröstend und mit neuen Vorschlägen für ihre schriftstellerischen Unternehmungen.

Sophie Mereau an Schiller (4)

[Jena, den 18. November 1795]
Die Idee, ein Journal zu unternehmen, stand vor einiger Zeit zufälligerweise bei mir; sie kam öfterer wieder, ward nach und nach bleibend und ging zuletzt zur Ausführung über.

Da ich zunächst für mein Geschlecht zu sammeln wünsche, so soll bei aller Freiheit des Stoffs, die mein Plan zuläßt, sich die Form nie allzusehr dem Wissenschaftlichen nähern, sondern stets ein leichtes, gefälliges und anmutiges Ansehen haben.

Wie unendlich schätzbar mir Beiträge *von Ihnen* sein würden, bedarf wohl keiner Versichrung, und zutrauungsvoll rechne ich auf Ihre Unterstützung, wofern es anders Ihre Verhältnisse gestatten. – Kleinere Gedichte, die für den Plan der Horen vielleicht zu wenig Raum füllen, würden mir ein liebliches Geschenk sein; zu größeren erhebt der bescheidne Wunsch sich nicht.

Wünschen Sie über die Einrichtung des Journals mehr zu hören, so bin ich so frei, Sie an Herrn Professor Woltmann zu verweisen, da er öfters Ihrer mündlichen Unterhaltung genießt. – Eine günstige Antwort würde mich sehr glücklich machen, und dürfte ich schon beim ersten Stück auf etwas von Ihnen hoffen, so wär' mir das in jeder Beziehung unendlich viel wert.

Leben Sie wohl! – mit unwandelbarer Hochachtung bin ich

Die Ihrige Sophie Mereau.

Schiller an Sophie Mereau (5)

[Jena, den 23. Dezember 1795.]

Der Fall, von dem Sie schreiben, ist das Schicksal so vieler, die ihr Talent zu einer höhern Tätigkeit bestimmte, und manche vorzügliche Fähigkeit geht dadurch für das Beste der Kunst und der Wissenschaft verloren. Aber glauben Sie mir, daß, wenn es möglich ist, sich aus einer solchen Lage zu reißen, dieses nur durch eine strenge Beharrlichkeit auf dem guten Wege, und durch keine Abweichung von demselben, durch keine Nachgiebigkeit gegen den fehlerhaften Geschmack geschehen kann. Man glaubt oft mit der Quantität weiter zu kommen als mit der Qualität, aber außerdem, daß man nur durch die letztere sich selbst genug zu tun im

Stand ist, so ist auch nur von dem Guten und nicht von dem Vielen ein wahrer äußerer Vorteil zu erwarten. Ich gestehe, daß ich für Sie fürchtete, sobald ich von dem vorhabenden *Journale* erfuhr. Eine solche Unternehmung schien mir nachteilig für Sie, und ich konnte auch keinen äußern Vorteil davon für Sie erwarten, den Ihnen eine andere Art schriftstellerischer Beschäftigung, wobei Sie mit Muße und Liebe beharrten, nicht in einem viel höhern und für Sie selbst unendlich befriedigenderem Grade gewährte.

Sie haben gar keine Ursache zu zweifeln. Arbeiten, die auf diese Art entstanden und ausgeführt worden, auch in demjenigen Sinne zu nutzen, wie jeder Schriftsteller jetzt die seinigen nutzt. Auch Ihre Wahl ist gar nicht begrenzt, da Sie, außer Übersetzungen, welche die leeren Stunden füllen können, Ihre fröhlichen Momente poetischen Arbeiten in Versen und Prosa, besonders Erzählungen, widmen können. Zu allen diesen Arbeiten stehen Ihnen mehrere Journale offen. Wieland wird Beiträge von Ihnen mit Vergnügen in den Mercur aufnehmen. Die Flora, eine Zeitschrift für das Frauenzimmer, welche Cotta herausgibt, wird Sie gerne zur Mitarbeiterin haben, und was Sie mir für die Horen anbieten, werde ich, sobald es sich irgend mit dem Zwecke derselben verträgt, eben so bereitwillig aufnehmen. Der Vorteil von diesen verschiedenen Journalen ist zwar nicht gleich, aber es ist auch nicht nötig, daß die Arbeiten gleich sind, und ein eigenes Journal wenigstens würde Sie auch hierin nicht weiter führen.

Es müßte Ihnen nicht schwer werden, in einer Sphäre, die Ihrem Genie angemessen ist, mit innrer Güte auch Fruchtbarkeit zu verbinden. Haben Sie keine Lektüre in den französischen Erzählungen und Märchen? Es ist eins der lieblichsten Fächer in der Dichtkunst und dabei so angemessen für die Zeit. Ich kann Ihnen, wenn Sie Lust haben, Schriften in diesem Fache schaffen, welche Ihre Einbildungskraft gewiß wecken und Ihnen sowohl Stoff als die Lust dazu geben werden. In diesem Fache würden Sie im Verlaufe eines Jahrs mit Leichtigkeit 18 bis 20 Bogen machen und bei einer sehr angenehmen Aktivität 40/50 *Louisdors* gewiß erwerben. Für jeden Bogen, den ich zum Zweck der Horen anwenden kann, kann ich Ihnen 5 *Louisdors* bezahlen; nach dem alten Druck wären es 6 gewesen, aber der nächste Jahrgang wird weiter gedruckt werden. Die Flora und der Mercur bezahlen wenigstens 1 Carolin für den Bogen.

Ich überlasse Ihnen nun, welchen Gebrauch Sie von meinem Rate machen wollen, der wenigstens aus der aufrichtigsten Gesinnung fließt. Haben Sie Lust, sich an Cotta zu wenden, so kann es durch mich geschehen, und bei Wieland brauchen Sie keine Mittelsperson.

Die Musen-Almanache sind noch nicht angekommen, aber ich erwarte sie jeden Posttag. Ich werde alsdann auch die doppelte Schuld von Seiten dieses Almanachs und der Horen gegen Sie abtragen können.

Sophie Mereau an Schiller (6)

Jena, den 19. Januar 1796
Empfangen Sie meinen Dank für das Geschenk des Almanachs, den Sie und Göthe zur Unsterblichkeit geweiht haben. – Da unser eignes Gefühl doch immer der Masstab bleibt, nach welchen wir den Wert Andrer beurtheilen, und das größte Genie ewig von jedem unverstanden bleibt, dem die Natur keinen harmonischen Sinn dafür gab, so ist das mein größter Stolz, daß ich Ihre Größe und Ihren Wert wahr und innigst zu fühlen vermag.

Ihr freundschaftlicher Rat und meine beßre Überzeugung haben gesiegt und mich zu dem Entschluß gebracht, ein paar unangenehme Schritte zurück zu tun und den Plan mit dem Journal für jetzt ganz aufzugeben. – Den Wert Ihrer Teilnahme und Ihrer mir getanen Vorschläge erkenne

ich mit innigem Dank. – Ich will jetzt ruhig an dem fortar-
beiten, was Phantasie und Gefühl mir in einzelnen, glücklichen Momenten eingeben. Scheint mir etwas vollendet, so
biete ich es Ihnen dar. Sie haben ein Recht, der Erste zu
sein, dem ich es anbiete, obgleich keine Pflicht, es anzunehmen. – Können Sie mir gelegentlich einige Bücher aus dem
von Ihnen erwähnten Gebiet der französischen Litteratur
verschaffen, so werden sie mir *äußerst* willkommen sein.

Der Gewinn für meine kleinen Beiträge hat alle wahr-
scheinliche Erwartung übertroffen.

Leben Sie recht wohl!

Sophie Mereau.

Schillers Musen-Almanache für 1796 und 1797 enthielten
von Sophie Mereau weitere Gedichte, die von Humboldt
und Körner wie von Herder lobend beurteilt wurden; auch
Goethe äußert sich zufrieden. Johann Friedrich Reichardt,
der Komponist, schreibt an Schiller: »Daß der *Frühling*
mich glücklich gemacht hat, werden Sie hoffentlich der
Melodie anhören. So nennen Sie mir doch die tieffühlende,
heißgenießende Sapho.« Er nahm ihr Gedicht in seinen
eigenen Band *Lieder geselliger Freude* auf.

Schiller antwortet ihm: »Der *Frühling* ist von einem jungen Frauenzimmer, das, wie Sie aus dieser Probe sehen, viel
poetisches Talent hat. Mir scheint dieses Stück auch eine
musikalische Kanonisation zu verdienen. Auch die Minne-
lieder scheinen mir singbar.« (3. August 1795)

Die Zeitschrift *Deutschland,* von Reichardt in Berlin herausgegeben, bezeichnet ihre lyrischen Stücke als »überaus liebliche, schöne Gesänge, voll Wärme und Wahrheit.« Damit
ist die sechsundzwanzigjährige Jenaer Dichterin Mereau
eine Berühmtheit, ihr ist, wie wir heute sagen würden, der
Durchbruch gelungen.

Düfte wallen – tausend frohe Stimmen
jauchzen in den Lüften um mich her;
die verjüngten trunknen Wesen schwimmen
aufgelöst in einem Wonnemeer.

Welche Klarheit, welches Licht entfließet
lebensvoll der glühenden Natur!
Festlich glänzt der Äther, und umschließet,
wie die Braut der Bräutigam, die Flur.

Leben rauscht von allen Blütenzweigen,
regt sich einsam unter Sumpf und Moor,
quillt, so hoch die öden Gipfel steigen,
emsig zwischen Fels und Sand hervor.

Welch ein zarter wunderbarer Schimmer
überstrahlt den jungen Blütenhain!
Und auf Bergen, um verfallne Trümmer,
buhlt und lächelt milder Sonnenschein.

In ein Meer von süßer Lust versenket,
wallt die Seele staunend auf und ab,
stürzt, von frohen Ahndungen getränket,
sich im Taumel des Gefühls hinab.

Liebe hat die Wesen neu gestaltet;
ihre Gottheit überstrahlt auch mich,
und ein neuer üpp'ger Lenz entfaltet
ahnungsvoll in meiner Seele sich.

*

[Weimar, den 13. August 1796]

Ihre freundliche Zuschrift, begleitet von den ersten Bogen des Almanachs und den guten Zwiebäcken, waren mir sehr erfreulich, sie trafen mich mitten im Fleiße von allerley Art. Der Almanach macht wirklich ein stattliches Gesicht, und das Ganze kann nicht anders als reich und mannigfaltig werden. (. . .) Sophie Mereau hat sich recht gut gehalten.

* * *

Während der ganzen Zeit arbeitet Sophie Mereau weiter an Schillers *Horen* mit. Sie hatte sich Erzählungen aus Boccaccios *Decamerone* zu übersetzen vorgenommen, Schiller unterstützte sie dabei. Im 9. Horenstück 1796 erschien *Nathan,* eine Erzählung, in der die Großmut eines Menschen den Gegner zu Einsicht und Besserung bringt. Eine zweite Geschichte, Carl von Anjou, König von Neapel, ebenfalls nach *Boccaccio,* beschreibt die Überzeugungskraft eines einfachen jungen Mädchens, das durch seine Klugheit den verliebten König zur Einsicht bringt (2. Horenstück, 1797)*.

Ihre Übersetzungen finden die Zustimmung der Leser. Heinrich Christian Boie am 12. Dezember 1796 an Schiller: »Dürfen Sie mir den Verfasser der trefflichen, leider abgebrochenen Erzählung im letzten Stück der Horen nennen? Auch *Nathan* ist dem Bokkaz nacherzählt, daß, der was ähnliches versuchen wollte, verzweifeln mögte.«

Gegen eine eigene Erzählung, die sie mitschickte, hatte Schiller Vorbehalte. Aus seiner Bemerkung: »die Maximen, nach denen gehandelt wird, wollen sich nicht ganz billigen lassen«, möchte ich schließen, daß es sich um *Die Flucht nach der Hauptstadt* handelt. Es ist dies die Geschichte eines Mädchens, das sich nach damaligen Begriffen höchst unmoralisch beträgt, indem es sich in der Absicht, Schauspielerin zu werden – ein ohnedies skandalumwitterter Beruf – mit dem Geliebten auf Reisen begibt. Solch eine Handlung war für Schillers Monatsschrift nicht akzeptabel.

Sophie selber stand im Begriff, sich ähnlich wie ihre Heldin zu benehmen: sie reiste alleine mit Georg Philipp Schmidt nach Berlin. Dieser erste Schritt in die Selbständigkeit sollte die Befreiung aus häuslicher Misere bringen. Aber die Erlösung fand nicht statt, sie kehrte gedrückt nach Hause zurück. Nur Schiller gegenüber fühlte sie sich zur Rechenschaft verpflichtet, bei ihm suchte sie Klarheit und Verständnis, sein Urteil war maßgebend. Schiller an Goethe: »Unsre Dichterin hat vor ein paar Tagen an mich geschrieben und mir ihre Geschichte mit ihrem Mann und Liebhaber gebeichtet ... um doch von jemand richtig beurteilt zu werden.« Daran war ihr gelegen, trotz aller Unabhängigkeit.

Schiller war ihr wichtig.

Er bleibt ihr Freund. Schriftlich ließe sich darauf nicht antworten, sie solle zum Gespräch zu ihm nach Hause kommen. Ihr Brief vom Januar 1797 ist die ermutigte Reaktion darauf. Sie weiß um seine Anteilnahme: »Ich fühle Kraft in mir, neuen Mut und neue Hoffnung, und die Harmonie im Innern tröstet mich über manches unharmonische äußere Verhältnis.« Es ist dies der letzte und äußerste Versuch, ihre Ehe zu retten.

Schiller an Sophie Mereau (7)

[Jena, Mitte Juli 1796]
Meine Geschäfte und häußliche Unruhen haben sich seit einiger Zeit so gehäuft, daß ich Ihre Manuskripte so wie vieles andre, das ich nicht gern übereilen wollte, habe zurücklegen müssen. Verzeihen Sie diese Verzögerung, an der mein eigener freier Wille keinen Anteil hat.

In Ihren Gedichten finde ich sehr viel Schönes in Absicht

auf den Inhalt sowohl als auf den Ausdruck. Einige darunter will ich mir für den Almanach ausbitten, und andre wünschte ich nach einigen Monaten in die Horen zu setzen. Die nächsten 3/4 Hefte sind, was Gedichte betrifft, schon besetzt, weil noch große Vorräte da liegen und auf den Abdruck warten. Werden Sie mir aber, wie im vorigen Jahr, erlauben, einige Abkürzungen und sonst kleine Änderungen darin vorzunehmen, die mein poetisches und kritisches Gewissen mir zur Pflicht macht?

Gegen die Erzählung in Prosa habe ich erheblichere Einwendungen, und ich wollte Ihnen nicht dazu raten, vor der Hand einen Gebrauch davon zu machen. Lassen Sie das Mscrpt noch einige Monate liegen, es wird Ihnen fremder werden, und Sie werden sich dann gewiß selber sagen, was ich oder ein anderer Ihnen jetzt darüber sagen würde. Die Charaktere sind zu wenig bestimmt, die Maximen, nach denen gehandelt wird, wollen sich nicht ganz billigen lassen, die Erzählung geht einen zu schleppenden Gang; an einzelnen Schönheiten fehlt es nicht und kann bei einer Arbeit Ihres Geistes auch niemals fehlen.

Zu der Geschichte des Rings im Boccaz würde ich Ihnen deswegen nicht gern raten, weil sie eine der bekanntesten ist, und die Neuheit hier doch in einige Betrachtung kommt. Wählen Sie lieber eine andere, oder versuchen Sie es lieber gleich mit dem Anfang des ganzes Werkes.

Wenn Sie Gelegenheit haben, so erkundigen Sie sich doch, ob ein gewisser Roman Calef William aus dem Englischen schon ins Deutsche übersetzt ist; ins Französische ist er es, soviel ich weiß. Viele loben ihn sehr, und auf jeden Fall würde eine gute deutsche Übersetzung, wenn noch keine da ist, willkommen sein.

Mit der aufrichtigsten Ergebenheit

der Ihrige

Schiller.

Schiller an Sophie Mereau (8)

[Jena, d. 16./17. Oktober 1796]*
Ich habe Ihnen bloß darum nicht eher geschrieben, weil ich
Sie selbst zu sprechen mir vorbehielt. Meine Gesundheit
läßt mich aber besonders bei dem schlechten Wetter nicht
an das Ausgehen denken. Daher wäre mirs sehr angenehm,
wenn Sie Sich zu mir bemühen wollten, wo wir noch über
so manches litterarische Abrede nehmen könnten. Nachmittags nach 3 Uhr bin ich immer frei von Geschäften und
meistens auch allein; wenn Sie es mich ein paar Stunden
vorher wissen lassen, so kann ich es um so eher sein.

Der Ihrige

Sch.

Schiller an Goethe

[Jena, d. 18. oder 19. Oktober 1796]
Unsre Dichterin hat vor ein paar Tagen an mich geschrieben und mir ihre Geschichte mit ihrem Mann und Liebhaber gebeichtet. Sie gesteht, das Leben mit jenem sei ihr fast
unerträglich geworden und sie habe ihn vor einiger Zeit
verlassen wollen. Doch habe sie sich zusammengenommen,
und sich zur Pflicht gemacht, ferner und verträglich mit
ihm zu leben. Doch hätte sie notwendig noch vorher von
ihrem Liebhaber Abschied nehmen müssen, dieß sei die
Veranlassung ihrer letzten Reise gewesen, und diesen Vorsatz habe sie wirklich, obgleich nicht ohne grossen Kampf,
vollführt. Von jetzt an hoffe sie alles zu ertragen und endlich noch mit ihrer Lage zufrieden zu werden.

Soweit ihr Geständnis, das sie mir ablegen zu müssen
glaubte, wie sie schreibt, um doch von jemand richtig
beurteilt zu werden. Ich habe Ursache zu glauben, daß es
nicht so ganz aufrichtig war; unterdessen schrieb ich ihr,
weil sich so etwas nicht wohl schriftlich verhandeln ließe,
zu mir zu kommen. Jetzt soll ihr Mann mit ihr nach Gotha
gereißt sein.

Ich weiß nicht, wie ihr zu raten und zu helfen ist, denn sie schlägt, wie es scheint, zu ihren realistischen Zwecken gar zu sentimentalische Mittel ein. Fällt Ihnen etwas ein, so theilen Sie mirs mit, oder soll ich sie nach *Weimar* zu Ihnen schicken?

Gearbeitet hab ich noch nicht viel. Das Wetter hat mir in diesen Tagen sehr hart zugesetzt und dann war eine große Briefschuld abzutragen. Alles grüßt Sie.

Leben Sie recht wohl.   Sch.

Sophie Mereau an Schiller (9)
[Jena, vor dem 3. Januar 1797]
Ich schicke Ihnen hier die Übersetzung einer zweiten Novelle, deren Gegenstand, meinem Bedünken nach, leichter und gefälliger als der erste ist . . . Ich habe noch ein kleines Gedicht beigelegt, das ich Sie jedoch, wenn Sie es nicht brauchen können, ohne Bedenken zurückzugeben bitte.

Noch ein Wort über meine innere Stimmung. Ich weiß, Sie nehmen Anteil daran, denn Sie haben es mir durch Wort und Blick gesagt. – Mein Gefühl hat mich irre geführt; ich bin auf dem Wege ruhig, ohne Abspannung zu werden. Stete Beschäftigung und Nachdenken haben manche Träume zum Schweigen gebracht und meinen Sinn auf andere Gegenstände gelenkt. Ich fühle Kraft in mir, neuen Mut und neue Hoffnung, und die Harmonie im Innern tröstet mich über manches unharmonische äußere Verhältnis. – Ich weiß, Sie freuen sich über diese Stimmung, und ich danke Ihnen dafür. Leben Sie wohl!   Sophie M.

*
*   *

Sie braucht, man ersieht das auch aus dem Tagebuch, alle Energie, um den widersprüchlichen Zustand, in dem sie zu leben hat, zu ertragen. Zu diesem Zeitpunkt sind ohnehin alle Pläne, Mereau zu verlassen und ein eigenes Leben aufzubauen, für sie dahin, denn sie erwartet ihr zweites Kind.

Die Freundschaft mit Schiller litt weder unter den persönlichen Problemen noch unter der Feindschaft, die zwischen ihm und den Brüdern Schlegel aufgebrochen war, seit Friedrich Schlegel Schillers Gedichte in herabsetzender und alberner Weise kritisiert hatte und ihn offen gegen Goethe ausspielte. Sophie Mereau war davon unbeeinflußbar; sie hielt den Kontakt zum Hause Schlegel, aber intrigante Fäden zu spinnen, wie Caroline Schlegel, war bei ihr undenkbar. Wie eng die freundschaftlich-private Beziehung zu Schiller war, zeigt folgende Begegenheit.

Schiller lebte mit seiner wachsenden Familie in einem kleinen Jenaer Haus sehr beschränkt und sah sich nach besseren Wohnmöglichkeiten um; andernfalls, sagte er Goethe, könne er nicht in Jena bleiben. Goethe besaß das vor Weimar liegende Gartenhaus an der Ilm; ein solches Quartier, Garten mit Sommerhaus, das erschwinglich schien im Rahmen seiner eingeschränkten finanziellen Mittel, wollte Schiller erwerben.

Hier sprang Sophie Mereau ein. Sie war im Besitz eines Gartengeländes, das sie von dem verstorbenen Rechtsprofessor Schmidt übernommen hatte und bot den ›Schmidtischen Garten‹ dem Freund an.

Am 11. Februar 1797 schreibt Goethe an Schiller: »Lassen Sie ja den Garten nicht weg, ich bin dem Lokal sehr günstig, er ist außer der Anmut auch noch eine sehr gesunde Stelle.«

Zwei Tage später, am 13. Februar, berichtet Caroline Schlegel ihrer Freundin Luise Gotter in Gotha: »Schiller kauft einen Garten, den die Mereau voriges Jahr hatte.«*

Glücklich kann Schiller am 18. Februar 1797 Goethe melden: »Den Garten hoffe ich in vier Tagen beziehen zu können, und dann wird mein erstes Geschäft sein, ehe ich weiter fortfahre, die poetische Fabel meines Wallensteins mit völliger Ausführlichkeit niederzuschreiben.« Es ist der

Garten in Jena mit dem Eckturm, Gartenzinne genannt, in dem der *Wallenstein, Maria Stuart,* die großen Balladen entstanden. Durch Goethes Zeichnung *Schillers Garten in Jena, »angesehen von der Höhe über dem rechten Ufer der Leutra, der Brückenbogen führt zum Engelgatter . . . das gerade entgegenstehende Eckgebäude errichtete Schiller als ein einsames Arbeitszimmer und hat darin die köstlichsten Werke zustande gebracht,«* haben wir noch den Anblick des Geländes, das heute die einzige Schillergedenkstätte in Jena ist.

In diesem Garten, ihr wohlvertraut, trifft Sophie Mereau häufig mit Schiller zu Gesprächen zusammen; eine willkommene, oft genutzte Stätte der Begegnung. »Besuch bei Schiller im Garten. Ästhetische, schöne Unterhaltung. Zufriedner Abend.« (23. 6. 1797)

Sie arbeitet weiter an ihrem Briefroman *Amanda und Eduard,* dessen erste Teile sie Schiller zum Abdruck in den *Horen* übergab. Eintragung im Tagebuch: 29. Juni 1797. Ungewißheit, ob Schiller meine Arbeiten gefallen. Nachmittag mit P. [Caroline Paulus] zusammen. Durch sie etwas verstimmt. Brief von Schiller. Größte Aufmunterung. Lebhaftes Lob. Vergnügen.«

Das Lob gibt ihr Auftrieb zur Weiterarbeit, die nicht nur ihr Rückzugsgebiet aus der unharmonischen Gegenwart, sondern ihr einziges wirkliches Interesse ist.

Außer den Romanbriefen hatte sie Schiller ein großes episches Gedicht in Stanzen zur Beurteilung gegeben, es handelt sich um die Verserzählung *Serafine,* die als zweiter Band ihrer Gedichte bei Unger erschien. Auf diese Arbeiten beziehen sich die folgenden Briefe.

Schiller an Sophie Mereau (10)

[Jena, den 27. Juni 1797]
Liebe Freundin, ich habe erst gestern Nachmittag Ihr Gedicht erhalten, habe es also, da Sie es schon heute wieder

haben müssen, ⟨habe ichs⟩ freilich nur sehr flüchtig lesen können.

Ich wünschte mit Ihnen über das Ganze, den Plan und die Behandlung, *zu sprechen:* schreiben kann ich darüber nicht. Auch sage ich Ihnen weiter kein Lob über die Anmut und Fantasie im Einzelnen, weil ich diese erwartet habe, und Sie auch keiner Bestätigung für das Bewußtsein derselben bedürfen.*)

Ich beschränke mich also auf einige kleine Bemerkungen über das Äußere. – Ändern Sie, wenn es irgend möglich ist, noch die Aussprache des Namens Rodrigo. Es muß durchaus die zweite Silbe *lang* sein. Auch wird das nicht schwer sein. Ich habe Acht darauf gegeben, daß in allen Versen, wo der Name vorkommt, die Sache leicht geändert werden kann durch eine geringe Umsetzung der Worte, durch ein weggelaßnes oder hinzugefügtes – doch – noch – und – und dgl.

Ich hatte geglaubt, es würden alle Verse 10 oder 11silbig sein. Nun haben Sie aber auch viele von 12 und 13 Silben, an einigen Stellen auch von 8 und 9. Das scheint mir bei weitem nicht so schön. – Ob Sie nun aber etwas ändern können oder wollen, das muß ja doch ganz von Ihrem Gefühl abhängen.

Auf Ihren Roman bin ich sehr begierig. Lassen Sie mich ihn ja gleich haben.

Leben Sie wohl und vergessen Sie mich nicht gänzlich.

Fr. S.

*) Doch finde ich bisweilen neben sehr schönen und weichen Stanzen, welche, die weit weniger Zierde und Sorgfalt verraten – eine gewisse *Ungleichheit*.

*　*　*

Schiller an Sophie Mereau (11)

[Jena, den 29. Juni 1797]*

Ihre Briefe sind recht interessant zu lesen und mit vielem poetischen Feuer geschrieben; sie machen mich auf das Ganze sehr begierig, und ich zweifle gar nicht, daß sie das Interesse des Publikums erregen werden. Einzelne kurze Stellen würde ich zu mildern raten.

Nun bitte ich Sie, mir soviel von vornherein abschreiben zu lassen, als Sie fertig haben, denn ich wünsche sehr, daß wir spätestens Mittwoch Abend eine Lieferung, oder doch die ersten Bogen dazu, für die Horen abschicken könnten. Die Kosten des Kopierens tragen die Horen, Sie können also, wenn Sie wollen, das Konzept an meinen Kopisten geben, der Heubner heißt und beim Kaufmann Franz wohnt: Sie lassen ihm sagen, es sei für mich und ich würde ihn auch bezahlen.

Leben Sie recht wohl. Geben Sie mir bald Nachricht, wozu Sie sich entschlossen haben.   S.

————

Schiller an Goethe

[Jena, den 30. Juni 1797]

Für die Horen hat mir unsere Dichterin Mereau jetzt ein sehr angenehmes Geschenk gemacht, und das mich wirklich überraschte. Es ist der Anfang eines Romans in Briefen, die mit weit mehr Klarheit, Leichtigkeit und Simplizität geschrieben sind, als ich je von ihr erwartet hätte. Sie fängt darin an, sich von Fehlern frei zu machen, die ich an ihr für ganz unheilbar hielt, und wenn sie auf diesem guten Wege weiter fortgeht, so erleben wir noch was an ihr. Ich muß mich doch wirklich darüber wundern, wie unsere Weiber jetzt, auf bloß dilettantischen Wege, eine gewisse Schreibgeschicklichkeit sich zu verschaffen wissen, die der Kunst nahe kommt.

————

[Jena, den 4. Juli 1797]

Sie haben mich mit den ersten Briefen Ihres Romans gestern und heute recht angenehm überrascht, ich finde darin
einen so schnellen und großen Fortschritt, den Ihr Darstel-
lungstalent zu einer höhern Vollkommenheit getan hat, daß
ich Ihnen recht von Herzen dazu Glück wünsche. Diese
Briefe sind mit einer sehr angenehmen Leichtigkeit und
schönen Simplizität geschrieben, es ist sichtbar, wie sehr Sie
Ihres Stoffes mächtig geworden und wie Sie Sich durch
eine glückliche Kultur vor manchen Fehlern, mit denen das
noch nicht ausgebildete Talent gewöhnlich anfängt und oft
lange genug zu kämpfen hat, zu befreien gewußt haben. Ich
kann Ihnen also nichts wünschen, meine vortreffliche
Freundin, als auf diesem Wege fortzufahren, in den Sie jetzt
so glücklich eingetreten sind.

Amandens Brief, vielleicht auch wohl noch einen der
folgenden, können Sie vielleicht Morgen Mittag dem
Abschreiber geben, so daß ich das Manuskript, davon ein
Teil abgegangen, mit der morgenden Post absenden
kann?

Leben Sie recht wohl, ich hoffe, der Vorrat ist noch groß,
denn die Horen werden durch diesen schönen Beitrag ein
neues Lustre gewinnen.

Ganz der Ihrige

Schiller

[Jena, den 17. August 1797]

... Ich möchte wissen, ob diese Schmidt, diese Richter,
diese Hölderlins absolut und unter allen Umständen so
subjektivisch, so überspannt, so einseitig geblieben wären,
ob es an etwas Primitivem liegt oder ob nur der Mangel
einer ästhetischen Nahrung und Einwirkung von außen

und die Opposition der empirischen Welt, in der sie leben, gegen ihren idealistischen Hang diese unglückliche Wirkung hervorgebracht hat. (. . .)

Umgekehrt finde ich, als Beleg Ihrer Bemerkung, daß diejenigen, welche aus einem liberalen Stande zur Poesie kommen, eine gewisse Freiheit, Klarheit und Leichtigkeit, aber wenig Ernst und Innigkeit zeigen. (. . .)

– Bei einer Vergleichung unsrer Jenaischen und Weimarischen Dichterinnen bin ich auf diese Bemerkung geraten. Unsre Freundin Mereau hat in der Tat eine gewisse Innigkeit und zuweilen selbst eine Würde des Empfindens, und eine gewisse Tiefe kann ich ihr auch nicht absprechen. Sie hat sich bloß in einer einsamen Existenz und in einem Widerspruch mit der Welt gebildet.

* * *

Sophie Mereau erlebt in diesen Sommermonaten 1797 eine äußerst schaffensreiche Zeit. Ihre Arbeiten gelingen. Ihre Gedichte werden in den *Horen* veröffentlicht und von Reichardt vertont. Der Verleger Cotta bittet Schiller um Vermittlung bei der erfolgreichen Autorin: er suche Beiträge für sein neues »Taschenbuch auf das Jahr 1798 für Damen«. Schiller antwortet Cotta: »Madame Mereau wird Ihnen bald etwas für den Kalender schicken.«

Im Widerspruch zur Welt.

Die Schaffenskraft war einem unbefriedigenden Dasein abgerungen. Sie erwartet ein Kind, ist niedergeschlagen und ohne Hoffnung. Schreiben ist ihr Lebensinhalt. Die Tagebuchaufzeichnungen von 1797 sind widersprüchlich, sprunghaft, Trauer und Freude wechseln an einem einzigen Tag, aber Schwermut und Verdruß herrschen vor. Vergnügen bereiten ihr die Lektüre von *Wilhelm Meister,* Besuche wie die von Herder und Schlegel, gelegentliche Konzertaufführungen, aber sie ist auch traurig bis zur völligen Erschöpfung, traurig zum Tode.

März 1797. Physisches und moralisches Übelbefinden. Nachdenken. Erwachen. Abwechselnd dichterische und prosaische Stimmung. Zuletzt mehr Ruhe.

---

9. April 1797. Verdruß mit M. [Mereau] Traurig. Reizbar.

18. April. Verdruß gegen M. [Mereau] Unbestimmt. Mutlos.

26. April. Poetische Stimmung. Gedanken. Plan. Reise nach Frankreich. Zufrieden. Bestimmt.

1ster Mai 1797. Gearbeitet. Unangenehme Szene mit M. [Mereau]

10. Mai. Streit mit M. Verzweiflung an Verbesserung der Lage.

11. Mai. Besuch bei Schiller. Heitrer schöner Abend. Freies, unbefangenes Gemüt.

21. Mai. Nach Camberg gefahren. Physisches Übelbefinden. Unruhiges Gemüt. Widerwillen gegen E. Verdruß.

29. Mai. Gearbeitet. Sehnsucht nach dem Grabe.

31. Mai. Besuch von Herder. Abends im Garten.

---

2. Juni 1797. Sehr ermüdet. Physisches Übelbefinden. Besuch von Gruners. Sehr gleichgültig.

10. Juni. Arbeit. Zerstreut. Besuch von Schlegels. Gut unterhalten. Brief von Schiller. Sehr froher Augenblick. Abends Verdruß mit M. [Mereau]

11. Juni. Vernünftiges Nachdenken. Entschluß. Klugheit. Besuch von S. und L. [Schütz und Loder?]

14. Juni. Besuch von S-l [Schlegel]. Seine Zärtlichkeit. Ungerührt. Abends im Garten.

18. Juni. Reise nach Weimar. Gut unterhalten. Einige angenehme Augenblicke im Park. Ruhige Stimmung.

22. Juni. Heitrer Sinn. Tätigkeit. Spaziergang mit M. Besuch bei d. E. [Henriette Ebert]. Besuch von S. [Schlegel, Caroline?] Überall Leichtigkeit, Haltung, Zufriedenheit.

23. Juni. Gleiche Stimmung. Besuch bei Schiller im Garten. Ästhetische, schöne Unterhaltung. Zufriedner Abend.

24. Juni. Besuch von Matthison und Knebel. Sehr zufrieden. Wohlgefallen an m. Arbeit.

29. Juni. Mißmut. Ungewißheit, ob Schiller meine Arbeit gefallen. Nachmittag mit P. [Caroline Paulus] zusammen. Durch sie etwas verstimmt. Brief von Schiller. Größte Aufmunterung. Lebhaftes Lob. Vergnügen.

———

4. Juli 1797. Besuch bei Schiller. Schönes interessantes Gespräch. Heitere Aussicht. Abends noch Spaziergang auf die Mühle. Ruhiger Abend.

5. Juli. Mit Lust gearbeitet. Heiter.

7. Juli. Viel und mit Lust gearbeitet. Abends einige Besuche.

14. Juli. Aderlaß. Physische Ermattung.

29. Juli. Ungeduldig. Reizbar. Kleiner einsamer Spaziergang. Einige poetische Strahlen.

30. Juli. Erinnerung – Sehnsucht. Ungeduld. Trauer.

31. Juli. Gleiche Stimmung. Dumpf. Abends Gesellschaft bei der E. [v. Eckardt] in Wenigenjena. Schöner Abend, gut unterhalten.

———

1sten August 1797. Sehnsucht ins Leben. Trauer. Gleichgültiger Tag.

8. August. Besuch von Jetten. Erzählung von Altenburg. Nachmittags übellaunig. Matt und erschöpft.

19. August. Ungeduld und Kränkung. Überdruß, einige gute Stunden.

20. August. Höchste Unzufriedenheit mit meinem Zustand. Gefühl eines schleppenden Daseins.

*   *   *

Hier bricht das Tagebuch ab. Am 4. September wurde *Hulda* Emina Gisela Mereau geboren, an der die Mutter sehr hing, die in Heidelberg vorzüglich erzogen und von Clemens Brentano wie ein eigenes Kind geliebt wurde.

September, Oktober, November, Dezember 1797 werden in Sophies Tagebuch mit einem einzigen Absatz zusammengefaßt: Viel gelitten. Krankheit. Schwächen. Zwist – Lange anhaltende wehmütige Stimmung. Momente von Freude und Lebenslust. Wiederkehrende Traurigkeit. Krankheit. Mutterfreuden. Sehr gemischte Empfindung. Geläuterte Sinnesart. Größerer Gleichmut.

Aus dem Herbst des Jahres gibt es noch einen Brief von ihr an Schiller, und Schillers Schreiben an den Verleger Cotta in Tübingen besagt, wie er sich als Freund für sie verwandte.

Sophie Mereau an Schiller (13)

[Jena, etwa Mitte Okt. 1797]
Hier, teurer Freund, folgen Ihre Bücher zurück, bis auf eins, das ich, mit Ihrer Erlaubnis, noch einige Tage zurückbehalten will. Meinen Dank für den Almanach, dessen schöne Mannigfaltigkeit Bewunderung erregt. Vor allen hat mich die Gewalt Ihrer Dartellung im: *Taucher* ergriffen. – Unter meinen Liedern vermisse ich: *Schwärmerei der Liebe,* das ich zu finden glaubte, und ich bitte Sie, mir über die Bestimmung oder Nichtbestimmung desselben ein paar Worte zu sagen.

Leben Sie wohl! ich sehe mit Verlangen der Stunde entgegen, wo ich Ihnen mündlich meine Achtung versichern kann.

S. Mereau

Schiller an Cotta

[Jena, den 14. Nov. 1797]

Mad. Mereau, die Ihnen nächster Tage selbst schreiben und für das Geld danken wird, hätte große Lust, Ihren Damenkalender ganz zu übernehmen und die Herausgeberin zu sein. Wenn Sie mit den diesjährigen vier Herausgebern keinen fortdauernden Kontrakt gemacht, so wäre es nicht übel, die Probe mit der Mereau zu machen. Auch hat es immer ein Interesse mehr für viele Leser, eine Dame an der Spitze eines Werkes zu sehen.

————————

Das Jahr 1798 brachte verschiedene Arbeiten von ihr im Druck, *Die Prinzessin von Cleves, Marie,* eine Erzählung für Cotta's *Flora, Deutschlands Töchtern geweiht,* Gedichte in Cotta's *Damen-Kalender.* Schiller übernahm die Gedichte *Licht und Schatten* und *Der Garten zu Wörlitz,* die auf der Reise mit Schmidt entstanden waren, in seinen *Musenalmanach.*

Briefe an Schiller sind aus diesem Jahr nicht erhalten, der Kontakt war persönlicher Natur, im Griesbachschen Haus, wo Schiller wohnte, in seinem Garten.

Im Tagebuch heißt es:

23. Mai 1798. Ebenfalls mit Erfolg gearbeitet. 13 Carolin von S. [Schiller]. Selbstgefühl. Unbeschreiblich heiter.

————————

5. Juni. Nachmittag Besuch bei der Griesbach. [Dort wohnte Schiller.]

6. Juli. Besuch bei Schiller. Lieber Tag! geliebte Träume! o! dürfte ich meinen Ahndungen trauen.

———

16. September. Bei Schiller. Süße Unterhaltung.

———

10. Oktober. Bei Voß. Gute Aussichten. Spazierfahrt. Sehr vergnügt.

———

2. November. Spaziergang mit Gustav. Zu Schiller. Süße Luft. Geliebte Bilder. Romantisch.

9. November. Sehr heiter mit B. [Brentano]. Heller Sonnen (Rest unleserlich). Besuch bei Schiller, bei Schnauberts. Abends mit B. [Brentano].

16. November. Froher durch B. [Brentano]. Besuch bei Schiller und Schnauberts. Nicht heiter.

———

1sten Dezember 1798. Besuch bei Schiller. Wenig Freude. Süße Stunden mit B. [Brentano].

Clemens Brentano hatte in ihr Leben Einzug gehalten.

* * *

Wenn um das hohe, starkgefühlte Leben,
das Göttliche, das uns im Innern glüht,
sich einst auch neue, schön're Formen weben,
ein andres Sein aus diesen Trümmern blüht;

Was ist dem Geist, zu neuem Sein geboren,
dann, was hienieden ihm zum Gott entzückt?
Mit jedem Sinn ging eine Welt verloren,
und seine schönsten Blüten sind geknickt.

In welches Labyrinth bin ich verschlungen?
Hat eine traurige Notwendigkeit
mir dieses Leben furchtbar aufgedrungen?
O, Liebe! löse du den bangen Streit!

SOPHIE MEREAU, »SCHWÄRMEREI DER LIEBE«
in Schillers Musen-Almanach 1799

Das Jahr 1799 ist von Brentanos Anwesenheit geprägt.

Er teilte Sophies Liebe zu Schiller, wenn auch aus größerer Distanz: er, der Jüngere, gehörte bereits einer neuen Dichtergeneration an. Seinen eigentlichen Lehrmeister sah er in Friedrich Schlegel, der Goethe vorzog und offen gegen Schiller opponierte. Er war zur Lyrik Tiecks hingezogen, liebte Hölderlin, und sein erstes Liebesgedicht an Sophie mit der Eingangszeile »Um uns her der Waldnacht heilig' Rauschen« ist dem Naturgefühl Eichendorffs nahe. Dennoch war er dem Lyriker Schiller zugetan. Während Caroline Schlegel spöttisch berichtet, daß »sie beim Lesen von Schillers *Glocke* vor Lachen fast von den Stühlen fielen«, schreibt ein Freund von Brentano, Lichtenberg, über die gemeinsame Sylvesterfeier von 1799: »Wir versammelten uns zeitig in seinem Zimmer, wo er die Freunde mit dem eben neu angekommenen Musen-Almanach in der Hand empfing, Großes verkündend. Es war die Glocke von Schiller, die er, auf das Lebhafteste von der Schönheit des Gedichts ergriffen, mit dem ihm eigenen Feuer vorlas.«*

Winkelmann schreibt im Nachwort des *Godwi* über den Autor Brentano: »Sein Gemüt war früher von einem *andern Dichter* [Schiller] berührt, und seine dunkle verstimmte

Jugend konnte sich lange dem heitern Genius [Goethe] nicht vertrauen.« Brentano selbst schreibt 1801 an Böhlendorf: »Glauben Sie, daß ich Schiller so ganz für das Ideal der Dichter und auch für den größten Tragiker halte.«

Die Freundschaft zwischen Sophie Mereau und Schiller war inzwischen auch andernorts bekannt geworden. Als Brentanos Schwestern Sophie und Gunda im Jahre 1799, zusammen mit Susette Gontard, Schiller besuchen wollen, wenden sie sich an *die Mereau* mit der Bitte um ihre Empfehlung, – und werden zugelassen.

Susette Gontard (1769–1802), Frau des Frankfurter Bankiers, die den Dichter Friedrich Hölderlin (1770–1843) liebt, gibt von dieser Reise nach Jena und Weimar ihrem Freund einen anschaulichen Bericht. Anlaß zur Reise war zum einen die Tatsache, daß man den Damen Sophie von La Roche und ihrer dreiundzwanzigjährigen Enkelin Sophie Brentano folgen wollte, die schon einige Tage zuvor, am 15. Juli 1799, zum Besuch Wielands nach Oßmannstädt bei Weimar aufgebrochen waren, zum anderen mag für Susette Gontard der Anreiz, Schiller kennenzulernen, groß gewesen sein, weil sie sich bei ihm für Hölderlins Plan zu einem neuen Journal verwenden wollte. Als sie dann endlich bei Schiller war, hatte sie nicht den Mut dazu, hatte nicht das Herz, ein Wort zu sprechen.

Hölderlin hatte sich wegen dieses Journal-Projekts schon brieflich bittend an Schiller gewandt. An Sophie Mereau zu schreiben, wagte er nicht, wie er seinem Freund Neuffer gestand: »Der Mereau konnte ich nicht wohl schreiben, weil man sagt, ich habe einen Liebeshandel mit ihr oder wer weiß mit wem? in Jena gehabt.«* Zwar antwortete ihm Schelling – als einer der wenigen, die Hölderlin damals helfen wollten – und sagte ihm die Mitarbeit von Sophie Mereau, mit der er gesprochen habe, zu. Doch

Hölderlins Plan, mit einer Zeitschrift hervorzutreten, scheiterte.

Susette Gontard an Friedrich Hölderlin

[Den 18. August 1799]

Ich möchte Dir jetzt eine kurze Übersicht meiner kleinen Reise geben, weil ich den Augenblick, daß ich allein bin, nutzen möchte. (. . .) Wir trennten uns von den Hamburgern, um unsere Reise nach Gotha fortzusetzen, Tischbein blieb auch zurück. Nach 2 Tagereisen kamen wir Abends dort an, es regnete stark, wir sahen wenig, den andern Morgen fuhren wir nach Weimar und waren dort um 4 Uhr Nachmittags, wir wollten von dort gleich nach dem Landgut von Wieland fahren, um mit der La Roche und ihrer Enkelin zusammenzukommen, hörten aber, daß sie alle in der Stadt wären, wir schrieben ein Billett, unsere Ankunft zu melden, und gleich darauf kam Sophie Brentano, uns alle zu bitten, mitzukommen in ihre Wohnung . . . die alte La Roche kam uns sehr freundlich entgegen, sehr ungezwungen, froh und äußerst lebendig, machte uns mit der Gesellschaft bekannt, Wieland, Herder! (Göthe fehlte) und noch einige andere weniger bedeutende Männer. (. . .)

Den andern Morgen fuhren wir nach Jena, mit einem Empfehlungsbrief an die Mereau, wir gingen gleich zu ihr und baten sie, durch ein Billett an Schiller ihn um eine Stunde für uns zu bitten, sie benahm uns gleich alle Hoffnung, weil er ganz eingezogen lebte und selten Fremde zu sich ließe. Die andern gaben den Plan, ihn zu sehen, willig auf, außer Sophie und ich beschlossen alles zu wagen um zu ihm zu kommen.

Sophie und ich gingen Nachmittags wieder zur Mereau, die Antwort zu hören, wir waren angenommen, und um 4 Uhr bestellt; wir zogen also, von einem Bedienten begleitet, um diese Stunde zum Tore hinaus, wo er in einem Garten wohnt. Wie ängstlich klopfte uns das Herz, und wie sonderbar wehemütig mir zu Mute war, kann ich Dir nicht sagen, ich fühlte wohl in diesem Augenblick zu sehr die Kürze der Zeit, die mir in einer halben Stunde gegönnt war, den Mann zu sehen, von dem meine Begriffe so groß sind, zu dem meine Gefühle gewiß sprechen könnten, und die Unmöglichkeit, ihm diese Beziehung durch meinen Anblick zu offenbaren, in dieser Schönen Seele mochte ich nicht klein mich spiegeln, und ich konnte doch nur demütig erscheinen. Ich hatte nicht das Herz ein Wort zu sprechen, und bat Sophien ganz das Wort zu führen. Wir ließen uns anmelden und blieben indessen in der Garten-Türe stehen, erblickten seine edle Gestalt am Ende einer langen Allee, seine Frau begleitete ihn und 2 muntre Knaben sprangen im Grase herum. Wir entschuldigten unsere Zudringlichkeit, er führte uns in eine schattige Laube, wir setzten uns neben seine Frau, und er blieb in majestätischer Stellung vor uns stehen, er sprach viel mit der Enkelin der La Roche, von ihr und Wieland, und ich hatte Zeit, ihn recht ins Auge zu fassen. Wir mußten wegen den Zurückgebliebenen sehr eilen, seine gute liebe Frau wollte uns nach Hause begleiten, wir wollten es nicht zugeben, er sagte aber, es wird meiner Frau nicht schaden, und mir – – – setzte er ganz sachte hinzu, besann sich aber und ging zurück nach dem Hause.«*

Bei dieser Gelegenheit hat Sophie Mereau sowohl die damals berühmteste Schriftstellerin ihrer Zeit, Sophie von La Roche (1731–1807), die Großmutter von Clemens, kennengelernt, als auch seine Schwester Sophie (1776–1800), von Wieland »die schönste Seele« genannt, »die je in Engelsgestalt unter den Menschen wandelte«. Sie war von dieser gleichnamigen Sophie sofort angetan. Das Tagebuch vom Juli 1799 meldet:

23. Juli 1799. Reise nach Osmanstedt. Bekanntschaft der La Roche und Brentano [Sophie]. Ruhige, aufgelöste Stimmung. Schöne Rückreise mit B. [Cl. Brentano]. Anständig.

Zu ihrer Überraschung spricht dann vier Tage später Sophie Brentano mit den Damen Susette Gontard, deren Schwägerin Eugenie Borkenstein und der neunzehnjährigen Gunda Brentano bei ihr vor.

27. Juli 1799. Überraschung von d. B. [Sophie Brentano] und noch andern Freunden. Sonderbarer Nachmittag. Angenehmer Eindruck der B. [Brentano].

Umgekehrt fand auch Clemens' Schwester Sophie dessen Freundin, »die Mereau«, sympathisch; sie schreibt drei Wochen später an den Bruder: »Was mir in Jena lieb ist, das grüße recht freundlich, sage, daß meine Teilnahme, meine wahre Zuneigung und Liebe kein flüchtiger Eindruck des Augenblicks war, sondern ein dauerndes Gefühl meines Herzens bleiben wird.«

Clemens antwortet ihr: »Die M[Mereau] grüßt Dich herzlich, es soll ihr außerordentlich schmerzhaft sein, Dich und die Großmutter [S. von La Roche] nicht mehr zu sprechen. Lebe wohl!«

* * *

Das Jahr 1800 bringt im Sommer die Trennung von Clemens und Sophie Mereau. Sie macht sich von ihm los wie von alten Verhältnissen und geht neue, vielfältige menschliche Beziehungen ein. Aber ihrem ersten Band »Gedichte«, 1800 in Berlin bei Unger erschienen, stellt sie als Motto eine Strophe aus Schillers *Stanzen* voran:

> Nicht länger wollen diese Lieder leben,
> Als bis ihr Klang ein fühlend Herz erfreut . . .

Hommage an Schiller.

Briefe an ihn aus dieser Zeit sind nicht mehr vorhanden. Erst im Jahre 1802, nachdem sie mit der Übersetzung der Tragödie *Der Cid* von Corneille begonnen hatte, findet sich wieder eine Nachricht: sie wollte sicher sein, daß sie mit ihrer Arbeit Schiller nicht ins Gehege kam, und holte sich die Zustimmung, daß Schiller das Stück gern auf die Weimarer Bühne bringen wolle. Mit Begeisterung ging sie daraufhin ans Werk. Nach ihren Briefen an Brentano vom September 1803 ist die Übersetzung erfolgreich abgeschlossen und Sophie von der Hoffnung erfüllt, das Stück noch vor ihrer Abreise aus Weimar im Theater gespielt zu sehen. Dazu kam es jedoch ebensowenig wie zu der beabsichtigten Drucklegung. Die Übersetzung des *Cid* liegt, bis heute unveröffentlicht, im Original und einer Abschrift unter den nachgelassenen Papieren.

Sophie Mereau an Schiller (14)

[Weimar, März 1802]
»Ich erhielt vor kurzem die Nachricht, daß in irgend einem gelehrten Blatt eine Bearbeitung des Cid von Ihnen angekündigt sei.«*

*　*　*

Schiller an Goethe

[den 20. März 1802]
Madame Mereau sagte mir, daß sie den *Cid* des Corneille bearbeite; wir wollen suchen, auf diese Arbeit einigen Einfluß zu gewinnen, um wo möglich eine *Acquisition* für das Theater dadurch zu machen.«

Schiller an Sophie Mereau (15)

[März 1802]
Lassen Sie sich ja, meine werteste Freundin, in der Bearbeitung des Cid nicht stören. Zwar hatte ich unter den vielerlei Einfällen, die man hat, auch einmal diesen, mit diesem abgelebten Stücke dem *vieille cour* einen Versuch zu machen,

ob es zu beleben wäre, weil es auf einer interessanten
Situation ruht, aber an die Ausführung ist noch nicht gedacht worden, und es kostet mir nichts darauf zu *resignie-
ren* —

Mit Vergnügen will ich Ihnen die Idee, die ich dabei
gehabt, mitteilen, wenn Sie sie mit Ihrem Plan vereinigen
können.

Mit Hochachtung

d. Ihrige

Schiller.

Sophie Mereau an Clemens Brentano

Weimar, 14. September 1803

. . . Gestern schrieb ich wegen meines Stücks an *Schiller;* er
kam selbst zu mir, und brachte den ganzen Nachmittag bei
mir zu. Wir lasen das Stück und er sagte, daß es in einigen
Wochen aufgeführt werden sollte . Wir besetzten die Rollen
gemeinschaftlich und waren sehr lustig; doch hat er mir
versprochen, meinen Namen zu verschweigen, und außer
ihm und Dir soll niemand etwas davon wissen. Ich muß
nun aber wegen der Aufführung noch manches darin ver-
ändern, und das ist mir leider wieder eine neue Arbeit.
Auch bitte ich Dich, als mein Orakel, zu dem ich in allen
Fällen meine Zuflucht nehme, mir einen *wohllautenden, spanischen, dreisilbigen weiblichen* Namen zu verschaffen, den ich
anstatt *Chimene* setzen kann, denn dieser will S. [Schiller]
durchaus nicht gefallen. Ich erwarte diesen Namen in Deinem nächsten Brief zuversichtlich.

*   *   *

Clemens Brentano an Sophie Mereau

Marburg, d. 22. .Sept. 1803

Du hast mitten in Deinem Brief einen kleinen Thron ganz
hoffärtig aufgeschlagen, auf dem Du mit Schiller breit

sitzest, Gott segne die Aufführung Deines Stücks, daß sie so gut sei, wie Deine, daß es viele Liebhaber finde und doch so einfach und lieb bleibe wie Du, und daß es sich einem guten Herzen besonders hingebe und es erquicke, wie Du. Spanische Namen der Art sind rar, folgende sind alle wirklich spanisch, Lisarda, Estela, Zelima, Serena, Laurela, Clavela, Florinda, Jacinta. Weiter fällt mir jetzt keiner ein, die unterstrichnen klingen ganz artig. (. . .)

Gott lohne dir alle Deine Liebe, die ich noch einst verdienen will, aber schreibe mir mein Engel, sieh, ich lebe nur durch Dich, ich habe keinen Schiller, der mich besucht, keine Darstellung meiner Schauspiele, nichts habe ich, als Dich und meine Liebe.

*   *   *

Der Besuch Schillers war Sophies letzte Begegnung mit ihm, sie sieht ihn nicht wieder. Einen Monat später reist sie nach Marburg und heiratet Clemens Brentano.

KAPITEL IX
ERGEBUNG – ODER MUT?
DAS TAGEBUCH DES JAHRES 1798

Jetzt, wo im tief bewegten Strom der Zeit,
mit lautem Schlag sich Wog an Woge reiht,
wo Wolkenschatten trüb die Flut umziehen,
und wiederum vor schnellem Glanz
entfliehen,
und rasch sich drängt und ruhlos jede Welle
hin nach der Schönheit unbekannter
Schwelle,
da spricht ein Ton – und über das Gewühl
wallt Leben, Licht und süße Heiterkeit,
wie auf der Fluten ewig wechselnd Spiel
der Gott des Lichts die Feuersäule streut. . .
SOPHIE MEREAU, AN GOETHE

Die Tagebuchblätter von Sophie Mereau sind wie eine
durchsichtige Folie, hinter der die lebendigen Bilder liegen.
Ereignisse, Entschlüsse, Gefühle.

Nachvollziehbar?

Hinter der charakteristischen Handschrift die Schreibe-
rin. Jena 1798. Jena heute. Manches hat sich geändert,
vieles nicht. Sophie schreibt: *verdrüslich,* wir sagen: schlecht
gelaunt. Sie schreibt: *Zerstreut* – wir sagen: gut unterhalten.
Unverändert bis heute die Landschaft, der Weg nach Kötschau, nach Weimar, die weiten flachen Felder, die drei
Dornburger Schlösser auf dem Felsen hoch über der Saale.
Jena. Dort hatte Schiller geheiratet, acht Jahre zuvor, in der
Kirche von Wenigenjena Charlotte von Lengefeld aus Rudolstadt.

Sophie schreibt: »Bei Schiller. Lieber Tag! o! dürfte ich meinen Ahndungen trauen.« Gefühle ändern sich nicht. Mitleid, Selbstmitleid, ›Launen des Herzens‹, Sehnsucht, Qual und Freude – Worte, einmal in der Welt, stehen da und bezeugen eine Geschichte. Vorstellbar. Nachvollziehbar. Erlebt.

*

Manche Begegnung war bedeutsamer, wichtiger, als es die kurzen Bemerkungen im Tagebuch ahnen lassen. So das Kennenlernen Jean Pauls, das Zusammentreffen mit Goethe. Goethe verehrte sie. Ihm hat sie Gedichte gewidmet, die handschriftlich in Weimar liegen und von denen sie nur eines, *An Goethe,* im zweiten Teil ihres Almanachs *Kalathiskos* 1802 erscheinen ließ. Goethes Werke, besonders der *Werther, der Wilhelm Meister* und seine Lyrik, haben sie tief beeindruckt. Ein Gedicht von ihm, *Jägers Abendlied,* hat sie bezeichnenderweise ins Weibliche umgestaltet, *Der Hirtin Nachtlied* ist daraus entstanden, das sie auch, unter Hinweis auf Goethe, in die Erstveröffentlichung ihrer Gedichte (1800) aufnahm:

> Des Tages süßer Schein verbleicht
> im leichten Nebelflor,
> und aus den stillen Schatten steigt
> dein liebes Bild hervor –

Die Nähe zu Goethe hat ihr eigenes Werk gefördert und ihre Vorstellung von der besonderen Aufgabe des Dichters als einem zweiten Schöpfer mitbestimmt *(Der Dichter).* Das Kalathiskos-Gedicht auf Goethe macht ihre Haltung dem Größeren gegenüber deutlich, sie sieht sich darin wie ein *Spiegel,* der *die Allgewalt, das wundervolle Leben, den hohen Geist* seiner Dichtung erfaßt und diese *göttlichen Gedanken* reflektiert.

Wenn ich dies alles, in mich selbst gewandt,
In stiller Seele innig tief empfand,
Da dünkt' es würdig meinem Wunsch und heilig,
Den Spiegel dieser göttlichen Gedanken
Minutenlang bewegen, leis' und eilig . . .

In der zweiten Strophe ist er der See, sie die Blume, die ihr
Bild im Wasser betrachtet wie der Mensch, der sich im Geist
des anderen wiederfindet:

So steht an eines großen See's Gestade,
Des Herrlichen, die Blume bebend da;
Sie ist so ferne ihm, und doch so nah.

*　*　*

Am 24. November 1798: Abends bei Schütz mit G. und R.

Sehr kurz. Sehr lapidar. Man muß schon Goethes Tagebücher heranziehen, um die Stelle aufzuschlüsseln. Danach
waren bei dem Anatom und Prorektor der Universität,
Loder, einige Professoren mit ihren Frauen eingeladen,
nebst Goethe und Jean Paul. *»Freie, ästhetische, schöne Freuden«,* schreibt Sophie Mereau. Man scheint sich ein Lorbeerblatt gezeigt oder darüber gesprochen, das Thema auf ver-
gangene und lebende Dichter, auf Vergil und Goethe, gelenkt zu haben. Am 25. November 1798 nämlich, einen Tag
später, notiert Sophie: *»Epigramm an Goethe und seine Antwort.«*
　　Beide Epigramme sind vorhanden. Dasjenige von Sophie Mereau liegt, auf grünes Seidenpapier geschrieben, in
Weimar. Es lautet:

Auf ein Lorbeerblatt von Virgils Grabe.

Heiliger Lorbeer! Der einst am Grabe des herrlichen
Dichters
über dem heiligen Staub sproßte lebendig und grün,
jetzo, o Wechsel! berührt dich die Hand des größeren
Dichters,
er ist voll Leben und Geist, du bist vertrocknet und kalt.

*

Goethes Antwort vom gleichen Tage trägt die Überschrift:

Den 25. November 1798

Als das heilige Blatt von Maro's Grabe getrennt ward,
Naht' es, der Asche getreu, welkend polarischer Nacht,
Aber im Lande bedeckt von Schnee ergrünt es auf's Neue,
Bietet unwelkenden Schmuck traulich den Grazien an.

Grazie wurde Sophie Mereau nicht nur an diesem Abend
genannt. Als Miniatür-*Grazie* bezeichnet sie Jean Paul, der
den heiteren Abend in einem Brief schildert, *Grazie* und
Muse nannte sie August Wilhelm Schlegel. Mit diesem
Antwort-Epigramm über den im kälteren Norden, nämlich
Deutschland, nicht welkenden Lorbeer des großen Vergil
schlichtet Goethe zugleich den herrschenden Streit, ob der
antiken, der griechischen und römischen Dichtkunst mehr
Ruhm gebühre als der Poesie der Moderne, indem er das
weiterhin grünende, heilige Blatt als Symbol benutzt für ein
Weiterwirken antiken Geistes in die Gegenwart.

*

Zwei kleine Briefe von Sophie Mereau an Goethe gibt es,
beide ohne Datum und nicht veröffentlicht.* In dem einen
lädt sie Goethe zu einem Schauspielabend ein, bei dem sie

selber mitwirkt. Vielleicht ist es jene Aufführung vom
30. März 1798, nach der sie ein »Gespräch mit Goethe« ins
Tagebuch notiert hat.

Sophie Mereau an Goethe

Sollten Sie vielleicht als Zuschauer einer kleinen theatrali-
schen Übung eine leichte Unterhaltung zu finden glauben,
so schätze ich mich glücklich, Ihnen als Mitglied der Gesellschaft ein Billett zur Vorstellung auf nächsten Freitag darzubieten. – Voll wahrer, innigster Verehrung – Sophie
Mereau.

Im zweiten Brief, offenbar im Jahre 1802 in Lauchstädt
geschrieben, wo sie gleichzeitig mit Goethe für ein paar
Wochen weilte, verwendet sie sich für einen Schauspieler
namens Gerrmann: »Aber sehr froh würde ich mich fühlen,
wenn dieser Unglückliche so glücklich wäre, Ihnen zu
gefallen, und sehr stolz, wenn Sie das Talent anerkennten,
was ich zu finden glaubte. Möge Thaliens Schutzgeist und
sein eigener ihn in Schutz nehmen! Gruß und Huldigung.
Sophie Mereau.«

*

Mit Jean Paul Richter (1763–1825) war Sophie Mereau
bekannt, seit er zum erstenmal besuchsweise in Jena
wohnte; er zog 1798 ganz nach Weimar, und sie sahen sich
öfters. Sophie las mit Begeisterung Jean Pauls Schriften,
den *Hesperus* (1795), den sie ihren Freunden empfahl, *Quin-
tus Fixlein* (1795/1796), *Siebenkäs* (1797) und den *Titan*
(1800). Oft sah man sich im Kreise von Herder, der an den
Sonntagabenden ein offenes Haus hatte. Eine geistvolle
Runde war dann bei ihm um den Teetisch versammelt,
Böttiger, Heinrich Meyer, die Kammerherren v. Knebel
und v. Einsiedel, Frau v. Stein, als willkommenster Gast

Jean Paul, dessen Witz und Einfallsreichtum man stets bewunderte, dorthin wurden auch die Mereaus aus Jena eingeladen. In einem Brief von Caroline Herder an Jean Paul heißt es:

»Ach, Bester, dreimal habe ich Sie schon heute zum Kaffee einladen wollen und noch nicht Zeit gehabt. Sie kommen diesen Nachmittag um drei Uhr zu uns. Mereaus aus Jena kommen zu uns. Darum bitte ich Sie.« (April 1799)

Herder war von Jean Paul begeistert; er schrieb am 10. Dezember 1798 an Jacobi:

»Mit Richter hat mir der Himmel einen Schatz geschenkt, den ich weder verdient noch selbst erwartet habe. Jedes neue Zusammensein mit ihm eröffnet mir eine neue, größere Kiste voll von alle dem, was die Heiligen Drei Könige brachten. In ihm wohnen sie alle drei, und der Stern geht immer über seinem Haupt.«

Goethe und auch Schiller hingegen hielten sich, was den Neuling in Weimar betraf, auf Distanz, wenn auch nicht unfreundlich, sie waren über seine Art amüsiert. Das geht aus einem Brief hervor, den Goethe am 6. September 1798 an Schiller schrieb und in dem er Jean Paul humorig charakterisiert. Da heißt es:

»Aber woher die Stimmung nehmen!?!? Denn da hat mir neulich Freund Richter ganz andere Lichter aufgesteckt, indem er mich versicherte (zwar freilich bescheidentlich, und in seiner Art auszudrücken), daß es mit der Stimmung Narrenspossen seien, er brauche nur Kaffee zu trinken, um, so grade von heiler Haut, Sachen zu schreiben, worüber die Christenheit sich entzücke. Dieses und seine fernere Versicherung: daß alles *körperlich* sei, lassen Sie uns künftig zu Herzen nehmen, da wir denn das Duplum und Triplum von Produktionen wohl an das Tageslicht fördern werden.«*

Am 24. November 1798 nun trafen, wie Sophie Mereau im Tagebuch vermerkt, Goethe, Jean Paul und sie im Hause von Schütz, dem Herausgeber der Literaturzeitung, zusammen. Auf Jean Paul hatte die Begegnung Eindruck gemacht, er teilte das Ereignis seinem Freund Christian Otto sogleich mit: »Göthen sprach ich bei ihm selber, und aß in Jena bei Schütz mit ihm, und mit Madame Mereau (eine niedliche Miniatür-Grazie) . . .«

Daß die Begegnung eindrucksvoll war, weiß sogar Christiane Vulpius zu berichten, die an Goethe meldet: »Den Herrn Richter habe ich, seitdem er sich in Jena in Räuschen gewunden hat und sich in die Madame Mero verliebt, nicht gesehen.« (am 27. Nov. 1798)

Tatsächlich hatte sich Jean Paul gleich am nächsten Tage nach dem Abendessen bei Schütz zu Sophie Mereau begeben, um ihr seine Aufwartung zu machen. Offenbar besuchte er von da ab auch das Liebhabertheater, in dem sie mitspielte, denn er schreibt ihr am 8. Oktober 1799: »Die Jenenser glauben, in Weimar sei nur Ein Haus, nämlich das, wo man zusieht und spielt.«

Sophies Tagebuch vermerkt Richters Besuch vom 25. November 1798. Inzwischen hatte sie den jungen Brentano kennengelernt. Jean Paul taucht erst Ende 1799 wieder häufiger auf, in einer Zeit, da Brentano bei seiner Familie in Frankfurt weilt.

Da heißt es dann im Tagebuch:

4. Dezember 1799. Abends Ankunft von Richter und Majer.

5. Dezember. Angenehme Stunden mit Richter. Abends Besuch von Tiecks. Frohes Beisammensein.

6. Dezember. Richters Abreise. Sehr verstimmt.

9. Dezember. Mittag bei Eckart. Kleine Zerstreuung. Abends Vorlesen, Buch von Richter. Wehmütig.

10. Dezember. Sehr düster. Lesen im Richter. Hingezwungen ans Häusliche, Gegenwärtige und zurückgestoßen durch M. [Mereau], sehr melancholischer Abend.

19. Dezember. B. [Brentano] wiedergesehn. Sonderbares Gefühl. Verwirrung.

Die Verwirrung hält an.

* * *

Zur Charakteristik der Art, wie Sophie Mereau ihr Leben im Tagebuch festhielt, dienen die folgenden Auszüge aus den Aufzeichnungen von 1798. Selbst über ein Jahr verteilt, fällt die Vielzahl der Freunde und Bewerber, die Fülle der Ereignisse, der Ausflüge, Theater- und Konzertbesuche auf. Es gibt Freunde, die sie mit ihrer Neigung unangenehm verfolgen, wie der oft erwähnte E. [Eichstädt?] oder solche, die sich nie abweisen lassen, wie Friedrich Majer, Privatdozent für Indologie. Es gibt flüchtige Beziehungen, ein Händedruck mit G., ein ersehntes Gespräch mit B - r. Die Schwester Henriette (Jette) und Henriette Ebert, spätere Frau von Bernhard Vermehren, dem Schriftsteller, sind die Freundinnen dieser Zeit. Heitere Augenblicke werden notiert, aber öfter noch Mißmut und Spannung. Selbständig, selbsttätig, daß ist programmatisch das Leitwort. Aber ausgeglichen, ruhig ist das Leben von Sophie Mereau nicht. Die Tagebuchnotizen geben Einblick in ein Jahr wechselnder Freundschaften, wechselnder Pläne – ein Jahr, in dessen Herbst der zwanzigjährige Brentano in ihrem Kreise erscheint.

Das Jahr 1798

1ster Januar 1798. Frohe Unbestimmtheit. Frohe Stimmung. Heitrer Blick in die Zukunft. Abends auf dem Ball. Heiter und unabhängig.

5. Januar. Nach Weimar. Ruhe. Unterhaltung. Abends Verdruß über E. Nachdenken.

12. Januar. Schlittenfahrt. Probe. Gute Laune. Lebhaftes Intreße am Spiel.

13. Januar. Ganz in der Komödie lebend. Abends Vorstellung. Frohe Spannung. Leichtes Wohlgefallen. Abends Punsch getrunken.

19. Januar. Traurige Stimmung. Zuhause. Reizbar.

20. Januar. Etwas heitrer. Abends auf dem Ball. Einiges Intreße. Mehr Überdruß als Vergnügen.

———

1sten Februar 1798. Zufrieden und gleichgültig.

4. Februar. im Conzert. Zufrieden. Abends bei Gruners. Geschwärmt mit W.

11. Februar. Weggefahren nach Lobeda. Einige lichte Momente. Abends Unwille über U. Aufmerksamkeit, Liebe von H.

15. Februar. Probe zur Komödie. Besuch von Gruners.

18. Februar. Gesellschaft bei mir. Unterhaltung. Spiel. Eine kleine Eifersucht über E.

21. Februar. Nach Weimar. Angenehm bei W. Verdrüslicher Zufall. Verstimmt. Spannung. Sehnsucht.

22. Februar. Selbständigkeit. Entschluß. Einige heitre Augenblicke bei Niethammers. Abends Gesellschaft.

———

1sten März 1798. Sehr übellaunig. Unwillig gegen die E. [Ebert] und G. [Gruner]. Abends Besuch von Majer, S. [Schlegel] und mehrere. Gute Unterhaltung.

2ten März. Ausgefahren nach Gößnitz. Heitrer Frühlingshimmel. Sanftes Gefühl. Unintreßante Gesellschaft.

6. März. Unwillen gegen mich selbst. Bei Eckart. Unruhe. Majers zärtliche Stimmung.

10. März. Nach Lobeda. Nicht Heiter. Ruhe und Gleichgültigkeit. Sehnsucht nach beßrer Unterhaltung. Abends bei Eckart. Schmerzliches Gefühl von Alleinsein.

11. März. Mut zu mir selbst.

17. März. Ball. Gleichgültige Erwartung. Süße Überraschung: erfüllter Wunsch, von B-r angeredet zu werden. Intreßantes Benehmen von H. Viel Freude an B. Unterhaltung. Schöne, liebliche Träume.

20. März. bei Schnaubert und dann bei Asverus. Selbständig, aber nicht froh.

26. März. Sonderbares Verhältniß wegen S-s [Schlegels?] Komödie. Leseprobe, verdrüslich. Abends Gesellschaft, sehr voll Leben.

27. März. Mein Geburtstag. Sehr traurig. Heftiger Schmerz über mein Schicksal. Allein. Entschluß, die Komödie zu spielen.

30. März. Komödie. Gespräch mit Goethe, das mich etwas beschäftigt und erheitert. Bald der vorige Tiefsinn.

1sten April 1798. Gleichgültig. Geschäfte.

8. April. Heitre Luft und leichtes Herz. Nachmittag nach Dornburg. Unangenehme Empfindung bei M.'s Betragen. E. lästige Neigung. Abends zufrieden.

15. April. Immer heiter. Reise nach Denkendorf. Poetische Stimmung.

16. April. Froh wie immer. Süßer Genuß der Freundschaft und der zuvorkommenden Gefälligkeit. Mittag bei Passary. Nachmittag einige Besuche. Intreßante Unterhaltung.

23. April. Reise. Vergnügt bis Weimar. Dann verstimmt. Widrige Scene in Kötschau. Innige Trauer. – Freude und Trauer im Hause. Endlich heitrer.

25. April. Nach Weimar. Ifflands Spiel. Kunstgenuß.

29. April. Nach Gößnitz. Mehr Ruhe als Freude. Abends sehr überrascht durch Besuch aus Altenburg. Anfangs Verlegenheit, dann Freude.

30. April. Trauliche Gespräche mit den Freundinnen.

Nach Weimar. Mehr zerstreut als vergnügt. Wenig Genuß im Schauspiel. Zuhause eine unangenehme Scene mit M. [Mereau].

1sten Mai 1798. Frühstück bei Weimar. Vergnügt nach Dornburg.

2. Mai. Mittags Gesellschaft. Sehr froh. Abends Komödie. Genuß des Spiels. Gespräch mit B. [Böhlendorf?] Sanftes Gefühl. Abends etwas verstimmt.

5. Mai. Kindergesellschaft, ich nahm daran Teil. Besuch der Grs. [Gruners], durch ihn verstimmt.

8. Mai. Besuch eines fremden Künstlers.

9. Mai. Ausgegangen bei Schlegel und Schütz. Sehr gut unterhalten.

10. Mai. Konzert und großer Kunstgenuß. Heitre Stimmung. Angenehme Blicke. Abends Punschgesellschaft.

13. Mai. Besuch von Schlegel. Galante geistreiche Unterhaltung. Abends bei Bianchi. Sehr heitre lebhafte Stimmung.

17. Mai. Spaziergang nach der Drießnitz. Sehr heitre lebendige Laune. Majers Neigung. Angenehme Unterhaltung mit Mecklenburg.

20. Mai. Wieder ausgeritten. Voller Genuß der Natur, der Bewegung, der Eitelkeit. Bewundert.

23. Mai. Ebenfalls mit Erfolg gearbeitet. 13 Carolin von S. [Schiller]. Selbstgefühl. Unbeschreiblich heiter.

26. Mai. Wohlgelungene Arbeit. Unbeschreiblich ruhig. Mereaus Abreise. Abends Besuch von Jette [Henriette Schubart]. Lieb.

27. Mai. Heitre lichte Phantasie. Verdrüslich durch E. [Eichstädt].

31. Mai. Verstimmt. Nachmittags Besuch gegeben. Mißvergnügt. Schlechte Haltung. Abends M. [Mereau's] Ankunft. Nicht ganz heiter.

1sten Juni 1798. Früh aufgestanden. Heitrer Morgen. Friedlich mit M. [Mereau]. Arbeit. Zufrieden.

4. Juni. Sehr gespannt. Gearbeitet. Abends mit Gesellschaft in eine Mühle gegangen. Sehr lebhaft. Nicht ganz befriedigt. Beleidigt von G.

9. Juni. Besser. Arbeit. M.s [Majers] Liebe. Gutes Vernehmen. Abends in Lobeda in Männergesellschaft. Sehr froh.

10. Juni. Gut. Abends ausgeritten, in Gesellschaft von Majer. Heitrer Abend. Seine Liebe.

15. Juni. Heiter. Abends nach Gößnitz. Muntre, selbständige Laune. Helle Ansichten.

17. Juni. Frohe Ansicht des Lebens. Selbstgefühl. Nachmittag mit Paulus' Café getrunken. Intreßante Unterhaltung. Abends Spaziergang. Lebhafte Spannung.

19. Juni. Besuch eines fremden Künstlers, der mich malen will.* Überraschung. Nachmittag gearbeitet. Abends Verdrüslichkeiten mit M. [Mereau].

20. Juni. Der Fremde. Intreßant. Heitre Stimmung. Abends Spaziergang. Zufrieden. Selbständig.

28. Juni. Besuch der Asverus, Jette, Niethammer, Seufert. Gutlaunig.

29. Juni. Gut gestimmt. Arbeit. Abends mit Majer nach Zwätzen. Seine Leidenschaft. Gute Gesellschaft.

30. Juni. Nach Naumburg. Heitre Laune. Dort verstimmt. Gemeine Unterhaltung. Grausame Lage. Genuß im Schauspiel. Schrecken.

1sten Julius 1798. Früh unangenehme Stunden. Mittags bei Brawes. Gute, herzliche Unterhaltung. Gesellschaft in Dornburg. Verliebte Träume von U.

2ten Julius. Besuch bei Voigts. Gemeine Unterhaltung.

4. Julius. Sehnsucht ins Freie. Romantischer Spaziergang auf Kunitz.

5. Julius. Abends bei Jette [Henriette]. Lebhafte Spannung bis zum Schmerz. Sehnsucht.

6. Julius. Besuch bei Schiller. Lieber Tag! Geliebte Träume! o! dürfte ich meinen Ahnungen trauen. – Abends Gesellschaft. Geistvolle Unterhaltung.

8. Julius. Physisches Übelbefinden, aber geistige Freiheit.

9. Julius. Partie auf der Drießnitz. Zuvor mancherlei Unannehmlichkeit. Gute Unterhaltung. Viel Huldigung. Geschmackvolle Unterhaltung. Laune des Herzens. Verlangen nach G-ge. Schnelles Verständnis. Liebe von M. [Majer].

10. Julius. Lebhaft gearbeitet. Ruhelos.

11. Julius. Unangenehmes Verhältnis mit E. Abends nach Zwetzen. Mistöne mit M. [Mereau]. Traurig.

17. Julius. Mittags bei Schütz. Getäuschte Erwartung. Mißfallen an der Gesellschaft. Abends Spaziergang mit Majer. Liebeserklärung in schlechten Versen.

20. Julius. Arbeit gelungen. Abends Besuch bei Schnaubert [Schubert?] und Niethammer. Gleichgültig.

22. Julius. Weggefahren mit Niethammer und Eckardt. Selbständig. Gut unterhalten.

23. Julius. Gesellschaft von mehreren Frauen. Schlechte Haltung von meiner Seite. Albernes Betragen gegen die E. [Ebert]. Unzufrieden.

26. Julius. Zuhause. Wohl gearbeitet. Abends spazieren mit der A. [Asverus] und G. Mutlosigkeit der letzteren.

30. Julius. Zuhause gearbeitet. Sehnsucht ins Freie.

———

1sten August 1798. Heitre Stimmung. Mit Lust gearbeitet. Abends bei Schnauberts. Intreßante Unterhaltung.

2. August. Bei der E. [Ebert]. Fröhliche gespannte Stimmung.

4. August. Heitre Stimmung. Abends romantischer Spaziergang ins Land.

6. August. Arbeit. Heiter. Abends weggeritten. Einige

poetische Augenblicke. Ruhig. Schöne Unterhaltung mit M. [Majer]. Zufriedenheit mit ihm. Heitre Aussicht.

14. August. Besuch bei der Walch. Unterhalten. Spannung und Sehnsucht.

16. August. Zuhause. Mit Vergnügen gearbeitet. Einen kleinen Spaziergang in Hartknochs Garten. Abends mit M-r [Majer]. Erträglich.

24. August. Zuhause. Mechanische Arbeiten. Abgespannt und ruhig.

29. August. Gleichgültig. Bei Schnauberts. Verstimmt. Abends Besuch von G. Romantische Stimmung.

1sten September 1798. Traurig und unzufrieden.

2. September. Etwas heitrer. Nach Dornburg geritten. Schöner Tag. Angenehm zerstreut. M's [Majers] gefühlvolles, gutes Betragen. Rührung.

3. September. Freuden des Herzens. Ausgeritten. Intreßante Unterhaltung mit G.

4. September. Spaziergang mit Jette. Naturgenuß. Abends unangenehme Scene zwischen M-r und M. [Majer und Mereau]. Etwas verstimmt dadurch.

10. September. Auf der Rasenmühle Café getrunken mit M., A. u. E. [Majer, Asverus u. Ebert]. Schöner, milder Himmel. Lebhafte Hoffnung.

11. September. Zuhause. Arbeit.

16. September. Bei Schiller. Süße Unterhaltung.

20. September. Ball bei Schnaubert. Selbständig. Sehr fröhlich.

22. September. Nach Kößnitz gritten. Göttliche Luft. Einsame schöne Stunden im Park. Dichterglut.

23. September. Zurück geritten. Sehr verstimmt durch Weg, Gesellschaft.

24. September. Probe von Minna von Barnhelm. Intreßant.

26. September. Beschäftigt. Abends Hauptprobe. Großes Intreße.

27. September. Aufführung. Schöne Unterhaltung. Süßes zartes Andenken an G-e. Beifall.

1sten October 1798. Eine Gesellschaft gebeten auf der Rasenmühle. Sehr nüchterne Unterhaltung.

2. October. Abends bei Niethammer. Etwas krank. Zwist mit E. Erträglich unterhalten.

3. October. Abends Ball bei Gruners. Selbständig. Unterhalten, unerwartet. Intreßante Scenen mit H.

6. October. Reise nach Leipzig. Ankunft bei Kilians. Zufrieden.

9. October. Herumschweifend. Gespräch mit Unger. Selbständig. In der Komödie. Intreßant beschäftigt.

10. October. Bei Voß. Gute Aussichten.

11. October. Abreise. Späte Ankunft in Naumburg. Streit mit M. [Mereau]. Versöhnung. Abends vergnügt bei Brawes.

12. October. Wiedersehn meiner Kinder. Unendliche Freude. Beschäftigt.

18. October. Spazierfahrt mit M. und J. [Majer und Jette]. Beßre Unterhaltung, als ich erwartete. Abends zufrieden. M's [Majers] fortdauernde Neigung. Widerliche Wirkung.

20. October. Arbeit gelungen. Einige Besuche. Heiter.

21. October. Gutlaunig. Nachmittag nach Kötschau. Belebende Luft. Selbständig. Sehnsucht. Heller Blick. Schnell gefaßte, schöne Idee. Zufriedenheit mit M.

22. October. Geschäftig. Spaziergang. Besuch von B. [Brentano]. Heiter.

24. October. Verstimmt durch allzu großes Anstürmen der alltäglichen Geschäfte. Spaziergang. Bei Eckart. Zufrieden mit Jette.

29. October. Heitrer phantasievoller Nachmittag.

31. October. Stunden voll Dichtung und Wärme. Abends mit Majer. Langweilig.

1ster November 1798. Spaziergang nach Kunitz. Schöner Himmel, aber niemand, dem ich mich gern mitgeteilt hätte. Sehnsucht und Mismut.

2. November. Spaziergang mit Gustav. Zu Schiller. Süße Luft. Geliebte Bilder. Romantisch.

3. November. Verstimmt aber selbsttätig. Nach Weimar. Gute Unterhaltung. Schöner Eindruck. Phantasien. Sehnsucht nach G.

6. November. Freude an B. [Brentano]. Ahndungen.

9. November. Sehr heiter mit B. [Brentano]. Heller Sonnen-[unleserlich]. Besuch bei Schiller, bei Schnauberts. Abends mit B. [Brentano].

13. 14. 15. November. Einige gute, mehrere trübe Augenblicke. Mangel an Selbstvertrauen, gewöhnliche Quelle des Mismuts.

16. November. Froher durch B. [Brentano]. Besuch bei Schiller und Schnaubert. Nicht heiter.

18. November. Ins Konzert mit der Schütz. Süße Nähe von . . . [drei Punkte].

24. November. Schlittenfahrt. Nicht ganz frei. Höchst unangenehme Scene mit M. [Majer]. Abends bei Schütz mit G. und R. [Goethe und Jean Paul Richter]. Freie, ästhetische, schöne Freuden.

25. November. Ästhetische Stimmung. Epigramm an G. [Goethe] und seine Antwort. Besuch von Richtern. Schöne Gefühle. Schlittenfahrt. Fröhlich. Geheimes Einverständnis mit . [ein Punkt]. Wehmütig.

27. November. Verstimmt. Besuch von der Schütz. Ausgeschlagene Schlittenfahrt – ach! sehr verstimmt.

30. November. Gleichgültig. Träume von B. [Brentano]. Einreden des Verstandes.

1sten December 1798. Besuch bei Schiller. Wenig Freude. Süße Stunden mit B. [Brentano]. Abends bei E. Seine Liebe. Andenken an . [ein Punkt].

3. December. Besuch von Schlegels. Unterhalten.

4. December. Arbeit.

6. December. Gesellschaft bei mir. Ganz nach meinem Sinn. Heitre Stimmung. B's [Brentanos] Aufmerksamkeit. Süße bedeutende Worte. Aufwachende Neigung.

8. December. Ball. Leicht und heiter. Aufmerksamkeit von B. [Brentano]. Nicht ganz mit ihm zufrieden.

9. December. Erzwungene Lustigkeit, doch endlich natürlich, da er allein für mich entscheidet. Süße stumme Sprache während des Spiels der Kinder. Voll Seligkeit. Abends im Club. Kalt.

14. December. Spazierfahrt mit Majer. Dann Besuch von B. [Brentano]. Vorlesung seiner Schrift. Beifall. Süße angenehme Rührung.

20. 21. 22. December. Vergessenheit.

23. December. Schlittenfahrt. Intreße an B. [Brentano]. Mismut über ihn. Kalt.

24. December. Vergnügt mit Jette. Weihnachtsfreude. Abends bei E. [der Ebert?]. Gequält von Sehnsucht.

25. December. Den ganzen Nachmittag mit B. [Brentano] und M. [Majer]. Hingebung Beider. Freude an B. [Brentano] und Schwärmerei.

28. December. Schlittenfahrt. Äußerst gespannt. Trostlosigkeit. Schwärmerei. Süße Trunkenheit. Liebesträume. Vergessenheit und schmerzliche Lust.

30. December. Kalt. Unmut. Unentschlossenheit und freudelos.

31. December. M.s [Mereaus] Abreise nach Gotha. Nachmittag Schlittenfahrt mit B. [Brentano]. Bessres Vernehmen. Intreßante Unterhaltung. Abends bei Schelling. Freie, gerührte Stimmung. Wechsel des Jahres. Plötzliche Trauer. –

1ster Januar 1799 Trüber Blick ins Leben. Ewiges Entbehren harmonischer Freuden. Schwanken zwischen Ergebung und Mut.

Schwanken zwischen Ergebung und Mut.

KAPITEL X
CLEMENS BRENTANO

An Sophie
Um Euch hat alle Wonne sich gewunden,
Als sich die Liebe schaffend um mich wand,
Tief unter mir ist alle Welt geschwunden,
Seit ich an eines schönen Geistes Hand,
Die Binde von dem Auge losgebunden,
Auf meines Daseins höchster Zinne stand.
Auch wird wohl einst mein krankes Herz
                                    gesunden,
Hab ich nur erst die Aussicht wiederfunden.
CLEMENS BRENTANO
AN SOPHIE MEREAU, 1799

CLEMENS BRENTANO, zwanzig Jahre alt, kam im Sommer
1798 nach Jena in der Absicht, Medizin zu studieren. Am
5. Juni 98 wurde er an der Universität immatrikuliert.

Schon innerhalb der ersten sechs Wochen lernte er – bei
Caroline Schlegel oder in ihrem eigenen Hause – Sophie
Mereau kennen, in die er sich beim ersten Anblick ver-
liebte. Er würde es anders genannt haben. Für ihn war es –
im Gegensatz zu ihr wußte er es sofort – die Liebe seines
Lebens. Eine Liebe auf Leben und Tod.

Auf Leben und Tod?

»Am Dienstage Nachmittage sahst Du mich so schrecklich
kalt an, als brauchtest Du meine Liebe nicht mehr, da Du
Deinen Bruder hattest. Du legtest eine Hölle in mir an
durch Deine tote Behandlung des Lebens eines Menschen,
der nun sich ganz verlassen hat, um bei Dir zu sein.« Weiter,
im Augustbrief 1799 an Sophie: »In Deinem ganzen Wesen

liegt eine Zerrüttung, eine Augenblicklichkeit, ein beständiges Retten mit kleinen Schritten, die mich fürchterlich ängstigt (. . .) Ach Weib mache mich nicht so elend, wage mir alles auf einmal zu sagen . . . oft ist es mir, als wagtest Du, mich langsam zu Tode zu martern.«

»Sie verzeihen, daß ich gestern nochmals des Abends zu Ihnen kam, aber ich mußte, es ist ein Drang in mir gewesen, Sie zu sehn, Ihnen nah zu sein, der, wenn ich ihn nur stundenlang unbefriedigt ließe, in mich Zerrüttung für lange bringen könnte. Ist der Mensch fürs Glück geschaffen, so werde ich alle meine Wünsche erreichen, denn jetzt habe ich Tage voll unsäglicher Pein.« (Anfang 1799)*

Ein Jahr später. Februar 1800. Clemens an seine Schwester Sophie:

»Ich bin in meiner Seele so wunderbar mit ihr verbunden, daß jede meiner Tätigkeiten um sie und durch sie vor sich geht, und dies erstreckt sich auf die seltsamste Weise bis ins Physische. Es gibt eine Ideenverbindung, ein Moment in meinem und ihrem Leben, der, wenn er zum Worte kömmt, mich so vernichtet, daß ich auf der Stelle Convulsionen bekomme, die in eine sonderbare verzweifelnde Stummheit und Dumpfsinn übergehen. Ein solcher Zufall war die Ursache meiner letzten Krankheit (. . .). Das Traurigste war mir, daß ich den Zufall vor S. [Sophie] bekam, und daß sie sehr bestürzt darüber war. Sie nahm mich in ihre Arme, und ich war bald wieder im Leben und weinte, was ist das für ein Leben! . . .

Wird S. [Sophie] frei, so ist mir schon wohl, ich bilde mich und bleibe ihr Freund. Stirbt sie, so gehe ich ihr nach.«

Er wurde krank, als sie ihn mißverstand, oder schlimmer, mißverstehen wollte, und fühlte sich unfähig zum Leben, als sie ihm die Freundschaft aufkündigte, –»das Herz ist abgestoßen mit einem schmerzhaften Stoß und verwelkt mir im Busen«, so an Savigny.

Auf Leben und Tod.

So extrem und vehement er in allen Dingen war, so liebte er auch, und die elementarste Gewalt in Brentanos Leben war diese Liebe.

»O schließe mich fest an Dein treues, reges, ewig junges Herz, du einzig geliebtes, unumgängliches Geschöpf, an Dir vorbei geht mir der Weg zur Hölle, mit Dir ist überall der ewige Himmel.«

Sein jüngerer Bruder Christian, derselbe, in dessen Haus Clemens später starb, war es, der ihn damals wieder mit ihr, mit dem Leben, zusammenbrachte. »Sieh sie recht an«, hatte Clemens ihm geschrieben, »sie ist der einzige lebendige Punkt meines Lebens, und so ist das Leben von mir getrennt.« Durch Christians beschwörendes Schreiben an »die Mereau« wurde die Verbindung wiederhergestellt. »Es gibt kein Weib in der Welt zur Liebe als die Mereau«, sagte Clemens, und zu Achim von Arnim: »Sie ist das einzige Weib, das jener unendlich ähnlich sieht, die ich mit Dichteraugen in ihr gesehen.«

Sein Wunschbild und sein Ideal.

Dabei ist er trotz aller Schwankungen geblieben, dies »wundersam naive Weib«, das er sein »schönes rätselhaftes Schicksal« nannte; sie war die ihm zugedachte Frau: »Mein Leben war wahr, denn ich hatte es wohl gefühlt, daß ich nicht ohne sie leben konnte.«

*

CLEMENS MARIA WENZESLAUS BRENTANO war am 9. September 1778 im Hause seiner Großmutter Sophie La Roche geboren worden. Er selber gab den 8. September, Mariä Geburt, als seinen Geburtstag an, unter dem Pseudonym *Maria* veröffentlichte er den *Godwi* und erreichte auch, daß Sophie Mereau sich auf der Trauungsurkunde *Sophie Maria* nannte. Der Zufall wollte, daß sie, als er sie kennenlernte, gerade eine Erzählung mit dem Titel ›*Marie*‹ für die *Flora* von 1798 geschrieben hatte.

Der Vater, Peter Anton Brentano (1735–1797), wohlhabender Frankfurter Kaufmann und Geheimer Rat, hatte aus erster Ehe sechs Kinder und bekam zwölf weitere in der zweiten, mit der achtzehnjährigen Maximiliane La Roche (1756–1793) geschlossenen Verbindung. Clemens war ihr drittes Kind nach Georg (1775) und Sophie (1776), ihm folgten Kunigunde (Gunda, 1780), Christian (1784), Elisabeth, genannt Bettine (1785), Ludovica (Lulu, 1787), Magdalena (Meline, 1788) und vier frühverstorbene Töchter.

Beim Tod der Mutter Maximiliane, die, wie Sophie Mereau, im Alter von sechsunddreißig Jahren gestorben war, war Clemens ein fünfzehnjähriger Junge, der ihren Tod nicht verwinden konnte und später in allen Frauen immer nur die eine: die Mutter, suchte.

Clemens war intelligent und vielseitig begabt, aber eine geregelte Erziehung hat er nie erhalten. Er war phantasievoll und sprunghaft, und an allem Kaufmännischen völlig desinteressiert. Das zeigte sich sowohl bei dem väterlichen Versuch, den Jungen bei einem Geschäftsfreund in die Lehre zu geben, als auch während des in Halle begonnenen Studiums der Kameralwissenschaften – Volkswirtschaft, wie wir heute sagen: er brach das Studium ab. Seinen labilen Charakter hat auch Sophie Mereau sogleich erkannt: »Sie haben viel Talente; aber viel Talente ohne Willenskraft gleichen einem zarten, blütenbeladenen Zweig ohne Stütze, den seine Zierde selbst nur tiefer herabzieht.« Sie konnte damals kaum wissen, wie zutreffend dieser Vergleich war. Reichbegabt, hat Clemens wenig aus seinen Talenten gemacht. Immerhin wird er unter ihrem Einfluß seiner einzigen Bestimmung gewahr: der Dichter Brentano wird geboren.

Sein äußeres Erscheinungsbild bezeugte die italienische Herkunft der Familie Brentano. Er hatte bräunliche Haut, dunkle Augen, den Kopf voller Locken. »Du mit deiner Beweglichkeit, deinem Feuer, deiner mutwilligen Lustigkeit, mit deinen großen, schönen, tiefschwarzen Augen«, so beschreibt ihn ein Zeitgenosse, »mit deinem rabenschwarzen, üppigen, wild und doch so reizend und malerisch geringelten Haupthaar, mit deinem vollen, kräftigen, südlich-braunen Gesicht . . .«* Eine Freundin von Sophie Mereau, Charlotte von Ahlefeld, schildert ihn »schlank wie eine junge Pappel und so gewandt und elastisch, daß er die wunderbarsten Sprünge und Kletterversuche anstellte. Dabei waren seine Bewegungen so leise, daß er fast unhörbar einherging und sich regte, weshalb ihm Tieck einmal die Beschuldigung hinwarf, er mache sich ein Vergnügen daraus, die Leute zu beschleichen.«

Clemens besaß schauspielerische, musikalische, alles in allem künstlerische Talente. Was für ein Beruf kam für diesen ›unbürgerlichen‹ Menschen in Frage? Franz, ältester Stiefbruder und Vormund der Geschwister, willigt, wenn auch ohne großes Zutrauen, in das geplante Medizinstudium ein.

Als neue Universitätsstadt hat er sich Jena ausgesucht, das, mehr als Weimar, geistiges Zentrum Deutschlands war, mit einer hervorragend besetzten Universität in den geistigen wie naturwissenschaftlichen Fächern und einer Fülle von Talenten, wie sie kaum je an einem Ort zusammengekommen sind: Schiller und Humboldt, Fichte und Schelling, die Schlegels, Tieck und Voß, Hufeland und Loder und der Physiker Ritter, Berühmtheiten sie alle. Dazu eine riesige, von Mereau zu ordnende Gelehrtenbibliothek. In Jena gibt es eine mineralogische Gesellschaft und einen botanischen Garten, ein anatomisches Museum wird eingerichtet, in Jena erscheint die *Allgemeine Literatur-Zeitung* als wichtigstes geistiges Organ in Deutschland.

In Jena fand Brentano seinen engeren Freundeskreis in der studentischen Vereinigung »Die Rose«, die in einem Gasthof gleichen Namens tagte; er lernte Ludwig von Wrangel und den Philosophiedozenten Fries kennen, bei dem er später wohnte, den Naturphilosophen Henrik Steffens, den Dichter und Tasso-Übersetzer Johann Diederich Gries, den Indologen Friedrich Majer, langjähriger und hartnäckiger Verehrer von Sophie Mereau, Ludwig von Coll, Jurist, der ihre Schwester Henriette liebte, und schließlich August Klingemann, in dessen Zeitschrift »*Memnon*« er sein erstes Märchen publizierte, das den bezeichnenden Titel *»Die Rose«* trug. Darin ist ihm diese Blume Symbol für Treue, Standhaftigkeit und Liebe. *Die Rose* wurde ihm auch ein Zeichen für Sophie Mereau, so in dem Gedicht *Auferstehung und Metamorphose* mit einer Schlußzeile, die wiederum Anfang für ein neues Gedicht wurde: *Es wohnt nur eine Liebe in dem Leben.*

> Die Rose blüht, ich bin die fromme Biene,
> Die in der Blätter keuschen Busen sinkt,
> Und milden Tau und süßen Honig trinkt,
> doch lebt ihr Glanz und bleibet ewig grüne,
> So singt mein tiefstes Freudenlied,
> Ach meine Rose blüht!

Es ist ein altes Lied, das ihm Achim von Arnim zusandte mit den Worten: »Mag Deine Frau Dich mit dem Liede einsingen in Blüte und Frucht!«

Es hat ihn ein Leben lang begleitet.

* * *

Im November 1798, also knapp ein halbes Jahr nach dem Studienbeginn in Jena, schreibt Clemens dem Bruder Franz einen langen Brief, der aufschlußreich ist, weil er alle Faktoren benennt, die sein zukünftiges Leben bestimmen werden.

»In der jetzigen Welt kann man nur unter zwei Dingen wählen, man kann entweder ein Mensch oder ein Bürger werden«, schreibt er. »Ein Bürger werde ich wohl nicht werden, denn es ist mir zur Freude, zum Besitz nichts aus meiner Erziehung geblieben als mein Herz, mein Kopf und die Trümmer meines Charakters. Ich werde ein Mensch werden, und zwar ein zufriedner Mensch.« Er erklärt, nicht *eine,* sondern *alle* Anlagen in sich ausbilden zu wollen, er habe viele Talente, aber keines zu einem Arzt, und schroff: »Es wäre unnütz, Dir dies alles auseinanderzusetzen, da es Eure Sache nicht ist, sondern die meinige« . . .

Dann kommt es.

»Ich habe soviel schon vorgeschritten, daß ich meinen Umgang mit Studenten gänzlich abgebrochen habe und nur des Umgangs einiger jungen schon vorteilhaft bekannter Gelehrten und der Professoren, der vortrefflichen Dichterin Professor Mereau, die ganz, körperlich und geistig, das Bild unsrer verstorbenen Mutter ist, insbesondere genieße. Ich habe bei ihr durch ihre und ihres Mannes Freundschaft den Mittagtisch erhalten und bringe täglich einige Stunden in der Gesellschaft dieses edlen Weibes zu, deren Freundschaft und Zutrauen ich mich zu genießen mit Freuden rühmen kann. Überhaupt verbreitet sich mir über mein ganzes Dasein, über meine Kräfte, über meine Hoffnungen ein freundliches Licht. Und fest versichert bin ich, wenn Ihr mir nicht in den Weg kömmt, daß ich wo nicht ein großer, doch ein liebenswürdiger nützlicher Mensch werden werde.«

Zum erstenmal wird in diesem Brief Sophie Mereau

erwähnt. Die Dichterin, »die ganz, körperlich und geistig, das Bild unsrer verstorbenen Mutter ist« – damit liefert er den Schlüssel für seine unwandelbare, unerschütterliche Zuneigung, für das Schicksalhafte der Begegnung.

Zur gleichen Zeit sandte er Sophie das Porträt der Mutter als Zeichen enger Vertrautheit, ihr erstes Billett berichtet davon als dem ›weiblichen Ideal‹: »Wenn Sie können, so schicken Sie diesen Morgen um 9 Uhr Ihr weibliches Ideal zu mir, damit ich mich bald im Besitz desselben glücklich preisen kann. – Wie geht es denn? *o! Clemens, Clemens! lieber, schrecklicher,* göttlicher, unmenschlicher Clemens! –«

Seltsam genug, erfüllt dann dies übersandte Bild der Mutter eine Mittlerfunktion: Clemens nahm die Rückgabe des Porträts nach langer Pause zum Vorwand seiner Wiederannäherung, und für Sophie wurde es der Anlaß, das Schweigen zu brechen und ihm zu antworten.

Schicksal eines Bildes.

Das Bild der Mutter und das der Geliebten vermischen sich ihm. Er schreibt das Gedicht *Meine Liebe an Sophien, die ihre Mutter ist* mit der Eingangsstrophe

> O Mutter, halte dein Kindlein warm
> die Welt ist kalt und helle
> Und leg' es sanft in deinen Arm
> An deines Herzens Schwelle.

Clemens hatte damals schon begonnen, von ihr Besitz zu ergreifen. Seine Beharrlichkeit in diesem Punkt macht staunen. Immerhin war Sophie Mereau eine als Schriftstellerin bekannte, acht Jahre ältere Frau, die mit einem wohlsituierten Professor der Jurisprudenz verheiratet war und zwei Kinder hatte, den vierjährigen Gustav und die einjährige Tochter Hulda. Sie war der anerkannte Mittelpunkt des gesellschaftlichen Jena, während der junge Brentano nichts aufzuweisen hatte als zwei abgebrochene Studien und zwei unvollendete Erzählungen. Ihr Ruhm hatte gerade einen ersten Höhepunkt erreicht, man hatte sie in der Zeitschrift *Deutschland* zu den beliebtesten Dichtern gezählt und in einem Atemzug mit Matthias Claudius, Goethe, Bürger und Herder genannt. Dieser Ruhm ist im Laufe der Zeiten von demjenigen Brentanos überschattet worden; damals war es umgekehrt: »die Mereau« verhalf dem unbekannten Studenten zu erster Popularität, als sie seine Erzählung *Der Sänger* in ihre Sammlung *Kalathiskos* aufnahm.

Trotz der aussichtslosen Situation blieb Clemens in seiner Liebe unerschütterlich, er versuchte sie hartnäckig davon zu überzeugen, daß sie nicht zu Mereau, sondern zu ihm gehöre; weder ihre Zurechtweisungen noch aufkommende Mißverständnisse machen ihn darin schwankend, daß nur er sie bis ins innerste Wesen kenne, ja er bittet sie, keine Kinder mehr mit Mereau zu haben.

Alles an ihr fasziniert ihn, sie ist als schönste Frau in Jena bekannt, ist anmutig, herzlich, lieblich. Ihre Erscheinung erinnert ihn augenfällig an seine Mutter, die gleiche Gestalt, die gleichen schwarzen Haare wie Maximiliane La Roche, die Goethe in *Dichtung und Wahrheit* porträtierte: »eher klein als groß von Gestalt, niedlich gebaut, eine freie, anmutige Bildung, die schwärzesten Augen und eine Gesichtsfarbe, die nicht reiner und blühender gedacht werden konnte.«

Die schwarzen Augen der Sophie tauchen in Clemens' Dichtung von nun an auf* in seinem Märchen *Die Rose,* in der Erzählung *Der Sänger* und in den Liebesgedichten an Sophie:

> Nacht ist voller Lug und Trug,
> Nimmer sehen wir genug
> In den schwarzen Augen;

Heiß ist Liebe, Nacht ist kühl,
Ach, ich seh ihr viel zuviel
In die schwarzen Augen.

In seinen Briefen an die Geschwister in Frankfurt schildert er, der bezaubert ist von ihrem Mut und Frohsinn, ihr freundliches, heiteres Wesen. »Sie hat alles, was sie zu Deiner Freundin machen kann«, so an die Schwägerin Toni, »denn sie ist eine liebe, recht hübsche Frau und hat die schönsten Lippen, die je küßten.« Er rühmt ihren wechselnden Gesichtsausdruck, die Grübchen in den Wangen, ihren »unendlich küßichten Mund«. Später nennt er sie, im Gegensatz zu der melancholischen Günderode, »eine Virtuosin im Leben«.

Ihr Bild hat ihn nie verlassen. Wenn er sich, verzweifelt, in eine Düsseldorfer Aktrice verliebt und in eine Schauspielerin in Prag, Auguste Brede, dann nur, weil sie Sophie Mereau ähnlich sehen. Als er 1807 zum zweitenmal, überstürzt und unglücklich, heiratet, wünscht er, daß diese zweite Frau fort wäre, und denkt voll Wehmut an Sophie, die er liebte.

Er liebt sie als Frau, als sein weibliches Gegenstück, nicht als die bekannte Dichterin. Es findet sich kaum eine positive Äußerung von ihm über ihre Dichtungen – allerdings war er auch seinen eigenen Werken gegenüber von großer Skepsis. Er, der Spötter – der andererseits einige der schönsten und tiefsten Gedichte der Romantik schrieb –, witzelt Arnim gegenüber über ihre »unendlich schlechten Verse« und macht sich in seinem großen Annäherungsbrief vom Januar 1803, als er sie zurückerobern will, darüber lustig, daß sie überhaupt schriftstellert: *»Es ist für ein Weib sehr gefährlich, zu dichten«* . . .

Doch sie ist es, mit der er »eine freie poetische Existenz« aufbauen möchte, mit ihr zusammen will er dichten und Übersetzungen anfertigen, ihr überbringt er den *Tristrant*.

Der Gemeinsamkeiten sind viele; sie sind in entscheidenden Wesenseigentümlichkeiten aus einem Stoff gemacht: Heiterkeit und Schwermut, Leichtsinn und Melancholie liegen dicht beieinander*. Beide zeichnen, musizieren, singen und schauspielern, beide haben ein tiefes Empfinden für die Natur, bei beiden wird die Liebe in der Dichtung und im Leben zum wesentlichsten Faktor erhoben.

Sie bemerken die Nähe. Sie verstehen sich.
Sie verstehen sich erzählend, bekennend, dichtend.

Ein Blatt blieb erhalten, worauf Clemens ein Gedicht von Sophie, *Abschied,* abschrieb, um darunter ein eigenes *Abschieds*-Gedicht zu setzen. Die Fassung von Sophie Mereau lautet:

Du Berg, der frei die hohe Stirn erhebt,
Wo oft der Strahl des Morgens mich umwebt,
Du Welle, die das Ufer spielend neckt,
Wie Menschenstimmen oft mich leicht erschreckt,
Du Abendrot, das auf der Welle schwimmt,
Ihr Würmchen, die in Dämmerung entglimmt,
Durch Busch und Flur in schnellen leichten Tänzen
Mir wie herabgefallne Sterne glänzen,
Du ewig unbewegter Tannenwald,
Der stillen Sorge trauter Aufenthalt,
Der Hain, wo einsam Philomele girrt,
Worin ich oft mutwillig mich verirrt,
Der Weide Duft, der still die Lüfte küßt,
– Seid alle mir zum letztenmal gegrüßt!
Lebt wohl! Ihr habt mit unschuldvollem Scherz,
Mit goldnem Traum oft mein Gemüt entschleiert
Und meine Ruhe fühlend mitgefeiert,
Auch ihr vermißt der Freundin leichte Spur,
Denn was ist ohne das empfindungsvolle Herz,
Das sie versteht, die lieblichste Natur?

Clemens nimmt ihre Worte auf.

> Der leichten Weste küsseflüsternd Säuseln
>   Sucht sie im Tal, sucht sie im Wald
> Und möchte gern die düstre Locke kräuseln,
>   Die ihre offne Stirn umwallt. . .

Nicht nur dieses Gedichtepaar zeigt ihren Dialog. Im Jahre
1799, dem Jahr größter Anlehnung, tiefsten Verständnis-
ses, dem Jahr gegenseitiger Liebe, schreibt Clemens, möglicherweise mit ihr zusammen, die Erzählung *Der Sänger*
mit eingestreuten Gedichten, die besagen, wie sehr sie ihm
Freundin und Echo war.

> Hell in Deiner Brust erwachte
> Meiner Rede dunkler Blick,
> Gabst in Worten, was ich dachte,
> Zartes Echo! mir zurück.
> Schmerz und Trost so traulich sich umschlang
> In der Töne rührendem Gesang.

Echo ist sie ihm oft in dieser Zeit, in der er zum erstenmal
glücklich ist, eins mit sich und ihr und der Welt.

Liebesnacht im Haine

> Um uns her der Waldnacht heilig' Rauschen
> Und der Büsche abendlich' Gebet,
> Seh ich dich so lieblich bange lauschen,
> Wenn der West durch dürre Blätter weht.
>
> Und es ist so traulich dann, so stille
> Wenn ihr zarter Arm mich fest umschlingt
> Und ein einz'ger liebevoller Wille
> Unsrer Seelen Zwillingspaar durchdringt.

Fest an dich gebannt, in dich verloren,
zähle ich an deines Herzens Schlag
Liebesstammelnd jeden Schritt der Horen.
Scheidend küsset uns der junge Tag.

*   *   *

Er, Brentano, hatte sie gefunden, die Frau, die sein »Dich-
terauge für immer in ihr gesehn«.

Im Leben der Sophie Mereau bedeutete die Beziehung zu
ihm eine Revolution, wie sie ähnlich Charlotte von Stein
durch die Zuneigung Goethes erlebt haben muß – eine
Veränderung alles Bestehenden von Grund auf.

Ihre Verwirrtheit spiegelt sich im Tagebuch: wachsende
Neigung, »Träume, goldene Jugendhoffnungen«, aber
auch »Mißverständnis. Schwermütiges Nachdenken, Brentanos fürchterliche Stimmung, Kränkungen mancherlei
Art« – Herzensunruhen, die durch ihre bedrängte Lage und
durch sein bizarres, exzentrisches Wesen hervorgerufen
wurden.

Seine Person und seine Leidenschaft stellen alles, was
bisher noch sicher schien, in Frage.

Am 4. Februar 1799 schreibt sie in einem zweideutigen
Brief, daß sie eine Idee – nämlich die, mit ihm zu leben –
aufgegeben habe. Er antwortet bitter und doch liebend: »Es
ist ein schreckliches Gefühl zu sprechen und stumm zu sein,
ach glauben Sie immer nur aus Mitleid, daß ich Sie liebe,
unaussprechlich liebe.«

Sie ist gepeinigt und zerrissen. »Süße Geständnisse. Feuriges Gefühl und Rührung« wechseln mit dem Schmerz über
die aussichtslose Situation: »Ewiges Schwanken zwischen
der Wahl einer Zukunft« (10. März 1799).

Woran sie sich in dieser Zeit der Aufregungen und inneren Spannungen, der Liebe zu Brentano und der Auseinandersetzungen mit ihm, der neuen Bekanntschaften und der

Furcht vor der Zukunft beharrlich hält, ist die schriftstellerische Arbeit. Sie gibt in den Jahren 1799 bis 1801 drei
Almanache heraus: den *Göttinger Roman-Calender* oder
Kleine Romanen-Bibliothek, den *Berlinischen Damen-Calender* und ihren eigenen Almanach in zwei Bänden, *Kalathiskos*.

Am 22. Mai 1799 reiste Clemens für knapp zwei Wochen
nach Altenburg in Thüringen, mit einem Empfehlungsschreiben von Sophie an die Familie Reichenbach versehen,
in deren schönem, behäbigen, dreistöckigen Patrizierhaus,
wie ein kleines Palais noch heute am Markt hingelagert, sie
die Feste und Redouten ihrer Jugend gefeiert hatte. Der
Bankier Johann Heinrich Reichenbach (1736–1806) hatte
einen Sohn und vier bezaubernde Töchter, von denen Julie
und Minna, die jüngeren, noch unverheiratet waren. Man
hatte 1790 eine literarische Gesellschaft gegründet und be-
trieb ein Liebhabertheater, wo auch Schillers »Maria
Stuart« aufgeführt wurde.* Brentano, in diesem Kreise
freundschaftlich aufgenommen, verliebte sich sofort in die
jüngste Tochter Wilhelmine – Minna (1782–1835), die siebzehn Jahre alt und sehr schön war, wobei er sich zugleich
ärgerte, daß Sophie Mereau ihm diese Liebe sozusagen
nahegelegt hatte. Er gestand es in einem Brief an Julie
Reichenbach: »Ich habe Ihre Schwester schon geliebt, als
ich sie zum erstenmale sah, und mein damaliges Betragen
gegen sie war nichts als der Trotz meiner Leidenschaft zu
Sophien gegen diese neue.«

Julie selbst, mittlere der Schwestern Reichenbach und
Sophies vertraute Jugendfreundin, gab Sophie eine zutref-
fende Beschreibung von Brentanos Wesen.

»Wir sprachen viel von Dir, und darum ward ich ihm
interessant, auch war ich es ihm wohl schon vorher durch
Dich. Er ist ein höchst sonderbarer Mensch, sehr geistreich,
auf seinem Gesicht ist das vollkommen ausgeprägt. Er reizt
immer durch seine Meinung zum Widerspruch und wird

dann sehr leicht bitter. Er kommt mir vor wie ein schönes Buch, an die die Blätter verbunden sind, wo man doch Stellen ganz zusammenhängend lesen kann und wieder keinen Zusammenhang findet. Dennoch freue ich mich seines Daseins, weil er vielleicht eine liebenswürdige Erscheinung für Dich ist, und daß er das sein kann, ist mir ganz einleuchtend.« (31. Mai 1799)

Der *sonderbare Mensch* kehrte nach Jena zurück, voll neuer Liebe zu Sophie, die sich seiner Leidenschaft nicht entziehen kann. »Äußerst romantischer Spaziergang im Wald« (11. Juni 99), aber auch »Innres Ringen«, »Richtiges Hinsehen nach einem Ziel. Viel Kampf und Mut.« (30. Juni 1799)

Der Besuch von Clemens und Sophie auf Wielands Gut Oßmannstedt bei Weimar, wo sie seine Großmutter, durch die *Geschichte des Fräuleins von Sternheim* berühmteste Schriftstellerin ihrer Zeit, und seine ältere Schwester Sophie sehen wollen, fand am 23. Juli 1799 statt. Die achtundsechzigjährige Sophie La Roche (1731–1807) schrieb einen weitblickenden Brief an Sophie Mereau, wie sie überhaupt unter den Brentanoschen Familienmitgliedern diejenige war, die vorurteilsfrei seiner Verbindung zustimmte.

Sophie La Roche an Sophie Mereau (1)

»Die schön und edeldenkende Sophie Merau vergiebt mir gütig die späte Beantwortung Ihres mir lieben schmeichelhaften Briefes – Daß Sie die gewagten Arbeiten meiner Feder gerne lasen, freut mein Herz und meinen Verstand – noch mehr aber, Teure, mir *sehr teuer* gewordene Frau! freut mich, daß mein Enkel Clemens in Ihrem Umgang gelitten ist – daß Sie die Mühe nahmen, seinen Caracter kennen zu lernen. *Seegen* sey Ihnen dafür – Es liegt viel Edles und gutes in ihm – (. . .)

O gebrauchen Sie die Gewalt – welche Ihnen die vereinte(n) Reize des Geistes und der holdesten Gestalt geben, um einen jungen Mann das edle Glück des Lebens bekannt und lieb zu machen!

Clemens Brentano wird nie mittelmäßig sein – seine vortreffliche Mutter starb zu früh für ihn – werden *Sie* Freundin seiner Seele! – (. . .) Mögen Sie, liebenswürdige Frau! lauter Tage sehen, die so reich an Wohlergehen für Sie sein als Ihre Gedichte an Schönheit und Größe des Geistes und Empfindungen, so erfüllt das Schicksal einen Wunsch Ihrer

ergebenen Freundin Sophie v. laRoche.«

Ihr, der hochverehrten *Frau Geheimen Staatsräthin Sophie von La Roche, geborne von Guttermann,* werden Clemens und Sophie später ein Buch widmen, die *Bunte Reihe kleiner Schriften* von 1805. Das ahnen sie damals nicht, im Sommer 1799, als sie sich heimlich treffen, sich täglich sehen, weite Ausflüge machen und abends zusammensitzen in ihrem kleinen Kabinett mit den grünen Vorhängen und der grünseidenen Bettdecke, dem »wunderheimlichen Sopha, der Wiege so mancher süßen Annäherung«. Sophie besaß ein Pianoforte, auf dem sie spielte, und Clemens sang zur Gitarre. Ihre Gespräche faszinierten ihn, nachts stahl er sich in ihr Zimmer hinauf, um ihr vorzulesen, bei ihr zu sein, da er ohne sie nicht atmen, nicht leben konnte. Goethe hat sich, ein Vierteljahrhundert später, spöttelnd darüber lustig gemacht: »Ja, der Brentano, das war auch so einer, der gern für einen ganzen Kerl gegolten hätte. Er stieg vor Sophiens Wohnung am Weinspalier bis ans Fenster hinauf bei nächtlicher Weile, um die Leute glauben zu machen, es wäre viel dahinter. Aber es war und wurde nichts.«

Es war und wurde was. Brentano erkannte ihre Übereinstimmung in Lebensfragen, Gemeinsamkeiten in Kunstsichten, den gleichen Drang, das Leben zu poetisieren, es *mit der Dichtung Farben zu umspielen,* wie sie es sagte und er es schrieb. Er liebte ihren Frohsinn und tiefen Ernst, und faszinierend und beglückend wirkte auf ihn die Möglichkeit, ihr in ihrer elenden Lage helfen zu können. Sie waren sich sehr nahe.

»Liebe Sophie, ich bat Dich mit Beben, Du solltest keine Kinder mehr durch Mereau haben, da bat ich für Dich, das zweitemal da lag ich im Walde in Deinem Schoß, Du hattest mich viel geküßt, und ich war unersättlich geworden und bat Dich, Du solltest mich Dein Herz küssen lassen. . .«

Er forderte, er verlangte. Es gab die ersehnte Harmonie, es gab die schrecklichsten Spannungen.

Clemens Brentano an Sophie Mereau
                                    Jena, d. 18./21. August 1799
Liebe Sophie! es ist kaum recht daß ich Dir heut noch schreibe, da Du heut ohnedies von mir und andern schon viel bist geliebt worden, aber ich kann nun nicht anders, und zwei Stunden habe ich nun schon auf meinem Sopha gesessen und von Dir geträumt, von Dir gelacht und geweint. Zwei Stunden habe ich schon gedacht, ob ich wohl ohne Dich leben könnte, aber Du Arme, es ist wohl nicht möglich, und wenn es wahr ist, daß Du mich liebst, ach dann ist es gar nicht möglich. (. . .)

Wie wir gestern von der Trisnitz heruntergingen, das werde ich nimmer vergessen, wie Du mir nahe kamst und mir im Gehen die Hand ein bißchen gabst. Ach, es wird mir unendlich wohl, wenn sich unsre Seelen begegnen. (. . .)

Am Diensttage Nachmittag sahst du mich so schrecklich kalt an, als brauchtest Du meine Liebe nicht mehr, da Du Deinen Bruder hattest. Du legtest eine Hölle in mir an durch Deine tode Behandlung des Lebens eines Menschen, der nun sich ganz verlassen hat, um bei Dir zu sein. (. . .)

Ich hatte Deine Hand erschlichen hinter dem Rücken

Deiner Schwägerin, das war eine der schönsten Szenen meines Lebens, wie die zwei Enden der freundlichen Linie im Chaos einer berauschten Gesellschaft sich liebend berührten, als werde hier ein Schöner Kreis geschlossen, ohne daß der stille Mittelpunkt, Dein Bruder [Friedrich Pierer], der die Extreme nicht kennt, was davon wußte. Aber der Kreis verschwand bald wie die Ringe einer stillen Wasserfläche, in der sich Leiden spiegeln und in die meine Träne fiel. (. . .)

In Deinem ganzen Wesen liegt eine Zerrüttung, eine Augenblicklichkeit, ein beständiges Retten mit kleinen Schritten, die mich fürchterlich ängstigt. (. . .) Auch in Deinem Umgange mit mir liegt jenes unbestimmte traurige Hinwandeln, oft ist es mir als wagtest Du mich langsam zu Tode zu martern, um nicht zu wagen mir auf einmal meinen Kummer zu reichen. Wie könntest Du denn oft so töricht sprechen, daß ich Dich vergessen werde bei andern Weibern, wie könntest Du sonst wünschen, daß ich andre Weiber lieben sollte. Der Gedanke dieser Möglichkeit kann Dir nicht süß sein, wenn Du mich liebst.«

Am 9. Oktober 1799 nimmt Clemens Abschied, um Großmutter und Schwester von Weimar nach Hause zu begleiten. Von Frankfurt aus schreibt er rührende Briefe an Sophie, sie hat's in ihr Tagebuch notiert – »abgestreiftes Gold« – und ihm geantwortet: »Sei stolz und bescheiden. Lebe der Liebe und liebe das Leben.«

Kurz vor Weihnachten kommt er nach Jena zurück, wo inzwischen Friedrich Schlegel aus Berlin, sein Vorbild und Anreger, aber, was Sophie Mereau betrifft, auch sein Rivale, eingetroffen ist.

KAPITEL XI
GODWI: EIN ROMAN FÜR SOPHIE MEREAU

> Die breite schöne Treppe in Mollys Land-
> haus, wo führte die mich hin, ach! in das
> Amphitheater ihrer Arme, das schöne Schau-
> spiel des Geistes in ihren Augen zu sehen.
>
> BRENTANO IM GODWI, 1800

Brentanos einziger Roman *Godwi oder das steinerne Bild der
Mutter, ein verwildeter Roman von Maria,* der im Oktober 1800
(mit der Jahresangabe 1801) erschien, beruht auf seinen
Jenaer Erlebnissen; daß der Roman stark autobiographisch
sei, hat Clemens selbst seinem Freund Achim von Arnim
bestätigt. Es sei der Roman »wie eine Galerie der Ahnen
und Bekannten, an deren Ende man ihn selbst in Lebensgröße erblickt«, schrieb Dorothea Veit (1763–1839), die als
Friedrich Schlegels Freundin im September 1799 von Berlin nach Jena gezogen war.

In der Tat ist das Buch eine Auseinandersetzung Brentanos mit seiner Familie, seinen Freunden und – *in Lebensgröße*
– mit sich selbst. Er projiziert seine Eigenschaften auf die
männlichen Hauptgestalten, ist *Godwi, Römer* und *Erzähler*
zugleich. Jeder neu aufgehängte Spiegel reflektiert immer
neue Facetten seiner eigenen Persönlichkeit.

Die Romanhandlung blieb Stückwerk, ist *verwildert,* wie
der Untertitel besagt: das hatte Clemens aus Schlegels neu-
verkündeter romantischer Romantheorie gelernt. Ein
Faden, der sich durch die Fülle der Briefe, Antwortbriefe,
Lebensbeichten, Tagebuchblätter und Gedichte zieht, ist
der: *Godwi,* von der schönen *Molly,* die er liebt, abgewiesen,
verliebt sich jeweils kurz in zwei junge Mädchen, die nur
wieder ihre Varianten sind, Abwandlungen der eigentlichen
Geliebten: *Molly* im Roman, in Wirklichkeit Sophie Mereau.

Das Buch ist eine ›Hommage‹ an sie. Ihre Person, geheimnisvoll im Hintergrund leuchtend oder überraschend daraus hervortretend, wird handelnd und wirkend in Vergangenheit und Gegenwart beschworen. Wie Clemens sich selbst in den Helden zeichnet, so kann Sophie in den Frauengestalten ihr vielfach variiertes Bild erblicken. Für sie war der Roman geschrieben, wie er durch sie entstanden war; sie sei, heißt es schon im dritten Satz, die *schöne Quelle* seines *Enthusiasmus*.

Clemens hatte Sophie vor Augen, als das Manuskript entstand, so wie Hölderlins *Hyperion* für Susette Gontard entstanden ist, nur daß der *Godwi* nicht in klassisch-ferner Epoche, sondern in der unmittelbaren Gegenwart spielt. Sophie Mereau als Leserin fand sich hier wieder und mußte sich Kritik, Lob und Zurechtweisungen gefallen lassen. Als *falscher Stolz, falsche Scham* bezeichnet der Autor die Tatsache, daß sie den Geliebten von sich stieß, und setzt, damit sie es auch recht merkt, diese Zeilen kursiv: es war seine Antwort auf ihren Brief vom Sommer 1799, worin sie ihr Schweigen mit *Stolz* begründet hatte. So bedeutet die Schrift in vielen Teilen Brentanos Abrechnung mit ihrer von Zweifeln und Zerwürfnissen beschwerten, von ihm immer wieder ersehnten Liebe, untermischt mit den schönsten, berühmt gewordenen Gedichten.

> Sprich aus der Ferne
> Heimliche Welt,
> Die sich so gerne
> zu mir gesellt.

> Wenn des Mondes still lindernde Tränen
> Lösen der Nächte verborgenes Weh;
> Dann wehet Friede. In goldenen Kähnen
> Schiffen die Geister im himmlischen See.

*

Thomas Mann ließ sich, als er den Roman *Königliche Hoheit* schrieb, die Briefe der Verlobungszeit wiedergeben, um Teile daraus in sein Buch einzuarbeiten. Brentano hatte nicht einmal das nötig. Sophies Briefe liegen eben vor ihm. Er zitiert sie wörtlich: *Ich lebe und liebe, denn was bleibt dem Leben ohne Liebe.* Ebenso flicht er Stellen aus seinen eigenen Briefen hinein, darunter seinen Traum vom Marmorbild, vor dem er weint: es ist das Bild von Sophie, das sich zum Bilde der Mutter wandelt und dem Roman den Namen gibt.

Wäre die Korrespondenz verloren, könnte man aus dem *Godwi* die Person der Sophie Mereau, ihre Faszination auf Brentano, ihre Sinnlichkeit, Liebesfähigkeit und geistige Ausstrahlung, auch ihre Sonderstellung im Jenaer Kreise herauslesen.

Der Roman bringt zahllose Anspielungen, die den gemeinsamen Erlebnissen entnommen sind. Er nennt sie *die Kunst, die Poesie,* sie ist eine *Künstlerin,* ja ist *die Liebe* selbst. Das Wort *Huldin* wird gebraucht als Hinweis auf ihre kleine Tochter Hulda. *Godwi* heißt im Roman *Karl,* wie Sophies jüngerer Bruder, damals ebenso dreizehn Jahre alt wie der verwaiste *Eusebio* des Romans. *Sakontala,* das indische Schauspiel, das Sophie Mereau zur Vorlage für ihr Gedicht *Serafine* diente, wird erwähnt wie auch *der Prinz von Condé:* sie hatte diese Erzählung eben übersetzt, als sie sich kennenlernten!

Zauberin ist das Attribut, das er ihr beilegt, sie ist *Calypso,* die *liebenswürdige Verderberin,* ein zauberisches Weib, deren *Echo* ihm fehle. Das sind Motive, die auch in dem Gedicht »*Lore Lay*« sich finden: »Zu Bacharach am Rheine/Wohnt eine Zauberin/Sie war so schön und feine/Und riß viel Herzen hin.«

Im Roman sagt er: »Die seltsamen Zauberspiele Molly's und alle ihre Rätsel« hüllen seine Aussichten in einen »magischen Mantel«. Das Leben stellt sich dem Erzähler wie die schöne Freundin dar: Locken, Grübchen, Blick. »So schöne Augen, und ein Augenglas!« sagt Godwi – nach einer Briefstelle, in der Sophie scherzend gekontert hatte, sie brauche kein Augenglas, um seine Tugenden zu sehen!

In dieser Weise ist das Buch voll von versteckten Verweisen, Signalen, verschlungenen Fäden, die von Sophie herrühren und zu ihr hinführen.

»Mich hat die Liebe mit unendlich zarten Armen umfangen und an das warme lebendige Herz der Natur sanft herangezogen . . . Ich bin im Leben, oh Freund, und wo? in seinen unschuldigsten Blicken, in den freundlichsten Grübchen seiner Wangen, in der teilbarsten Fülle seiner Lockenflut und in seinen zartesten Träumen.« Und, im tiefsten Ernst: »Sie hat alle Krankheiten einer Welt in mir geheilt, die sie nicht kannte. Ist der Tod nicht eine Genesung und die Liebe nicht der Tod?«

Im *Godwi* steht auch die Strophe:

> Die Liebe fing mich ein mit ihren Netzen,
> Und Hoffnung bietet mir die Freiheit an .–

Sie endet:

> O süßer Tod, in Liebe neu geboren,
> Bin ich der Welt, doch sie mir nicht verloren.

*

Der Dichter Brentano greift auch nach einem anderen, für ihn typischen Mittel: er projiziert seine Wünsche in die Romanfigur hinein, um wenigstens in der Dichtung zu erfüllen, was ihm im Leben versagt war. Er gestattet sich dichtend Eingriffe in Sophies Denkweise und zwingt ihr, was im Leben nicht möglich war, im Buchtext auf. Er läßt so die Molly des Romans von seiner Vorzüglichkeit durchdrungen sein, läßt sie sagen: »Ich habe Karln gesehen – ich wußte nicht, daß er es war, und doch bewies die Natur ihre geheime Macht, unwiderstehlich zogen mich ihre Bande zu ihm hin, obgleich Zeit und Ferne sie versteckt hatten. Ich fühlte, daß er mir angehört, der geistvolle schöne Sohn . . . den ich umso fester in meine Arme schließen mochte, da ich ihn als einen edlen ausgebildeten Menschen wiedersah.« In der Realität kam es zu Zerwürfnissen, weil Sophie Mereau eben nicht so schmiegsam und widerspruchslos ihm zuneigte, wie er es wünschte. Hier lebt Brentano in Wunschbildern, die der Wirklichkeit nicht entsprechen und der Freundin nicht gerecht werden.*

Aber in Wunschbildern lebt er oft.

Im ersten Teil des Romans ist Molly-Sophie *ein schönes, kluges und freies Weib,* ist einzigartig, alle ihre Handlungen »tragen das Gepräge einer freien, vorurteillosen Moralität«. Überraschend erfährt diese Darstellung ihrer Persönlichkeit im Verlaufe des Romans eine herbe Kritik, eine deutliche Einschränkung, die auf den Autor selbst ein bezeichnendes Licht wirft. Sie wird zur Engländerin gemacht, dadurch ihre freie und selbständige Lebenshaltung »entschuldigt«, er läßt sie sagen: »Ich bin schon insoweit von der Verfolgung der *Bürgertugend* geschützt, als man von mir, einer reichen Engländerin, sonderbare Streiche pratendiert.« Sie erhält die Ausnahmebedingungen einer Außenseiterin, um ihre unbürgerlichen, unangepaßten, sinnlichen Wesenseigenheiten behalten zu dürfen. Denn gerade ihre Sinnlichkeit, ihr Bekenntnis zu freier Liebe spielen im zweiten Teil des Romans eine Rolle.

Zu Beginn hatte Godwi sie anerkennend diejenige genannt, »die frei und ohne Fesseln des Geistes, oder irgend eines Verhältnisses mit andern, die verlassene Bahn der Menschheit wieder betritt, die allein da steht, wo alle stehen sollten.«

In der Realität schien Brentano diese Unabhängigkeit eher zu mißfallen. Mit ebensoviel Bewunderung wie Ärger stellt er fest: »Sie geht ihren Weg nach Grundsätzen wie der Mond.«

Das Ende des Romans ist künstlich und gewaltsam. Seit der Trennung von Sophie fühlte sich Clemens krank und außerstande, etwas Vernünftiges zu Papier zu bringen. Durch einen fingierten Erzähler läßt er den plötzlichen Tod des Verfassers verkünden. Es ist sein Freund Stefan August Winkelmann, der dieses Nachwort liefert und darin ziemlich unverblümt Brentanos Leben in Jena schildert. In bezug auf Sophie Mereau – die von Winkelmann damals selbst umschwärmt wurde – heißt es da: »Daß er ein edles Weib, getrennt durch Verhältnisse, unglücklich liebe, war keinem von uns verborgen, denn es war der Inhalt seines ganzen Daseins.«

Es war der Inhalt seines ganzen Daseins.

KAPITEL XII
CLEMENS BRENTANO IN SOPHIES
TAGEBÜCHERN

Nachmittag Ankunft von Brentano. Liebe,
Rührung, Wehmut. Höchst intreßante Gespräche. Erzählung von Altenburg.
Schmerzhaft süße Stunden. Ernste Erklärungen.

SOPHIE MEREAU,
TAGEBUCH VOM 4. JUNI 1799

SOPHIE schreibt Tagebuch.

Ihr Kabinett im ersten Stock. Das Schreibpult, das sie beim
Umzug mitnahm, wie die grünseidene Decke vom Sofa.
Ebenfalls grün die Vorhänge, von Clemens als Ausdruck
der Hoffnung bezeichnet, wenn er am Haus vorbeiging, am
Weinspalier stehenblieb . . .

Am Fenster ihr Gesicht, verschwunden. Aus der Lade die
Tagebuchblätter. *Elfter November. Heiterer Nachmittag. Stunden voll Dichtung und Wärme. – Süße romantische Augenblicke
mit Brentano.*

Kratzende Feder auf dünnem Papier, die Rückseite schlägt
durch. Die Tinte verläuft. Notizen, hastiger als zuvor:
*Siebenter December. Sonderbares Benehmen von Brentano.
Schmerz und Entfernung.* Sie wußte um sein Doppelwesen:
Genie und Dämon in einer Person.

Kerzenlicht. Zeit, schlafen zu gehen. Er kommt unange-
meldet, ohne anzuklopfen tritt er ein, überhört ihren Pro-

test. Sitzt zu ihren Füßen, redet und redet. *Elfter December 1798: Sehr intreßante Erzählung seiner Geschichte. Wohlgefallen an ihn und süße Träume.*

Erscheint ihr Bild hinter der Folie? Stirn und Augen unter schwarzem Haar. Clemens beklagte, daß er kein Porträt von ihr besitze. Aber er sah sie, hörte sie sprechen, rückte ihr das Notenpult zurecht. Er hatte die Gitarre mitgebracht. *Dritter Januar 1799. Nachmittag mit Brentano. Süße Vergeßenheit und Schwärmerey. Zweyter Februar. Vorlesung. Sechsundzwanzigster Aprill 1799: Herzliche, geistvolle Unterhaltung mit Brentano.*

Sie besaßen, was wir kaum mehr kennen. Zwiegespräch, verstehende Unterhaltung. *Süßes Verständnis. Freie poetische Stimmung. Aufmerksames Lesen. Schöner freier Abend.* Lange Tage. Nahe Gespräche. Sophie schreibt Tagebuch. Schreibt: *Krank. Ihn nicht sehen wollen. Er kömmt doch. Äußerste Spannung von seiner Seite. Ernste liebevolle Erklärungen.*

Schreiben, um zu bewahren. –

*   *   *

Ein Brief ist mir immer wie ein Roman, –
und ich mag lieber zu wenig als zu viel sagen.
Das Papier ist ein so ungetreuer Bote, daß es
den Blick, den Ton vergißt und oft sogar
einen falschen Sinn überbringt . . . ich muß
mich hüten, die Saite zu berühren, wo alles in
mir Klang, Stimme, schmerzhafter Gesang
wird – und doch ertönt sie so leicht!

SOPHIE MEREAU AN CLEMENS BRENTANO

Das Jahr 1798

22. Oktober.*) Geschäftig. Spaziergang. Besuch von Brentano.* Heiter.

23. Oktober. Angenehmer Mittag. Spaziergang.

27. Oktober. Noch sehr verstimmt. Spaziergang nach lob-
städt. Sehr erheitert. Gut unterhalten.

28. Oktober. Wünsche.

29. Oktober. Heitrer phantasievoller Nachmittag.

31. Oktober. Heitrer Nachmittag. Stunden voll Dichtung
und Wärme. Abends mit Majer. Langweilig.

---

6. November. Freude an Brentano. Ahndungen.

7. November. Arbeit. Vereitelte Hoffnungen. Stolz.

9. November. Sehr heiter mit Brentano. Heller Sonnen-
[unleserlich]. Besuch bei Schiller, bei Schnauberts. Abends
mit Brentano. Verstimmt durch M. sehr mißmutig.

11. November. Beßre Laune. Aufgeheitert durch Brentano. Süße romantische Augenblicke mit Brentano. Häuslicher Friede.

12. November. Arbeit. Heiterkeit.

13./14./15. November. Einige gute, mehrere trübe Augen-

*) An diesem Tag tritt der Buchstabe B. für Brentano erstmals auf.

blicke. Mangel an Selbstvertrauen, gewöhnliche Quelle des Mißmuts.

16. November. Froher durch Brentano. Besuch bei Schiller und Schnaubert: Nicht heiter.

17. November. Gutlaunig. Abends Ball. Freie leichte Stimmung. Viel Hinneigung zu Brentano.

18. November. Gute Stimmung. Ins Konzert mit der Schütz. Süße Nähe von . . . [drei Punkte].

19. November. Belebt. Intressante Ideen.

20. November. Spazierfahrt, angenehm. Abends Brentano, mit ihm zufrieden.

21. November. Arbeit. Gelungen. Angenehme Sehnsucht.

27. November. Verstimmt. Besuch von der Schütz. Ausgeschlagne Schlittenfahrt – ach! sehr verstimmt.

30. November. Gleichgültig. Träume von Brentano. Einreden des Verstandes.

———

1. Dezember. Besuch bei Schiller. Wenig Freude. Süße Stunden mit Brentano. Abend bei E. [Eichstädt]. Seine Liebe. Andenken an. [Ein Punkt]

6. Dezember. Gesellschaft bei mir. Ganz nach meinem Sinn. Heitre Stimmung. Brentanos Aufmerksamkeit. Süße bedeutende Worte. Aufwachende Neigung.

7. Dezember. Sonderbares Benehmen von Brentano. Schmerz und Entfernung.

8. Dezember. Ball. Leicht und heiter. Aufmerksamkeit von Brentano. Nicht ganz mit ihm zufrieden.

9. Dezember. Erzwungene Lustigkeit, doch endlich natürlich, da er allein für mich entscheidet. Süße stumme Sprache während des Spiels der Kinder. Voll Seligkeit. Abends im Club. Kalt.

10. Dezember. Etwas verstimmt. Unterhaltung mit Brentano.

11. Dezember. Sehr intressante Erzählung seiner Geschichte. Wohlgefallen an ihm und süße Träume.

12. Dezember. Großes Interesse an ihm. Seine Trauer. Süße Worte.

14. Dezember. Spazierfahrt mit Majer. Dann Besuch von Brentano. Vorlesung seiner Schrift. Beifall. Süße angenehme Rührung.

15. Dezember. Unterhaltung mit M. [Majer] und Brentano. Gespannte Stimmung. Brentanos Schwärmerei. Allein mit ihm, Wehmut, Schwärmerei und Zärtlichkeit.

16. Dezember. Konzert. Unterhaltung mit d. H. [der Hufeland?]. Freude an Brentano.

23. Dezember. Schlittenfahrt. Interesse an Brentano. Mißmut über ihn. Kalt.

24. Dezember. Vergnügt mit Jette. Weihnachtsfreude. Abends bei E. Gequält von Sehnsucht.

25. Dezember. Den ganzen Nachmittag mit Brentano und M. [Majer]. Hingebung Beider. Freude an Brentano und Schwärmerei.

26. Dezember. Schlittenfahrt mit Brentano. Süße Unterhaltung. Befriedigt durch die Gesellschaft. Zuhause mit Brentano. Süße wonnevolle Momente. Liebestrunkenheit.

27. Dezember. Trauliche Unterhaltung mit Brentano. Abends Gesellschaft d. E. [der Ebert]. Fröhlich.

28. Dezember. Schlittenfahrt. Äußerst gespannt. Trostlosigkeit. Schwärmerei. Süße Trunkenheit. Liebesträume. Vergessenheit und schmerzliche Lust.

29. Dezember. Aufgewacht. Nachdenken. Kälte gegen Brentano. Seine Fassung und Nichtfassung. Träume an ihn.

30. Dezember. Kalt. Unmut. Unentschlossenheit und freudelos.

31. Dezember. M's [Mereaus] Abreise nach Gotha. Nachmittag Schlittenfahrt mit Brentano. Bessres Vernehmen. Interessante Unterhaltung. Abends bei Schelling. Freie gerührte Stimmung. Wechsel des Jahres. Plötzliche Trauer.

*   *   *

Ein schöner Morgen! mir ist ganz heiter zu
Mut. Überall leichtes Gewölk, das mit dem
Licht-Glanz kämpft. – und er siegt! – möchte
mein Leben sein wie dies Bild! romantisches
Gewölk, das in voller Klarheit auffliegt! –
Sei stolz und bescheiden.
Lebe der Liebe und liebe das Leben.

Sophie Mereau an Clemens Brentano, 1799

Das Jahr 1799

1ster Januar. Trüber Blick ins Leben. Ewiges Entbehren harmonischer Freuden. Schwanken zwischen Ergebung und
Mut. – Schlittenfahrt. Abends bei Schlegel. Verstimmt und
zwangvoll.

3. Januar. Nachmittag mit Brentano. Süße Vergessenheit
und Schwärmerei. Abends mit M. [Majer] und J. [Jette, d. i.
Henriette Schubart]

4. Januar. Kälteres Gespräch mit Brentano. Arbeit, zerstreut. Abends mit Hof [v. Hoff] und M.[Majer] u. J.[Jette].
Heiter.

5. Januar. Schlittenfahrt nach Borstendorf. Ruhige Unterhaltung. Eine heitre fröhliche Stunde mit Brentano. Abends
bei der Eber.

6. Januar. Noch heiter. Im Konzert. Langweilig. Abends
mit Brentano. Erste Annäherung der Liebe. Langes süßes
Beisammensein.

7. Januar. Nachmittag gearbeitet. Abends mit Brentano.
Süße lange Stunden.

9. Januar. Unzufrieden mit Brentano. Seine Unruhe. Süße
Rührung. Abends Gesellschaft, fröhlich.

11. Januar. Mit Meier [Majer] Zwist. Sein Ärger. Kehrt
zurück. Hohe Spannung. Versöhnt.

12. Januar. Nachmittag heitrer Spaziergang. M's [Mereaus] Ankunft. Schreckliche Szene. Abends auf dem Ball. Sonderbares Benehmen d. Hufeland. Sehr angegriffen.

14./15. Januar. Öde ohne Brentano zu sprechen.

18. Januar. Unterredung mit Brentano. Sein Fall. Sonderbare Störung. Viel Gestalten.

21. Januar. Menschenfeindliche Stimmung. Brentano mißversteht mich. Seine Verzweiflung. Brief. Kinderball. Wir sprechen uns allein. Verstehen uns, sind glücklich.

22. Januar. Gespräch mit Brentano. Sonderbare Offenheit gegen ihn. Sein Benehmen.

26. Januar. Kleiner Unwille gegen Brentano.

27. Januar. Gespannt. Sonderbar gegen Brentano. Endlich wieder die Vorigen.

29. Januar. Besuch. Sehr verstimmt. Wehmütige Freude mit Brentano.

30. Januar. Brentanos zartes Gefühl. Wünsche und Träume.

31. Januar. Abends mit Brentano. Schmerzliche Freude. Vergessenheit. Pläne.

1ster Februar 1799. Schreckliche Stimmung. Freudenlos. Abends mit Brentano. Traurig. Zuletzt durch ihn erheitert.

2. Februar. Ganzen Nachmittag mit Brentano. Vorlesung. Süßes Verständnis. Abends Punsch getrunken.

3. Februar. Gespräch mit Brentano. Mißverständnis. Schwermütiges Nachdenken. Mit Huf(e)lands ins Konzert, im Club. Wehmütig. Verdruß mit M. [Mereau]. Nachdenken über meine Lage. Plan.

4. Februar. Brief an Brentano. Besuch. Zuhause geängstigt.

5. Februar. Brief von Brentano. Seine Spannung. Gespräch. Süße Geständnisse. Feuriges Gefühl und Rührung.

6. Februar. Abends Unterhaltung. Unendlich schön. Träume, goldene Jugendhoffnungen.

7. Februar. Frohsinn. Gleiche Unterhaltung am Abend. Gegenwart und Zukunft schwärmerisch genossen.

8. Februar. Brentanos mutwillige Laune. Kälter.

10. Februar. Besuch. Kalt. Abends noch einen Augenblick mit Brentano.

12. Februar. In beständiger Unruhe. Abends mit Jette und Brentano. Kurzer süßer Genuß.

14. Februar. Brentanos Schwärmerei. Abends Unterhaltung. Nicht ganz glücklich.

15. Februar. Ernstes Gespräch mit Brentano. Besuch der Schütz. Abends langweilig.

16. Februar. Unangenehmes Gespräch mit Brentano. Sonderbares kränkendes Benehmen. Momente des höchsten Grams. Entschlossen und still. Besuch der Ebern.

17. Februar. Etwas ruhiger. Im Konzert. Durch nichts zurückgestoßen. Abends Brentano. Gespräch mit M.

18. Februar. Gleichgültig. Lange Gespräche mit Brentano. Seine Trauer.

21. Februar. Krank. Abgespannt. Kurzes Gespräch mit Brentano. Romanhaft.

23. Februar. Heftiges Gespräch mit M. [Majer]. Förmlicher Bruch. Heftige Gemütsbewegung. Ball. Leidenschaftlich. Fliegende Worte gegen Brentano.

24. Februar. Fortdauernde Spannung. M's [Majers] Bitte. Etwas veränderte Stimmung. Spaziergang mit Brentano. Gespräch, sonderbares. Abends im Club. Gut befunden.

25. Februar. Abends süße Unterhaltung.

28. Februar. Komödie bei Loders. Eifersüchtig. Sehr verstimmt. Abends Brentano. Süße Aufheiterung.

———

1ster März 1799. Wehmütig und gespannt.

2. März. Spazieren gefahren. Langweilig. Abends mit Brentano. Entzückungen.

4. März. Schreckliche Szene mit M. [Mereau]. Heftige

Erschütterung. Abends Gesellschaft mit Jette und Brentano. Verdrüslich. Brentano noch allein. Kurzes Entzükken.

5. März. Gespräch mit Brentano. Sein Wahnsinn. Gemildert. Abends Brentano in schrecklicher Spannung.

6. März. Abends mit Brentano. Nüchterner. Bald aber der vorige Rausch.

7. März. Brentanos Abreise.*) Probe.

9. März. Angegriffen von sehr verschiednen Gefühlen. Abends Vorstellung Emilia Galotti. Zerstreut, aber unbefriedigt.

Vom 10ten bis 17ten fast immer abgespannt und kränklich. Ewiges Schwanken zwischen der Wahl einer Zukunft. Vom 17ten bis 24ten Etwas lebendiger. Erklärungen, sehr bestimmte, gegen M. Vom 24sten bis 31sten beständig in Gesellschaft. Bald mehr bald minder gut gelaunt, doch im ganzen heiter. Brief von Brentano. Sehr lebhafter Eindruck. M's Liebe. Schwanken. Hinneigen zur Ruhe.

1sten April 1799. Besuch von Walchs. Zerstreut.

3. April. Gutlaunig. Brief an Brentano. Harmonisch.

11. April. Besuch von Eichstädt. M. [Mereau] sanft und gut.

12. April. Zuhause. Brief von Brentano. Erschüttert. M's [Mereaus] sanftes Benehmen. Sonderbarer Kontrast. Abends Musik. Sanft gestimmt.

17. April. Nach Weimar. Bei Herders. Nicht mit mir zufrieden. Düstre Phantasien. Quälender Eindruck von Piccolomini. Verspannt.

19. April. Ankunft Brentanos. Verwirrt, nicht heiter. Abends ihn gesprochen. Fremd.

*) Brentano reiste vom 7. März bis zum 19. April über Ostern zu seiner Familie nach Frankfurt.

20. April. Spazierfahrt. Freie Stimmung. Zuhause mit Brentano. Etwas näher.

22. April. Nach Weimar. Leichte Stimmung. Schöne ästhetische Rührung. Sanftes Gefühl gegen Brentano. Abends sehr lustig.

24. April. Besuch von W-. Intreßante Gespräche. Wünsche. Abends mit Brentano. Freier und fröhlicher.

25. April. bei der Schütz. Abends angenehme Unterhaltung. Einige süße Momente mit Brentano.

26. April. Arbeit. Mehrere Besuche. Gute Stimmung. Herzliche geistvolle Unterhaltung mit Brentano. Angenehmes Verhältnis.

27. April. Freude an. [Ein Punkt]. Abends Gesellschaft von W. Nicht ganz heiter.

28. April. Für die Wirklichkeit gestimmt. Besuch. Angenehm zerstreut. Abends intressant mit Brentano. Seine Rührung.

30. April. Bei Ekart [v. Eckart]. Heiter. Gespräch mit Brentano. Gespannt.

1sten Mai 1799. Besuch von Kotzebue. Arbeit. Sehr heitre Stimmung. Abends mit Brentano. Gute Laune, durch ihn etwas trüber. Widrige Szene mit M. [Mereau].

3. Mai. Langes Gespräch mit Brentano. Herzlich. Seine Sorgen, seine Wünsche, seine Hoffnungen. Sonderbarer Eindruck. Abends Musik.

5. Mai. Besuch von Schnauberts. Kurze angenehme Unterhaltung mit Brentano.

7. Mai. Zuhause. Abends süße Unterhaltung.

12. Mai. Kurze Unterredung mit Brentano, bei Niethhammers dann bei Gruners. Intressante Szene zwischen M., Kotzebue und mir.

13. Mai. Bei Jette. Dann Zuhause mit Brentano. Vergnügt.

18. Mai. M's [Mereaus] Abreise. Seine Brutalität. Spaziergang mit Jette. Bedeutende Gespräche. Abends mit Brentano. Süße nahe Gespräche. Fröhliche Hoffnung und Träume.

20. Mai. Eine Stunde mit Brentano. Sein Glück – meine Trauer. Abends auf dem Ball bei Schlegels. Künstliche Laune; nicht ohne heitre Momente.

21. Mai. Dumpf, verstimmt. Reise nach Dornburg. Erheitert. Abends Brief von Brentano. Seine Nähe. Angenehmes Gefühl.

22. Mai. Brentanos Abreise.*) Zärtliches Andenken. Arbeit. Spaziergang. erster zufriedner Tag.

23. Mai. Spaziergang. Arbeit. Süßes Gefühl erreichter Wünsche.

---

4. Juni 1799. Früher schöner Spaziergang. Nachmittag Ankunft von Brentano. Liebe, Rührung, Wehmut. Höchst intressante Gespräche. Erzählung von Altenburg. Schmerzhaft süße Stunden. Ernste Erklärungen.

5. Juni. Spaziergang mit Brentano. bis Abend. Seine Abreise. Rührender Entschluß.

6. Juni. Besuch von Jette, Carl [ihr Bruder], M. [Majer] und E. [Eichstädt]. Meine Freude. Verdrüsliche Unterhaltung mit M. [Majer]. Spaziergang mit Jette. Volles hervorspringendes Gefühl. Fester fester Entschluß. Die halbe Nacht erwacht mit Ideen.

7. Juni. Bedürfnis nach Mitteilung. Sehnsucht nach Brentano.

11. Juni. Besuch von Brentano. Sonderbare Äußerungen. Unbestimmt. Abends äußerst romantischer Spaziergang im Wald.

---

*) Brentano reiste mit einem Empfehlungsschreiben von Sophie Mereau zu deren Schwägerin Henriette und ihren Schwestern Julie und Minna Reichenbach nach Altenburg.

12. Juni. Verstimmt. Launiges Gespräch mit Brentano. Besuch von Ekart. Tränen. Abends Spaziergang. Vertraut aber weniger nahe.

17. Juni. Ruhige Stimmung. Nachmittag Besuch von Niethammer, Eber u. s. w. Freie Haltung, freundliche Unterhaltung. Abends Besuch von Brentano. Meine Fröhlichkeit, sein Trübsinn. Späte Nacht.

23. Juni. Heiter. Der Morgen mit M. Sehr vernünftig. Besuch von Schelling. Äußerst angenehme Unterhaltung. Abends freie, poetische Stimmung.

24. Juni. Aufmerksames Lesen. Meine Bibel. Glückliche Arbeit. Abends Brentano. Schöner freier Abend.

28. Juni. Besuch von Jette. Geordnetes Gemüt. Ruhig. Ansichten. Abends Besuch von Brentano. Mißverhältnisse. Gute Laune.

30. Juni. Richtiges Hinsehen nach einem Ziel. Viel Besuch. Schickliches Benehmen. Abends M. [Mereau]. Viel Kampf und Mut.

1sten Juli 1799. Heiter. Arbeit. Besuch in Borstendorf. Heitre, gesellige Laune. Mit M. zurück. Viel Qual doch festes Beharren.

2. Juli. Brentano hat mein Gespräch mit M. gehört. Sonderbarer Unmut – Nicht mit ihm zufrieden. Bessre Unterhaltung des Nachmittags. Heiter. Spaziergang. Abend voll Glut.

3. Juli. Mißmutiger Morgen mit Brentano. Verständiges Gespräch des Nachmittags. Abend im Wald.

6. Juli. Verständig. Nachmittag unter der Linde. Süßer poetischer Spaziergang.

9. Juli. Gespräch mit Brentano. Leichte, heitre Laune. Seine Trauer.

10. Juli. Arbeit. Briefe. Kampf. Gespräch mit Brentano.

15. Juli. Beschäftigt. Spaziergang. Brentanos Reise zu Wieland. Kämpfend.

19. Juli. Unterhaltender Besuch. Brentanos Wiedersehen. Angenehmer freudiger Eindruck.

20. Juli. Nachmittag mit Brentano. Gut. Erklärungen mit M.

23. Juli. Reise nach Osmanstedt. Bekanntschaft der La Roche und Brentano [Sophie B.]. Ruhige aufgelöste Stimmung. schöne Rückreise mit Brentano, anständig.

27. Juli. Überraschung von d. B. [Sophie Brentano] und noch andern Freunden [Gunda Brentano, Susette Gontard u. Eugenie Borkenstein]. Sonderbarer Nachmittag. Angenehmer Eindruck der B. [Sophie Brentano].

---

29. [Juli] bis 4ten August 1799. Schwankender Gemütszustand. Einzelne schöne einsame Stunden. Verschiedene Verhältnisse mit Brentano.

10. August. Äußerst schöner Abend mit Brentano.

13. August. Traurige Gespräche mit Brentano.

14. bis 16. August. Arbeit. Gutes Verhältnis mit Brentano.

17. August. auf die Drießnitz gefahren. Schreckliche Szene mit M. Dort sein gutes Benehmen. etwas beruhigt. Wohlgefallen an Brentano.

18. August. nach Dornburg. Brentanos fürchterliche Stimmung. Kränkungen mancherlei Art.

19. August. Viel häusliche Arbeit. Abends eine Stunde mit Brentano. Seine tiefe Trauer. Bei d. E. [der Ebert]. Ruhige ernste Stimmung. Intressante Unterhaltung mit Ung. (?), mit Brentano nachhause. Unangenehmes Gespräch.

20. August. Pierers Ankunft. Überraschung. Freudige Rührung. nach Zwetzen. Spaziergang mit Pierer. Offenheit. Wenig Trost. Abends bei Ekart. Wenige unfreundliche Rede von Brentano.*

28. August. Erklärung gegen M. Gespräch mit Brentano. Anfangs fremd, dann heiter.

30. August. Arbeit. Eine schöne Stunde mit Brentano.

31. August. Mit Jette gearbeitet, dann spazieren. Milde Stimmung. Zärtliches Andenken an Brentano.

1sten September 1799. Gleichgültig.

2. September. Glücklich gearbeitet. Sehr heiter mit Brentano. Gefaßt gegen M. [Mereau]. Den ganzen Abend mit Brentano.

4. September. Spaziergang. Gespannt. Abend mit Brentano.

6. September. Bei Niethhammer. Sehr verstimmt. Kurze verdrüsliche Gespräch(e) mit Brentano.

7. September. Besuch der Schlegel. Beßre Laune. Bei der Griesbach. Natürlich und zweckmäßig. Kurzes fröhliches Gespräch mit Brentano. Abends zufrieden bei Schnauberts.

8. September. Verdrüsliche Geschäfte. Menschliche Stimmung. Nachmittag mit Brentano und Abend. Fröhlich.

10. September. Früher Spaziergang. Nicht heiter. Nachmittag mit der Eber u. P. nach Z. Unangenehmer Vorfall mit Brentano. Verstimmt. Abends ein romantischer Augenblick mit Brentano.

11. September. Spaziergang allein. Freie Stimmung. Mit Brentano. Vorlesen seiner Arbeit.

13. September. Nachmittag mit Brentano. Launig. Abends mit ihm. Sehr glücklicher Abend.

15. September. Klar. Nachmittag mit Brentano.

16. September. Arbeit. Stunde mit Brentano. Heiter und genialisch.

17. September. Freundschaftlicher Tadel. Brentano u. Arbeit. Glücklicher Abend.

19. September. Kurze Unterhaltung mit Brentano. Besuch von Richter [Jean Paul R.]. Ruhig.

20. September. Gespräch mit Brentano. Seine Unzufriedenheit. Gekränkt. Zweifel an ihm. Krank. Ihn nicht sehen wollen. Er kömmt doch. Äußerste Spannung von seiner Seite. Sonderbare Stellung meines Herzens. Ernste liebevolle Erklärungen. Gutes Verhältnis.

22. September. Frühes Erwachen. Nachdenken. Reine gesunde Übersicht und Handeln darnach. Nachmittag Spazierfahrt. Unangenehm und krank. Gespräch mit Brentano. Leidenschaftlich, gespannt und traurig.

24. September. Besser. Nachmittag mit Brentano. Erklärungen. Edles Verhältnis.

25. September. Bei der As. [Asverus] Andenken an Brentano.

27. September. Wiedersehn. Seine schwärmerische Freude. Voriges Verständnis. Heiterkeit und Mutwille.

30. September. Zufrieden. Entschlüsse. Deutliche Ansicht der Wirklichkeit. Gespräch mit Brentano.

———

2. Oktober 1799. Zuhause. Heiter mit Brentano.

4. Oktober. Viel mit Brentano. Heitrer u. glücklicher Abend.

5. Oktober. Vernünftiges Betragen gegen M. [Mereau] Gespräch mit Brentano. Abends bei Schütz Komödie. Augenblickliches Interesse.

6. Oktober. Vernünftig und ruhig. Überraschung von Lindner. Seine Freude. Nachmittag ein unruhiger Augenblick mit Brentano. Lindners Geschichte. Sehr intressante Gespräche.

7. Oktober. Äußerst intressante Stunde mit Lindner. Seine Liebe und Achtung – Belohnender Augenblick. Mittag in Gesellschaft. Kurze unbefriedigende Unterredung mit Brentano. Abends Gesellschaft. Freie Stimmung u. traurig.

9. Oktober. Schreckliche Auftritte mit M. [Mereau]. Krank. Kurzer Moment mit Brentano. Abschied.*)

*) Brentano reiste mit seiner Großmutter La Roche und seiner Schwester Sophie vom 9. Oktober bis 18. Dezember nach Frankfurt.

22. Oktober. Brief von Brentano. Spaziergang. Arbeit. Abends bei Asverus. Gute freie Stimmung.

26. Oktober. Brief von Brentano. Lieb. Der ganze Tag tod und leer.

1sten November 1799. Beharren, alles darauf bezogen. Spaziergang mit Jette.

7. November. Brief von Brentano. Arbeit, aber nicht poetisch. Abends im Konzert. Unterhalten.

9. November. Brief von Brentano. Schwach. Dumpf.

13. November. Spaziergang. Sehr lieber Brief von Brentano. Abends mit Meier [Majer] und Hesse.

24. November. Etwas freier. Wichtiger Brief geschrieben. Bei Schnauberts. Sehr prosaisch. Abends wiederkehrender kalter Entschluß.

27. November. Beharren. Sehr intressanter Brief von Brentano.

29. November. Beharren. Spaziergang mit A. [Frau Asverus] u. J. [Jette]. Arbeit. Abends Brief von Brentano. Sehr intressant.

30. November. Heitres Beharren. Ergebung und Hoffnung. Zufrieden ohne Freude.

---

13. Dezember 1799. Gelungene Arbeit. Abends Brief von Brentano. Abgestreiftes Gold.

18. Dezember. Spaziergang. Arbeit. Melancholie. Abends Besuch von Brentano bei M. [Majer].

19. Dezember. Still. Abends im Konzert. Schöne Musik. Brentano wiedergesehn. Sonderbares Gefühl. Verwirrung.

20. Dezember. Heitre Stunde mit Brentano. Freude und Trauer. Undeutlich. Liebe und Verwirrung. Trüber Abend.

21. Dezember. Reise nach Weimar. Schwermütig. Enzückende Musik. Schönes Schauspiel. Ehrenvolle, angenehme Unterhaltung. Brentano von Jena. Wehmütig. Kampf gegen meine Lage.

22. Dezember. Trübe. Leiden mancherlei Art. Abends durch Brentano überrascht. Aufgeweckt und fröhlich. Ankunft von (?) Häßliche Szene mit M. [Mereau]

24. Dezember. Verdrüslich. Mittags Gesellschaft. Viel Unangenehmes mit M. [Mereau]. Nachmittag heitrer. Artigkeit von Brentano. Weihnachtsfreude. Mitleiden mit M. [Mereau]. Süße Freude der Hulda.

27. Dezember. Gefaßt und ruhig. Abends überrascht von Brentano. Romantisches, mannigfaltig lebhaftes Gespräch.

31. Dezember. Eich. [Eichstädt] – Schellings Erwarten Brentano zu sehn. Vergebens. Verstimmt. Trauriger Abend.*

* * *

Das Jahr 1800

In das Leben von Sophie Mereau brachte das neue Jahr eine große Wende. Die Zerwürfnisse zwischen den Ehepartnern mehrten sich und wurden unerträglich. »Beharren« war der Vorsatz, den sie im November tagtäglich niedergeschrieben hatte. Sie hielt innerlich immer an diesem Entschluß fest. Der Tod des kleinen Sohnes am 28. Januar 1800 war der endgültige Auslöser. Sie verließ Mereau, aber sie trennte sich auch von Clemens Brentano.

1ster Januar 1800. Dumpf und still.

2. Januar. Traurig. Besuch von Brentano. Wehmütig und leidenschaftlich.

3. Januar. Heiter gestimmt. Mit Brentano. Vorlesen. Ergriffen und verstimmt durch eine Stelle. Abends wieder mit Brentano. Liebkosungen. zuletzt sonderbar verstimmt.

4. Januar. Schreckliche, innere Unruhe. Alles versinkt. Zweifel, Ungewißheit, Zerrüttung.

8. Januar. Schwankend. Abends mit Brentano. Heiter. Spät noch schreckliche Szene mit M. [Mereau].

11. Januar. Zuhause. Mild und sanft gestimmt. Abends mit Brentano. Erst heiter, dann verstimmt. Zersprungene Saite im Innern. Zuletzt süß. Mit mir selbst verstanden.

13. Januar. Ruhig. Arbeit. Abends Eich[städt] u. Brentano. Verdrüslich durch M. [Mereau]. Angegriffen. Spät allein mit Brentano und glücklich.

17. Januar. Arbeit. Abends Brentano. Sehr glücklich.

19. Januar. Vernünftig beim Erwachen. Mischung. Im Konzert. Frei. Exaltiert. Abends mit Brentano. Romantisch.

22. Januar. Gustav [der 6jähr. Sohn] gerötet. Kurzer Besuch bei d. E. [der Ebert]. Abends Brentano. Erst mit andern, dann allein. Rausch.

24. Januar. Alles durcheinander. Ermüdet. Sehnsucht nach Ruhe. Abends Brentano. Fürchterliche Heftigkeit.

25. Januar. Ball bei Huf(e)lands. Sehr gemischte Stimmung. Heiter in der Erscheinung. Kalter fester Plan. Nacht abscheulich.

26. Januar. Trübe aber sanft, menschlich. Gustav krank. Kummer über Brentano.

27. Januar. Gustav kränker. Ich noch voll Hoffnung. Kurze Unterhaltung mit Brentano. Er krank und tragisch.

28. Januar. Gefahr. Alles andre verschwindet. Durchwachte Nacht. Vermehrte Gefahr. Nachmittag Tod. Fürchterlich zerstört. Nach Camburg. Äußerst schwach und reizbar. Viele erschütternde Szenen. Kranke Phantasie.

29. Januar. Gleichgültigkeit gegen alles Äußere und voller tobender Kampf im Innern. So eine lange Zeit in Qual und Dumpfheit. Endlich einige Lichtstrahlen. Den 7ten März zum erstenmal heiter. 8. März M. [Mereau] Überrascht mit M. [Majer?] Gefühl meines Übergewichts. Innre Ruhe. Anfang einer neuen Lebens Periode.

*

Bis zum 19ten April in beständiger Bewegung des Innern. Blitze und Abendrot. Begreifung längst gebrauchter, nie erkannter Ausdrücke von Gefühlen. Gräßlicher Trübsinn. Tiefe Ansicht des eigenen Charakters. Viele schreckliche, auch einige freundliche Tage. Zuletzt bestimmter, ruhiger.

19. April 1800. Szene mit Brentano. Fürchterlich. Wieder die alte Nacht. Seine wahre Ansicht.

21. April. Gespräch mit Brentano. Tränen und Vorwürfe. Zuletzt beruhigter. Abends mit Niethammers und Schütz.

25. April. Spaziergang. Heiter. Abends schreckliche Szene mit M. [Mereau]. Wieder zerrissen im innersten Leben.

26. April. Ganz einsam, ganz entsagend, ganz traurig. Poetische Stimmung und Stanzen mit Tränen geschrieben. Gedanken an K. [Kipp]. Ein leiser Blick in die Zukunft.

———

9. Mai 1800. Unterredung mit Brentano. Schrecklich.

10. Mai. Sehr zerrüttet. Nachmittag mit Jette. Erheitert durch Gespräch und Spaziergang. Abends mit Brentano. Natürlicher, freier und fröhlicher.

14. Mai. Nach Weimar gefahren. Maier [Majer] sehr zärtlich. Sehr gebeugte Stimmung.

15. Mai. Besuche überall, bis zur Krankheit traurig. Überrascht von Brentano. Süße Augenblicke.

21. Mai. Mancherlei Arbeit. Abends Club. Einige Minuten mit Brentano.

23. Mai. Nachmittag überrascht von Brentano. Seine Vorwürfe. Dann spazieren. Abends Besuch vom Erbprinzen. Mit ihm zufrieden.

24. Mai. Sehr ermüdet. Nachmittag und Abend mit Brentano.

25. Mai. Sehr abgespannt aber ruhig. – *2 Monate* Einströmen neuer Gegenstände. Unendlich geschmeichelt. Innere Schmerzen. Heitre abgerißne Momente. Neue Beziehungen. Herzensangst und Öde und Ungewißheit. – [23.] August. Festeres Verhältnis mit S. [Fr. Schlegel]. Süße Lust. Gänzlich aufgehobner Umgang mit Brentano.

* * *

Erschüttert und verstört hatte Brentano im Februar 1800, nach dem Tod des kleinen Gustav, seiner Schwester Sophie – seiner vertrauten, sehr geliebten Schwester, die noch im September des gleichen Jahres mit 24 Jahren starb – über die Zustände im Hause Mereau berichtet.

Clemens Brentano an seine Schwester Sophie

[Jena, Ende Februar 1800]
S[Sophie Mereau] allein soll mir alles geben, und sie tut es ohne es zu wollen, ihr Leben tut es schon. Ich bin in meiner Seele so wunderbar mit ihr verbunden, daß jede meiner Tätigkeiten um sie und durch sie vor sich geht, und dies erstreckt sich auf die seltsamste Weise bis ins Physische. (. . .)

Vor 4 Wochen war ich bei S. [Sophie], und ihr Knabe war krank. Sie sagte: ich träume schon zwei Nächte von Särgen, und ich sagte: sei mutig, ich glaube, Gustav wird in 3 Tagen sterben. In dem Augenblicke fühlte ich mich sonderbar durch den Anblick des Knaben geängstet, und da mich S[Sophie] fragte, wie ich auf den Gedanken käme, so sagte ich: was Dir das Leben dankt und nicht an Dir hinaufwachsen kann, muß sterben (. . .) – Der Knabe ist den 3ten Tag Abends gestorben, und da ich es sagte, war er noch außer dem Bette. – Der Vater ist des Knaben Mörder, er hat ihn mißhandelt, vor der Krankheit. S[Sophies] Haß gegen ihn ist leider itzt ohne Grenzen, sie hat vor ihm gekniet mit der Bitte, sich von ihr zu trennen, – nein –. Itzt wird sie ihn verlassen oder – Opium. Und so auch ich, doch ist viel Hoffnung, daß sie ihn verläßt. Ich bleibe hier, mein Leben ist mir heilig, und mein Tod muß eine notwendige Folge des Untergangs vo[n] Sophien sein. Sie ist itzt sehr seelenkrank. – . . .

Clemens Brentano an seine Schwester Sophie

[Jena, März 1800]

. . . Seit ich den Brief anfing, sind es drei Tage, daß ich mein schönes rätselhaftes Schicksal nicht sah. Heute hätte ich Dir nicht geschrieben, wenn ich nicht gehofft hätte, bei ihr zu sein und vieles zu verschweigen (. . .) Dies wundersame naive Weib weiß nicht, daß mir das bischen Himmel und Berg nicht wohltun kann, da meine ganze Welt so schrecklich erniedrigt in Fesseln liegt. Auch habe ich den ganzen Weg an ihre Worte gedacht: lebe der Liebe und liebe das Leben . . .

* * *

Am 17. Mai 1800 verzeichnet Sophie Mereau den Besuch von Friedrich Schlegel in ihrem Tagebuch. Am 23. Mai macht Brentano ihr Vorwürfe, es gibt »schreckliche Szenen«. Sie will sich von ihm trennen. Er war ihr keine Beruhigung, kein Halt und keine Zukunft. Im Gegenteil, er war eine Belastung, ein Mensch, der forderte, wo er hätte geben sollen. Clemens beschreibt es ganz richtig seiner Schwester: »Ich liebe alle Menschen freilich etwas zu schr und bin nie befriedigt, weil ich immer von andern erwarte, was ich mir eigentlich nur selbst geben kann.«

Das Verhältnis zwischen ihm und der Freundin wird zuletzt dadurch gestört, daß Friedrich Schlegel, verliebt in Sophie Mereaus, sich an seine Stelle drängt. »Einströmen neuer Gegenstände. Unendlich geschmeichelt«, notiert sie, »Neue Beziehungen«. Brentano reist ab, fährt noch einmal nach Altenburg zu den Reichenbachs, an seine Schwester schreibt er am 8. August 1800: »in Jena kann ich nicht bleiben, Schlegel ist zu sehr Herr über mich durch seinen Anteil an meiner Geschichte.«

Auch Sophie Mereau hat Jena verlassen und ist zu Verwandten nach Camburg gezogen. Zwei Monate lang fällt das Tagebuch aus. Als es im August 1800 wieder beginnt, ist die erste Notiz die Bestätigung, mit dem Vergangenen Schluß gemacht zu haben. »Festeres Verhältnis mit S. Süße Lust. Gänzlich aufgehobner Umgang mit B. Reise nach Ilmenau und Schwarzburg. Entzücken – Zärtlichkeit – Stille.«

Anfang einer neuen Lebens-Periode.

Für Sophie Mereau ist die Epoche mit Clemens Brentano beendet: »Sehen kann und will ich Sie nicht«, schreibt sie.

Daß es jemals wieder zu einer Annäherung, einem tieferen Verständnis kommen, daß sie ihn je wieder bei sich aufnehmen wird, das erscheint Brentano, noch lange im nachhinein, wie ein Wunder.

Ich hab' im Stillen wahrlich viel gelitten,
Erst lobt' ich das Geschick, dann mußt' ich
schelten.
Daß du so schön und ich so schnell gefangen.

Dein Auge lächle freundlich meinen Bitten;
So wird das fromme Schweigen mir vergelten
Ein süßer Kuß. Mehr darf ich nicht verlangen.
FRIEDRICH SCHLEGEL AN SOPHIE MEREAU.

FRIEDRICH SCHLEGEL, als maßgeblicher Kopf der Jenaer Frühromantik bezeichnet, hatte schon bei seinem ersten Aufenthalt 1796, als er im Gefolge seines älteren Bruders August Wilhelm und dessen Frau Caroline nach Jena kam, für die schöne Dichterin Feuer gefangen. Den Besuch der Schlegels verzeichnet das Tagebuch damals oft, und recht deutlich am 14. Juni 1797: Besuch von S – l. Seine Zärtlichkeit. Ungerührt.«

Ungerührt blieb sie nicht, denn Schlegel wurde, bei näherer Bekanntschaft, ihr intensiver und eifersüchtiger Verehrer. Eifersüchtig war er auf den leidenschaftlichen Clemens Brentano, der Sophie völlig mit Beschag belegt hatte – es war Friedrich Schlegel, der diese Beziehung zerstörte. Er zeigte Sophie einen Brief Brentanos, der nicht für sie bestimmt war, und intrigierte nach beiden Seiten, indem er dem ahnungslosen Clemens schrieb: »Warum nehmen Sie jetzt so wenig Teil an ihr?«, während er gleichzeitig Sophie warnt, doch dem nicht zu schreiben, der sich »nichtswürdig« gegen sie betragen habe.

Unterstützt wurde Schlegel paradoxerweise von der spöttischen Dorothea Veit, die zwei Tage nach dem Zerwürfnis der Liebenden, mit albernen Anspielungen auf deren Namen, schrieb: »Ja ja, Meeräffchen [Mereau] hat dem Angebrennte [Brentano] eclatanten Abschied gegeben, so daß er nicht angebrennt, sondern ganz abgebrennt ist.« (An August Wilhelm Schlegel am 25.8.1800.)

Brentanos Stelle nahm dann, zumindest für einige Zeit, der nicht minder geistvolle und witzige, aber vor strotzendem Selbstbewußtsein schon wieder aufdringliche Friedrich Schlegel ein.

»Er war schlank gebaut, die Gesichtszüge regelmäßig schön und im höchsten Grade geistreich«, so Steffens über Schlegel, und Wilhelm von Humboldt: »Er hat ein stilles, nachdenkendes, geistvolles und bescheidenes Gesicht.« (1797)

Man traf sich, unterhielt sich, diskutierte, steckte die Fronten ab: Sophie Mereau eine begeisterte Anhängerin Schillers, Friedrich Schlegel sein schärfster Kritiker. Mit beißenden Bemerkungen hatte er Schillers Musenalmanach von 1796 abgekanzelt und behauptet, das Gedicht »*Würde der Frauen*« sei nur erträglich, wenn man es rückwärts läse. Auch Schillers *Horen* für 1797 bedachte er mit solch schneidender Ironie, daß Schiller ihm die Freundschaft kündigte und sich von ihm und seinem Bruder jede weitere Mitarbeit verbat. »Es hat mir Vergnügen gemacht, Ihnen durch Einrückung Ihrer Übersetzungen aus Dante und Shakespeare in die Horen zu einer Einnahme Gelegenheit zu geben, wie man sie nicht immer haben kann. Da ich aber vernehmen muß, daß mich Herr Friedrich Schlegel zu der nämlichen Zeit, da ich Ihnen diesen Vorteil verschaffe, öffentlich schilt, so werden Sie mich für die Zukunft entschuldigen.« So Schiller an August Wilhelm Schlegel am 31. Mai 1797.

Goethe vermittelte zwischen den verfeindeten Parteien. Dennoch blieb die Aversion bestehen.

Das einzige, was Friedrich Schlegel damals an Schillers Musenalmanach guthieß, waren die Gedichte der Sophie Mereau, deren »leichten Schwung und liebliche Fülle« er anerkennend lobte.

Im Herbst 1797 verließ Schlegel Jena und ging nach Berlin. Als er zwei Jahre später wiederkam, im September 1799, hatte sich die Berühmtheit von Sophie Mereau beträchtlich gesteigert. Von allen Seiten baten Verleger von Zeitschriften und Taschenbüchern sie um Beiträge. In jedem der Schillerschen Musenalmanache war ihre Lyrik enthalten, darunter die Gedichte *Lindor und Mirtha, Licht und Schatten, Der Garten zu Wörlitz.*

Dies letztere Gedicht war unter dem Eindruck der Reise mit Schmidt entstanden. Friedrich Nicolai, Herausgeber der *Neuen allgemeinen deutschen Bibliothek* in Berlin, war so begeistert, daß er es zitierte und dazu schrieb: »Der Garten zu Wörlitz, von Sophie Mereau, ist eine sehr täuschende Darstellung dieses Dessauischen Paradieses und hat das schöne Eigentümliche, was beschreibende Gedichte selten haben, daß es uns gleichsam handelnd in diesem reizenden Aufenthalte herumführt; daß wir mitgenießen und empfinden, was die Dichterin so lebendig in unsre Phantasie malt und mit so vielem Wohllaut in unser Ohr singt.«

Wie schon bei den ersten Landschaftsgedichten ist auch *Der Garten zu Wörlitz* so aufgebaut, daß man von der reinen Beschreibung, der deskriptiven Erfassung des Sichtbaren zum symbolischen Gehalt geführt wird.

> Am fernen Hügel, wo der See sich kräuselt,
> glüht mancher Busch, von Purpur übermalt,
> indeß in blauer Luft die Pappel säuselt,
> das schöne Haupt vom Silberglanz umstrahlt.

Was sind sie hier, wo Lust und Freiheit wohnen,
wo süßer Friede unsre Stirn umkränzt,
die Freuden, die in Königstädten thronen,
die stolze Pracht, die in Palästen glänzt?

Ein heitrer Geist beseelet hier, und hebet
den toten Stoff zur Harmonie empor,
und aus dem stillen Zwang der Regel strebet
Natur mit freier, schöner Kraft hervor.

Auch hier wohnt Kunst: oft keimt aus öden Steinen
ein kleiner Garten, wie durch Zaubermacht,
und, ungesehen dort dich auszuweinen,
winkt dir der Grotte heimlich stille Nacht.

Natur, Mensch, Freiheit.

Ein anderes Gedicht aus der Reihe der Naturlyrik, die sie
berühmt gemacht hat, ist *Bergphantasie*. Es erschien 1798,
kann aber, seiner klassischen Form nach, schon früher
entstanden sein. Hier wird das Thema Menschheit und
Natur neuerlich angeschlagen:

. . . Welch ein entzückendes Band, das alles Erschaffne
                                        umschlinget,
Geister und Blüten vermählt, Erde und Himmel vereint!
Auf dem Pfad der Natur begegnen sich unsre Gefühle,
in den Strahlen der Kunst ahnen die Liebenden sich.
Sind wir auch ewig getrennt, begegnen sich nie
                                        unsre Blicke:
sind wir doch ewig uns nah, schön durch das Ganze
                                        vereint . . .

*

Natur ist der Titel eines Gedichtes mit der Aussage, daß der Mensch von Zwängen und Sorgen nur in der freien Natur geheilt werden kann. Es beginnt und endet mit einer Huldigung:

> Ein Segensstrom wallt durch die blauen Lüfte;
> dem Hain entrauscht die frohste Symphonie.
> Vom Liebeshauch des Frühlings sanft bezwungen,
> zu neuer Wirksamkeit emporgedrungen,
> eint alles sich zu süßer Harmonie.

Beckers Almanach zum geselligen Vergnügen von 1798, in dem dieses Gedicht erschien, enthält kurioserweise auch ein scherzhaftes Huldigungspoem von August Wilhelm Schlegel an Sophie Mereau: »Endlich wird auch mir das Glück zu Teil,/Holde Dichterin, dich zu befragen./ Ach, mein Herz hat dir so viel zu sagen,/ Und es ist nicht für die Langeweil . . .« Die Überschrift »Impromtü bei einem gesellschaftlichen Fragespiel – an Madame S.M.« – persifliert ein Gedicht gleichen Titels von Goethe (im Musenalmanach 1796); im Inhalt – »Sylfen oder Elfen?« – wendet sich Schlegel ironisch gegen Verse des Dichters Woltmann;* kurz: Dichter unter sich!

Angekündigt wurde am Schluß des gleichen Almanachs ein Buch, das damals Furore machte und sieben Auflagen erlebte: *Elise oder das Weib wie es seyn sollte,* von Caroline von Wobeser. Brentano hat dieses Buch gelesen, er und sein Freund Winkelmann nannten Sophie untereinander *Elise,* sie war »das Weib wie es seyn soll«, wenn auch in einem anderen Sinne als dem unterwürfigen des Buches; als Elise ging sie in das Schlußkapitel des *Godwi* ein. –

Als im Jahre 1800 eine anonyme Erzählung erschien, die die eigenständige Entwicklung eines jungen Mädchens schilderte, trug sie den Titel *Elise*. Die Verfasserin blieb den Lesern unbekannt; es war Sophie Mereau.

Für weibliche Leserinnen als schädlich abgelehnt wurde
1799 Friedrich Schlegels einziger Roman *Lucinde,* und zwar
der freizügigen erotischen Schilderungen wegen. Obgleich
diese Thematik für Frauen tabu war, hatte es Sophie Mereau schon ein Jahr zuvor gewagt, in ihrer Erzählung
Marie, die ebenfalls anonym erschien, die Möglichkeit
freien, ungesetzlichen Miteinanderlebens zu behandeln.

Ihre Vorstellungen berührten sich mit denjenigen Friedrich Schlegels. Das Paradox bestand aber darin, daß Schlegel seine Botschaft einer neuen Liebes- und Lebensauffas-
sung in der eigenen Ehe nicht verwirklichte und das Leben,
das er theoretisch beschrieb, seiner Frau Dorothea, deren
Roman *Florentin* unter seinem Namen erschien, nicht er-
möglichte; Sophie Mereau hingegen führte gerade in jenen
Jahren der Freundschaft mit ihm ein selbständiges, in jeder
Beziehung unabhängiges Leben. Sie konnte ihre Texte
nicht mit der Schlegel'schen Frivolität verfassen – dafür
war sie eine sich selbst bestimmende, keinen männlichen
Herrschaftsanspruch duldende Frau.

Friedrich Schlegel, (1772–1829) damals achtundzwanzig
Jahre alt, fühlte sich zu der zwei Jahre älteren Sophie
Mereau hingezogen, obgleich er eben mit der seinetwegen
geschiedenen Dorothea Veit (1763–1839) ins Jenaer Haus
seines Bruders gezogen war. Eine Freundin der Schlegels,
Helmina von Chézy, erwähnt in ihrem Nachruf auf Dorothea sein Verhältnis mit Sophie: »Eine gab es, die vor
allen die Widersprüche in seiner Natur in Wonne und
Schmerz vernichtend empfunden . . . Wer wird der Nach-
welt das Bild dieses schönen, holdseligen Weibes entwer-
fen? Nachtigall der Lieder, Rose der zarten Anmut, tief
und feurig, sanft und innig, nie verstanden, nie von Milde
getröstet, nie von Treue gehegt (. . .) Dorothea, schon
von Friedrich Schlegel geliebt, als er jene fand, hatte in
ihrem stillgediegenen Werte den hinreißenden Zauber je-

nes flüchtigen Taumels nicht ohne Kampf, doch mit Ruhe besiegt.«*

Schlegels Verhältnis zu Sophie Mereau erscheint nach seinen Briefen und Äußerungen eher zwiespältig: er gab nicht zu, daß er ihre Liebe gesucht, ihr Liebesgedichte geschickt hatte, und sprach später Varnhagen gegenüber von einer flüchtigen Freundschaft. In seinen Briefen aber nennt er sie »Süßes Kind« und »Geliebte Freundin«, spricht von seiner Neigung, küßt sie herzlich.

Sophies Tagebuch läßt vermuten, daß ihr damals, im Sommer 1800, die Freundschaft zu Friedrich Schlegel nach den deprimierenden Szenen mit Brentano wichtig war. Ihre gemeinsame Auffassung von Liebe und Ehe in ihren jeweiligen Erstlingsromanen, Schlegels Aufsätze *Über die weiblichen Charaktere in den griechischen Dichtern* und *Über die Diotima* von 1795, worin das Wesen der Frau zum Gegenstand der Reflexion gemacht wurde, lösten gegenseitiges Interesse aus. Beide Autoren fordern die Einheit von seelischer und sinnlicher Liebe, beide suchen eine «Philosophie des Lebens«, wobei Sophie Mereau in bezug auf die Entwicklungsmöglichkeiten der Frau weitaus toleranter ist als Schlegel von seinem männlichen Standpunkt aus.

Tatsächlich aber war Sophies Wirkung auf ihn, wie schon auf Brentano, eine stark sinnliche. In diesem Sinne hatte er schon ihren Roman *Blütenalter der Empfindung* gelesen, da er an August Wilhelm schrieb: »Wenn sie [S. M.] darstellen könnte, so würde sie es tun wie Angelika Kauffmann, der die Busen und Hüften auch immer wie von selbst aus den Fingern quellen.« Er hat aber ihre bloße Sinnenfreudigkeit und vor allem ihr Selbstwertgefühl weit unterschätzt. Er verlor ihre Liebe so schnell, wie er sie gewonnen hatte. Von Mai bis Juli 1800 – Brentano war nach Altenburg gereist – hatte sich ihr gegenseitiges Verhältnis entwickelt. Im August liebten sie sich. Im September wird sie durch einen zudringlichen Brief von ihm eschüttert, »erbittert, gedemütigt – aber erwacht«. So lesen wir es im Tagebuch.

Friedrich Schlegel in Sophies Tagebuch (1800)

17. Mai 1800. Besuch von F. Schlegel. Gesellschaft auf der Rasenmühle. – Gut.

25. Mai. Sehr abgespannt aber ruhig. – 2 Monate. Einströmen neuer Gegenstände. Unendlich geschmeichelt. Innere Schmerzen. Heitre abgerißne Momente. Neue Beziehungen. Herzensangst und Öde und Ungewißheit.

August 1800. Festeres Verhältnis mit S. [Schlegel]. Süße Lust. Gänzlich aufgehobner Umgang mit B. [Brentano]. Reise nach Ilmenau und Schwarzburg. Erster Abend. Entzücken – Zärtlichkeit. Stille.

23. August. Einrichtung. Mancherlei Bewegungen.

24. August. Fremde. Torheiten. Unmut darüber.

30. August. Gefühl, auf der Spitze des Lebens zu stehen. Stiller Entschluß. Ankunft von M. [Mereau]. Mancherlei Gespräche; doch nichts ausgemacht.

31. August. Früh mit M. [Mereau] Abreise. Still.

---

2. September 1800. Besuch von Hartknochs. Mein sehr albernes Betragen. Tiefer tiefer Verdruß und Ungewißheit. Spaziergang. Etwas beruhigt.

3. September. Innere Zweifel, Unsicherheit. Einbildungen. Auch Arbeit und Spaziergang.

5. September. Briefe vom Erbprinzen und Schlegel. Erbittert, gedemütigt durch den letztern, aber erwacht.

6. September. Arbeit, aber Unmut. Sehr schöner Spaziergang. Zurückgekehrte Ruhe, wiedergefundenes Selbst.
Zurückkehr ins innere, natürliche Leben und Bewußtsein.

16. September. Ein wenig zärtlich. Briefe von Maier und
Schlegel. Recht gut. Immer vernünftiger in mir und schöner.

* * *

Der Brief, der sie so erbitterte, ist der erste hier wiederge-
gebene von insgesamt 10 erhaltenen Schlegel-Briefen; ihre
Antworten sind nicht mehr vorhanden. Schlegel schrieb so
«muthwillig» an sie, als dichte er für die *Lucinde* – »Bleibe
leicht, werde lustig und sei liederlich« – und forderte mit
dem Bild vom Vogel im Käfig die endgültige Trennung
von Mereau. Sie selbst hatte dieses Bild »Auf einen gefangenen Vogel« gerade zu ihrem Thema gemacht:

> Rührender als aller Dichter Zungen
> Rühmt dein Tod der Freiheit hohe Macht,
> Denn du starbst, im Käfig eingezwungen,
> Gramerfüllt schon in der ersten Nacht.

Die Ehe ein Käfig, der Ehestand ein Zwang. Sie veröffentlicht im *Berlinischen Damenalmanach* ein weiteres Gedicht,
das diesen Zustand spiegelt.

An einen Baum am Spalier.

> Armer Baum! – an deiner kalten Mauer
> Fest gebunden, stehst du traurig da,
> Fühlest kaum den Zephyr, der mit süßem Schauer
> In den Blättern freier Bäume weilt
> Und bei deinen leicht vorübereilt.
> O! dein Anblick geht mir nah!

Und die bilderreiche Phantasie
Stellt mit ihrer flüchtigen Magie
Eine menschliche Gestalt schnell vor mich hin,
Die, auf ewig von dem freien Sinn
Der Natur entfernt, ein fremder Drang
Auch, wie dich, in steife Formen zwang.

Auf Schlegels Briefe voller Ratschläge reagierte sie eher
verärgert. Das *Du* hat sie sich verbeten. Ein Gedicht Schlegels »An eine schöne Frau«, das sich im Nachlaß fand,
beginnt mit den Versen:

Daß ich noch lebe, wird der Reim dir zeigen,
Der mir erlaubt, dir, Würdge! *du* zu sagen.
Ich schreibe, um ein Wörtlein nur zu fragen;
Was ich empfinde, davon laß mich schweigen! –

Friedrich Schlegel an Sophie Mereau (1)

[Jena], den 30ten [August 1800]*
Es ist schön, mein süßes Kind, daß Du Dich in der Natur
und in Deiner eignen Fantasie erfrischst. Es ist auch viel
gewonnen damit, daß Du ohne Störung einmal seyn
kannst, was Du bist, um es inne zu werden, und Dich dann
über Dich selbst zu wundern, daß Du es nicht immer warst,
u. dann gleich mutig fortan so zu bleiben. Dann würde erst
eine Fülle süßer Torheit aus Dir hervorblühen, anders noch
wie es jetzt sein kann. Verzeih was ich sage, aber es ist hart,
daß ich den Wunsch aufgeben soll, Du möchtest durch
Deinen Aufenthalt im Freien nicht bloß den Aufenthalt
gewinnen, sondern auch die Freiheit zu erringen streben. –
Warum darüber kein Wörtchen? – Ich könnte nun wünschen, Du bliebest recht lange, damit Du der Freiheit recht
gewohnt würdest, *so* gewohnt, daß Deine Verhältnisse Dir
dann unerträglich wären. Du magst noch so oft in den
Käficht zurückkehren, Du versäumst damit nur die Zeit u.

erschwerst Dir die Arbeit. Denn endlich mußt Du doch wegfliegen, wofür hättest Du sonst die zierlichen Flügel? – Glaub mir, so ist es, u. so wird es gewiß sein. Du gewinnst durch die jetzige Freiheit nichts als einige schlechte Jahre mehr u. einige gute weniger. – Verzeih daß ich wieder predige. –

Ich dichte u. habe gedichtet u. werde dichten – Doch dießmal war alles für die Lucinde; nichts für die kleine Hulda. Denn so solltest *Du* eigentlich heißen, und noch eigentlicher nicht bloß heißen sondern auch sein. Hat diese Hulda nichts gedichtet? – Daß sie dichtet u. sogar an den u. von dem, der dieses schreibt, sehe ich wohl aus dem, was sie geschrieben hat. Aber ich meine es noch buchstäblicher. Der Vogel soll singen, so lange er aus dem Käficht ist; tut er es nicht, so ist die Erinnerung an den Käficht noch immer der Käficht für ihn.

Siehst Du, so leicht macht Dir die Natur, die Dich schon kennt, die Vernunft; alles Gute liegt für Dich auf *einem* Wege, und der Weg ist so nah u. eben u. lustig.

Ich wünsche u. ich hoffe, noch früher einen Brief von Dir zu bekommen als den, der die Antwort auf diesen sein wird. Was kannst Du schönes tun, als an mich schreiben, wenn Du dabei auch nicht immer an mich denkst! –

Du meinst, ich wäre ein stiller tiefer See, worin Du Dein huldreiches Bildchen gern ansiehst. Darauf könnte ich nun wieder sagen: Nimm Dich in Acht Kind, daß Du Dich nicht zu weit vorbeugst, sonst kannst Du hineinfallen. Aber auch in diesem – Falle verlasse ich mich ganz auf Deine Leichtigkeit, Du kannst gewiß auch schwimmen da Du so gut flattern u. fliegen kannst. Vielleicht wäre es sogar, um in Deine Natur ganz wieder hineinzukommen, gut, denn Du Dich einmal ganz in mich untertauchen könntest, und ich würde dann gewiß recht viele kleine Wellen schlagen, um Dir meine Freude zu bezeigen. Also, denke nur an mich mit u. ohne Kleid, über und unter der Erde als Bergmann, u.

wenn Du am Ufer sitzest, als Hulda u. als – Freia und in jeder andern Metamorphose.

Deinen Gruß an meine Freundin habe ich nicht bestellt. Denn da Ihr Euch so wenig gesehn habt, und Du eigentlich nicht einmal recht artig gegen sie warst, so würde sie vielleicht nicht gewußt haben, wie sie dazu käme. Von Deiner unterirdischen Reisebeschreibung habe ich ihr etwas mitgeteilt, was Sie sehr niedlich gefunden hat, wie alles ist, was aus Dir und Deinem Innern kömmt, womit ich doch nicht sagen will, daß das Äußre weniger niedlich wäre.

Bleibe leicht, werde lustig und sei liederlich.

Ich denke bisweilen an das Heliotrop auf Deinem Zimmer. Eigentlich war es zwar schon verblüht, da meines anfing zu blühen. Aber doch – Hast Du Blumen um Dich? –

Dein Begleiter ist auch gut, wenigstens kann er es sein, wenn Du ihn recht ansiehst. Er sollte Dich an den erinnern der es noch weniger seyn dürfte.

*

Friedrich Schlegel an Sophie Mereau (2)

Jena, etwa 11. September 1800
Ich bin sehr ängstlich gewesen, Dir zu schreiben, und bin es auch noch; weil Du meinen ersten Brief so wunderbar aufgenommen hast. Ich begreife es gar nicht. – Du schreibst von süßen Torheiten, die Du mir sagen könntest, von den Gedanken und Erinnerungen an mich. Die mußt Du wohl vergessen haben, da Du meinen kindischen Mutwillen – der Dir vielmehr der beste Beweis glücklicher u. zärtlicher Erinnerung sein sollte – so arg mißverstehen konntest, als behandle ich Dich nicht mit der Achtung, die Du erwarten kannst.

Liebe, Du solltest doch wissen, wie ich von Dir denke; wie oft habe ich Dir im Ernst u. im Scherz gesagt, wie ich Deine Umgebung, Dein äußres Leben eigentlich wünschte,

u. so weißt Du auch, was ich von Deinem Innern denke; u. weißt auch, daß das Gefühl Deiner Liebenswürdigkeit sich nicht ändern kann, weil es so gar nicht leidenschaftlich ist, so ganz bloß aus dem Gegenstand quillt, der nicht etwa als eine liebliche Täuschung irgend einem mir eignen dunkeln Bedürfnis entgegenkommen muß.

Eben darum sollte meine Neigung zu Dir einigen Wert für Dich haben, weil sie Dir die Deinige auf das *reinste* bestätigt. Freilich kann ich Dir wenig sein, das wissen wir; umso schmerzlicher ist mirs, wenn ich sehe, daß ich Dir weh tue. O das sollte nicht sein!

Und wenn ich ganz bestimmte Meinungen habe, was du tun müßtest, d. h. was Du tun würdest, wenn Du nur in Dir selbst u. vor Dir selbst dürftest, u. wenn ich für diese Meinungen Reden halte, so bilde ich mir gar nicht ein, damit etwas Besondres zu Deiner Hülfe und Rettung zu tun; sondern ich tue es eben, weil ichs nicht lassen kann, u. so solltest Du verständig wenigstens – nicht übel nehmen.

Denn das war es doch wohl, oder wenn es noch etwas andres war, was Dir meinen Brief so verhaßt machte, so begreife ich es vollends nicht! Das sind nun viele *Worte,* und besser wäre es, ich könnte Dich sprechen und so den bösen Geist, der in Dir gegen mich wirken will, bannen. – Aber daran war nicht zu denken. Was so lange aufgehoben war, mußte doch endlich geschehen, und ich bin überhäuft mit Arbeit.

Schreib mir, wenn Du mich noch lieb hast, sogleich wieder u. freundlicher wie letzthin. Ich küsse Dich herzlich. –

Das vorigemal hast Du gesehen, wie ich schreibe, wenn ich freundlich u. mutwillig an jemand denke; heute siehst Du, wie ich schreibe, wenn man mich *ängstlich* gemacht hat, – damit nicht etwa auch dieser Brief so mißdeutet wird.

*

(3)   Jena, etwa Januar 1801

Wäre es nicht möglich, liebe Freundin, daß Sie auf einen Tag hereinkämen, diesen ganz bei uns zubrächten? Es würde uns beiden sehr viel Freude machen. – Sie brächten dann ihr Gedicht* mit und wir hätten Zeit, recht viel darüber zu sprechen. –

*

(4)   Jena, o. Datum

Ich komme morgen) zu Ihnen, wiewohl mich Ihr Brief beinah davor abgeschreckt hat, weil ich daraus sehe, daß Sie böse auf mich sind. Ich hoffe wenigstens gewiß, daß Sie es morgen nicht mehr sein werden.   Friedrich.

  *) Sollte ich morgen ja nicht kommen, so komme ich unfehlbar übermorgen.

*

(5)   Den 30ten Juni 1801*

Da ich Ihr Briefchen bekam, hoffte ich, es würde auch von Ihnen und wie es Ihnen geht, etwas darin stehn. Aber darin ward meine Hoffnung getäuscht! – Umso mehr wünschte ich, Sie möchten mir erlauben, Sie auf einen Tag in Ihrer herrlichen Gegend zu besuchen. Sie müßten mir aber einen Tag bestimmen, wann Sie gewiß zu Hause sind, da Sie von Kamburg aus, wie ich mir denke, oft kleine Reisen machen. Jeder Tag der künftigen Woche wäre mir recht und lieb. Schreiben Sie mir, wann Sie es wollen, denn Sonnabend, den Tag, liebe Freundin, und bleiben Sie ja froh und heiter, so werde ich mich umso mehr freuen, Sie wieder zu sehn. Uns ist es seither, wie Sie vielleicht von Vermehren wissen, nicht sonderlich gegangen. Doch ist die Veit nun endlich wieder hergestellt. Ich soll Sie herzlich von ihr grüßen. Sie nimmt viel Anteil an Ihrem Wohl.

  Leben Sie wohl, liebe Freundin, und vergessen Sie mich nicht ganz.   Friedrich S.

Namen, in denen die erste Silbe den Accent hat, Constantin, Valentin, Rinaldin, Stephano, Adrian, Gratian. – Namen Accent auf 2. Silbe: Manfredi, Sebastian, Alonso, Andrea, Lamberto, Cardinio. *Rodriguo* muß durchaus den Accent auf der 2. Silbe haben. –

*

(6)   Ohne Datum
Ich habe auch heute vergeblich auf das Gedicht und eine Zeile von Ihnen gehofft.

Es bleibt mir also nichts, als Sie zu fragen, ob Sie mich einen Tag der nächsten Woche (Mittwoch, Donnerstag oder Freitag) freundlich aufnehmen wollen, wenn ich auch wieder eben so traurig zu Ihnen komme wie das letztemal? – Doch ich hätte nicht sagen sollen, freundlich aufnehmen, sondern freundlicher.

Leben Sie wohl, Liebe   Friedrich S.
Wenn ich aber kommen soll, bin ich wenigstens um 8 Uhr des Morgens schon bei Ihnen.

*

(7)   Ohne Datum
Geliebte Freundin
Wenn kein unvorhergesehenes Hindernis eintritt, so werde ich Sie den Freitag besuchen. Erwarten Sie mich aber ja recht früh und bleiben Sie mir gewogen.   Friedrich.

*

(8)   Jena, Ende 1801
Ich danke Ihnen für die schöne Stanze, mit der Sie den Almanach beantwortet haben – Aber die Stimmung, die darin herrscht, hat mich ganz wieder in die Unruhe versetzt, die mir schon der kleine traurige Brief gab, mit dem Sie mir die geänderte Einleitung des Gedichts schickten. –

Ich bitte Sie recht sehr, liebe Sophie, mir, wenn Sie noch Freundschaft für mich haben, zu vertrauen, was Ihnen begegnet ist, warum Sie gerade jetzt so traurig sind? – Will man Sie zwecklos quälen, so haben Sie ja oft schon Ihre Kraft gezeigt, sich ganz in sich zurückzuziehen und in Ihre Poesie zu hüllen. –

Ich sollte aber denken, daß jeder, der Sie in Ihrem jetzigen Leben sieht, nicht anders als natürlich und gut mit Ihnen sein könnte, oder doch leicht dahin zu bringen wäre.

Lassen Sie mich nicht länger in dieser Unruhe. – Was diese noch vermehrt hat, ist, daß Winkelmann so oft bei Ihnen war. Sie wissen, welch wunderliche Redensarten er immer von sich zu geben pflegt, die einen vollends ungeduldig machen müssen, wenn man gern im Ernst wissen möchte, wie es einer Freundin geht.   Fr.

Haben Sie noch viel an der Serafine geändert?

*

Schlegel ist eifersüchtig auf August Stefan Winkelmann, einen Freund Brentanos, der für die schöne Dichterin schwärmt und sie oft in der Camburger Einsamkeit besucht. Er ist aber auch, wie der nächste Brief zeigt, immer noch eifersüchtig auf Brentano – auf ihn vor allen anderen. Sophie Mereau war jener Frauentyp, den er schon in Caroline Schlegel, der Frau seines Bruders, geliebt hatte: jene »selbständige Diotima«, die in sich ruhend und unabhängig war. Seine Briefe und die darin sich vollziehende Wandlung von anbiedernder Frivolität zum Respekt und zur Anerkennung spiegeln, weit besser als seine Gedichte, Sophies Persönlichkeit. Die Wandlung ist spürbar auch in seinen Briefen an Brentano.

Friedrich Schlegel an Clemens Brentano

»Seit Sie weg sind, habe ich Mad. Mereau einigemal gesehn. Ihr liebliches Wesen hat einen sehr angenehmen Eindruck auf mich gemacht.« (5. Juli 1800)

＊

»Leben Sie wohl, fahren Sie fort, Madame M. zu lieben, sie ist liebenswürdig und verdient es, und erleben Sie ja recht viele hübsche Geschichtchen, die Sie uns dann erzählen können.« (Herbst 1800)

＊

»Sophien rührte Ihr letzter Brief sehr. Übrigens lebt oder stirbt sie auf die alte Weise zwischen Leben und Sterben, da auch in der Tat kein Grund da ist, sich von einem von beiden zu entschließen.« (18. Februar 1801)

＊

»Daß Sie über die Mer. etwas milder denken, freut mich von Herzen. Wenn sie Stärke genug hat, sich in ihrer jetzigen Lage zu halten, so muß man sie achten.« (26. November 1801)

＊

Friedrich Schlegel an Sophie Mereau (9)

Jahreswechsel 1801/1802
Es hat mir Leid getan, Sie so lange nicht zu sehn und Ihrer freundlichen Erlaubnis nicht folgen zu können; so ganz verschlungen, befestigt und gefesselt bin ich in Arbeiten.

Vielleicht geh ich bald auf einige Tage nur nach Berlin, und dann sehe ich Sie wohl bei der Durchreise. Schöner aber wär' es, wenn Sie einmal zu uns kämen.

Daß Br.[Brentano] in Kamb[urg] gewesen sei, hat man mich auch versichern wollen. Ich fand in der Sache selbst nichts unmögliches, doch hab' ich nach meinem letzten Gespräch mit Ihnen nicht glauben können, daß es mit Ihrer Einwilligung geschehen sei. –

Was macht die indische Serafine? –

Leben Sie wohl, liebe Freundin.   Friedrich.

*

Friedrich Schlegel an Sophie Mereau (10)
                         Dresden, den 29ten April 1802
Es ist recht freundlich von Ihnen, daß Sie sich meiner noch in Kamburg erinnert haben, geliebte Freundin. Ich verdiene es aber auch wohl, da ich die wenigen Tage, da ich Sie dort sah, die Schönheit des Ortes und Ihres ländlichen Lebens da so sehr empfunden habe.

Hier schicke ich Ihnen das Drama*, wovon ich Ihnen sprach. Lesen Sie es mir zu Ehren und gedenken Sie meiner zuweilen. Im Mai oder Anf. Juni komme ich in Ihre jetzige Gegend zurück, und wenn ich auch nicht lange da bleibe, sehe ich Sie gewiß noch.

Ich habe noch eine Sünde bei Ihnen abzubitten. Ich habe die Einlage in Ihrem letzten Briefe – an Brentano etwas sehr spät besorgt. Aber gewiß ohne meine Schuld. Ihr Brief wurde mir nach Berlin nachgeschickt, und in der Unruhe und Verwirrung des Fortreisens war der Brief an Brent. in ein falsches Paket gekommen; wo ich ihn erst vor kurzem zufällig wieder fand. Jetzt ist er in seinen Händen. Aber warum schreiben Sie noch an den Menschen, der sich doch eigentlich nichtswürdiger als billig gegen Sie betragen hat? –

Was macht Ihr kleines liebes Geschöpf? Ich meine erstlich Hulda und dann Serafine. Wie kommt es, daß ich von der letzten gar nichts wieder gehört habe? Leben Sie wohl, geliebte Freundin, und gedenken Sie freundlich an
                              Ihren Friedrich Schl.

Wollen Sie mich mit einer Zeile erfreuen, so adressieren Sie an Vermehren.

* * *

Daß Schlegel den Brief an Brentano nicht weitergeleitet hatte, war wohl kein Zufall, sondern Absicht. Obgleich er sich im Februar 1801 von dem wohlhabenden Frankfurter Kaufmannssohn Brentano die Promotionskosten in der stattlichen Höhe von 40 Louisd'or hatte bezahlen lassen, die er dann nicht in vorgesehener Frist zurückerstatten konnte, intrigierte er fortgesetzt gegen ihn als seinen größten Rivalen, so daß ein Wiedersehn Sophies mit Clemens zum Jahresende 1801 tatsächlich nicht zustande kam. Tief enttäuscht schrieb Brentano von seiner vergeblichen Reise nach Camburg und Weimar an Winkelmann, er habe Sophie nur einmal zufällig gesehen, beim Verlassen des Theaters. »Im Gedränge der Herausgehenden hielt ich sie einige Sekunden in inniger herzlicher Liebe wie einen Engel, den ich nie gesehn, fest in meinen Armen. Wäre mir das Wagenrad des Herrn Kotzebue da über das Herz gegangen, so wäre es wahr, daß ich niederträchtig und selig umgekommen.

So steht es. Was ich sonst weiß, ist, daß Du einstens recht hattest, als Du Schlegels Einmischen in die Sache verdächtig fandest, denn ich weiß nun sicher, daß ich von ihm mißbraucht bin in seiner ganzen Freundschaft.« (Februar 1802). Und: »Diese Leute . . . haben mir, wie ich jetzt weiß, meine Liebe mit der Mereau zugrunde gerichtet. Friedrich liebte die Mereau selbst.«

Jeder machte hier seine Erfahrungen. Die der Sophie Mereau waren, wie die von Clemens, bitter. Bittersüß. Sie hatte Hoffnungen, »Pläne« gehabt. Nun wurde es eine Episode.

Ein Kapitel Schlegel.

Nachdem der zweite Teil ihrer Gedichte, *Serafine,* bei Unger in Berlin erschienen war, ging sie an die Vollendung ihres Romans *Amanda und Eduard.* Nach der Lektüre schrieb Dorothea Veit:

»Ich habe dieser Tage den Roman der Sophie Brentano gelesen. Das Interessanteste darin war mir die Art, wie sie des Verhältnisses mit Friedrich erwähnt und in welchem Licht sie es sehr zierlich zu setzen weiß, ich weiß nicht, ob sie selber es durch diese rosenfarbne Brille betrachtet oder ob sie andern bloß diese Brille aufsetzen möchte. Es ist in *Eduard und Amanda,* der Antonin, bei welchem ich glaube, daß sie bestimmt F.[Friedrich Schlegel] vor Augen hatte.«

Es handelt sich um den Künstler Antonio im zweiten Teil des Romans mit der Beschreibung: »O! Julie, dieser Antonio ist mir sehr viel geworden . . . seine feurige Phantasie trägt mich auf ihren Schwingen in das himmlische Land der Dichtung . . . Durch Antonio wurde ich mit den schönsten Erzeugnissen der Poesie bekannt.«

Das trifft auf beide zu, es kann Schlegel, es kann ebenso gut Brentano gemeint sein. Mit ihm war Sophie Mereau bereits verheiratet, als Dorothea ihr bedenkliches Urteil abgab.

Das Kapitel Schlegel war vorüber.

KAPITEL XIV
WINKELMANN

Hier nimmt der Geist des Weltalls alle Lieder
Und allen Duft und allen Glanz der Blüten
Und sagt in einem Blicke alles wieder.

Hier ist die Liebe selbst der Liebe Feier:
Und Blumen, Lieder, welche einsam fühlen?
Vereint der liebenden Geliebten Leier.

STEPHAN AUGUST WINKELMANN
AN SOPHIE MEREAU

Brentano hatte, als die Mißverständnisse mit Sophie sich mehrten, Jena im Juli 1800 verlassen und war noch einmal nach Altenburg gereist, wo er Minna Reichenbach einen Heiratsantrag machte, der abgelehnt wurde.

Seinen zerrissenen Zustand beschreibt er ihrer Schwester Julie:

»Ich mußte aus der Nähe von Jena, um nicht zum Selbstmörder zu werden und Sophien nicht mehr in ihrem erkünstelten Leben zu stören.« – »Mein Umgang mit S. [Sophie] war für die Ewigkeit für nie mehr bestimmt, als ihr zu helfen, und das aus Liebe. Mich mit ihr zu verbinden, den schönen Traum voll Gift hatte ich längst aufgegeben; denn wer darf sich mit einem Weibe verbinden, die nur schön ist? Die Schönheit zerbricht in jeder Fessel. Ich wollte gerne mein Leben hingeben, um sie wiederherzustellen . . .«

Außer Schlegel ließ Brentano in Jena einen engen Freund zurück, den Studenten Stephan August Winkelmann, der später die Drucklegung des *Godwi* betreute und dem fernen Liebhaber laufend über die Ereignisse, speziell jene im Umkreise der *›Poesie‹*, Sophie Mereau, berichtete. Seine

Haltung ihr gegenüber war nicht eindeutig, Clemens spürte die Rivalität und war ebenso eifersüchtig wie verärgert über einen Bericht wie diesen: »Mir scheint, du könntest das süßeste Glück – wenn nicht mit Händen – doch mit dem Herzen ergreifen, und du zürnst?« schreibt Winkelmann und ironisch: »Sei doch ein wenig poetisch, und die *Poesie* ist dein. Was geht dich der schweinslederne Band an, in den sie gebunden ist« – damit ist wohl der Ehemann Mereau gemeint –, »du willst sie ja nicht einbinden –«.

STEPHAN AUGUST WINKELMANN (1780–1806) wird als stattliche, große Erscheinung bezeichnet, kräftig gebaut, »mit wunderschönem Kopf und feinem Wesen«. Er war nicht begütert wie Brentano, im Gegenteil, war nach dem Bankerott der väterlichen Großhandlung 1799 immer in Geldnöten, aber mit Talenten und Plänen ausgestattet. Er war der typische Romantiker: für vieles begabt, an allem interessiert.

In Jena studiert er Medizin und Philosophie, aber er dichtet auch, hält in Göttingen Vorlesungen über griechische Philosophie, beschäftigt sich mit Physik und Politik, geht nach dem Doktorexamen in seine Heimatstadt Braunschweig zurück, wo er zum Professor für Physiologie ernannt wird, und stirbt 1806 am Typhus, »Nervenfieber«, wie es damals hieß; »die Anstalten, an denen er wirkte, verloren in ihm einen tüchtigen, unermüdet fleißigen Lehrer, die Kranken einen tätigen, menschenfreundlichen Arzt«.

Brentano ist noch in Altenburg, da weiß Winkelmann ihm schon zu berichten, daß Sophie Mereau mit Schlegel und Ritter, dem Physiker, zusammen ist, »auch er ist ganz poetisch geworden. Ach und Savigny! Er hat sie auf der Triesenitz am Sonnabend gesehn: Coll schwört, so tanze kein Weib auf Erden. Ich allein halte mich gut und in der alten Ordnung: sie ist mir werter geworden, aber nicht gefährlicher, denn sieh, die Liebliche – nein, auch kein Wort weiter.«

Doch, sie wurde ihm gefährlich, und Winkelmann besuchte sie häufiger. »Die Poesie ist nicht ängstlich: sie arbeitet in Rudolstadt: in wenigen Tagen umständlich Nachricht von ihr«, berichtet er. »Die Poesie lebt – ach, wenn sie lebte!« – »Ich werde ihr Freund wohl nicht werden, aber ich denke mich gern – ich weiß nicht ob aus würdigen oder lächerlichen Gründen – in ihren Diensten.«

Den abwesenden Brentano brachten diese Meldungen schier zur Verzweiflung. Noch erschüttert über den plötzlichen Tod seiner Schwester Sophie schreibt er: »Ach, welch ein Gegensatz, der Wahnsinn nimmt die eine mit zu den Göttern, und die Poesie begleitet die andre durch ein ekelhaftes Leben. Wahrlich, lieber August, ich liebe zwischen beiden, ich kann nicht leben und nicht sterben, glücklich bin ich nicht und kann es auch nicht werden.«

Als sein Roman *Godwi* erscheint, berichtet Winkelmann sogleich:

»Statt deiner Briefe habe ich den *Godwi* gelesen und werde Dir manches von meinen Gedanken dabei sagen, wenn wir uns wiedersehen. *Sie* (Sophie Mereau) hat ihn mit großem Interesse gelesen und besonders viel Freundliches bemerkt über die letzten Parthien, die mir – ich brauche wohl nicht zu sagen, warum? – sehr wehe getan haben. *Sie* läßt dich grüßen . . . In einzelnen wahren Momenten habe ich in ihr ein rührendes Gefühl für dich erkannt – sie ist, oder, bei unserer Freundschaft! – sie wird deine Freundin.« *(Oktober 1801.)* Und: »*Sie* ist nicht ohne herzliche Wärme – aber mir ist die Ahndung gekommen, als wenn Dein Geist sie mehr interessiere als Dein Herz.«

Während der Jenaer Jahre, als die Mereaus ein geselliges Haus führten, in dem die geistigen Größen verkehrten, bildete ›die Mereau‹ dort den Mittelpunkt – nun, da sie in das Nest Camburg gezogen war, ein bescheidenes Burgdorf am Ufer der Saale, nun kamen die Freunde dorthin, Schlegel und Ludwig von Coll, Majer und Vermehren, schließlich Winkelmann als häufiger Gast. Zwar versichert er Brentano lebhaft, daß er die Mereau nicht liebe:

»Ich liebe sie nicht, aber es würde mir sehr wert sein, wenn sie glücklich wäre – und wenn sie es mit Dir sein kann, und Du mit ihr, wäre dieser Wunsch, und einer meiner liebsten, der Dich angeht, zugleich erfüllt.« (Ende 1801)

Dies klingt aufrichtig, und doch schrieb er an Sophie selbst:

»Wer poetisch empfindet, und keine Freundin hat, was kann dem helfen? Warum bin ich indiskret? – Genießen Sie den Sommer heiterer wie ich! Ich mag gar nicht genießen, denn man wird durstig, wenn man ein wenig Wasser trinkt. – Ich war bitter, als ich diesen Brief anfing – ich bin es nicht mehr: das ist Ihre Nähe. Ich reite den Weg am Berge von Camburg: Sie wollten am Fenster sein, aber Sie sind nicht da. Schlafen Sie wohl, Ihr A. Winkelmann.« (Juni 1802)

Zur gleichen Zeit dichtet er an Sophie ein Sonett*, dessen Zeilen: *Es lebt der Geist der Liebe durch das Ganze . . ./ Hier ist die Liebe selbst der Liebe Feier* besagen, wie Winkelmann Sophie Mereau sah.

S. M.

O du Natur! wie ringt dein innres Streben
Im Duft des Morgens, in des Abends Glanze
Im Sturme wie im stillen Seyn der Pflanze
Sich liebend deinen Kindern kund zu geben.

Wie tröstlich lächelt uns das heitre Leben
Gezieret mit des Frühlings schönem Kranze:
Es lebt der Geist der Liebe durch das Ganze,
Und Aller Blicke muß die Hoffnung heben.

Hier nimmt der Geist des Weltalls alle Lieder
Und allen Duft und allen Glanz der Blüthen
Und sagt in einem Blicke alles wieder.

Hier ist die Liebe selbst der Liebe Feier:
Und Blumen, Lieder, welche einsam fühlen?
Vereint der liebenden Geliebten Leier.   A. W.

* * *

Sophie Mereau lebt allein mit ihrem Kind in der Abgeschiedenheit Camburgs, ohne Aussicht, ohne Zukunft; es sei,
sagt sie selbst, wie in der Vorhölle, der nächste Schritt
müsse Himmel oder Hölle sein. Ihre Selbstbehauptung ist
respekteinflößend.

»Ich bin ruhig, von keiner Neigung bestimmt«, so berichtet Winkelmann, »zu ihr hinausgeritten. Ich habe ihr
meine Dienste angeboten, so lange ich in Deutschland und
mein Herr sein würde, und ich bin ruhig, höflich verab-
schiedet, wieder nach Haus geritten, und wechselte nicht
einmal Briefe mit ihr.« (Ende 1801)

»Die Mereau habe ich einigemal in Camburg gesehen. Sie
ist sehr wohl und schien doch nicht heiter. Sie war blühender, als ich sie je gesehn – ıch wieder sehr verliebt – aber sie
versagt sich mir, und sie tut Unrecht daran. Ich werde
aufhören, in sie verliebt zu sein, darin hat sie recht, aber
warum glaubt sie nicht an eine Treue, die länger lebt wie die
Begierde?«

Winkelmann, der im Sommer 1801 zum Weiterstudium
nach Göttingen ging, erhielt dort vom Verleger Dieterich

im Frühjahr 1802 den Auftrag, die bekannte Schriftstellerin Mereau als Herausgeberin des Göttinger Musenalmanachs zu gewinnen. Er übernimmt diesen Auftrag mit liebenswürdigem Geschick, bietet ihr im Namen des Verlegers mit 50 Louisd'or ein gutes Honorar und mit seinen eigenen Gedichten »Material zu Lückenbüßern« an. Sophie willigt ein. Sie korrespondiert, sucht Mitarbeiter, prüft die Eingänge, redigiert fremde Beiträge, schreibt, schreibt. Als der *Göttinger Musen-Almanach für das Jahr 1803* erscheint, enthält er vierunddreißig Stücke, von ihr selbst verfaßt.* Aber auch der Freunde ist gedacht: es sind insgesamt neunzehn Beiträge von Winkelmann darin, dem sie dadurch zu Einnahmen verhilft, sowie Gedichte ihrer Schwester und ihrer Freundinnen Charlotte von Plessen, Amalie von Imhof und Charlotte von Ahlefeld, Frauen, die durch weitere Veröffentlichungen auf sich aufmerksam machten. Nur die Gedichte von Clemens Brentano nahm sie nicht an. . .

Erwähnenswert unter den Gedichten von Sophie Mereau ist ein Sonett, charakteristisch für ihre hohe Meinung von der Bedeutung der Frau, ohne die auf Erden das Chaos herrschen würde:

Die Gottheit

Als einst dem Chaos werdender Gestalten
Sich auch der Mann mit stolzer Form entzogen,
Der Gottheit Bilder noch auf heil'gen Wogen
Mit reinen Strahlen in dem Reinen wallten:

Da fühlt er schnell die heil'ge Glut erkalten,
Das Bild der Göttlichkeit ist ihm entflogen;
Zum Tier fühlt er sich bald herabgezogen
Und ringt mit ihm um herrschende Gewalten.

Bald ward das Weib – es führt der Seraph Liebe
Sie dem Gesunknen zu – und sanfte Triebe
Umschlingen ihn mit himmlischem Gefieder.

Als liebend er der Liebe sich ergeben,
Sieht er die Schönheit jeder Form entschweben:
Und nur in ihr find't er die Gottheit wieder.

Ein anderes Gedicht, typisch für jene Zeit im Camburger
Tal, besingt die Vereinigung von Frühling und Liebe:

An einem schönen Septembertag,
wo die Bäume blühten

Soll vielleicht dies schöne Tal auf immer
Künftig glänzen in des Lenzes Schimmer,
Weil ein guter Genius hier thront?

Da nun Liebe freundlich bei ihm wohnt,
Und sich Lenz und Liebe gern vereinen,
Soll auch hier ein ew'ger Frühling scheinen?

Winkelmann unterhält nun mit ihr eine durch die gemeinsame Aufgabe legitimierte, doch immer auch Privates be-
rührende Korrespondenz, in der es um Bogenpreise und
Termine, aber auch um seine Gefühle geht.

Madam,   Juli 1802
Es ist mir lieb, noch diese Beiträge erhalten zu haben, da
besonders die Fabeln und Epigramme zu einer Abwechse-
lung beitragen könnten, die das Publikum an diesem Almanach gewohnt ist (. . .)
Zufällig sehe ich auf dieser Seite schon zweimal die
Redensart: haben Sie die Güte. Es ist eine dumme Redensart, denn Sie haben keine Güte.

Nicht wahr, Sie sind auch heiter in diesen schönen Tagen!

P. S. Eben erhalte ich Ihren Brief aus Lauchstädt. Sie sind recht gut. Ich küsse Ihre schöne Hand und weiß nun auf einmal, warum ich den ganzen Tag so froh war. Ihr August.

*

Madam! Lächeln Sie nicht über das viele Zeug. Dieterich bittet Sie recht sehr, ihm bald Nachricht zu senden. Sein Sie so gütig, mir recht bald zu melden (weil meine Abreise davon abhängt), ob Sie noch der Lückenbüßer bedürfen – denn ich habe auch der Lieder mehrere liegen . . . – Ihnen auch mit dem Unbedeutenden und Schlechten in mir zu gehören, ist mir lieber, als Ihnen gar nichts zu sein. Sein Sie so gütig, mir durch Dieterich bald Antwort zu geben. Grüßen Sie Camburg. Ihr August Winkelmann.

* * *

Trotz aller persönlichen Enttäuschungen bleibt Winkelmann ein ergebener Freund, der die finanziellen Angelegenheiten des Almanachs uneigennützig für sie erledigt. Im letzten hier zitierten Brief wird seine Resignation allerdings deutlich.

»Sie sind so gütig, meiner zu gedenken – aber ich verdiene kaum die Erinnerung einer schönen Frau, so verdrießlich lebe ich (. . .) Daß ich *eine* schöne Seele kenne, macht mich gut und still; daß ich glücklich sein könnte, kann mich unglücklich machen. So ist mir lieb, daß ich fleißig bin; wenig schlafen ist meine Arznei gegen Träume. Sie wünsche ich nicht früher wiederzusehen, als bis Ihre Reize nur Freude und Ihr Wert mir nur Achtung, aber keine Begierde giebt. Meine Gedanken sind glücklicher wie meine Lippen.«

Clemens Brentano hat über Winkelmann widersprüchliche Urteile gefällt, so wie ihr Verhältnis ein widersprüchliches war. Dem ruhigen und festen Savigny bewahrte er ein nie enttäuschtes Vertrauen, der vielseitige, aber unruhige Winkelmann wird ihm zur Qual. »Ich halte Winkelmann für affectiert und unwahr«, schreibt er an Savigny, »und er macht mir denselben Eindruck wie Schlegels Gedichte. Dabei empfinde ich mit großer Bangigkeit, daß, so wie er nach der Mereau meinen wieder keimenden Mut des letzten Frühlings bei Ihnen, Lieber, zertrat, er durch sein Geschick und seine Ungeschicklichkeit gerüstet ist, meine Spur im freundschaftlichen Leben zu verlöschen. – Die Mereau ist doch tausendmal mehr wert als Winkelmann, die konnte mich doch erheben und zermalmen, dieser konnte mich nur verlumpen.«

KAPITEL XV
SELBSTÄNDIGE SCHRIFTSTELLERIN.
»AMANDA UND EDUARD«.
DIE ERZÄHLUNGEN

> Was nur allein des Zufalls der Laune trotzet,
> die schöne Blüte reiner Menschlichkeit,
> das uns allein zu freyen Wesen gründet,
> woran allein sich unsre Würde bindet,
> dies höchste Gut, es heißt – Selbständigkeit.
>
> SOPHIE MEREAU, 1800

Inzwischen war eingetreten, was weder die Schlegels noch Winkelmann und schon gar nicht Brentano erwartet hatten: Sophie Mereau hatte die Scheidung durchgesetzt. Unter dem Vorsitz des Superintendenten Herder, versehen mit dem notwendigen Konsensus des Herzogs Karl-August von Sachsen-Weimar, wurde sie am 21. Juli 1801 ausgesprochen.

Es war die erste Scheidung, die in Jena vollzogen wurde; das Ereignis fand allgemeine Beachtung und wurde besonders von Caroline Schlegel, die sich in den dreizehn Jahre jüngeren Schelling verliebt hatte und einen ähnlichen Schritt erwog, spitzzüngig kommentiert. Ihr Brief an August Wilhelm Schlegel vom 21. Juli 1801 – »Mereaus sind geschieden –« endet immerhin mit dem bezeichnenden Hinweis: »Beyde können sich wieder vermählen, und Mereau sieht schon umher, wen er verschlingen will, obgleich er sagt, j'aimé beaucoup ma femme, je l'aime encore et je l'aimerai toujours.«

Nach der erhaltenen Scheidungsurkunde durfte Sophie, solange Mereau keinen Einspruch erhob, die vierjährige Tochter Hulda bei sich behalten und erhielt jährlich eine Summe von 200 Reichstalern, ein Betrag, der zu einem erträglichen Dasein nicht ausreichen würde.* Sie war, zum ersten Mal in ihrem Leben, auf die Einkünfte aus ihrer schriftstellerischen Arbeit angewiesen.

Was Mereau betraf, so trat nach der Scheidung die groteske Situation ein, daß er Sophie bat, ihm eine neue Frau zu suchen. Er fand sie sehr bald in der zwanzigjährigen Tochter eines vermögenden Kattun-Fabrikanten, Sabine Herold, die er in zufriedener Eitelkeit Sophie schildert, indem er diejenigen weiblichen Eigenschaften, die er an ihr vermißte, betont.

»Sie ist – – ganz Weib – und liebte mich, eh' ich ihr sagen konnte und durfte, daß ich mein Leben mit dem ihrigen zu teilen wünschte. Soll ich sie Dir schildern? – Wohlan! – Mittelgröße, Brünette, braune (große) Augen, volle geründete Formen. – Milde, weiblich, – nicht glänzenden, aber geordneten Verstand – empfänglich für Alles, was gut heißt, munter – und – Liebe gegen mich! – Sie ist bemittelt. . .–«, und sie ist »wirtschaftlich erzogen«. Eine gute Hausfrau also.

Zwei Töchter und ein Sohn werden Mereau in der zweiten Ehe geboren. Meldungen von seinem Tode, die Sophie 1806 erhält, erwiesen sich als falsch. Tatsächlich war er, vom Herzog Ernst von Coburg in geheimer Sache gegen Napoleon beauftragt, wegen aufgefundener, mit chemischer Tinte verfaßter Briefe zum Tode verurteilt, aber wieder freigesprochen worden.

* * *

Für den Mann also war gesorgt. Sophie Mereau hingegen hatte niemanden als sich selbst. Sie gehört zu den ersten Frauen, die allein und nur im Vertrauen auf die eigenen Fähigkeiten den Schritt der Scheidung wagte.

Es gab andere Frauen gerade der gebildeten Schichten, die ihrer Ehe entflohen; dazu gehören außer Caroline Schle-

gel deren Schwägerin Dorothea Veit, die Freundinnen The-
rese Huber, Caroline von Wolzogen und Henriette von
Egloffstein, da waren die berühmte Madame de Staël, die
Fürstin Gallitzin und schließlich Sophies vertraute Freundin Charlotte von Ahlefeld. Sie aber gingen nicht in die
Unsicherheit finanzieller und sozialer Verhältnisse, sondern
suchten sofort Schutz in einer neuen Verbindung.

Sophie Mereau ist eine Ausnahme. Sie handelte, war gezwungen zu handeln. Es gelang ihr, sich im Sinne der
Romantik zu verselbständigen, sie wurde unabhängig und
frei.

Wie weit sie in dieser Hinsicht Vorbild werden konnte,
erweist der Vergleich mit anderen Schriftstellerinnen. Es
gibt einen Brief der in Weimar lebenden Dichterin und
Verfasserin des Werkes *Die Schwestern von Lesbos,* Amalie
von Imhoff (1776–1831), deren Einstellung eigenen Veröffentlichungen gegenüber ein Licht auf die Haltung weiblicher Autoren wirft. Frau von Imhoff schreibt im August
1797 an Schiller:

»Sie begreifen vielleicht meine abermalige Ängstlichkeit
nicht, meinen Namen als Autor zu nennen, deshalb erbitte
ich mir Ihre Nachsicht dafür. Die Männer gehen ihren
freien stolzen Schritt, ohne sich umschauen zu dürfen, ob
Beifall oder Tadel ihnen folgt, sie sind nur sich selbst
Rechenschaft schuldig und behaupten dieses schöne glückliche Recht. – Anders wir Frauen, und glücklich ist diejenige, welche bald die Notwendigkeit der Schranken, die
unser Dasein begrenzen, einsieht und da ihr Glück findet,
wo die Natur es ihr anwies.«

In der Geschichte der weiblichen Autoren wird Sophie
Mereau als erste berufstätige Schriftstellerin bezeichnet.*
Ihre Situation war ungleich schwieriger als die eines männ-
lichen Autors. Sie mußte ihre Texte den Wünschen von
Verlegern und Publikum anpassen und darauf achten, daß

sie, wie Herder es in der Rezension ihrer Gedichte formuliert hatte, die Grenzen des Weiblich-Schicklichen nicht überschritt. Diese Grenzen waren eng gesteckt – ein Maschengitter aus Tabus.

Ein ländliches Gemälde

So wurde eine Erzählung, die sie unter dem Titel *Ein ländliches Gemälde* dem Verleger Ferdinand Kaufmann für sein *Taschenbuch der Grazien* angeboten hatte, nicht angenommen. Sie schildert darin ein heiteres Erlebnis, die Zusammenkunft einfacher Leute am Sonntag auf dem Dorfplatz unter einer Linde. Farbig und lebendig wird das *Gemälde* ausgemalt; ein Witwer beklagt das Fehlen einer Frau in seiner Wirtschaft, denn, so sagt er traurig, »eine Frau ist in der Wirtschaft wie der Zaun um einen Garten. Nehmt den Zaun weg, und alles wird niedergetreten.« Jemand erwähnt den beendeten Waffenstillstand – »seine Rede wirkt wie ein elektrischer Schlag auf den älteren Teil der Versammlung, alles gerät in Feuer, jeder hat seine Meinung, und die Jüngeren, die sich wenig um Politik kümmern, hören doch mit ehrerbietigem Schauer, wie die Alten die Staaten von Europa in ihren Händen gegeneinander abwägen und das Schicksal der Völker bestimmen.«

Ironie, liebevoller Humor schwingen in den Zeilen, auch im weiteren Teil, wenn die Autorin eine Trompete erschallen und zwei Gestalten in Hanswurstkleidern »wie Götterboten« auftreten läßt – »und was das Wunderbarste ist – beide sind Weiber. Die eine, welche den Herrn vorstellt, ist groß, schlank, jugendlich, und hat edle Züge, obgleich verwüstet. Die Andre kleiner, älter, dick und komisch, spielt den Hanswurst, und man muß gestehen, nicht ohne Kunst.«

Das aber behagte dem Verleger des *Taschenbuchs der Grazien* überhaupt nicht.

»Ich habe nicht übersehen«, schreibt er, »daß Sie das Rührende, Lustige, Edle, Rohe nebeneinander stellten« – aber die Geschichte sei nicht schicklich. »Wäre die Episode vom Waffenstillstand, von der Seuche, dem Hanswurst usw., womit Sie das Lustige und Rohe mit gefälligem Witz charakterisieren, nicht darin, so würde ich mich um den Aufsatz zanken, weil er andere Dinge enthält, die mit gro-ßen Buchstaben gedruckt werden sollten, damit sie jedermann läse. *Das Bild einer Frau in der Wirtschaft* ist mir aus der Seele herausgeholt.«

Die Erzählung blieb ungedruckt. Der Verleger erhält einen anderen Beitrag von ihr und ist entzückt, so daß er Sophie Mereau mitteilt, ihr die künftige Redaktion seiner Taschenbücher übertragen zu wollen.

JULIE VON ARWIAN

Eine Erzählung, die 1806 im *Taschenbuch der Grazien* er-scheint, *Julie von Arwian,* hat zum Inhalt die Gefahren, die eine übergroße, »überhitzte« Phantasie mit sich bringen kann. Die junge, begabte Julie nämlich liest einen Roman namens »Clelie« mit solcher Intensität, daß sie schließlich, in einer Art Wahnsinn, glaubt, mit der Heldin identisch zu sein. Was für Sophie Mereau das Schlimmste war, trat ein: der Verlust der Persönlichkeit. »Die letzten Begebenheiten verstärkten noch ihren Wahn, und von diesem Augenblick an verlor sie [Julie] die Ideen ihrer Persönlichkeit und glaubte, Clelie, die Heldin jenes Romans selbst zu seyn.«

Das Bewußtsein der eigenen *Persönlichkeit* ist für Sophie Mereau von hohem Wert. In ihren »Betrachtungen« steht folgende kurze Episode.

»Sie beugte sich, in die spielende Fluth zu sehen; ihre Seele schwamm in überirdischer Lust. Sie beugte sich weit über die Gondel hinaus und – stürzte hinab. Die feuchten Wellen verschlangen sie und führten sie durch den Schleier der Nacht hinweg. Ein paar Fischer sprangen in den Canal. Eine Stunde verging, bis sie sie fanden. Alle Versuche, sie ins Leben zu reißen, waren vergebens. Sie war gestorben im höchsten Gefühl ihrer selbst. –«

ELISE

Solche Geschichten waren es, die das Publikum liebte. Schon für ihre Erzählung *Elise* im *Berlinischen Damenkalender* für das Jahr 1800 bescheinigt ihr der Kritiker großes Lob; »die berühmte Dichterin«, schreibt er, vereinige hier »lebendige Darstellung mit einfachem Stil und die Anmut der Phantasie mit einem feinen psychologischen Gefühl«*). Er las in der Erzählung die Ausbildung eines Mädchens für die Häuslichkeit; ihre ausgeprägte Selbständigkeit, die mehrmalige Beschwörung des Wortes *Freiheit* las er vermutlich nicht. Elise, einer Stiefmutter entrissen, hat keine andere Wahl als die des ›häuslichen Standes‹, nun aber will sie aus der Not eine Tugend, aus der Hausfrau ein Ideal machen: »sie wollte keine gewöhnliche Hausfrau, sie wollte mit Geschmack, mit Anmut häuslich sein.«

Elise erhält sich durch ihren Verstand und ihr gezieltes Wollen das Bewußtsein einer Eigenentwicklung und Selbstausbildung, und es ist in der Tat der Kern von Sophie Mereaus Überzeugung, wenn sie Elise sagen läßt: »Ich wußte genau, was ich wünschte, und das machte mich ruhig; denn was die meisten Weiber unglücklich macht, ist, daß sie selten Zwecke haben, daher ihre ewige Wankelmütigkeit, Verstimmung. Und schwebt ihnen auch so mancher Zweck des Lebens dunkel vor, so haben die Meisten keine Zeit, ihn fest zu fassen, nachzustreben, zu erreichen. Die tausenderlei kleinen Pflichten des Augenblicks ziehen sie

*) in: Neue Bibliothek der schönen Wirtschaften und der freyen Künste, 63. Band, 1. Stück, Leipzig 1800.

ab, zerstreuen, zerstören sie, ehe sie noch Zeit gehabt haben, über den Zweck ... nachzudenken und sich ein System darüber zu bilden.« Sie wünscht, daß, wie der Mann, jede Frau sich eine Aufgabe vornimmt und zu erfüllen sucht, anstatt sich zu verzetteln. –

Ein beinahe kühnes, frauen-›emanzipatorisches‹ Gedicht, wie wir heute sagen, fand sich im *Göttinger Musenalmanach* für 1803. Es heißt *Lina und der Geist*. Sophie Mereau erzählt von der nächtlichen Begegnung Linas mit einer Frau, die zur Strafe für eitle Selbstsucht in einen Geist verwandelt wurde. Das locker, sogar heiter verfaßte Poem hat als Kerngedanken die Ungerechtigkeit, die in einer Männerwelt Frauen gegenüber ausgeübt wird. Es lautet die entscheidende Anklage:

> ... Drauf sagt' ich: ›O verweile
> Noch einen Augenblick,
> Und sage mir in Eile,
> Wie straft denn das Geschick.
>
> An Männern die Vergehen,
> Die, eitler Selbstsucht voll,
> Wir oft begehen sehen?‹
> Da sprach der Geist mit Groll:
>
> ›Die Richter in den Reichen
> der blassen Schatten sind
> für Andre ohn Erweichen,
> Doch eignen Fehlern blind.‹

*   *   *

In ihrem zweiten Roman, den sie nach der Scheidung vollendete, behandelt Sophie Mereau ein Thema, das viele Frauen interessieren mußte: das Schicksal eines jungen Mädchens, das gegen seinen Willen an einen von den Eltern erwählten, meist älteren Mann verheiratet wird; ein Ehethema, wie es durch Fontanes *Effi Briest* berühmt wurde.

Sophie Mereau selbst kannte solche nach konventionellen Übereinkünften geschlossenen Ehen genug. Sie erhielt über Jahre die Briefe ihrer unglücklichen Freundin Charlotte von Ahlefeld, die erklärte, nicht mit einem Mann, sondern »mit einem verschlossenen Geldkasten« verheiratet zu sein. In der Umgebung lebten die Frau von Stein, Charlotte von Kalb, Frau von Pogwisch, deren Tochter später, nicht minder unglücklich, Goethes Sohn August heiratete. Da war die Herzogin Luise von Sachsen-Weimar, von Karl August so entfremdet, daß sie ihm persönlich in Caroline Jagemann eine Mätresse aussuchte. Im Kreise dieser Herzogin auf Schloß Tiefurt trug Sophie Mereau Lieder und Gedichte vor. Da gab es die Weimarer Damen Henriette von Egloffstein und Caroline von Beulwitz, die sich scheiden ließen wie Dorothea und Caroline Schlegel; – schließlich war Sophie selbst eine Versorgungsehe eingegangen. Amanda lebt in unglücklicher Ehe mit einem Mann, der durch folgende Äußerung charakterisiert wird:

»Vertändle du dein Leben, Amanda, und kümmere dich nicht um ernste Dinge. Wenn ihr nur spielt, seid ihr wenigstens nicht schädlich, wenn ihr ernsthaft sein wollt, seid ihr es immer. Handle du nach Laune und überlaß es dem Mann, nach Vernunft zu handeln.«

Die frauenverachtende Haltung des Mannes wird angeprangert. Amanda, davon abgestoßen, ist einem anderen, Eduard, in Liebe zugetan. Ihre Erlebnisse und Gefühle schildert sie ihrer Freundin Julie, während Eduard seinerseits dem Freund und Mentor Barton seine Lebensgeschichte berichtet. Nachdem es dem Ehemann gelang, das Paar zu trennen, entwickelt sich auch ein Briefwechsel zwischen Amanda und Eduard.

Mit diesem Roman greift Sophie Mereau die literarische Gattung des Briefromans auf, seit Rousseau, seit Sophie la Roche, seit Goethes *Werther* die beliebte Dichtungsform zur Darstellung und subjektiver Empfindungen, von denen auch dieses Werk lebt. Traditionelle Muster werden in Form und Inhalt weitergeführt: ein verlorener Brief bewirkt scheinbar endgültige Trennung, endlich findet Eduard Amanda wieder, sie heiraten – doch noch ehe sie miteinander glücklich werden können, stirbt Amanda.

Die Handlung tritt in diesem Roman zurück hinter der aufgefächerten Welt der Erlebnisse und Gefühle, der Charaktere und ihrer Entwicklung innerhalb einer wechselnden Umwelt. Nach bekannten Vorbildern eingefügte Motive und Personen – wie etwa eine frühere Geliebte des Ehemannes, Biondina di Monforte, deren Kind Wilhelm nun von Amanda aufgezogen wird – dienen dem Paar zu Auseinandersetzung und Bewährung.

Es ist ein Liebes-, zugleich ein psychologischer Entwicklungsroman. Äußere Handlung ist nur reflektierender Spiegel für inneres Geschehen. Der Liebe als bewegendes und veränderndes menschliches Erleben fällt das größte Gewicht zu: hier lag das eigentliche Interesse sowohl der Leserinnen, für die der Roman gedacht war, wie der Autorin, die erkannt hatte, daß dies die einzige weibliche Domäne war, in der sich die Frau gleichberechtigt und aktiv wie der Mann verhalten durfte.

»Nur selten gelangt das Weib zu einem freien, lebendigen Bewußtsein ihrer Existenz«, hat Sophie Mereau im Tagebuch notiert. »Nur Liebe bringt Selbsttätigkeit und Leben in den dumpfen Kreis ihrer Ideen. Hier, und hier allein, ist es ihr vergönnt, ein freieres

Dasein zu genießen und mit dem Mann die Rechte des Lebens zu teilen.«

Da alle anderen Gebiete den Frauen verwehrt, ihre Mitarbeit unerwünscht war, sie nicht, wie *Wilhelm Meister,* in Ökonomie, Politik, Gesellschaft handelnd tätig werden konnte, blieb ihr allein die Welt der Gedanken und Gefühle. Sophie Mereau verbindet diese innere Welt mit dem Ganzen des Kosmos, dem Erlebnis von Natur, Kunst und Musik. Als Beispiel diene der *Dreizehnte Brief.* Es schreibt Amanda an Julie:

. . . »Wenn ich Dir sagen werde, was heute geschehen ist und was ich fühle, so wirst Du vielleicht erstaunen und wie in Deinem vorigen Brief fragen, ob ich noch dieselbe Amanda bin. – Aber, Julie, so lange wir noch nicht geliebt haben, dürfen wir nicht hoffen, uns selbst recht zu kennen. Eine fremde, höhere Macht bestimmt dann unsere Handlungen, ja sie reicht bis in das Heiligtum unserer Gedanken, und wir *freuen* uns noch ihrer Allgewalt. Wahre Liebe ist nicht möglich ohne das vollkommenste Vertrauen; wir haben keine Gründe dazu, aber wir bedürfen auch keine. (. . .)

Heute war es, wo ich, wie ich oft zu tun pflege, allein spazieren ging. Ich ging durch blühende Alleen, zwischen Hecken und über gemähete Wiesen; unachtsam auf das, was um mich her vorging und ganz meinen Träumen hingegeben, war ich weit gegangen, als ich sah, daß eine dunkle Wolke sich tief in die Täler hineinneigte und bereit schien, sie mit ihrem Segen zu tränken. Die Linden hauchten starke, begeisternde Gerüche aus, eine laue, zärtliche Luft drang mit entgegen, und die ganze Natur erschien mir wie die Geliebte des Himmels, die ahnend den Tränen der Liebe entgegen harrt. (. . .)

Jetzt stand ich ganz nah vor einem Garten; die kleine Tür, von grünen Ranken und blauen Blumen beinah verdeckt, stand halb offen, und ich trat, vor den nahen Stürmen flüchtend, eilig hinein. Meine Blicke suchten nach einem Obdach, als ein junger Mann mir entgegen kam, den ich sogleich für Eduard erkannte. Er selbst war der Bewohner dieses Gartens, und wir fühlten uns durch dies wunderliche Spiel des Zufalls unbeschreiblich überrascht und befangen.

Es war das erstemal seit jenen schönen Tagen auf dem Lande, daß wir uns allein sahen, und es schien, als wären wir uns durch die Briefe selbst nur fremder geworden. Und – es ist gewiß – Liebe verträgt keine fremde Mitteilung, so wie sie keine andre Nahrung als sich selbst bedarf. (. . .)

Ach Julie! welch ein Abend! Erst jetzt habe ich Worte für die Bilder, die ich da nur mit stummem Entzücken in mich sog! Die Sonne sandte einen stillen, aber brennenden Blick über die Gegend. Fröhlich flatterten Schwalben, mit glänzender, silberner Brust, wie weiße Blüten, durch den Sonnenblick, der golden und blendend durch die Berge hervorschoß und alles, was er berührte, mit überirdischem Reiz verklärte. Das ferne Bergschloß hüllten düstre Schatten, aber weit hinter demselben glühte der entlegendste Berg wieder in rötlichem Gold.

Der Sonnenblick zog weiter; das Tal versank schwermütig in den Bergschatten, indes sich von dem Schloß der Schleier wegzog. Ein heiliger Glanz lag nun auf dem grauen, verfallenen Gestein, den kleinen, aufblühenden Gebüschen, die es umgaben, und dem ganzen düstern Bergprofil. Graue Regenwolken, von der Abendsonne mit goldenen Flecken zerstreut, zogen wie flammende Wagen flüchtig an den Höhen vorüber; im Westen glänzte ein endloses Äthermeer (. . .)

Ich ging zurück. Alles war still um mich. Ich bewunderte dies weite Schweigen in der Natur. So, dachte ich, war es im Anfang aller Dinge; aber die Liebe erschien, und alles war belebt.«

*

Menschliche Bauten – Bergschloß, Ruinen – machen Geschichte offenbar, magisch beleuchtet zu Verfall und Wiederbeginn. Ein verlorenes Reich, ein goldenes Paradies wird ersehnt und beschworen und in unberührter Natur wiedergefunden von dem Menschen, der mit sich und der Umwelt im Einklang ist:

»Das ist die Freiheit des Menschen und sein Wert, daß er mit Weisheit in die Umstände eingreift, die ihn umgeben; und wohl ihm, wenn er es versteht, sie mit seinem eigentlichen Wesen in Harmonie zu bringen! – Andere werde ich immer nach mir selbst beurteilen, denn ein jeder kann sich selbst der Repräsentant der Menschheit sein, wenn er Geistesjugend und Freiheit genug besitzt, um Menschen und Welt im Allgemeinen denken zu können und nicht in dem engen Kreise einer ängstlichen, kurzsichtigen Selbstsucht festgebannt ist.«

Neu ist, im Sinne der Romantik, die Rolle der Frau:

Ihre Natur ist Liebe: »Die Weiber sind die Seele von Allem. Sie sind die innersten Triebfedern des großen Kunstwerks, alles menschlichen Tuns und Beginnens.« – »Die Weiber sind von Natur gut und wie sie sein sollen. Die Männer streben die ruhige Harmonie zu erreichen, die ihnen in der Natur des Weibes als Muster aufgestellt ist.«

Neu an diesem Roman ist auch das veränderte, romantische Lebensgefühl, das in Naturschilderungen voller Symbolik, in bilderreichen Szenen beschworen wird:

»Ganz den Eindrücken der Natur hingegeben, erfüllte sich mein Herz mit heiliger Sehnsucht. Ihr goldnen Strahlen, dachte ich, ihr Stimmen der Lüfte, ihr aus den Wäldern hervorquellenden Ahndungen, ihr seid Bilder einer andern Welt! ihr lockt das Gemüt von der Erde hinweg – und du, schöne Liebe! was bist du anders, als ein Widerschein aus jener schönern Welt. –«

Das romantische Streben, im Endlichen das Unendliche zu finden und zu fassen, wird von Sophie Mereau – lange vor E.T.A. Hoffmanns musikalischen Novellen – in der Kunst, der Malerei, vor allem in der Musik erfahrbar gemacht. Beide, Amanda und Eduard, üben Musik aus. Eduard an Barton:

»Auf seinen Flügeln trägt mich der Gesang dann in ein anderes, fernes Land, wo liebliche Gestalten verworren vor mir scherzen. (...) Dann vergesse ich auf Augenblicke alles um mich her, und mein Herz weiß von keinem größeren Glück, als sich an diesen Wunden verbluten, in Wehmut sterben zu können. –

Und so ist es wohl gewiß, Barton, daß es Eindrücke gibt, die unauslöschlich sind; und die Töne sind die wunderbaren Fäden, die von der Geisterwelt gesponnen, durch alle Zeiten reichen und mit geheimnisvoller Wahrheit uns mit unsern eigentlichen Wünschen bekannt machen und unsichtbar daran festhalten.«

Einfache, naturhafte Gedichte, als »Lieder« bezeichnet, sind besonders im zweiten Teil häufig in den Text eingelegt.

> Schon floh'n des Lebens Sterne,
> die Heimat schien so ferne,
> in banger Sorge Grab
> zogs grausend mich hinab.
> Nun ist die Welt erheitert,
> des Lebens Bahn erweitert,
> und frei wie die Bienen im Blumental schweben,
> fliegt heiter mein Sinn durch das blumige Leben.

An Landschaftsdarstellungen und Naturbildern sind die Briefe überreich, zuweilen finden sich Empfindungen wie in der Lyrik Hölderlins ausgesprochen:

»Das Schweigen der Lüfte, die feierliche Erwartung der

Natur, des Himmels wachsender Glanz verkündete die nahende Erscheinung einer Gottheit. – Und nun stieg sie herauf, in Glanz gehüllt, die Beherrscherin der Nacht, und ein silbernes Licht strömte aus ihren Augen über die dunkle Erde hin.«

In einer Szene, da Eduard einen Jungen aus dem Wasser rettet, heißt es:

»Ich tauchte von neuem in die lauen Fluten. Der gewölbte Himmel mit Mond und allen leuchtenden Sternen stand in unermeßlicher Tiefe unter mir im Wasser. Ich durchkreuzte die Fluren des Himmels und verwirrte der Sterne ewige Bahnen. Über mir, unter mir und in mir war Himmel.«

Auf einem unveröffentlichten Notizzettel in der Mappe mit begonnenen poetischen Arbeiten hat Sophie Mereau in einer Allegorie »Der Retter« diese Idee der Vermischung von Himmel und Erde, von Oben und Unten bereits vorweggenommen:

> Plötzlich schien ein neuer Schimmer
> ihr das Leben zu erhellen,
> Blumen drangen aus den Wolken,
> Sterne spielten in den Wellen.

Dies liest sich wie ein Vorgriff auf Brentano. Von ihm gibt es in den *Rhein-Märchen* einen Vierzeiler, der Eichendorff so gefiel, daß er ihn zur Charakteristik von Brentanos Person heranzog:

> Himmel oben, Himmel unten,
> Stern und Mond in Wellen lacht,
> Und in Traum und Lust gewunden
> Spiegelt sich die fromme Nacht.

*

Während Joseph Görres den Roman *Amanda und Eduard* einer »gefüllten Blume« vergleicht*, hat der Kritiker der Neuen Leipziger Literatur-Zeitung keinen Sinn für das Buch, das, allerdings mit großen Unterbrechungen, zwischen 1797 und 1802 geschrieben wurde. Empört ist der Rezensent über die Unmoral der Heldin, die »während der fortdauernden Ehe mit ihrem Mann einem andern eine förmliche Liebeserklärung« macht, um ihm »auf du und du zu versichern, daß sie ohne ihn nicht leben könne«. Aber vollends außer sich ist er über das *schiefe Bild* der Geschichte, das die Autorin in ihrem Roman entwickele und das ihm absolut verdammungswürdig erscheint, während wir darin Sophie Mereau als Vorläuferin des Existenzialismus betrachten könnten:

»Rollt die Menschheit mit allen ihren innern und äußern Revolutionen ewig wie ein ungeheures Rad, mit Nacht und Traum bedeckt, in den Strom der Zeit dahin? Das Rad rollt unablässig durch die Feuersäule hindurch, und was beschienen wird, erwacht auf einen Augenblick zum Leben, zum Bewußtsein. Aber alles andere eilt hindurch und schwindet in Nacht, bis es einst vielleicht wiederum unter einer andern Gestalt den Feuerstrahl durchrollt. O dann wünsch' ich trostlos von diesem unendlichen einförmigen zwecklosen Reif abspringen zu können, wäre es auch, um in das ewige Nichts zu versinken!«

*   *   *

MARIE

In ihren *Betrachtungen,* die parallel zu den Tagebüchern entstanden sein können, notiert sich Sophie Mereau einmal: »Der feine Herr suchte durch eine geschwinde Wendung mir mit vieler Kennerheit etwas Schönes über meine Naturliebe zu sagen. Ich schwieg und lästerte im geheimen. O daß man sich von solchen Menschen alles sagen lassen muß! Und doch besteht aus diesen Menschen das Publikum! Und das Publikum bestimmt den Gehalt der Bücher – den merkantilischen – und dieser die Lage des Schriftstellers!«

Wir wissen nicht, welche Resonanz die Erzählung *Marie* in Cottas *Flora* von 1798 erfuhr – sie enthält kühne Gedanken, in ein romantisches Ambiente verpackt, aber nicht zu übersehen: eine Eheschließung findet am Ende dieser Dreiergeschichte nicht statt, es bleibt bei der freien Verbindung.

Die immer wieder vorgetragene These, daß echte Liebe keines bürgerlichen Gesetzes bedürfe, wird hier sehr modern am Beispiel von Marie vorgeführt.

Marie, in ländlicher Einsamkeit groß geworden, mit der ungewöhnlichen Musikalität ihres Vaters begabt und zur Sängerin ausgebildet – in beidem, den Naturbeschreibungen und der Wirkung der Musik finden sich bereits die beliebtesten Themen der Romantik –, lernt einen Mann von Welt kennen, der sie liebt. »Er schlug ihr vor, nach einem seiner fern gelegenen unbewohnten Güter zu reisen, und dort in Freiheit der Liebe und dem Glück zu leben.«

»Marie war überrascht« – aber mehr noch muß es die Leserin von 1798 sein, die erfährt, daß Marie diesen Vorschlag befolgt, nachdem der Mann sie mit den Worten überzeugte: »Sollen Menschen ihr Glück, das höchste, was die Natur gewährt, dem leeren Spiel der Umstände, den kalten Verhältnissen des Zeitalters aufopfern? –« – »Nun wohl denn«, antwortet Marie, »es ist ja mein einziges Glück, deine Geliebte zu sein. Ich bin, was ich sein will, und bin zufrieden.«

Es geht der Autorin um zwei Gesichtspunkte: um die Harmonie eines Menschen mit sich selbst, und um das Recht der eigenen, freien Lebensform.

Auf das glückliche Zusammenleben des Paares in romantischer Ländlichkeit folgt ein zweiter, unerwarteter Höhepunkt. Marie bemerkt an ihrem Freund zunehmende Ungeduld und beschließt in stolzem Selbstbewußtsein, sich zu entfernen. »Ich folgte ihm, weil ich ihn liebte, und weil ich ihn liebe, verlaß ich ihn.« Ihre Begabung verhilft ihr in einer größeren Stadt sofort zur Anstellung als Schauspielerin am Theater. »Sie sah sich bald in einer unabhängigen und sichern Lage. In dieser selbsterworbenen freien Existenz fühlte sie sich, wenn auch nicht beglückter, so doch ruhiger, als je. –« Das schreibt Sophie Mereau drei Jahre, bevor sie selbst sich eine solche Existenz aufbaut. Sie setzt ein Zeichen, geht voran.

Daß die erste große Liebe nicht die einzige sein muß, berichtet dann der überraschende Schlußteil der Erzählung. Zwar vermißt nun der verlaßne Geliebte Marie »und lernte es fühlen, daß Gewohnheit ein stärkeres Band als Neuheit ist«. Sie aber trifft unverhofft einen ehemaligen Freund, den sie »je mehr sie in der Welt gelebt, als eine seltene, schöne Erscheinung immer lieber gewonnen hatte«. Sie gestehen sich ihre Neigung und leben fortan zusammen, »durch ein Band von Achtung, Vertrauen und Freundschaft« verbunden – nicht durch die Fesseln der Ehe.

Eine in ihrer vielschichtigen Aussage erstaunliche Geschichte! Die Grundsätze, nach denen gehandelt wird, haben ein Postulat: die Selbstbewußtwerdung und Selbstbestätigung der Frau.

*

Die Flucht nach der Hauptstadt

Es war Sophie Mereau klar, daß diese Bewußtseinsveränderung nur von solchen Frauen erreicht werden konnte, die wenigstens zum Teil auf eigenen Füßen standen. Aber welche Frau war schon berufstätig? Außer dem Heer der Hausfrauen gab es nur die Künstlerinnen: die Pianistin, Sängerin, Schauspielerin. Obgleich diese Tätigkeiten gesellschaftlich nicht anerkannt waren, treten Komödiantinnen und Schauspielerinnen in Sophie Mereaus Texten auf, wobei signifikant ist, wie sie sich um eine Aufwertung dieser Berufe bemüht. Goethes *Wilhelm Meister* hatte einen bedeutenden Anteil an dieser Neubewertung.

In *Die Flucht nach der Hauptstadt,* jener von Schiller vermutlich abgelehnten Erzählung, die dann im Taschenbuch der Liebe und Freundschaft für das Jahr 1806 erschien, werden Motive der Erzählung *Marie* aufgenommen und verstärkt.

Diese Geschichte ist in ihrer Art einzig. Abgesehen davon, daß sie vielfarbige und verblüffende Episoden enthält, die in schneller Folge wechseln, ist der Gehalt – im Zeitalter der Tugendschriften – denkbar »unmoralisch«.

Ein junges, außerordentlich leichtsinniges und vergnügungssüchtiges Mädchen erzählt seine Geschichte. Es berichtet von seiner Jugend bei sehr unterschiedlichen Eltern: der Vater versessen auf einen Adelstitel, die Mutter bemüht, »den Ruf einer Gelehrten zu erwerben – ihr Zimmer war mit lauter Folianten angefüllt, an Gemälden studierte sie nur die Jahreszahl« – die Tochter, kaum fünfzehn und mit einem Nachbarssohn namens Albino Theater spielend, wird von einem plumpen Edelmann bedrängt, den der adelssüchtige Vater sogleich zum Schwiegersohn machen will. Darüber fast verzweifelt, beschließen die jungen Leute zu fliehen. Albino entwendet Geld, sie flüchten mit Kutsche und Pferden und richten sich in der Stadt B – vergnüglich und sorglos ein.

In der freien Existenz, die rosig ausgemalt wird, lernen sie in Felix einen Freund kennen, der sich ihnen anschließt. Zu spät merken sie, daß er sie betrügt. Es gelingt Felix, das Paar zu trennen und das Mädchen zu einer neuen Flucht zu veranlassen – diesmal mit ihm. Wieder wird »das freie, leichte, unabhängige Leben«, das neu anbricht, als beglückend genossen.

Die Erzählerin entdeckt ihre früheren schauspielerischen Talente wieder, sie geht mit großem Erfolg zum Theater. Mit dem Erfolg stellen Geschenke und Liebhaber sich ein. Das Mädchen, leichtsinnig wie zuvor, trennt sich von Felix, der sich als ein Bewacher aufspielt, und reist weiter mit einem Künstler, der ihr Geliebter wird und mit dem sie bis zu seinem plötzlichen Tode in freier glücklicher Gemeinsamkeit zusammenlebt.

Alleingelassen, übt sie den Beruf der Schauspielerin weiter aus und sieht eines Tages den ehemaligen Freund, Albino, im Theater; sie erkennen sich, gestehen sich aufs neue ihre Liebe, gelangen nach nochmaliger abenteuerlicher Flucht über die Grenze in ihren Heimatort, heiraten und ziehen fortan die Ruhe eines stillen Glückes jedem Abenteuer vor, wie die Heldin zum Schluß berichtet: »Wir lebten mit mehr Glück als Verdienst, mehr Zärtlichkeit als Vernunft, mehr Leichtsinn als Klugheit, und wenn uns noch etwas zu wünschen blieb, so war es, zehnfach zu leben, um uns zehnfach lieben zu können.«

In ihrer Art hat diese Erzählung nichts Vergleichbares in der angrenzenden Literatur.

Eine Frau, ein Mädchen übernimmt die Rolle, die sonst dem Mann zukam, der als Romanheld sich durch ein abenteuerliches Leben schlug und viele liebte, bevor er, geläutert, die Verbindung mit seiner Jugendliebe einging.

Dieses Schema, das übrigens den Inhalt der von Sophie Mereau nach dem Englischen bearbeiteten Erzählung *Der Mann von vier Weibern* ausmacht, erfährt hier seine Umkehrung: ein Mädchen darf ungestraft das Leben und die Männer kennenlernen. Dabei erstaunt am meisten das glückliche Ende: kein Zeigefinger, keine Bekehrung und Belehrung, keine moralische Verurteilung findet statt. Die Heldin genießt, lebt, liebt – und wird glücklich.

Das Theater ist in diesen Erzählungen die Basis, wo Freiheit möglich ist – und der Wunsch nach Freiheit durchzieht leitmotivisch die Handlungen, deren Ziel es ist, die Eigenständigkeit und Selbstbefreiung der Frau dichterisch zu gestalten.

KAPITEL XVI
LITERARISCHER EXKURS:
DIE WILHELM-MEISTER-KRITIK

> Die große, nie genug zu fühlende Wahrheit,
> die durch das ganze Buch in allen Hauptcha-
> rakteren ausgesprochen wird, ist für mich
> die: Jeder Mensch soll sich selbst verstehen
> lernen und darnach handeln. Er soll seiner
> Natur folgen und seine Neigungen und An-
> sprüche an das Leben mit Vernunft und Zu-
> sammenhang zu befriedigen suchen.
>
> SOPHIE MEREAU ÜBER DEN WILHELM MEISTER

Auf sich gestellt, schreibend tätig, führte Sophie Mereau
ihren langgehegten Plan endlich durch: einen *eigenen* Almanach herauszugeben. Sie gibt ihm den etwas schwerfälligen
Titel KALATHISKOS, zu deutsch: *Blumenkorb.*

»Die Herausgeberin hat diesen Titel für ihre Schrift gewählt, um den Geist derselben zu charakterisieren und anzu-
zeigen, daß sie, von Frauen verfaßt, bestimmt ist, für Frauen
das Nützliche mit dem Angenehmen zu verbinden.« So
schreibt die Allgemeine Literatur-Zeitung. Vielleicht wählte
Sophie den Titel aber auch in Anlehnung an »Das Blumen-
körbchen«, eine Monatsschrift für Damen, die bis 1773 exi-
stierte. Sicher ist, daß der Altphilologe Eichstädt, ihr Freund,
den griechischen Titel vorschlug und dazu erklärte:

Also deute das Bild den Inhalt mit leiser Beziehung,
selber von weiblicher Hand, sey er den Frauen geweiht!

Der Almanach ist nur in zwei Folgen 1801 und 1802 erschienen. Der erste Band enthält sechzehn Beiträge. Zwei
davon geben der Literaturwissenschaft seit langem Rätsel
auf.

Da ist zunächst die Erzählung *Der Sänger,* für die Clemens Brentano in einem Brief an seine Schwester Gunda verantwortlich zeichnet, die aber Sophie Mereau ohne Verfasserangabe erscheinen ließ mit dem Hinweis, alle Beiträge ohne Namensangabe seien von ihr. Warum, fragt man, tat sie das. Aus Ehrgeiz? Aus Eitelkeit?

Zwei Gründe können sie als Herausgeberin zu dieser Maßnahme bewogen haben. Einmal gab es den Anspruch, daß der Almanach *für* Frauen nur *von* Frauen geschrieben sei. Ein männlicher Autor kommt in dem ersten Band gar nicht, im zweiten nur verschlüsselt vor.

Zum anderen kommt man nach der Lektüre dieser verwickelten Liebesgeschichte zu dem Ergebnis, daß es sich um ein Gemeinschaftswerk handelt. Die auf ihre beiderseitigen Erlebnisse deutenden Bezüge, die sprachlichen Formulierungen, der Charakter dieser ihre weiblichen Erfahrungen und Probleme erzählenden Geschichte tragen die Gemeinsamkeiten so offen zur Schau, daß Sophie Mereau ihren Teil dazu beigetragen haben muß.

Es gibt im *Sänger* Passagen mit Landschaftsschilderungen und Betrachtungen über die Liebe, die von ihr stammen oder inspiriert sein müssen. Bei der Charakterisierung der Hauptgestalten läßt sich feststellen, daß Äußerungen der Antonie in der Erzählung nahezu identisch sind mit Notizen in Sophies Tagebuch. »O meine Freiheit ist unendlich, ich habe den Traum ganz aufgeben müssen, ewig von ehemaligen Fesseln gedrückt werden zu können. Unsre Göttlichkeit kann nicht aufgehoben werden.«

So steht es in der Geschichte, und noch deutlicher: »Die Freiheit ist mir so eigen wie der Leichtsinn und ich kann den Gedanken einer Verpflichtung nicht lange ertragen.« Wir lesen Sophies wiederholte Reflexionen aus ihren *Betrachtungen* hier wieder: »Ich fühle, daß man nur in sich die Menschheit aufrecht erhalten soll, um ein tätiger Mensch zu werden. Wer den engsten Kreis richtig erfüllt, erfüllt das ganze Leben.« Dies sind ihre Ideen, so finden sie sich wörtlich auch in ihrer Erzählung *Elise,* die ein Jahr zuvor erschien: »Fahre fort, den kleinen Kreis zu lieben, der Deine Tätigkeit beschäftigt.«

Aufschlußreich für eine mögliche Zusammenarbeit ist ferner eine Textstelle, die von Sophie Mereau stammt. Sie hatte Clemens im November 1799 geschrieben: »Ich kämpfe im Leben einen sonderbaren Kampf. Eine unwiderstehliche Neigung drängt mich (...), das gestaltlose Dasein mit der Dichtung Farben zu umspielen und ... nur dem Schönen zu leben.« Im *Sänger* erscheint dieser Gedanke wieder: ».... wenn er mir rasche schöne Handlungen reicht, die ich mit den Farben der stillen, in sich selbst ewig einigen Dichtung der Natur umspiele.«

Die Erzählung *Der Sänger* ist ihr geistiges Eigentum so gut wie Brentanos. Darum hat sie seinen Namen nicht unter die Erzählung setzen wollen. Sie waren beide verflochten darin und verwoben zu jener Zeit, als die Geschichte entstand und Sophie ins Tagebuch schrieb: »Wir verstehen uns, sind glücklich.«

Am Ende eines Kapitels findet sich, durch Kursivdruck hervorgehoben – ein Zufall ist das nicht – Sophies Lebensmotto: *Wer das Leben liebt, lebt der Liebe.*

Wer hat es dort hineingesetzt, er – oder sie?

* * *

Die Wilhelm-Meister-Kritik

Die zweite Frage, in der Brentano-Forschung nicht geklärt, betrifft den Beitrag im *Kalathiskos:*

Fragment eines Briefes über Wilhelm Meisters Lehrjahre. 1799.

Es geht um die Frage nach dem Verfasser dieser Kritik. Immer wieder nämlich ist, seit ihrem Erscheinen, diese

Schrift Sophie Mereau ab- und Brentano zugesprochen worden, sie wird bis heute in Brentanos Werken veröffentlicht.*

Was ist das Besondere an dieser ›Buchbesprechung‹?

Dem Roman Goethes wird darin von Anfang an uneingeschränktes Lob zuteil mit den Worten, »daß dies Buch eines der größten und schönsten Erzeugnisse des menschlichen Geistes sey und die deutsche Literatur durchaus nichts ähnliches aufzuzeigen habe.«

Dieses Urteil ist keineswegs selbstverständlich, sondern in der durchgeführten Stringenz erstaunlich. Der *Wilhelm Meister* wurde bei seinem Erscheinen von vielen Literaturkennern, von Herder, Wieland, Jacobi, Knebel, Novalis abschätzig beurteilt.* Die *Kalathiskos*-Rezension hingegen lobt eben jene hervorstechenden Momente des Werkes, in welchem dichterische Schöpfungskraft das Spiel des Zufalls bis zur Täuschung treibe.* Es heißt:

»Wo ist das Buch, in welchem, so wie in diesem, die reichste Imagination mit dem größten praktischen Verstande zusammen trifft?« Diese Formulierung finden wir in Sophie Mereaus Roman *Amanda und Eduard* wörtlich wieder. Es ist Eduards Vater, von dem gesagt wird: »Wie bewundre ich diesen Mann, der eine so reiche Imagination mit einem so großen praktischen Verstande verbindet.*

Auffallend in der Wilhelm-Meister-Rezension ist die Anerkennung der von Goethe dargestellten Frauengestalten, auffallend deshalb, weil die Unmoral und Einseitigkeit von Wilhelm Meisters Freundinnen in der literarischen Öffentlichkeit auf Ablehnung gestoßen waren.

Nichts davon in der *Kalathiskos*-Rezension, in der es heißt: »Wen erheitern nicht die leichten muthwilligen Gestalten von Philinen und Blonden, die wie Irrlichter durch das Ganze hüpfen und den feierlichen Eindruck oft mit einem lebendigen muntern Gefühl durchkreuzen.«* Dies entspricht vollkommen der Auffassung Sophie Mereaus von den Schauspielerinnen und Künstlerinnen, deren eigenwillige, der Moral ihrer Zeit überhobene Selbständigkeit sie in mehreren ihrer Erzählungen zum Thema gemacht hatte. Ganz im Gegensatz dazu das Urteil der Frau von Stein, die an Goethes *Wilhelm Meister* bemängelte: »Übrigens sind seine Frauen darin alle von unschicklichem Betragen, und wo er edle Gefühle in der Menschennatur dann und wann in Erfahrung gebracht, die hat er alle mit einem Bischen Koth beklebt.«*

Es gab viele, die so dachten.

Einmütig war der Einwand der Zeitgenossen gegen den Charakter der Wilhelm-Meister-Gestalt selbst; man sah ein Mißverhältnis zwischen seinem Denken und seinem Handeln. Unter diesem Gesichtspunkt bezeichnet Friedrich Nicolai den *Wilhelm Meister* als einen minderwertigen Roman. Es ist anzunehmen, daß Sophie Mereau seinen Verriß las, der im gleichen Musen-Almanach von 1797 erschien wie ihre Gedichte. Nun sucht sie in der *Kalathiskos*-Rezension diese Einwände zu entkräften. Sie verteidigt Wilhelms Charakter und die Disharmonie seines Verhaltens, sie betont, daß es sein Ziel war, »sein Inneres auszubilden«, bevor er seine Pläne in Taten umsetzen konnte.

Im Gegensatz zu der Kritik Friedrich Schlegels, der in der Turmgesellschaft, nicht aber in Wilhelm das ideale Vorbild sieht, steht im *Kalathiskos:* »Daß Meister so vielfach getäuscht wurde und sich selbst täuschte, scheint mir eher der Beweis für den Werth eines Wesens als dagegen zu seyn.« »Erziehung«, heißt es weiter, sei nichts anderes »als den Menschen über seine Irrthümer auf dem Wege der Bildung früh genug belehren.« Die Formulierung »Weg der Bildung« als Bezeichnung für den Bildungsroman findet sich hier zum ersten Mal.

Die Pflicht zur Selbstentwicklung des Menschen gemäß den ihm eigenen Anlagen gehört zu den Grundüberzeugungen von Sophie Mereau. Das, was über Wilhelms Bildung und Ausbildung im *Kalathiskos* gesagt wird, steht ebenso in ihren *Betrachtungen*, im *Blütenalter der Empfindung*, in den Briefen an Kipp. Im zweiten Teil des Romans *Amanda und Eduard* spricht sie es konkret aus:

»Erziehung, wie ich sie nehmen, heißt nicht, den Menschen bestimmen, sondern ihm Gelegenheit geben, seine angebornen Fähigkeiten zu üben und zu entwickeln; ihm Gelegenheit geben sich selbst zu bestimmen. Jeder, der nicht seinen Anlagen gemäß leben kann, fühlt sich unglücklich und unbestimmt.«

Und wie heißt es in ihrer Wilhelm-Meister-Besprechung?

»Die große, nie genug zu fühlende Wahrheit, die durch das ganze Buch in allen Hauptcharakteren ausgesprochen wird, ist für mich die: Jeder Mensch soll sich selbst verstehn lernen und darnach handeln. Er soll seiner Natur folgen und seine Neigungen und Ansprüche an das Leben mit Vernunft und Zusammenhang zu befriedigen suchen.«*

Vorbildcharakter hat nicht Wilhelm selbst, sondern vorbildlich ist die Art, wie er seiner eigenen Natur folgt. Diese Eigenschaft rühmte Sophie Mereau auch an Ninon de Lenclos. Mit ihrer hohen Bewertung der Subjektivität steht sie innerhalb der zeitgenössischen Positionen einzig und selbständig da. Für sie ist, wiederum im Gegensatz zu Friedrich Schlegels Auffassung, Wilhelm am Schluß des Romans vollendet: »Wie wir ihn verlassen, steht er da, zu einem neuen Leben gebildet, fähig, die edelste Rolle zu spielen, für uns ist er vollendet, und seine Geschichte beendigt.«

Das ist die Sprache und das ist die Auffassung von Sophie Mereau. Unter den romantischen Kritikern nimmt sie eine Sonderstellung ein, denn im Sinne des Schillerschen Persönlichkeitsideals ist Wilhelm für sie trotz aller Irrwege ein »vorzüglicher Mensch«.*

Auch in romantheoretischer Hinsicht entspricht Goethes Buch Sophie Mereaus Forderung: es ist ein vollendetes Kunstwerk, denn es ist poetisch und wahr zugleich. Sie hat diese Forderung nach poetischer Wahrheit in ihren »Betrachtungen« wiederholt aufgestellt: »Der Dichter bedarf poetischer Wahrheit – das heißt einen Gegenstand, der in sich nicht widersprechend, aber nicht wirklich ist.«*

Nicht genug sei der Dichter zu preisen, der »gleichsam wie ein Gott« über das Gewirr der Leidenschaften blickt, die »Räthsel der Mißverständnisse« durchschaut, Vergangenheit und Zukunft verknüpft. Das hatte Sophie in ihren frühen Gedichten (»Der Dichter«) ausgesprochen, was dann im *Kalathiskos* von Goethe gesagt wird: der Dichter ein Lehrer und Wahrsager, Freund der Götter und Menschen.

Alle Zweifel, ob diese Gedanken von Sophie Mereau selber sind, werden beseitigt durch eine Handschrift, die sich unter ihren nachgelassenen Papieren in der Mappe mit Fragmenten und Poesien befand, eine Schrift, der man den Titel *Gespräche über Kunst* geben könnte – möglicherweise eine Skizze zu ihrer Arbeit über den *Wilhelm Meister*. Sie rühmt darin den Dichter:

»Er versteht es, die bunten Gaukeleien der Umstände harmonisch zusammen zu fügen, und den verwirrenden Stoff in eine bestimmte Form zu zwingen. Er drückt den todten Verhältnissen Spuren eines denkenden Wesens ein, und die ewigen Zwecke, die sich im Spiel des Lebens bergen, gehen in Stunden heiliger Begeisterung vor seiner Seele vorüber. Er genießt die Wollust, mit der Einbildung Gewalt in fremde Seelen einzudringen, jeden fremden schönen Zustand, der bei den Eigentümern oft schnell in Dumpfheit ausartet, lebhaft mitzufühlen, und so durch Phantasie tausendfach zu leben. –

Und was darf sich mit dem Entzücken messen, das ihn mit der Ahndung seiner Unsterblichkeit durchfliegt? – Denn jeder große Geist lebt mehr für die Zeit, die nach ihm kömmt, so wie die kommenden Geschlechter der kleineren Zeit sich nach ihm zurücksehnen, und mehr in dem Vergangenen als in der Gegenwart leben. – Denn leider! folgt nach jeder schönen großen Zeit eine unzufriedene, traurige, wo alle Gesichter rückwärts gekehrt sind.«

Es deckt sich der erste Teil dieses Kunst- und Künstler-Gesprächs zum Teil wörtlich mit ihren Ausführungen im *Wilhelm-Meister-Aufsatz.* Dem Dichter als dem Schöpfer einer neuen Wirklichkeit gilt auch eine Betrachtung in ihrem Roman *Amanda und Eduard.* Sie stammt vermutlich aus der Zeit, als sie »im *Meister* gelesen« mehrfach ins Tagebuch notierte. Noch ganz im Banne der Lektüre, schreibt sie an den ersten Kapiteln ihres Romans und rühmt darin den schöpferischen Menschen:

»Wer dies vermag, dem kann es dann auch gelingen, die bunten Gaukeleien des Zufalls nach seinem Gefallen zu ordnen und dem verworrnen Stoff eine bestimmte Form zu geben. Mit schöpferischer Hand drückt er selbst der todten Natur Spuren eines freien, denkenden Wesens ein . . .«

Diese Bemerkung nun erscheint wörtlich auch in der Wilhelm-Meister-Rezension von 1799, sie bezieht ihre Worte hier auf den schöpferischen Dichter, auf Goethe:

»Denn der Dichter ist ein zweites Schicksal. Er fügt die Gaukeleien der Umstände harmonisch zusammen, und zwingt den verworrnen Stoff in eine bestimmte Form, drückt ihm Spuren eines denkenden Wesens ein.«

Wir lesen dreimal den gleichen Gedanken, er stammt von der gleichen Autorin.

Es ist die *Wilhelm-Meister-Kritik* ein Werk von Sophie Mereau.

KAPITEL XVII
ÜBERSETZUNGEN: NINON DE LENCLOS.
DIE PRINZESSIN VON CLEVES. FIAMETTA

> Ich sehe, sagte sie zu einem ihrer Freunde, daß
> man an uns die leersten und schaalsten Forde-
> rungen thut, und daß die Männer sich das
> Recht vorbehalten haben, nach dem Würdig-
> sten und Belohnendsten zu streben, und von
> diesem Augenblick an werde ich Mann.
>
> Nach dieser Äußerung, nicht als ein Weib,
> die von tausend Rücksichten des Gebrauchs
> und der Meinung bestimmt wird, muß Ni-
> non beurteilt werden.
>
> SOPHIE MEREAU, NINON DE LENCLOS

Wie bei vielen Dichtern der Goethe-Zeit, hat auch die
schriftstellerische Karriere der Sophie Mereau zunächst mit
Übersetzungsarbeit begonnen. Schiller riet ihr zur Übertragung der Lebensgeschichte von Germaine de Staël, sie
übersetzte ferner Rousseau, und es heißt, daß sie an den
Bearbeitungen der französischen Memoiren von Schiller
nicht unmaßgeblich beteiligt war.

Übersetzungsarbeit. Ein undankbares Geschäft. Doch die
Kunst des Übersetzens ist eine der großen Leistungen der
Epoche. Alle Dichter haben übersetzt, Lessing, Schiller
und Tieck, Hölderlin und Goethe, Schlegel tat es sein
Leben lang; »... indem es fast keinen deutschen Schriftstel-
ler von Bedeutung gibt, der nicht übersetzt hätte«, schreibt
Novalis.

Im ausgehenden 18. Jahrhundert erhielt die Übersetzer-
tätigkeit einen Rang wie nie zuvor. Die klassische Literatur
war durch Kenner wie die Brüder Stolberg, Bürger und

Voß bekannt gemacht worden. Erstmals wurde man nun mit den Werken der italienischen und spanischen Dichtkunst vertraut, und es war Goethe, der die wechselseitige Annäherung, das Kennenlernen europäischer Literaturen, mit Nachdruck begrüßte und den Begriff *Weltliteratur* prägte: ohne die Tätigkeit der Übersetzer hätte es Weltliteratur nicht geben können.

Für die Romantiker bedeutete die Übersetzung fremder Texte zugleich auch Adaption, Aneignung. Es erschlossen sich ihnen auch durch die Beschäftigung mit persischer und indischer Literatur neue literarische und historische Dimensionen. Das indische Schauspiel *Sakontala* machte auf Sophie Mereau großen Eindruck, sie schrieb daraufhin, beraten durch den Freund Friedrich Schlegel, den Begründer der Indologie in Deutschland, ihr episches Gedicht in Stanzen, *Serafine,* in sechs Gesängen.

Neben die Literatur der Antike trat das Interesse für das Mittelalter und die altdeutsche Poesie, die zuerst durch Herder, Tieck, die Brüder Grimm bekannt gemacht wurde. Goethe empfahl Clemens Brentano und Achim von Arnim, den Herausgebern des *Wunderhorn,* in einem zweiten Teil Lieder fremder Nationen »im Original und nach vorhandenen oder von ihnen selbst zu leistenden Übersetzungen darzulegen.« Angeregt durch Clemens, veröffentlichte Sophie eine Szene aus Gryphius' Trauerspiel *Cardenio und Celinde* und ein altdeutsches Rittergedicht nach einer ungedruckten Handschrift, die sich in Brentanos Besitz befand.

Der literarische Kreis, in dem sie sich aufhielt, war von gegenseitigem Austausch über die jeweilige Übersetzungsarbeit geprägt. Fast jeder Almanach, jeder Kalender enthielt Proben ausländischer Literatur. Sie erlebte die Zusammenarbeit von Schlegel mit Tieck, und Goethes »Leben des Benvenuto Cellini« stand in den gleichen *Horen*-Ausgaben, in denen sie mit ihren Boccaccio-Beiträgen vertreten war. 1797, als sie die *Prinzessin von Cleves* übertrug, schrieb No-

valis an August Wilhelm Schlegel: »Übersetzen ist so gut
wie dichten, als eigne Wercke zu stande bringen – und
schwerer, seltner. Am Ende ist alle Poesie Übersetzung.«

*

Sophie Mereau beteiligte sich mit dichterischer Einfüh-
lungsgabe an der Erschließung fremder Texte. Sie übersetzte den *Cid* von Corneille, die *Persischen Briefe* von Montesquieu und Erzählungen von Boccaccio; aus dem Spanischen *Die Rückkehr des Don Fernand de Lara in sein Vaterland*
und zwei Bände *Spanische Novellen,* an denen auch Brentano
beteiligt war. Ihr werden darüber hinaus zwei Romane nach
englischen Vorlagen zugeschrieben, *Die Margarethenhöhle*
und *Sapho und Phaon.* Besonders das Thema des zweiten
Romans muß ihr, die oft als *»Sappho, Sängerin der Liebe«*
bezeichnet wurde, sehr gelegen haben. Man kann aber den
Briefen ihrer Schwester Henriette entnehmen, daß nicht
Sophie, sondern Henriette Schubart die eigentliche Übersetzerin dieses Romans ist und Sophie übersetzerische Hil-
festellung und ihren Namen dazugab, weil ihre Berühmtheit den Zugang zu den Verlegern erleichterte.

*　*　*

Ninon de Lenclos

Im Sommer 1796, als Sophie die Beziehung zu Kipp beendet und diejenige mit Schmidt begonnen hatte, wandte sie
sich den *Briefen der Ninon de Lenclos* zu, und ihr Interesse an
diesem Stoff war so groß, daß es sich in drei verschiedenen
Veröffentlichungen niederschlug, als Briefübersetzungen
1797 und 1805 und, als großer Essay, in ihrem Almanach
Kalathiskos von 1802.*

Das Interesse ist erklärbar, denn hier fand Sophie eine
Frau, die zwar ihrer freien Lebensführung, ihrer Liebesaf-

fären wegen berüchtigt war, der man aber – damit begründet Sophie ihre Darstellung – ebensoviel Geist, Klugheit, Scharfsinn und Souveränität bescheinigen mußte. Und darum geht es ihr: um das Zusammenwirken von Sinnlichkeit und Geist.

Unverkennbar ist die Sympathie, mit der sie in ihrem Essay das Leben der Französin nachvollzieht: Äußerungen, die erkennen lassen, daß eine Biographie immer auch ein Stück Selbstbeschreibung ist . . .

»Ihre Moral hatte sie mit den rechtlichsten Männern ihrer Zeit gemein, und sie blieb ihr treu. Sie fühlte sich für Unabhängigkeit geboren.« Ninon de Lenclos war in der Tat eine gebildete Frau, Freundin der Dichter Molière und Scarron, des Prinzen von Condé, des Kardinal Richelieu und der Madame de Maintenon. Sophie Mereau schildert sie inmitten ihres Zirkels mit einer Anteilnahme, die eine verborgene Identifizierung aufscheinen läßt.

»Die seltne Vereinigung von körperlicher Schönheit, Geist und Geschmack war eine so bezaubernde Erscheinung, daß Ninon bald der größte Reiz dieses Kreises ward. Eine zierliche und vollkommene harmonische Gestalt, reine blendende Farben, große schwarze Augen, die zugleich Sitte und Liebe, Vernunft und Wollust ausdrückten, schöne Zähne, ein Mund, den ein bezauberndes Lächeln umschwebte, eine edle Haltung, ohne Anmaßung, offne, süße, sprechende Züge, holder Wohllaut in der Stimme, reizende Arme und Hände, Anmut in allen Bewegungen. – Dies alles machte Ninon schön, und sie blieb es immer.«

»Ihr lebhafter, heller, schnellfassender Geist, der sich durch die besten Schriften mehrerer Sprachen gebildet hatte, durchströmte ihre Unterhaltung mit einer blendenden Mannigfaltigkeit und entfernte alle Langeweile; unter jeder Verhüllung wußte sie das Lächerliche herauszufinden, und es gelang ihr, an die Stelle einer traurigen, stumpfsinnigen Verläumdung Scherz und heiter belebende Laune zu setzen.«

Mit unverhohlener Zustimmung gibt sie Ninons Grundsätze wieder:

»Sie sei gewiß, sagte sie laut, daß die beiden Geschlechter in der Liebe gleiche Pflichten hätten; von ihr sei in diesem Punkte nicht mehr zu erwarten als von den Männern.«

»Sie handelte mit vollkommener Sicherheit und mit großer Ruhe, denn sie verhehlte ja ihre Grundsätze nicht und glaubte, weil sie sich den Männern gleich rechnete, auch in *alle* ihre Rechte getreten zu sein.«

Sophie Mereau wies in ihren Romanen und Übersetzungen auf frauenfeindliche Zustände hin. Auf Gleichberechtigung im politischen Sinne zu pochen, wäre ihr nicht eingefallen. Ein verändertes Bewußtsein trennt die heutigen von den Frauen der Frühromantik: Die waren stolz auf ihr weibliches Anderssein. »Die Weiber sind von Natur gut und wie sie sein sollen . . .«

*   *   *

Die Prinzessin von Cleves

Zu Beginn des Jahres 1797 schrieb Sophie Mereau an Schiller, die Reise mit Schmidt sei ein Irrtum gewesen, den sie nun eingesehen habe; stete Beschäftigung habe sie ruhiger gemacht. Beschäftigt ist sie mit dem französischen Roman *Die Prinzessin von Cleves,* den sie für den *Göttinger Romanen-Kalender auf das Jahr 1799* bearbeitet. Die Briefe der Ninon de Lenclos hatte sie während der schwankenden Beziehung zu Schmidt übersetzt; in der Prinzessin von Cleves findet sie nun ein Phänomen literarisch gestaltet, das in ihrem eigenen Leben eine Rolle spielt und zum Ausgangspunkt ihres nächsten Romans *Amanda und Eduard* wird: die Liebe einer verheirateten Frau zu einem anderen Mann.

Den eigenen Mann hat die Prinzessin nie lieben können. Hier ist ein Berührungspunkt mit Sophies eigener Erfahrung: sie schätzte ihren Mann, war aber zu echter Liebe nicht fähig und wurde, wie die Gestalt der Erzählung, leidenschaftslos, *platonisch* genannt.

An den Hof der Elisabeth von Frankreich – die Erzählung enthält auch das Vater-Sohn-Motiv des Schillerschen *Don Carlos* – kommt ein mit allen Vorzügen ausgestatteter Mann, der Herzog von Nemours, und er erweckt in der Prinzessin ein bisher ungekanntes Gefühl, Liebe, Leidenschaft, »... und ein unnennbarer Schmerz durchdrang sie, als sie jetzt an den Bewegungen ihres Herzens das Daseyn einer Leidenschaft wahrnahm, die sie sich bis dahin nicht selbst zu gestehen gewagt hatte. Jetzt begriff sie, welche Art von Gefühlen ihr Gatte von ihr verlangte; – ach! und ein Anderer hatte diese Gefühle zu erregen gewußt!« Sie gesteht im Bewußtsein ihrer Unschuld schließlich dem Ehemann ihren zerrissenen Zustand: »Ich liebe einen Andern; – die Schuldlosigkeit meiner Handlungen und meines Willens gibt mir die Kraft zu diesem Geständnis.«

Der Prinz von Cleves erweist sich als edel und nachsichtig, aber er erkrankt vor Eifersucht, denn er »konnte das Unglück, sein angebetetes Weib für einen Andern glühen zu sehen, nicht länger ertragen.« Er stirbt an den Folgen der Krankheit. – Die Prinzessin, nun allein, fühlt sich *nicht* frei: sie findet sich schuldig. In einer letzten großen Unterredung gesteht sie zwar dem Herzog ihre Leidenschaft, entsagt ihm aber zugleich für immer, nicht nur, weil sie in ihrer Liebe ein Unrecht sieht, sondern auch in der Überzeugung, daß wohl die Frau, nie aber der Mann seine Gefühle auf Dauer erhalten könne.

Die Quintessenz der Erzählung, die Entscheidung einer

Frau *zwischen Liebe und Pflicht,* wird in Sophies *Betrachtungen* reflektiert, und man kann es wie ihren Kommentar zum Schicksal einer Frau lesen, wenn sie über den *Widerspruch von Tugend und Glück* in ihren handschriftlichen »Betrachtungen« notiert: »Der aus Tugendhaftigkeit seiner Geliebten entsagt und unglücklich wird, was hilft dem die Tugend?« Sie nimmt fremde Texte als Möglichkeit, den eigenen Standpunkt zu beziehen.*

Der Wunsch, Leben und Schreiben in Übereinstimmung zu bringen.

*

Später, zehn Jahre nach der Freundschaft zu Schmidt, übersetzt Sophie den Roman *Fiametta* nach Boccaccio, und wieder ist der Konflikt einer Frau zwischen ihrem Ehemann und dem Geliebten das Thema; die psychologisch motivierten Veränderungen, die diese unerlaubte Liebe und ihre Problematik im Wesen der Frau bewirken.

Brentano war dieser Stoff nachgerade peinlich, aber sein Freund Achim von Arnim fand die geleistete Übersetzungsarbeit vorzüglich, und so erschien der Roman mit dem Namen *Sophie Brentano* 1806 in Berlin.

Er wird bis heute unverändert in ihrer Übertragung nachgedruckt.

KAPITEL XVIII
HENRIETTE SCHUBART

Es wehen die Lüftchen, es wallen
Die Fluten des Stromes hinab,
Es regt sich in Lüften, es fallen
Die Blüthen wie Flocken herab.
Es keimet, und sprosset, und lebet,
Es drängt, und hebt sich, und strebet
Nach Liebe, und Licht.

HENRIETTE SCHUBART

Eine Schriftstellerin, die sich selbständig von ihrer Arbeit ernährt, muß lernen, sich anzupassen. Sophie Mereaus Gedichte haben das Glück, dem Publikum zu gefallen. Viele Verleger bitten um *romantische* Beiträge. Sie muß aufpassen, daß man sie nicht auf einen bestimmten Stil festlegt. Es läßt sich heute kaum feststellen, welche der anonym erschienenen Erzählungen von ihr stammen; nur auf Grund der erhaltenen Verlagskorrespondenz konnten manche Beiträge identifiziert werden, so ein kleines Theaterstück, *Gustav und Valérie,* 1805 im *Journal der Frauen* erschienen und entschlüsselt nur durch ihren Hinweis an den Verleger Göschen, daß sie es nach dem Roman der Juliane von Krüdener bearbeitet habe.

Sophie Mereau kommt den Nachfragen mit kaufmännischem und organisatorischem Geschick nach. Sie regelt alles perfekt, ob es um Honorare und Bogenpreise, um Auflagenhöhe oder die Ausstattung geht. Sie bestimmt, welche Kupfer gestochen und welche Motive gewählt werden sollen.

Sie erhält von Dilettanten und Anfängern Prosa und Verse zur Begutachtung, sie redigiert, verbessert, übernimmt den redaktionellen Teil. In der Zeit, in der sie alleine in Camburg lebt, gibt sie den *Berlinischen Damen-Calender von 1799–1800,* den *Göttinger Romanen-Calender von 1799–1801,* den *Göttinger Musen-Almanach von 1803* in eigener Redaktion heraus.

Die erhaltene Korrespondenz mit den Verlegern ist umfangreich, besonders mit dem Frankfurter Friedrich Wilmans, der ihre Bücher publizierte, aber auch mit den Herausgebern der erfolgreichen Taschenbücher wie Göschen und Rochlitz, Cotta und Huber, Reimer und Unger in Berlin und Leipzig, mit Dieterich, Dienemann, Kaufmann und Stampeel.

Der finanzielle Erfolg blieb nicht aus. Sie kann sich Reisen leisten nach Naumburg und Gotha und, mit ihrer Freundin Henriette von Egloffstein (1773–1864), nach Lauchstädt, wo Goethe ein neues Schauspielhaus errichten ließ. Sophie ist zur gleichen Zeit dort wie Goethe, drei Wochen im Juli 1802.

Die Gedichte, die sie, durch Vermittlung Winkelmanns, für den *Göttinger Musen-Almanach* 1803 schrieb, sind Zeugnisse einer glücklichen Stimmung.

*An Henriette von****

Durch die Gebüsche
Singend und helle,
Stürzet die frische
Silberne Quelle.

Tief in den Schatten
Sehnend und milde,
Girret die wilde
Taube dem Gatten.

Ruhige Lieder
Flüstern die Bäume,
Selige Träume
Säuseln hernieder.

Tieferes Sehnen
Klagt Philomele,
Hauchet in Tönen
Liebend die Seele.

Wildes Gefieder
Singet dazwischen
Seltsame Lieder
Aus den Gebüschen.

Du! mit dem dunklen
Aug' der Gazelle!
Laß an der Quelle
Bald es mir funkeln!

Und des Akkordes
Fröhlicher Wahrheit
Fehlt nur des Wortes
Schönere Klarheit.

Laß, diese Klänge
Mild zu verschönen,
Süße Gesänge
Froh Dir enttönen,

Und in die frischen,
Wilden Akkorde
Zärtlich sich mischen
Trauliche Worte!

Ein enger Freund im Jahre 1802 ist der Jurist Friedrich Müller (1779–1849), als Kanzler geadelt, durch seine »Gespräche mit Goethe« bekannt, ein hochgebildeter Mann, mit dem sie die freie Zeit bei kulturellen Veranstaltungen und zu Ausflügen in die Umgebung verbringt.

Die fünfzehn erhaltenen, unveröffentlichten Briefe Müllers an Sophie Mereau sind Zeichen seiner Zuneigung, Verliebtheit –». . . und bleiben Sie mir ein bißchen gewogen, ohne über diese Bitte, wie letzt über meinen Besuch, zu erschrecken!« – »Ihre Freundschaft, liebe Sophie! ist noch der einzige ganz reine Genuß meines Herzens; warum sollt' ich den Schleyer der Trauer auch über dieses schöne Verhältnis werfen?«*

Er lobt ihre schöne Stimme, den sanften Ton, die Anmut der Gespräche, ihren freundlichen Mund, ihr Kleid, *»Ihre Ruhe, Heiterkeit, Ihre sanfte Lebensweisheit, mit einem Worte, alles das, wodurch Sie gerade Sophie sind.«* Er erreicht, daß sie im Herbst 1802 von Camburg nach Weimar zieht, wo er wohnt. Er dichtet auch, und sie veröffentlicht seine Verse im *Göttinger Musenalmanach*. Vielleicht ist es Friedrich Müller, auf den sich die Zukunftspläne richten, von denen sie Brentano schreibt? »Pläne? – ja! ich habe welche, die einzigen, die ich je haben werde –«. Damals wehrte sie Clemens ab – »sehen *kann* und *will* ich Sie nicht –«.

Denn es war in Jena, außer der Schlegel-»Clique« noch eine Person, der an einer endgültigen Trennung von Sophie Mereau und Clemens Brentano sehr gelegen war, die mit Worten und Briefen unablässig gegen den jungen Mann zu Felde zog. Es war Henriette Schubart, Sophies Schwester. Sie haßte Brentano, sah in seinem Umgang mit ihr alle negativen Folgen voraus; sie war es hauptsächlich, die ein Wiedersehen der beiden verhinderte, ja selbst dann noch, als Sophie bereits mit Clemens verlobt war, sie seines unbeständigen Charakters wegen warnte.

Henriette Schubart wirkt wie der glücklose Gegenentwurf zu der schöneren, begabteren, aktiveren Schwester Sophie. Unter der erhaltenen Korrespondenz haben sich fünfzig Briefe von ihr gefunden, die in deprimierender Weise Aufschluß geben über die unerträgliche Situation einer nicht verheirateten Frau der damaligen Zeit, die über kein finanzielles Vermögen verfügt und keinen Beruf erlernen konnte, um ihr Auskommen zu haben. Die Briefe bezeichnen in krasser Weise die Ungerechtigkeit und Ungleichheit, die hinsichtlich einer Ausbildung und der daraus resultierenden Lebensumstände zwischen Mann und Frau bestand.

Auch ein Frauenschicksal, dieses Leben.

HENRIETTE SCHUBART (1769–1832) erhielt die gleiche Ausbildung wie ihre um ein Jahr jüngere Schwester. Sie war intelligent und sehr begabt für die modernen Sprachen. Mit englischen Übersetzungen hat sie dann ihren kümmerlichen Lebensunterhalt bestritten. Daß sie umfangreiche englische Romane wie »Die Margarethenhöhle« (1801) und »Sapho und Phaon« (1806) übersetzte, die anonym erschienen sind, weiß bis heute niemand; es wird erst aus dem unveröffentlichten Briefmaterial an Sophie offenbar.

Man kann sich die Zeit, in der man lebt, nicht aussuchen.

Henriette Schubart litt ihr Leben hindurch unter den für Frauen unzumutbaren Bedingungen. Gemäß der praktizierten Übereinkunft, daß Mädchen auf ihre Berufung als Gattin und Mutter und sonst auf nichts vorzubereiten seien, erhielt sie von ihrem sechzehnten Jahr an keine Gelegenheit zur Weiterbildung mehr. Die Möglichkeit zur akademischen Ausbildung gab es für Frauen nicht. Die lernbegeisterte und aufnahmebereite Henriette erkannte darin die größte Ungerechtigkeit: Während sie und die Geschwister das Geld für den jüngeren Bruder Karl zusammenlegten, damit er studieren konnte, blieb ihr eine Möglichkeit zur Ausbildung verwehrt. Sie blieb ›die arme Verwandte‹, dem Verhungern nahe; »bettelarm« nennt Brentano sie. »Wegen Geld will ich an P. [Pierer] schreiben, vielleicht ist er so menschlich und hilft. Ich hätte dies einzige längst tun sollen«, schreibt sie an Sophie, »aber ich vertraute auf Dich – und dieses Vertrauen ist vielleicht der Grund, warum Dir die Sterne nicht lächeln; denn mein Himmel ist immer trübe. – Bis ich Antwort von P. erhalte, bitte ich Dich nur um so viel, daß ich *notdürftig* auskommen kann.«

Sophie Mereau unterstützt diese Schwester ein Leben lang, sie vermittelt Aufträge von Verlegern, übernimmt ihre Gedichte in Almanache und schickt ihr, so lange sie lebt, Geld aus den eigenen Einkünften.

Der größte Teil der Briefe stammt aus den Jahren 1801 und 1802, als Sophie in Camburg, Henriette in Jena lebte als

Untermieterin des Advokats Asverus draußen neben dem Gasthof ›Zum Bären‹. Fast alle Briefe enthalten Bitten um Geld. Henriette hat nichts und verdient nichts, obgleich sie »zu weiblichen Handarbeiten« immer erbötig ist. Es kommt zu peinlichen Geständnissen der unverschuldeten Armut, zu bizarren Angeboten, wie man, ohne dem Ruf zu schaden, als Frau an Geld kommen könne – denn es heißt bereits gegen die Etikette gehandelt, wenn man als Frau einen Beruf auszuüben gezwungen ist. Gesellschafterin, Vorleserin, Hofdame, schließlich Künstlerinnen sind die Ausnahme.

»Ich wünsche mir, daß mich das Glück soviel unterstützte, um mich selbst unterstützen zu können – Etwas Gutes zu übersetzen ist mir weit lieber, als etwas weniger Gutes zu machen – ich möchte weit lieber *Schlegels* Übersetzung des Shakespears als *Schillers* sämtliche Werke gemacht haben! – Wende Deinen Namen, Deinen Einfluß an, um mir so bald als möglich wieder ein Buch zu verschaffen . . .«

»Ich brauche das Geld so nötig, daß ich Dich bitte, so bald Carl damit angekommen ist, mir es durch einen Expressen . . . zu überschicken. Pack es in Moos oder Stroh und schick es in einer Schachtel oder Päckchen, wenn es Dir geradezu nicht passend oder tunlich scheint! – Jeder Verzug ist mir drückend! –«

»Ich habe nicht allein diesen Sommer nichts erworben, sondern auch das, worauf ich rechnete, nicht erhalten, und bin genötigt gewesen, mir von Ostern bis jetzt 150 Rth. von P. (Pierer) schicken lassen zu müssen, welches beinah das *letzte* ist! – – Wenn es Dir nach so viel *gelungenen* Unternehmungen je an Mut gebricht, so denke an *mich* . . .«

Bei alledem ist Henriette im Grunde ein humorvoller Mensch, voller heiterer Ideen, wenn es um die täglichen Kleinigkeiten geht, die Dinge, die von den Schwestern getauscht, genäht, gefärbt, gekauft und beschrieben werden. Sie wünscht sich einen Hut mit Federn und Blumen, »denn ich will fliegen und blühen!« – »Da Du Dich meines Kopfes immer so freundlich angenommen hast, so bitte ich Dich, mir etwas für ihn zu senden!« –

»Alles ist von Deinen Reizen bezaubert – wer Dich sieht, sagt: daß Du reizender als je bist – mit mir ist es gerade das Gegenteil! – wenn ich nicht eine so *gute* Haut wäre, so würde mich meine *häßliche* Haut untröstlich machen. Zur Redoute kann ich entschieden *nicht;* zur Comedie suche ich es möglich zu machen.« (1802)

Aber die meisten ihrer Briefe sind so erschütternd in ihrer Ausweglosigkeit, daß man Henriette als Heldin sehen könnte – nicht im Roman, sondern im Leben –, alle Anstrengungen unternommen zu haben, sich aus eigenen Kräften zu helfen, die aber ohne die Chance zur Anwendung ihrer Begabungen kümmerlich versagte.

»Warum ist das Schicksal so sehr streng gegen mich?« –

Als Mann, so weiß sie, würde sie Erfolg haben können. Sie bittet die Schwester, ihr unter dem Pseudonym eines Mannes Aufträge zu verschaffen, da man weibliche Übersetzungen nicht akzeptiere.

»Empfiehl' auch den Buchhändlern einen jungen Mann, der sich an Dich gewendet – und in welchen ich mich verwandeln würde – zu Arbeiten von der Art, als Übersetzungen aus dem Englischen, Revisionen, Bearbeitungen, Auszügen aus größeren Schriften und dergleichen.«

»Siehe, ob Du etwas für mich tun kannst«, schreibt sie verzweifelt an Sophie, »selbst zu weiblichen Arbeiten wär ich erbötig, wenn ich nur notdürftig davon leben könnte. – Auch dächt ich, müßt es doch möglich sein, den englischen Roman anzubringen, wenn Du ihn unter dem Titel: Romantische Auszüge . . . einem Verleger anbötest. Du siehst aus allem diesem, welche *Lust* ich wenigstens zur Arbeit zeige – nur scheint Talent und Glück nicht gleichen Schritt damit zu halten.

Diese äußere Glücklosigkeit und innre Glücksfähigkeit – diese Stille, die mich umgiebt, und diese Unruhe, die mich erfüllt, sind peinliche Kontraste.«

Ihr ganzes Leben war ein solcher Kontrast. Sie kannte nur ein einziges Glück: die Liebe zu einem Juristen namens Ludwig von Coll, der sie wiederliebt, aber wegen seiner Finanzmisere nicht heiraten kann. Über Jahre zieht sich das Verhältnis ohne Aussicht auf Eheschließung hin, obgleich Henriette Sophie gesteht, wie gerne sie heiraten und Kinder haben möchte; sie glaubt für kurze Zeit sogar, daß ein Kind unterwegs sei, aber es war ein Irrtum, und sie wird traurig, daß das Schicksal ihr alles versagt.

Was Brentano betrifft, so ist sie froh, daß er fern ist, und rät Sophie dringend, ihn nicht zu empfangen, als er Ende 1801 in Jena ankommt. Ironisch meldet sie:

»So weißt Du, wenn Du es noch nicht weißt, daß Er Dir nah ist, der große Unsterbliche, der sich selbst über Alles Liebend – mit einem Wort – – – – –! Immer seh ich noch Dein böses Gesicht bei meiner nächtlichen Ankunft, und immer tönen mir noch einige unfreundliche Worte von Dir.«

»Nun erhältst Du noch eine Warnung von mir – Du mußt mit Spionen umgeben sein –«, droht sie, »warum hast Du mir geleugnet, daß *Clemens* bei Dir gewesen ist? – es wird ganz gewiß behauptet!«

Möglicherweise war es darüber zwischen den Schwestern zu Auseinandersetzungen gekommen. Sophie hatte ihr Brentanos Roman geschickt, Henriette schreibt:

»Der liderliche *Godwi* folgt hier mit Abscheu zurück, und wird von einem Sonett auf seinen ekelhaften Verfasser begleitet.«

Das beigefügte Gedicht beschreibt Clemens in der Hölle:

Was helfen *Hier* Dir alle Deine Gaben?
Was Deines Witzes lichtberaubte Helle
Und Deiner Zunge stumpfgespitzte Schnelle,
da sich daran nur böse Geister laben?

* * *

Es vergingen auf diese Weise mehr als zwei Jahre, in denen
Clemens Brentano von Sophie Mereau nichts sah und
hörte. Der Zufall wollte immerhin, daß das *Taschenbuch für
das Jahr 1803 – Der Liebe und Freundschaft gewidmet* die
Getrennten sozusagen geistig vereinte: aus dem *Godwi* fand
sich eine Textstelle sowie eine bezaubernde Kupferillustra-
tion zu der Szene, da Ottilie im Garten erscheint, *dies
Mädchen, weiß wie der Schnee mit schwarzen Augen und
Locken* ... Von Sophie Mereau zwei Gedichte, *Haß und
Liebe* und

Der Fürstenbrunnen bei Jena

Du holder Quell, Bild eines schönen Lebens,
gern folg' ich dem in dir verborgnen Geist,
dem eignen Sinn, der dich voll regen Strebens
bald ruhig führt, bald jubelnd weiterreißt –

Brentano hatte inzwischen auf Umwegen erfahren, daß
Mereaus tatsächlich geschieden worden waren. Erschüttert
schreibt er seiner 21jährigen Schwester Gunda: »Ach wie
sieht es in dem Herzen Deines Bruders aus! Winkelmann
hat mir in dieser Sache sehr geschadet, er hat mit gewalttä-
tiger Freundschaft mich ganz von diesem Weibe getrennt,
des Mannes genauester Freund er ist – und des Weibes
Verehrer.«

Und noch einmal über Sophie Mereau: »Ihre Trennung, stillschweigende selbständige schöne Trennung von ihrem Manne, wie groß, wie herrlich erscheint sie in ihr! Meine stürmische Liebe hat sie kalt und mit Resignation zurückgewiesen. Aus Schlegels Schlingen hat sie sich künstlich losgewunden. Das Weib, makellos bis auf seine Schwächen, hat bewiesen, daß sie stark ist. Sie hat mir oft gesagt, sie müsse sich selber helfen, und sie hat es getan.

Mit mir ist sie schmerzlich auseinandergekommen. Winkelmanns unzeitige Freundschaft ist Schuld daran, er hat mir sie so oft unwürdig erklärt und mich beredet, hart gegen sie zu sein, und jetzt schwätzt er mir von ihr, so oft er mich sieht. Und doch wußte er, daß sie sich trennen würde, und schrieb mir immer, ihr sei nicht zu helfen. Sie hat ihn nicht geliebt . . .

Eigentlich hat mir Winkelmann alles genommen, meine Liebe zur Mereau zerstört, meine Freundschaft mit der Veit und mit Schlegel untergraben, indem er mir das Vertrauen zu ihm nahm; und in sich gibt er mir *nichts.*«

Das schreibt einer, spürt man, in ohnmächtigem Zorn, daß die sogenannten guten Freunde ihm die beste Freundin genommen. Dabei wird er Winkelmann gegenüber ausgesprochen ungerecht, wenn auch die Bemerkung über seine »gewalttätige Freundschaft« nicht aus der Luft gegriffen war.

Der Brief an die Schwester schließt mit einem entschiedenen Bekenntnis.

»Es ist ohnmöglich, Kundel, daß mein Verhältnis mit der Mereau so bleiben kann, wie es jetzt ist, so unvollendet, traurig und verwirrt, so zerreißend für mich . . . Mit Winkelmann mag ich nun nichts mehr in Sachen meines Herzens zu tun haben, da arbeitet er in einem andern Stil. Schreiben kann ich der Mereau nicht . . . Wenn Du mich wirklich liebst, so sollst Du ihr schreiben als meine Schwester . . .

Ach ich würde so gern ihr Freund, ich bin in dieser Liebe so unauflöslich gefangen! Du mußt, liebe Gunda, zwischen uns treten und uns wieder nähern. Denn ohne sie kann ich nichts im Leben lieben . . .«

Da setzt Gunda Brentano sich hin und schreibt.

KAPITEL XIX
DER NEUBEGINN

O schließe mich fest an Dein treues, reges,
ewig junges Herz, Du einzig geliebtes, unumgängliches Geschöpf, an Dir vorbei geht
mir der Weg zur Hölle, mit Dir ist überall der
ewge Himmel.
O Sophie, führe mich ins Leben, führe mich
in die Ordnung, gib mir ein Haus, ein Weib,
ein Kind, einen Gott.
CLEMENS BRENTANO AN SOPHIE MEREAU, 1803

Wieder will ich Lieder singen,
Leben, wieder dich verstehn
und auf deinen leichten Schwingen
durch die grünen Täler gehn!
SOPHIE MEREAU AN CLEMENS BRENTANO, 1803

Immer ist es nur Umschreiben, Heranschreiben, Nach-
schreiben, immer der Versuch, aus Worten Leben zu schlagen.

Das Unwahrscheinliche, das geschildert werden soll, durch
Worte wahrscheinlich zu machen. Gelebtes Leben zu wie-
derholen. Wieder zu holen.

Clemens Brentano war möglich, wiederzugewinnen, was
verloren war, und das Unwahrscheinliche zu erreichen
durch der bloßen Worte Gewalt.

Seine Schwester war mit ihrem Brief erfolglos geblieben.
Zwar hatte ihr ›die Mereau‹ im Juli 1801 relativ freundlich geantwortet, war aber in Bezug auf Clemens zurück-

haltender als je zuvor. »Was Sie mir von Clemens schreiben, befremdet mich«... Sie verbat sich von ihm jede Kontaktaufnahme, jede Störung ihrer Camburger Ruhe. Bestärkt wurde sie in dieser Ablehnung von der Jenaer »Clique«, wie Brentano den Kreis um die Schlegels nannte, und ihrer Schwester Henriette, mit der sie eng verbunden war, und die den Clemens haßte wie einen persönlichen Feind.

Brentano ging zum Studium nach Göttingen, wo er bei einem Besuch Goethes Achim von Arnim kennenlernte. Er machte eine Rheinreise mit Savigny, dem beständigsten seiner Freunde, dem er nach Marburg folgte. Er plagte sich mit dem zweiten Band des *Godwi,* fühlte sich krank; er hatte keine Nachricht von Sophie Mereau.

Sein Leben ist leer. »Nun soll ich schmieren, und edle Gefühle aussprechen, und bin so traurig, so freudenlos –«, sagt er Savigny, und: »Seit die Mereau von mir gefallen, fürchte ich immer, daß die Welt von mir fällt.«

Seine literarische Arbeit stockt. Er ist rückwärtsgewandt. Er kann nicht vergessen, er kann nicht neu beginnen, er ist wie gelähmt. »Es gibt kein Weib in der Welt zur Liebe als die Mereau, und von ihrem Busen sieht man weiter als vom Kaukasus über das glückliche Arabien«, schreibt er Gunda. »Ich liebe dies Weib noch immer wie vorher, sie verdient es, obschon ich nicht verdiene, in dieser Liebe mich zu verzehren.«

Einsam, unstet, unglücklich. Im Herbst 1802 geht er nach Düsseldorf, wo er das Singspiel *Die lustigen Musikanten* verfaßt und durch eine schöne Schauspielerin an Sophie erinnert wird.

»Nichts, nichts kann die Erinnerung an die Mereau in mir vernichten«, schreibt er dem Bruder Christian nach Jena, der dort ›die Mereau‹ zuweilen im Theater traf. »Gott weiß es, ich liebe treu und sterbe treu, freudlos, leidlos. Wenn du sie siehst, so sehe sie recht an, betrachte sie, sie ist der einzige lebende Punkt meines Lebens, und so ist das Leben von mir getrennt.«

Der Brief, den der achtzehnjährige Christian Brentano daraufhin an Madame Mereau sendet, ist nicht nur ein Beweis für die rührende Anhänglichkeit der Familienmitglieder untereinander; es zeugt die Charakterisierung des Bruders auch von Bewunderung und Anerkennung:

»Madame! ein Auftrag von meinem Bruder Clemens macht mich so frei, Ihnen zu schreiben. Er ermahnt mich, ihn mit Ruhe und Bescheidenheit auszuführen . . . Er schreibt mir, Sie besäßen noch ein Bild unsrer Mutter von ihm . . .

Dann schreibt er mir: Erzähle ihr etwa, wie ich bin und lebe, und dies ist wohl der schwerste Teil seines Auftrags, weil ich so gut als er sein müßte, um ihn recht auszurichten. Er ist zertrümmert, aber, Madame, die Ruinen sind noch immer so groß, daß ich das Weib nicht begreifen kann, das sie bewohnt . . .

Wahrheit, Madame, eine grenzenlose, rücksichtslose Wahrheit macht den heiligen Grund seines Charakters; sie wird in ihm bis zu den Gefühlen des Augenblicks laut und löst sich in der innern, tiefen Güte seines Herzens zu einer schönen Reflexion. Wer sie nicht bis dahin verfolgt, wer die Harmonie seines Tuns und Seins nicht hier sucht, nicht hier findet, der verkennt *sie,* der verkennt *ihn.* Er kann die Widersprüche seiner Sprache nicht lösen und erspart sich diese Mühe gar gern und leicht dadurch, daß er ihn für charakterlos oder für leichtsinnig hält. Aber wer es so macht, der irrt, denn sein Charakter ist vielmehr so gewiß, so vollendet, so schön, daß er für die Welt beinah zu zart, beinah zu tief ist. − . . .

Was ihm die Ruhe versagt, sein Leben zu entwickeln, das treibt und verfolgt ihn auch von Ort zu Ort . . . so lebt er, Madame! −

Von einer Reise, die er in Savignys Gesellschaft am Rhein

gemacht hat, ist er in Düsseldorf zurückgeblieben, wo ihn die Galerie und eine Theatergruppe fesselt ... Von einer Schauspielerin dieser Truppe schreibt er mir: ›Was mich besonders ans Theater fesselt, ist die Gestalt und die ganze Manier einer Schauspielerin, die der Mereau bis auf den Kopf ganz gleicht, vortrefflich singt und spielt; ich liebe in ihr noch immer jenen Engel‹ ...

Mehr sage ich nicht; habe ich länger und anders von ihm gesprochen, als Sie es wünschten, so verzeihen Sie mir es, die Schuld ist *mein,* und habe ich nicht recht von ihm gesprochen, so verzeihe er mir es, den ich liebe. Ob er seine Ruhe, sein Leben je wieder erlangen wird, ob er je werden wird, was er nach dem Willen Gottes werden sollte, werden konnte, ob er alles dieses auf irgendeine Art je noch werden kann, dies zu entscheiden, Madame, bin ich zu jung und zu dumm.

Mit der vollkommensten Achtung
Ihr gehorsamster Diener

Christian Brentano«

Sophie antwortet sofort. Aber sie wendet sich nicht an Christian – sie schreibt an Clemens.

Der Bann ist gebrochen.

Denn ihr Briefchen vom 12. Dezember 1802 ist Auslöser einer neu anhebenden Korrespondenz, ist für Clemens die Chance der Rechtfertigung, der Überredung, der Verführung durch Worte.

Brentano schreibt, als gälte es ein Leben. Andre schreiben sich um Kopf und Kragen. Er schreibt um sein Leben. – (»O daß ich nicht bei Dir bin, das Schreiben fällt schwer, um ein einziges Wort kann ich meine Hoffnung sterben sehn ...«)

Brentano versteht zu schreiben, er antwortet sofort. ›Antwort‹ ist zuwenig: er beschwört und gesteht, witzelt und spottet, klagt an und nimmt zurück, fleht und erklärt, scherzt und schmeichelt – Lachen und Weinen ist dieser erste Brief vom neuen Jahr 1803, enge Zeilen hingeworfen, Wortkaskaden von Scherz und Ernst, – und ihm war es sehr ernst. Neunzehn Quartseiten – ein Leben.

Brentano erkämpfte sich von neuem ihr Interesse, ihren Ärger, ihren Spott und ihr Lächeln, ihre Verwirrung, ihre Liebe.

Sie nahm wieder teil an ihm, ging auf ihn ein. Sie hätte gekränkt sein können durch Frechheiten wie: »Es ist für ein Weib sehr gefährlich zu dichten, noch gefährlicher, einen Musenalmanach herauszugeben«, die Zeilen dick unterstrichen; sie hätte beleidigt sein können durch seine Angriffe auf die Weimarer Schriftstellerinnen – sie war es nicht. Sie schreibt ihm wieder, sie kennt ihn wieder.

»Ihr Brief, junger Mann, hat mir Veranlassung zu mannigfaltigen *Reflexionen* gegeben. Ich muß auf der einen Seite Ihren Scharfsinn bewundern, obgleich ich auf der andern Ihren strafbaren Mutwillen beseufzen muß, der freilich Ihrer Jugend zuzuschreiben ist. – Ich danke Ihnen, daß Sie mir Gerechtigkeit widerfahren lassen, und meinen Charakter anerkennen (. . .)
Was Sie mir über die weiblichen Schriftsteller, und insbesondre über meine geringen Versuche sagen, hat mich recht ergriffen, ja erbaut. Gewiß ziemt es sich eigentlich gar nicht für unser Geschlecht und nur die außerordentliche Großmut der Männer hat diesem Unfug so lange gelassen zusehen können. Ich würde recht zittern wegen einiger Arbeiten, die leider! schon unter der Presse sind, wenn ich nicht in dem Gedanken an ihre Unbedeutsamkeit und Un-

schädlichkeit einigen Trost fände. Aber für die Zukunft werde ich wenigstens mit Versemachen meine Zeit nicht mehr verschwenden, und wenn ich mich ja genötigt sehen sollte, zu schreiben, so gute moralische, oder Kochbücher zu verfertigen suchen. Und wer weiß, ob Ihr gelehrtes Werk, auf dessen Erscheinung Sie mich gütigst aufmerksam gemacht haben, mich nicht ganz und gar bestimmt, die Feder auf immer mit der Nadel zu vertauschen.«

Sie ist ermunternd und beschwichtigend, humorvoll und souverän. Ihr Brief versetzt ihn in einen Taumel der Begeisterung. Er wirft seine Netze aus. Er schreibt, was Leidenschaft ihm eingibt.

»Ich fühle es, liebe Sophie, ich fühle es mit Tränen, wir haben uns beiden Unrecht getan, ich fühle es, daß ich Dich liebe und daß Du nicht ewig mit mir zürnen wirst, o könnte ich Dich rauben, und an dem Drachenfels am Rheine Dir eine Hütte bauen, und Dein Feld bauen, o könnte ich Dich zwischen den beiden freudigen Ufern hinauf und hinabfahren. Es ist eine freie poetische Existenz möglich, die fern von dem Abenteuer ist, und fern von dem häuslichen Tod, ich kenne diese Existenz, ich lebe sie, aber ich bin einsam, und kein Mensch lebt, mit dem ich freudig teilen mag, Leib und Leben, und Gedanken; o wirf mir nicht mehr vor, daß ein Dämon mich bewohne, der mir alle Ruhe nehme, o rate mir nicht mehr zu ackern und zu pflügen, um ruhig zu werden, ich kann nur Dein Feld bauen, nur in Dir liegen meine Schätze begraben, und mein Frieden, Sophie, lehre mich Dich verdienen, du selbst sollst ja reicher durch mich werden, ich will mich Dir ja ganz hingeben, wahrlich die Liebe ist keine Gabe, die Liebe ist ein göttlicher Wucher, diesen Wucher hast Du nie gekannt, Du traust der Liebe nicht, aber ich traue ihr ewig, ich glaube wieder an Dich, ich hoffe auf Dich, ich begehre Alles von Dir.«

Das Unwahrscheinliche geschah.

> Blaue Räume, lindes Wehen,
> ferne Träume, Wiedersehen,
> Frühlingsdüfte, süßes Wähnen,
> laue Lüfte, leises Sehnen –

das schrieb sie ihm, und: »Ich will Sie sehn – Sie werden mir eine neue Bekanntschaft sein. Wie kann ich wissen, was ich für Sie fühle, da ich Sie nicht mehr kenne?«

Ihre Zeilen schließlich: »Jetzt, da es geschehen soll, zittre ich Sie zu sehen, und doch wünsche ich es törichterweise. – Adieu, adieu! – o! wie lebe ich Sie zu sehen!« – diese Zeilen lassen ihn keinen Tag länger warten. Ohne sich von seiner Familie in Frankfurt überhaupt zu verabschieden, eilt er nach Weimar, zu ihr, »der Geliebten, dem verlornen, dem wiedergefundenen Weibe.«

Am 14. Mai 1803, nach fast dreijähriger Trennung, sehen Sophie und Clemens sich wieder.

»14ten Mai. Frühling des Gemüts. Großer Wechsel. Blumen, Liebe, Andacht, Leben.«

Das schreibt Sophie Mereau auf die vorläufig letzte Seite ihres Tagebuchs, es steht dort wie der glückliche Schlußpunkt nach den Notizen »Kampf mit dem Schicksal. Torheiten, Folgen, Schwankende Schritte. Angefangner Briefwechsel mit Brentano.«

Großer Wechsel. Frühling des Gemüts.

Clemens Brentano war da.

KAPITEL XX
GELEBTE LIEBE.
DAS JAHR 1803

An Sophie
Am Sophientag zum 15. Mai 1803

Süßer Mai du Quell des Lebens
Bist so süßer Blumen voll
Liebe sucht auch nicht vergebens
Wem sie Kränze winden soll

Süßer Mai! du bringest nieder
Blume, Blüte, Sonnenschein,
Daß ich wisse, wem die Lieder,
Wem das Herz, das Leben weihn.

CLEMENS.

Das Glück des Wiederfindens.

Zwischen Sophies Papieren hat sich ein einzelnes Blatt
erhalten mit der Überschrift »den 14ten Mai 1803«, worauf
nichts weiter notiert ist als eben dieses Glück:

»Glücklicher Tag! wo ich endlich bestimmt die eigentlichen
Vergehungen meines Lebens einsehen lernte, wo ich die
wahre Quelle meines Unglücks fand, wo mein Geist sich
gestärkt fühlte wie die Natur nach einem Gewitterregen
und wo der wahre Genuß des Lebens an keine Zeit, kein
Alter gebunden, nahe und erreichbar vor mir dastand!«

Clemens an Sophie

Von den Mauern Widerklang –
Ach! – im Herzen frägt es bang:

Ist es ihre Stimme?
Und vergebens sucht mein Blick:
Kehret mir ein Ton zurück? –
Ist's nur meine Stimme? –

Auf der Mauern höherm Rand
Sind die Blicke hingebannt,
Doch ich seh nur Sterne;
Und in hoher Himmelssee
Ich die Sterne küssen seh –
Wären's unsre Sterne!

Nacht ist voller Lug und Trug,
Nimmer sehen wir genug
In den schwarzen Augen;
Heiß ist Liebe, Nacht ist kühl,
Ach, ich seh ihr viel zuviel
In die schwarzen Augen.

Sonne wollt' nicht untergehn,
Blieb am Berg neugierig stehn;
Kam die Nacht gegangen.
Stille Nacht, in deinem Schoß
Liegt des Menschen höchstes Los,
Mütterlich umfangen.

Großer Wechsel, in beider Leben. Clemens dichtet wieder.
Seine Liebesgedichte an Sophie blieben erhalten, weil er sie
seiner Schwester Bettine abschrieb, die sie in ihrem *Frühlingskranz,* dem Briefwechsel mit Clemens, 1844 veröffentlichte.

Versteh, mein Kind, versteh
Ich sage Dir ade,
Mein Herz hast Du gebrochen,

Drum kann es nicht mehr pochen,
Bis ich Dich wieder seh!

Von Weimar aus, wo er bei dem gemeinsamen Freund Friedrich Majer wohnt, schildert er Achim von Arnim das wiedergefundene Glück. In der ihm eigenen Offenheit übergeht er nicht die Peinlichkeit der ersten Stunden, in denen Sophie und er sich wie Fremde gegenüberstanden.

»Aber ich fand in ihr eine Güte, eine Unschuld, eine Menschlichkeit, die nur die Götter und die Kinder auf der Erde rein erhalten können. Und muß dies Wesen nicht das vortrefflichste sein, das nach grenzenlosem Unglück, verlassen von Gott und der Welt, beschimpft und arm, ein menschenliebendes leichtes, fröhliches Herz erhielt? . . . Sie liebt mich, wie ich sie ehedem liebte, und sie ist das einzige Weib, die jener unendlich ähnlich sieht, die ich mit Dichteraugen in ihr gesehen.« – »Sophie liebt mich, d. h. sie liebt mich zum erstenmal mit Heftigkeit. Nach langem Kampf stehn wir uns nahe. Sie liebt mich so, wie ich sie einst geliebt; sie liebt mich so sich selbst vernichtend, daß ich nicht weiß, woher ich alle den Liebreiz aufbringen soll, den sie in mir findet.«

Dies ist nun eine Brentanosche Übertreibung. Sophie liebt ihn, sie schreibt es ihm auf den täglichen Zetteln und Nachrichten, die zwischen den Wohnungen hin und her geschickt werden. Aber seine Forderungen, ja Befehle drängen sie in die Verteidigung. Sie ist Freiheit gewöhnt, Selbstentscheidung. Er aber will nichts, als seine Wünsche erfüllt sehen. Er verschreibt sich ihr mit Haut und Haar, aber er verlangt auch despotisch restlose Hingabe von ihr.

»Lieben mußt Du mich, lieben, unendlich lieben, wie Du nie geliebt, stumm mußt Du werden, fühlen mußt Du, was Deine Zunge nicht sprechen kann, alles mußt Du um mich aufopfern können, ringen und streben mußt Du nach mir, wie ich nach Dir, Bettinens Herz mußt Du gewinnen, Sie muß Dich mir geben, Sie muß Dich lieben, wie mich, ach Sophie, was wollen wir anfangen, daß Du so wirst, sage, weißt Du gar noch nicht, wie Du es machen wirst.«

»Sieh, ich verlange ja nichts von Dir, dessen Du Dich schämen müßtest, ich verlange, daß Du mein Weib seist auf jedem Wege, den Du willst. —«

»Liebe Seele, lieber Leib, liebe Sophie, o eines nur glaube nicht von mir, glaube nicht, daß ich frech sei, ich habe, was Du vielleicht vergessen hast, nur vier mal von solchen Dingen mit Dir geredet, und nie war es mein Wille, die Natur hat es immer gewollt, einmal war es in großen Schmerzen, da saßt Du auf dem Tisch in Jena, und ich bat Dich mit Beben, Du solltest keine Kinder mehr durch Mereau haben, da bat ich für Dich, das zweitemal da lag ich im Walde in Deinem Schoß, Du hattest mich viel geküßt, und ich war unersättlich geworden, und bat Dich, Du solltest mich Dein Herz küssen lassen, da wardst Du ernst und versagtest mir es, o schon in der Minute habe ich Dich darum geehrt, Sophie . . .«

Seine Bedingungslosigkeit macht es Sophie unmöglich, ihm ihre Liebesbeziehung zu Kipp, ihre Reise mit Schmidt zu gestehen. Brentano sieht die Dinge schwarz oder weiß, kennt kein Mittelmaß, erblickt in Sophie ein »göttliches Weib« oder eine zauberische Kokotte – die Entdeckung der Liebesbriefe von Kipp wird ihn, obgleich dieser Abschnitt in Sophies Leben lange vor seiner Zeit liegt und ihn eigentlich nichts angeht, wieder in eine seelische Krise stürzen. Er idealisiert sein Gegenüber und fordert, daß sie dem Ideal gleiche. Er fordert und verlangt.

»Ach Sophie! wenn Du wüßtest, wie ich nach Dir dürste, Sieh, ich wünschte Du wärst ein Quell, ich würde mich Dir in den Weg legen, und würdest über mich hinschwellen, da würde ich in der Kühlung ertrinken, und Du würdest nicht vermindert durch mich, und kenntest mich nicht, und flössest Deiner Wege, mir, mir, dem armen glühenden Herzen wäre dann geholfen.«

»Gott hat Dir etwas verliehen, was er keinem Wesen auf der Erde gegeben, selbst der Natur und der Kunst nicht, o mißbrauche diese Macht nicht, Du hast eine Macht über mich, Du kannst mich zum Tugendhelden, und zum Schurken machen, Tugend und Laster kannst Du mir geben, o sehe auf Deine Arbeit, wisse, was Du tust, lasse mich nicht verderben . . .«

Was ihn quält, ist ihr Entschluß, nicht zu heiraten. Sie will sich nicht wieder binden, nicht wieder die mühsam erlangte Freiheit aufgeben. Doch sie ist bereit, mit Clemens nach Marburg zu ziehen und dort in freier Gemeinschaft mit ihm zu leben.

»Sophie hatte gleich anfangs nach unsrer Versöhnung mir erklärt, sie wolle mich nie besitzen«, schreibt Clemens an Achim von Arnim. »Es ist also beschlossen, in einigen Tagen gehe ich nach Marburg zurück, und Sophie wird auch bald ganz dahin ziehen, dort leben und lieben und arbeiten . . . Ob ich sie dort dann und wann küssen werde, daran zweifle ich kaum.«

Vorläufig, im Glück der Sommermonate, der täglichen Nähe und Gemeinsamkeiten gibt Clemens sich mit der Aussicht auf ein freies Zusammenleben zufrieden. Sie musizieren, lesen, zeichnen, wandern. Er dichtet Lieder und trägt sie vor, wenn Gäste kommen, die Voigts und Sophies Freundin, Charlotte von Ahlefeld. Sie fahren nach Jena und besuchen die Orte, an denen sie vor Jahren gemeinsam waren.

Erfüllte Träume. Gelebte Liebe.

Worte. Briefe. Liebesbriefe. Clemens an Sophie:

»Ich habe gestern einen Abend zugebracht im Park, der in der Geselligkeit das war, was Sie mir dort in der Liebe gewesen, so wohl ist es mir lange nicht geworden, im Mondschein saß ich unter Freundlichen Menschen ... Heute Abend halte ich Dich in meinen Armen, und küsse Dich, und erfreue Dich, und mache Dir das Leben süß, und lese Dir noch einige Briefe von Bettinen, die ich gefunden habe, und laufe von Dir wieder in den Park, und singe den Leuten, ... morgen früh um drei Uhr fahre ich mit Genz und Stoll nach Lauchstädt und sehe die Eugenie, und komme wieder, habe Dich wieder, küsse Dich wieder, o Sophie tue die Augen auf, liebe mich, sehr, sehr liebe mich, vergiß das Leben, vergiß daß Du eine artige Frau bist. Herz habe, Arme habe, Lippen habe für mich allein, trinke mich aus, so lange ich schäume, dann kannst Du Dich im reinen Kelche mit Freuden spiegeln, denn Du wirst neu lebendig, schön und verjüngt sein, wenn Du Dich in mir berauscht hast, o lasse mich nicht stehen, wenn Du den Schaum zerrinnen läßt, und in mich blickst, so bist Du nüchtern, so siehst Du Dich ungenesen, mit den Wunden Deines vorigen Lebens geschlagen in mir, und trauerst, o Sophie trinke, trinke, werde gesund, mache mich gesund.«

Von jenem Sommer in Jena und Weimar gibt Charlotte von Ahlefeld einen anschaulichen Bericht.

»Ich erinnere mich, daß er, als er zum ersten Mal mein Zimmer betrat, von einem wirklich schönen Fußteppich dort ganz entzückt war. Krokodile, Eidechsen, Pfauen, Paradiesvögel und Blumen von lebhaftestem Farbenglanz, durch Schlangen miteinander verbunden, waren dort in bunter Mischung zusammengewebt, und regten seine Phantasie so auf, daß er alle diese Gegenstände gleich in eine Art von Gedicht brachte, von dem ich sehr bedauerte, daß ich es nicht auf dem Papier festhalten durfte. Er warf sich hierauf auf die Knie und bat alle diese Kreaturen um Vergebung, daß er sie mit Füßen getreten habe . . .«

Abends nimmt er an ihren geselligen Zirkeln teil, dabei kommt es zu scherzhaften Streitgesprächen mit dem Bildhauer Friedrich Tieck (1776–1841), der seinen Witz nicht verträgt. »Sophie Mereau hatte alle Anmut und Freundlichkeit nötig, die ihr eigen waren, um alles, was zwischen beiden vorfiel, in den Schranken der Schicklichkeit und des Friedens zu erhalten.

Manchmal gingen wir im Mondschein ins Freie, wo Clemens mit der Gitarre allerlei Späße, die vorgefallen, gleich in Verse brachte und frischweg absang. Auch mischten wir uns vereint in Volksfeste und ländliche Tänze . . . und alles drängte sich um ihn her und hörte ihm mit wahrer Lust zu. Zuweilen erzählte er uns Märchen, die er erfand und die wirklich so reizend waren, daß man ihm gerne stundenlang zugehört hätte.«

Charlotte von Ahlefeld berichtet, daß Clemens es nicht vertrug, wenn Sophie sich schminkte, und zornig wurde, wenn sie ritt – weil er Reiten als unweiblich empfand –, so daß es einmal zu einer heftigen Szene kam. Danach »benahm sie sich gegen ihn mit der zartesten Milde, und er verschlang sie fast mit seinen brennenden Augen«. – An diesem Abend brachte er sie nach Hause und erzählte am andern Tag, »er sei bis den Morgen um 5 Uhr bei ihr geblieben. Er konnte nicht aufhören, ihre Liebenswürdigkeit zu rühmen.

Als ich hierauf Sophie allein sprach, und sie mir die ganze Geschichte erzählte, gestand sie auch, er sei bis zum hellen Morgen bei ihr geblieben, indes könne sie es nicht bereuen, denn diese Nacht sei entscheidend für ihre ganze Zukunft gewesen. Er habe sich ihr feierlich verlobt, und sie ihm dagegen geschworen, sich ganz nach ihm zu richten. Sie war aber so erschüttert von allen diesen Vorgängen, daß sie krank wurde und ein paar Tage nicht ausgehen konnte, wo er sie denn mit der liebevollsten Sorgfalt pflegen half.«

Obgleich der Bildhauer Friedrich Tieck, wie berichtet, Clemens' Spott nicht ausstehen konnte, fand er dessen Kopf so schön, daß er darauf bestand, ihn zu modellieren. Clemens, geschmeichelt, ließ sich die Prozedur gefallen, bat aber Sophie und Charlotte, ihn bei den Sitzungen zu unterhalten, benahm sich oft »wie ein ungezogener Knabe, machte entweder lauter Possen und Grimassen oder lief auch weg«.

Die Büste wird ein Meisterwerk. Clemens selbst ist betroffen, als er sein idealisiertes Abbild sieht. »Tieck hat mich gegriffen aus Deinem Herzen, wie Du mich liebst, wie Du mich neu gebären wirst.« Als Clemens schon wieder in Marburg ist, schreibt Sophie, sie habe die Büste erhalten. »Ich weiß nicht, warum ich heftig erschrak, als ich sie enthüllte. Sie steht nun auf meinem Schreibpult, und ich mag schreiben oder auf dem Sopha liegen, so seh ich sie immer vor mir, aber leider hat sie ihre göttlich milde Seite dem Licht zugekehrt, und ich muß mich mit dem boshaften Zug begnügen, der mich nur zu oft an die Leiden der Erde erinnert.«

Das bemerkt sie immer, wenn sie ein Bild von ihm betrachtet: die zwei Seiten, die ihm eigen sind, eine genialische und eine dämonische, so wie Despotie und Demut, Spott und Mitleiden, Frömmigkeit und Frivolität in seinem Wesen dicht beieinander liegen. Den »gypsernen Clemens« betreffend, antwortet er: »Siehst Du denn meine Büste manchmal an, das Beste ist noch dran vergessen, die Narbe auf der Nase, die ich auf der steilen, spiegelglatten Eisschwelle Deines ehemaligen Hauses – Lebens – fiel.«

Symbole. Zeichen und Verweise.

Die Narben seiner Seele, das, was sie den unmenschlichen
Clemens nennt, fürchtet sie, aber sie hat auch seine Größe
und Genialität erkannt. Sophie Mereau dichtet auf die Büste Brentanos ein Sonett, das sie 1805 in ihrer *»Bunten Reihe
kleiner Schriften«* mit einer Widmung an Sophie La Roche
veröffentlicht:

> Welch süßes Bild erschuf der Künstler hier?
> Von welchem milden Himmelstrich erzeuget?
> Nennt keine Inschrift seinen Namen mir,
> Da diese holde Lippe ewig schweiget?
>
> Nach Hohem lebt im Auge die Begier,
> Begeistrung auf die Stirne niedersteiget,
> Um die, nur von der schönen Locken Zier
> Geschmücket, noch kein Lorbeerkranz sich beuget.
>
> Ein Dichter ist es. Seine Lippen prangen
> Von Lieb' umwebt, mit wundersel'gem Leben,
> Die Augen gab ihm sinnend die Romanze,
>
> Und schalkhaft wohnt der Scherz auf seinen Wangen,
> Den Namen wird der Ruhm ihm einstens geben,
> Das Haupt ihm schmückend mit dem Lorbeerkranze!

*   *   *

> Brichts nicht in Freud brichts doch in Leid
> Bricht es uns alle Beiden
> Ach Wiedersehn geht fern und Weit
> Und Nahe geht das Scheiden.

Diese Zeilen dichtet Clemens zum Tag der Trennung, dem
22. August 1803. Sophie hatte ein Angebot ihrer Freundin
Ahlefeld angenommen, Dresden zu besichtigen. Clemens
zeigte sich über diese Reise sehr verstimmt, wenn er auch

weicher und inniger war als je; am meisten habe ihn bekümmert, daß Sophie »sich so leicht und gern von ihm zu trennen vermöge«.

Über Sophie Mereaus Leichtigkeit, die sie Leichtfertigkeit nennt, ereifert sich auch die Freundin. Charlotte von Ahlefeld (1781–1849) aus Holstein ist eine eher melancholische, schwerblütige Natur; sie hätte eine Gestalt aus Sophie Mereaus Roman *Amanda und Eduard* sein können: Siebzehnjährig war sie an einen Mann verheiratet worden, den sie verabscheute, von dem sie sich aber, der zwei Kinder wegen, nicht scheiden lassen kann. Sie lebt auf seinem Gut Saxdorf ein freudloses, gequältes Leben; längere Aufenthalte in Weimar und die Freundschaft zu Sophie Mereau sind die wenigen glücklichen Ereignisse darin. Der Bildhauer Friedrich Tieck war ihre große Liebe, ihn zu heiraten eine Hoffnung, die sich nicht erfüllte.

Ausführlich schildert sie Tieck den gemeinsamen Aufenthalt mit Sophie Mereau in Dresden. Im allgemeinen sind ihre Freundschaftsbeweise Sophie gegenüber aufrichtig, die sie »um den heitern Mut, den innigen Frohsinn beneidet, mit dem sie in die Welt sieht«. Aber es findet sich in einem Paket von insgesamt 154 unveröffentlichten Briefen an Tieck auch böse Kritik, in der Charlotte von Ahlefeld sich irren sollte.

»Beim Zugehen begegneten wir Deinem Bruder [dem Dichter Ludwig Tieck] auf der Brücke. Er war unendlich freundlich und zärtlich gegen die Mereau, viel anders, als im Beiseyn seiner Frau, vor deren Eifersucht er sich doch eigentlich zu fürchten scheint. Die Mereau, die mir noch im Augenblick vorher von ihrer ungeheuren Liebe zu B. [Brentano] vorgeredet hatte, wie sie alles jetzt freiwillig unterließe, was ihm an ihr mißfiele, und wie ihr außer ihm alles fade vorkäme, dieselbe M. konnte jetzt recht artig kokettieren und hätte gegen B. selbst nicht lockender und zärtlicher seyn können. Eine solche Liebe muß ein wahrer

Spaß seyn, denn sie stört nichts und ist mehr ein Notbehelf, leere Stunden auszufüllen, als wahre innige Neigung, die nur an einem Gegenstand hängt und außer ihm die ganze Welt verödet sieht.«

Für Brentano setzt sie sich in allen Briefen loyal ein, und über Sophie meint sie freundschaftlich: »Ist sie nicht recht glücklich? Ach, ich gönne es ihr, das weiß der Himmel, denn bei allem Leichtsinn, aller Eitelkeit und wie ihre übrigen Fehler heißen mögen, bleibt sie mir doch herzlich lieb, und ich möchte weit eher mein Leben mit ihr hinbringen als mit den meisten, die sich über ihre Denkungsart erhaben glauben.«

Am Abreisetag schon schreibt Sophie den ersten Brief.

An Clemens

22./23. August 1803
»Ich schreibe Dir schon, mein Lieber, und ich habe dir eigentlich den ganzen Weg über geschrieben, denn ich dachte immer an Dich, die einzigen Augenblicke ausgenommen, wo ich recht inbrünstig betete, und zwar nicht für Dich, sondern für mein Kind. (. . .)

Meine Reisegesellschaft ist besser als ich dachte, und meine gute Natur hat alles schnell besiegt. Ich fühle, daß es der A. (Ahlefeld) recht ernst gewesen ist, mich zur Reise zu bereden, denn wir fühlen uns recht kindisch wohl beisammen. Wir waren auch wegen des Sitzens gar nicht geniert, denn ich und die A. stiegen ganz wohlgemut auf den unbedeckten Sitz unter den lieben feinen Abendhimmel und ließen die Damen mit ihrer üblen Laune von dem ledernen Kutschhimmel bedecken. Ich glaubte, Dich noch irgend wo sehen zu müssen, aber vergebens, und das war auch gut, denn ich hätte wohl mit keinem schönren Eindruck scheiden können.

O! wie hast Du so viel Liebe und Seligkeit in diese letzten Minuten gehäuft! ich habe jetzt alles andre vergessen, alle die Schmerzen und Wunden; aus Deinen Augen hat sich eine Brücke über den tiefen Abgrund geschlagen den ich zwischen uns fühlte und ich gehe nun sicher zu Dir hinüber! – ich kann Dir nicht sagen, wie ich für Dich fühle, aber ich glaube Du hast es begriffen, weil mein Herz so selig ruhig ist.«

Sie dichtet ihm während der Fahrt ein vierstrophiges Lied, dessen Refrain: »ja Scheiden und Leiden tut weh« die letzte Zeile seines Abschiedsgedichtes aufnimmt: »und Nahe geht das Scheiden«.

Durch Wälder und Felder, dem Tale entlang o weh,
da schallt aus dem Grünen des Liebchens Gesang: Ade,
Du hast mich verlassen, o Liebster mein!
Muß dennoch ewig dein Eigentum sein,
Ade, o weh, Ade, ja Scheiden und Leiden tut weh.

An Clemens

Die Nacht ist hoch und sternvoll, ich mache oft die Augen zu und sehe Dich dann ganz lebendig neben mir sitzen. Du Sonne und Mond, Sommernacht, und weil ich der Traum Deiner Augen bin, bin ich ein Sommernachtstraum. – Gute Nacht, Lieber, – ich kann doch auf der Welt nichts als beten und lieben, und so bin ich ewig eine arme Frau, aber ein überschwenglich reiches Kind.

Es hat sich mit Sophie eine Veränderung vollzogen nach diesen intensiv gelebten Monaten mit Brentano, in dessen Bann sie steht.

Sie liebt.

An Clemens

Weißenfels früh 7 Uhr
Die Nacht war sehr kalt, und ich schwankte auf meinem
luftigen Sitz im Schlaf wie eine Grasblume im Wind. Wir
kamen in der Nach durch Schulpforte, wo wir an einigen
sehr hohen Linden vorbei fuhren, die in dunkeln Träumen
dastanden, und ich unterließ nicht, als eine gute Christin,
dabei an Klopstock zu denken, dessen Genuß vielleicht an
ihnen empor gewachsen ist. – Als es Tag werden wollte,
strahlten alle Sterne weit heller und freudiger; ich dachte an
Deine Augen, und an die Stunden der Trennung, die uns so
schön vereinigten. Warum ist das so, daß alles schöner
wird, wenn es sich bald verändert, und wird das wohl im
Tode auch so sein? –

An Clemens

Dresden. Mittwochs [den 24. August 1803]
Nun sind wir hier! – Ach! Clemens, wie sehne ich mich nach
dir! wenn ich nicht bald Briefe von Dir habe, wird meine
Liebe Hungers sterben . . .

Gegen Abend gingn wir ins Bad. Das war mir eine sehr
vergnügte halbe Stunde, ich war auch da allein, und konnte
ungestört an Clemens denken. Darauf gingen wir, mit der
schon erwähnten Bagage spazieren – aber wie selig ward
mit zu Mute, als ich auf einmal *Tiek* erblickte! – ich weiß
selbst nicht warum ich mich so unendlich freute; ich war
wie verrückt, und es war mir fast, als hätte ich Dich gesehen. Wir sprachen unaufhörlich zusammen, unaufhörlich
von Clemens, und kehrten uns an die andern gar nicht.
Auch er fand die A. (Ahlefeld) ganz anders als in Weimar,
doch ich hoffe, sie soll nicht immer so sein. Morgen verreist
er, dann aber erwarte ich, daß wir ihn täglich sehen. Gute
Nacht! ich sterbe fast vor Müdigkeit.

*

Wie Clemens empfindet Sophie, was sie der Liebe verdankt; was sie zum Thema ihrer Romane, ihrer Lyrik gemacht hatte, ist Wirklichkeit geworden: »Alles, in und außer mir, ist Übereinstimmung, Hoffnung und *Liebe!* In der ganzen Natur sah ich keinen anderen Zweck, als sie.«

Die Auffassung von der Liebe als dem Grundprinzip des Lebens ist ihnen beiden gemeinsam, innerhalb ihres dichterischen Werkes haben sie diese Überzeugung im Sinne des romantischen Idealismus gestaltet; nun wird die Liebe zum Mittelpunkt ihres Daseins.

Ihm, den sie liebt, schreibt sie, daß sie wieder dichten und Lieder singen könne:

> Wieder will ich Lieder singen,
> Leben, wieder dich verstehn
> und auf deinen leichten Schwingen
> durch die grünen Täler gehn!

Diese Verse klingen wie eine poetische Erwiderung auf ein Gedicht, das er ihr zuvor gewidmet hatte:

> Der Frühling regt die Schwingen,
> Die Erde sehnet sich,
> Sie kann nichts wiederbringen
> Als dich, du Gute, dich.

Weil sie beim Anblick der Sterne an seine Augen erinnert wurde, dichtet er:

> Ach Lieber Gott, sprich ihr ins Herz,
> Sprecht ihr von mir, ihr Sterne,
> Dann blickt mein Liebchen Himmelwärts
> Und ist mir nicht mehr ferne.

Und von ihr kommt, wie ein Gegenstück dazu, das Lied:

Du freundlich Liebesangesicht,
wie bist du doch so fern!
Dich bringt mir nun kein Tageslicht,
bringt nicht der Abendstern.

Mein Leben schließt die Augen zu,
weil es Dich nicht mehr sieht,
indes in Träumen ohne Ruh
mein Herz stets zu Dir zieht.

So etwas hatte Clemens nie erlebt: Hier findet eine Zwiesprache statt. Es nimmt sich seiner jemand an, erwidert seine Sehnsüchte, Wünsche, seine Poesie – und erwidert nicht nur, sondern bejaht sie in der ihm angemessenen Weise. Die Lieder und Gedichte, die Sophie in ihre Briefe einstreut, erinnern in nichts mehr an die Dichterin der klassischen Hexameter. Sie sind anspruchslos und innig, wie die Lieder, die Clemens im Park von Weimar zur Gitarre sang, – wie er sie für die Sammlung »Des Knaben Wunderhorn« suchte.

Es war wie ein Dialog in Gedichtform.

Brentano antwortet. Er schreibt immerzu. Kaum ist ein Brief beendet, fängt er den nächsten an. Er lebt auf den Posttag hin, er wartet. Die Strecke Zeit bis zu ihrer Ankunft in Marburg wird von seinen Briefen wie von einem Teppich ausgemessen, an einem schreibt er oft zwei Tage lang, dreißig Briefe sind es im September und Oktober 1803 – *Briefe* sind es eigentlich nicht, es sind Bekenntnisse, Beschwörungen, Tagebuchblätter, Selbstentäußerungen. Alles ist darin enthalten, Poesie und Prosa, Herzensenthüllungen und Lebensansichten – und immer wieder Verwunderung über die endlich gefundene Liebe.

O liebe Sophie, ich habe Dich immer geliebt, immer

gesucht, ich bin Dir nie untreu gewesen, und wo ich einem andern Wesen folgte, so waren es ja nur einzelne Züge von Dir, die ich wieder zu finden glaubte, aber ich bin ja nirgends wieder glücklich gewesen, spräche ich hier nicht die Wahrheit – wie könnte mir dann meine Liebe zu Dir so ernsthaft, und wie ein Schicksal geworden sein. Du hast eine wunderbare Beleuchtung ins Leben gebracht, ich sehe nur Deinen lächlenden unendlich süßen Mund, Deine wunderlichen träumerischen Augen, weißt Du denn Du lieber Engel wie Deine Augen aussehen . . .

In den Briefen jener Tage wird Brentano leidenschaftlicher und bedrängender als je zuvor.

»Du wirst in Deinen lieben Armen mir einen Raum vergönnen, den auszufüllen mir endlich eine Gestalt gibt, ein Bett gibst Du dem flüssigen Element, die Untiefe machst Du tief, das Stürmende rasch, das träge, schmerzvoll Drängende zur freien, freudigen Bewegung . . . Du bringst das Leben mir.«

»Du hast alles von mir zu erwarten, ich will Dir alles geben, was ich kann, geben heißt es nicht, ach, es hat keinen Namen, lieben heißt es, küssen, ach, ich bin so brennend verlangend nach Dir, daß die ganze Welt um mich vor Begierde zittert wie die Gegenstände in der Nähe des Feuers.«

»In Dir will ich zu Hause sein, Deine Leiden, Deine Freuden, Deine Ansichten, Deine Liebe, Dein ganzes Leben will ich begreifen verstehen, und mir zu eigen machen, um Dich zu lieben, um eines geliebt zu haben, um eines recht getan zu haben, dann kann ich einstens ruhig sterben, und die mich kennen, werden mir mit Achtung nachsprechen, er war ein braver, fleißiger, tugendhafter Mann, er hat die Mereau treu, innig, und tief geliebt, er hat Gott erkannt, geliebt, und hat zu ihm gerungen in einem seiner schönsten Werke, in jener milden schönen, liebevollen gütigen Frau, die auf Erden viel gelitten hat. Werde ich nicht darum allein einen Lorbeer erringen, daß ich Dich glücklich gemacht, daß ich Dich vergessen gemacht, daß es Unglück, Widerspruch und unheilbare Wunden gibt auf Erden?«

Er ist liebend – aber eben auch bedrängend. Er ist rührend, ist ergreifend wie ein Kind – aber wie ein Kind auch tyrannisch und besitz-ergreifend.

Sophie Mereau hat gewußt, daß sie in dieser Verbindung der stärkere Teil sein mußte, und, wie Charlotte von Ahlefeld schreibt, »eine bange Ahnung, daß die Ehe mit ihm wohl manchen Sturm mit sich bringen werde, war schon über sie gekommen«. Manche ihrer Briefstellen lesen sich wie mutmachende Selbstbeteuerungen: »Ich werde mit Dir glücklich *sein,* das weiß ich; ob ich es *bleiben* werde, das weiß ich nicht, aber was geht mich die Zukunft an?«

Sie ahnt, daß er sie überschätzt und zu einer Traumfrau stilisiert, die sie nicht sein kann. Sie sieht das Risiko: »Fest drücke ich beide Augen zu, halte die Hände vor beide Ohren, und so springe ich in den Abgrund – in Deine Arme!«

Liebe, die gewähren läßt, die gelten läßt, die helfen möchte.

An Clemens

d. 19ten 8br.

Nein, Clemens, ich will die Ordnung Deines Lebens nicht stören, ich will sie sichern; leichtgesinnt werde ich sein, aber nicht leichtsinnig, Deine Freiheit will ich zu erhalten streben, indem ich Dich der Unordnung entreiße, und alle Reife, welche die mir aufgenötigte Sorge für die Erhaltung meiner eignen Existenz, meinem Verstande gegeben hat, will ich gebrauchen, um Dir auf jede Weise nützlich zu werden. – O! Du glaubst nicht, wie seit einiger Zeit die

Zuversicht meiner Seele wächst! Das Vertrauen auf Dich, das Gefühl meiner wahren, reinen Neigung zu Dir, läßt mich stark und kühn der Meinung aller Andern entgegen treten.

Die Andern, das sind ihre Camburger Verwandten, allen voran die Schwester Henriette, die »mit Wut und Fanatismus«, so Clemens an Arnim, die Verbindung bekämpft. In der Tat wird ihr Vertrauen noch einmal auf die Probe gestellt: Brentanos Geschwätzigkeit ist bis nach Weimar gedrungen und bereitet Sophie peinliche, beschämende Situationen. Aus allen Zweifeln aber geht sie unbeirrt, geradezu heiter hervor:

»Nichts mehr davon. Ich erkenne mich nun als eine Heldin in der Liebe und Standhaftigkeit, da ich diesen Giftbecher leeren mußte, und dennoch unverändert bleiben konnte, und was Du auch sagen magst, so ist an der seltnen Vortrefflichkeit meines Wesens nun kein Zweifel mehr . . .

Was Du auch der Welt gelten magst, ich allein kenne Dich anders, ich allein verstehe Deinen Wert! . . .«

Nur – heiraten will sie nicht, wenn Clemens sie auch in jedem zweiten Brief mit Bitten bestürmt.

Es ist ein bemerkenswertes Phänomen, daß gerade diejenigen unter den jungen Romantikern, die Novalis, Friedrich Schlegel, Brentano hießen und in ihren Schriften, in der »Lucinde«, im »Godwi« eine freie, unbürgerliche, poetische Existenz forderten, im realen Leben am ehesten nach bürgerlicher Verankerung verlangten.* »Wirst Du dann mein Weib sein, das heißt vor der Welt?« fragt Clemens, »ich beschwöre Dich bei Allem, befestige mich in Deinen Armen öffentlich, und glaube nicht, daß ich nach der Ehe verlange, um die Ehe zu brechen, nein ich verlange nach Ruhe, nach Sicherheit, und öffentlicher Achtung, um in solcher Ungestörtheit meine Freiheit, meine Pläne zu einem schönen ungebundnen reichen, poetischen Leben außer den Augen der Welt wie Mysterien zu beginnen. – O liebe Sophie! vereinige Dich bald ganz mit mir, damit ich nicht so in Sorgen lebe, die des Dichters Sache nicht sein sollen.«

Er argumentiert mit den unterschiedlichsten Begründungen, stellt ihr die Vorwürfe seiner Geschwister, die Lage der Tochter Hulda, ihren eigenen guten Ruf vor Augen – sie lehnt ab: »vom Heiraten sprich mir nicht«, sie werde alles regeln.

In der Tat eine für die damaligen Zeiten ungewöhnlich mutige Frau. Sie hatte gelernt, nicht mehr, wie Schiller es ausgedrückt hatte ›im Widerspruch mit der Welt‹ zu leben, – sie lebte nun unabhängig von der Welt. Unabhängig, frei und souverän. Gewiß mußte sie sich auch fragen, welche Vorteile eine Ehe ihr bringen würde, nachdem sich ein eigenständiges schriftstellerisches Dasein als sehr vorteilhaft erwiesen hatte. Ob sie sich zur Heirat entschlossen hätte, wenn sie nicht ein Kind von Clemens erwartet hätte, das stellt sie selber in einem Brief infrage.

»Wärst Du in Deine vorigen Grausamkeiten zurückgefallen, so war ich fest entschlossen, eine Diebin zu werden, und mit Deinem Eigentum an einen Ort zu flüchten, den ich mir schon ersehen hatte, wo Du mich nie, nie wieder gefunden hättest.«

Brentano bemüht sich um eine Wohnung, in der sie so bald wie möglich einziehen kann, wobei er sie inständig bittet, bei ihr, nicht mehr bei Savigny, wohnen zu dürfen.

»Eine große unsägliche Mühe macht es mir, Dir ein schönes Logis zu finden, wo ich mit Savigny wohne, fehlt die Küche, neben uns bei Professor Tiedemann ist die Hausfrau ein wahrer Teufel, und so fort, heute Morgen aber habe ich eine Wohnung besehen, schöner als Deine in Weimar, und eine Aussicht, so reich so wunderschön, schöner als die meinige, nur begehrt er für den Monat ein Carolin, Du hast dafür drei sehr schöne Stuben ensuite mit der reichen Aussicht ins Tal, eine große und schöne Stube mit Kammer nach der Straße in die Stadt, Küche und dergleichen. Dies macht zwölf Rthlr. mehr als in Weimar, aber das ganze ist so, daß Du *Karl,* wenn er zu Dir kommen sollte, sehr gut logiren kannst, Du hast einen Ausgang nach der Stadt und kannst auch aus dem Haus auf vielen Steinernen Treppen hinunter ins Tal.«

Er mietet das Logis und zeichnet ihr den Grundriß auf; es ist das Haus, in dem ihr Sohn Achim Ariel Brentano geboren wird.

* * *

Ein Brief aus dem Norden habe sie erheitert, schreibt Sophie im Oktober, ein einstiger Bekannter biete ihr seine Hand. Es ist Georg Philipp Schmidt, der sich aus Kopenhagen meldet: »Wüßten Sie, wie oft ich Ihrer gedacht habe, an der Weichsel, an der Spree, am Belte! – Wie lebt Ihre krauslaunige Schwester? Wie Majer? – Wenn es Ihnen an der Saale nicht länger gefällt, so ziehen Sie an den Belt!«

An Clemens fügt Sophie hinzu: »Was kann ich ihm schreiben als die Worte:

> ich folge treu des Sängers Lied,
> das mich nach *Süden* zieht.

O ich glaube an Dich, wie ich nie geglaubt habe, ich liebe Dich, wie ich nie liebte, ich bin treu, wie ich es nie war!«

Clemens ist dennoch verärgert: »Ich habe mit Deinen Freiern gar nichts gemein, meine Begierde nach Dir ist die mir eigentümliche Begierde zu leben und glücklich zu sein, wer es ohne Dich werden konnte und dann Dich dazu einladen, ist Deiner unwürdig . . . Du bist das einzige Mittel, mich glücklich zu machen.«

Briefe und Gedichte gehen zwischen Weimar und Marburg hin und her. Oft fließen Verse in den Brieftext ein, kleine Lieder, die eine verwandelte Sophie zeigen:

> Herz, o Herz, was soll das heißen?
> bist so frei, so übermütig,
> willst die Zweifel von Dir weisen?
> und *er* ist Dir doch nicht gütig!
>
> Laß mir meinen Mut, den freien,
> ist er doch ein sichres Zeichen!
> mag *er* loben, mag *er* dräuen,
> nimmer findet er Meinesgleichen!

Es sind Gespräche, auf Papier geführt, phantasievoll und poetisch. Erlebnisse werden ›verdichtet‹ und später zu ›Gedichtetem‹ umgeformt, wie Sophie es einmal beschwört: »Nun gehe leicht und ungebunden über die Erde . . . und lasse Dir alles zu einem Gedicht werden.« Prosastellen werden rhythmisch gegliedert, Nachrichten in Poesie gegossen, liebevolle Beschwörungen stammelnd gereimt. Sie beschließen, wie ein Dichterpaar zu leben, gemeinsam »eine freie, poetische Existenz« zu begründen; Brentano will alles, was er hervorbringt, unter ihrem Namen drucken lassen, er entwirft einen Lebensplan, den er nur mit ihr ausführen kann: »Ich versichere Dich, ich werde keine Zeile dichten können, wenn Du mir fern bist.« Und bekenntnishaft ihre Antwort: »Ja, Du hast mich geweckt, Du hast mir den dichtenden, gottliebenden Sinn wieder gegeben, ohne den das Leben mir nur eine unendliche Last ist.«

Daß noch ein anderer Freund früherer Zeit, Johann Heinrich Kipp aus Lübeck, ihr geschrieben hat im Oktober 1803, das wagt sie Clemens nicht zu berichten. Er sei nun Advokat, sei erfolgreich und angesehen, schreibt Kipp. Ein Bekenntnisbrief, sechzehn Seiten lang: die Jenaer Studentenzeit, das Zerwürfnis mit seinem Vater, die Spielschulden, seine Liebe zu ihr, die Flucht der Gläubiger wegen. Ein nüchterner Jurist ohne Häuslichkeit, ohne privates Glück, das sei er nun – ein »belletristischer Schriftsteller« habe er werden wollen, durch sie, mit ihr. – Sieben, acht Jahre sind es her, daß Sophie diesen Mann liebte, zu ihm ziehen wollte. Nun kommt sein Brief zu spät. Müßig, noch Fragen zu stellen.

*   *   *

An Clemens

[Weimar, etwa d. 28. Oktober 1803]
Clemens, ich werde Dein Weib – und zwar so bald als möglich. Die Natur gebietet es, und so unwahrscheinlich es mir bis jetzt noch immer war, darf ich doch nun nicht mehr daran zweifeln. Meine Gesundheit, Deine Jugend, meine jetzige Kränklichkeit – ist Dir, Unbefangnen, denn nie etwas dabei eingefallen? – Ich weiß nicht, warum es mir kostet, Dir zu sagen, und doch kann ich nicht länger schweigen. – Wärest Du bei mir, so wollt' ich Dir es sagen, mit einem Kuß, doch will die Feder nicht zu schreiben wagen, den Götterschluß. Geheimnisvollstes Wunder, so auf Erden, die Götter tun, was nie enthüllt, nie kann verborgen werden – so rate nun! Denk Schmerz, Lust, Leben, Tod, in Einem Wesen, verschlungen ruhn, denk, daß ein ahndungsvoller Sänger du gewesen – errätst Du's nun?

Hinter Reimen halb verschlüsselt, halb offenbar: Sophie Mereau erwartet von Brentano ein Kind. Und er ist auf die Nachricht hin so überrascht, so erschüttert, daß er ihr mit den glücklichsten und zugleich kürzesten Briefen dieser Zeit antwortet.

»Heute erhalte ich Deinen Brief, der Dich mir gibt und was ich auf Erden begehrte, ein Kind, diese Botschaft hat mich so wunderbar überrascht, daß ich nicht denken, nicht fühlen kann.«

Sophie bereitet den Umzug vor. Das Piano wird verkauft, sie behält ihr Schreibpult, das grüne Sofa, für das Clemens die erbetene Strohmatratze anfertigen läßt. Man trennte sich leichter von beweglichen Dingen, damals.

Clemens bestellt das Aufgebot. Bis Eisenach reist er ihr entgegen, die Fahrt wieder mit einem Scherz begleitend: »Bis Montag bin ich in Eisen ach! in Eisen, Ketten und Banden.« Sophie nennt es »den Streich ihres Lebens, aus dem Clemens einen Ehemann zu machen«. »Weinen sollt' ich, wenn ich Weimar verlasse? – Wie irrst du Dich! ich scheid' aus diesen Gründen mit freier Brust, die Liebe such ich, weiß sie mir zu finden, o süße Lust! Was ich gesehn in früher Jugend Träume, das holde Bild, mein harrte es, in ferner Zukunft Räumen – nun ists erfüllt! –«

Erfüllte Träume. Gelebte Liebe.

Schweres Herz und leichter Sinn.

Am 29. November 1803 werden, nachdem ihnen von Superintendenten Herder zu Weimar das Testimonio Integritatis ausgestellt worden ist, »Herr Clemens Brentano aus Frankfurt am Main, privatisierender Gelehrter« und Frau »Sophie Maria Mereau« vom Pfarrer Creuzer in der lutherischen Pfarrkirche in Marburg getraut.

KAPITEL XXI
SOPHIE BRENTANO

Ich bitte Dich, lieber Fremdling, komm doch
endlich einmal nach Hause . . . versuch es
nur und komm zu Dir selbst . . .
Von meinem Leben kann ich Dir nichts
schreiben, es ist einfach und arbeitsam; es
wär unmöglich, daß ich so viel arbeiten
könnte, wenn Du hier wärest.

SOPHIE AN CLEMENS BRENTANO,
17. OKT. 1804

. . . denn ich kann nicht ohne Dich leben,
mein ganzes Blut kocht bei dem Gedanken
an Dich und steht stille und gerinnt, wenn
ich ferne von Dir bin . . .
Daß ich zu Hause werde arbeiten können,
daran zweifle ich nicht, aber daß ich hier
nach allen Umständen keine Zeile hervor-
bringen werde, weiß ich gewiß.

CLEMENS AN SOPHIE BRENTANO,
26. OKT. 1804

Glückliche Tage, ein traumhafter Sommer, das Netzwerk
aus Briefen, Wünschen, Schwüren und dann das erste Ehejahr.

War es, nach den Gefilden der Seligen, ein Höllensturz?
Ihre Ehe, soll Sophie der Freundin Charlotte von Ahlefeld
gestanden haben, enthalte Himmel und Hölle, aber die
Hölle sei vorherrschend. Himmel und Hölle, Schwarz und
Weiß, Tyrann und »glücklicher Junge« – Clemens Brentano
ist der extreme Mensch geblieben: Dämon und Genie. Er
ist gerade fünfundzwanzig, Sophie dreiunddreißig Jahre

alt. Der Altersunterschied ist es nicht, der Probleme schafft, der Wesensunterschied ist es, und Sophie Mereau hatte es gewußt, bevor sie das Wagnis einging.

Brentano hatte die höchsten Erwartungen in diese Verbindung gesetzt, die unrealistischen Hoffnungen eines Phantasten. Sophie hatte es in seinen Briefen lesen können.

»O was hast Du hervorgebracht! es ist die Hoffnung, die neue belebende Hoffnung, daß mir alle meine Poesie zur schönen lebendigen Wahrheit wird . . . durch deine göttliche beseelende Nähe, Du liebreicher Engel.« (1803)

Poesie soll Wirklichkeit werden, und Leben zur Poesie. Eine freie, poetische, bürgerlich-unbürgerliche, einsam-gesellige Existenz will er begründen, das verlorene Paradies eines ehemals Goldenen Zeitalters, diesen Traum der Romantiker will er für sich wiedergewinnen – und wirklich spricht er später, als alles Glück zu Ende ist, im Brief an Runge von seinem »versunkenen irdischen Paradiese« – das war ihm die Zeit mit Sophie.

Aber er hatte sich und sie überfordert, hatte Utopien entworfen, denen der Alltag in der kleinen Marburger Wohnung nicht standhielt. Dem Zerreißen nahe war ihre Verbindung allerdings erst, als der kleine Sohn starb.

Brentano wußte um seine Eigenschaft, von anderen immer zuviel, von sich selbst zuwenig zu erwarten. Er wußte es, aber er änderte es nicht. »Ich liebe alle Menschen freilich etwas zu sehr und bin nie befriedigt, weil ich immer von andern erwartete, was ich mir eigentlich nur selbst geben kann.« Das schrieb er im August 1800 an die freundliche, ihm nahe Schwester Sophie, die einen Monat später starb. Auch von Sophie Mereau hat er sich eine Idealvorstellung gezimmert, *ein Traumbild.* Nichts ist dafür aufschlußreicher als der folgende Brief an sie:

». . . und doch, wenn ich Dich den ganzen Tag nicht sehe, Dich nicht berühre, so werde ich traurig und glaube manchmal ganze Stunden, es wäre nicht wahr, ich liebe ein Traumbild, Du seist gar nicht auf der Welt, und für mich werde Gott Dich nicht erschaffen (. . .) So aber ist mir alles wie ein Traum, wie eine Geschichte, die ich irgendwo gelesen habe –« (Oktober 1803)

Die Widersprüchlichkeit in Clemens' Wesen war weithin bekannt. Helmina von Chézy schreibt nach Sophies Tod: »Sie blieb unverstanden an seiner (Brentanos) Seite. Sie starb im Harme dahin. Vielleicht hatte er nie erfüllt, was er hingerissen von Leidenschaft verhieß, weil er lange Zeit hindurch in dem Gegenstande seiner Leidenschaften nur ein Traumbild erblickte, das seine Phantasie geschaffen hatte, wenn es gleich in Wahrheit viel schöner war als seine Einbildung.«

Er sieht nicht das, was ist – er macht sich etwas vor. Auf die Täuschung folgt die Enttäuschung.

*

Zunächst, zu Beginn des Jahres 1804 hebt alles gut an. Sie erwarten in großer Vorfreude das Kind. Sie haben Freunde; Savigny, der im gleichen Jahre noch Gunda Brentano heiratet, Friedrich Creuzer, Professor für Philosophie, den Clemens mit Caroline von Günderode, einer Freundin Bettines, zusammenbringt und damit eine Liebesgeschichte in Gang setzt, deren Folgen noch nicht abzusehen sind. Karl Wilhelm Justi, Theologieprofessor und Superintendent in Marburg, der Sophie Brentano zugetan ist.

Die äußeren Umstände sind günstig. Zwar verliert Sophie durch die Heirat die bei der Scheidung ausgehandelten 200 Reichstaler, aber Clemens bezieht mit 1200 Talern eine ausreichende Summe aus den Zinsen des väterlichen Erbes. Der einzige Luxus, den sie sich gestatten, sind kleinere Reisen und die Erweiterung der umfangreichen, kostbaren

Bibliothek mit seltenen Büchern, von denen auch Sophie bei Übersetzungen (spanische, französische und italienische Literatur und Bearbeitungen, Gryphius) profitiert.

Einen Schock bedeutet es für Sophie, als Mereau die Tochter Hulda zurückverlangt, nun, da sie wieder verheiratet sei. Es gelingt ihr mit viel Klugheit, mit vieler Freundlichkeit und Überzeugungskraft, den ehemaligen Ehemann von einer Forderung abzubringen, auf der er nach geltendem Recht bestehen könnte. Hulda, sieben Jahre alt, darf bei der Mutter bleiben.

Alles läßt sich gut an in diesen ersten Monaten des ersten Ehejahres, und Clemens schreibt aus Frankfurt: »Geliebtes Weib! Du bist mein Weib, mein liebes, vortreffliches Weib, dies ist der erste Brief, den ich Dir ohne Sehnsucht schreiben kann, ich habe Dich nun, ich kann nicht mehr mit Recht betrübt sein, denn ich habe Dich ja, und durch Dich mich selbst . . . Du liebst mich, ich bin nicht mehr ausgestoßen von der Welt. Du bist mein liebes Weib, Du trägst mein Kind, und wir drei wollen Alles werden für uns.«

Sie antwortet ihm klug, und sehr wohl wissend, wie es immer um ihn, den ewig unruhig suchenden Geist, steht:

d. 18ten [Jan 1804]
In diesem Augenblick habe ich Deinen Brief erhalten und mit freudiger Bewegung gelesen. Daß Du so ruhig bist, macht mich glücklich. Wer in sich so frei, so kühn und vorzüglich ist wie Du, der soll auch außer sich mild und stolz und glücklich erscheinen. Man wird Dich eifrig suchen, wenn Du zu suchen aufhörst, Dich anbeten, wenn Du nicht mehr vergötterst, und Dich anerkennen, wenn Du dich selbst erkennst. Savigny war gestern bei mir und sprach mehr als gewöhnlich, es war eigentlich das erstemal, daß er mehr als Besuch war. Auch Christian kam wieder einigemal zu mir. Du wirst Dich doch wohl bald wieder mit

ihm versöhnen müssen. Das Leben ist so kurz, und nur das Vortreffliche soll das Leben überleben . . .

– Schreib mir bald wieder; Du weißt wohl, daß man nichts bessres lesen kann als Deine Briefe. Gestern Abend habe ich den ersten Band von *Godwi* vollendet, er ist doch sehr schön, besonders die Erzählung von *Cecilie und Franchesco,* die mir anfangs gar nicht schmecken wollte. Und Du bist doch einzig und ich liebe Dich, wenn du mich auch quälst; nur unglücklich sollst Du nicht sein, das einzige vergebe ich Dir nicht. Sophie

Am 11. Mai kommt das mit soviel Liebe erwartete Kind zur Welt, ein Sohn, gesund, schwarzhaarig, kräftig. Ihm gibt Clemens, in Anhänglichkeit an den ›Herzbruder‹ und Paten Arnim, in Anlehnung auch an dessen eben erschienenes Buch »Ariels Offenbarungen« den Namen Achim Ariel. Die Geburt war schwer und riskant, aber Sophie erholte sich so schnell, daß sie bereits vierzehn Tage später mit Clemens eine Fußwanderung durch die Berge unternehmen konnte. Wie üblich, wird eine Amme bestellt.

Glückwünsche von vielen Freunden treffen ein, aus Jena von Henriette Schubart, die sich ihres eigenen, kinderlosen Daseins um so heftiger bewußt wird, aus Holstein von Charlotte von Ahlefeld: »Könnt ich dich sehen in deinem neuen Verhältnis, und das vielleicht das Heiligste auf Erden ist, wenn treue, reine Liebe es geschaffen hat. Und Brentano – – wie wunderbar und rührend stell' ich mir seine Freude vor. So ganz anders wie bei andern Menschen muß sie sich bei ihm geäußert haben . . .« Ihrem Freund Tieck berichtet sie nach Weimar: ›Die Brentano‹ »ist schon seit geraumer Zeit mit einem Jungen niedergekommen, und mit Erstaunen habe ich aus der Zeitrechnung gesehen, daß sie schon damals schwanger war, als sie mit mir nach Dresden ging . . . sie schildert Brentanos Freude über sein Kind und sein jetziges Benehmen äußerst rührend.«

Clemens Brentano sieht damals, im Mai 1804, genau ein Jahr nach der Versöhnung mit Sophie, alle seine Wünsche erfüllt. Überglücklich schreibt er an Arnim:

»In derselben Stunde, da mein Kind, ein Knabe, der am 11. Mai mit großen Schmerzen geboren, mit Deinem Namen belehnt worden ist, kam Dein Brief und machte mir und der Mutter durch diese Zufälligkeit eine größere Freude ... Wenige Tage vor der Niederkunft las ich mit meiner Frau den *Ariel,* den Dieterich endlich gedruckt hat, im Garten mit großem Entzücken. Sophie gab mir den folgenden Morgen beiliegendes Sonett für Dich, an Dich; es geht ihr von Herzen, und so ist es dann gut.« (23. Mai 1804)

Das Sonett, das Sophie auf Achim von Arnim dichtete, wurde 1805 in ihrer Sammlung »Bunte Reihe kleiner Schriften« veröffentlicht. Es steht unmittelbar vor demjenigen an die Büste Brentanos. So hat Sophie die beiden Freunde durch die Sonette in einem Buch vereint.

An A. von A.

Ich sah das schönste Tal voll Frühlingsleben,
In Blüt und süßen Farben rings entbrennen,
Und eine Herrlichkeit, die nicht zu nennen,
Schien es in ew'ger Jugend zu umschweben.

Kann die Natur wohl Schöneres erstreben,
Als solchen Reiz, dies selige Entbrennen?
Der Frühling ist von Allem, was wir kennen,
Die Lust der Welt, das Göttliche im Leben!

Da las ich, was ein Gott Dir eingegeben,
In dunkler Ahndung, wunderbare Lichter,
Bei tiefem Ernst, erfreuliche Gesichte.

O! dacht' ich, zarte Blüten, glüh'nde Früchte,
Wie seid ihr hier vereint! Nein! nur der Dichter
Ist Lust der Welt und Göttliches im Leben!

Voller Zukunftspläne und neuer schriftstellerischer Ideen, als ein neuer Mensch präsentiert sich Brentano in einem überschwenglichen Brief an Caroline von Günderode. In Ausführlichkeit beschreibt er seinen niedlichen Sohn, wobei in seiner Freude eine seltsame Todesahnung erschreckt: »Mein Kind gefällt mir im ganzen sehr wohl . . . es recht mit allem Apparat zu lieben, wage ich nicht, denn es wäre imstande und packte diese Liebe ein und ginge mit ihr in eine andere Welt.« (2. Juni 1804). – Caroline, zehn Jahre jünger als Sophie, von Bettine Brentano eigentlich dem Clemens zugedacht, antwortet höflich: »Grüßen Sie Ihre Frau freundlichst von mir, auch ich freue mich Sie zu sehen und Ihr Kind, das ich mir gar lieblich vorstelle.« (10. Juni 1804)

Achim Ariel Brentano, der Sohn, stirbt mit knapp sechs Wochen an einer Kinderkrankheit. Clemens ist außer sich.

»Lieber Freund!« so am 28. August 1804 an Arnim, »Da Dein Bild vor mir stand, da ich Dich wiedersah, mußte ich schrecklich weinen. Mein Kind ist nur fünf Wochen alt geworden . . . Seit Achim tot ist, auf den ich meine Hoffnung ganz gelehnt hatte, ist alles Glück von mir gewichen: mein armes Weib kann nicht glücklich mit mir sein.«

Es wird ein Schreiben der Klage und Anklage. Sophie enttäusche ihn, sie sei hart und kalt, in »häuslichen Kämpfen« gehe seine schöpferische Kraft unter. Sophie verschönere zwar sein Leben, beflügele ihn aber nicht. Und umgekehrt? Er zeigte wenig Verständnis für ihren Wunsch nach Ruhe, nach einem Freiraum für ihre schriftstellerischen Arbeiten. Sie schreibt es ihm im Herbst des Jahres ohne Umschweife: »Ich liebe Dich, ich sehne mich oft herzlich nach Deiner Umarmung, doch will ich Dir nicht heucheln, es tut mir wohl, allein zu sein!« – Ihr Leben während seines

Besuchs bei Arnim sei einfach und arbeitsam; »es wäre unmöglich, daß ich so viel arbeiten könnte, wenn Du hier wärest.«

Sie war Freiheit gewohnt, sie will sie sich erhalten.

»Es ist wahr, ein Gefühl ist in mir, ein einziges, welches nicht Dein gehört. Es ist das Gefühl der Freiheit. Was es ist, weiß ich nicht; es ist mir angeboren, und Du verletzest es zuweilen. Verteidigen kann ich es nicht, denn wer sich verteidigen muß, ist nicht frei; betrügen kann ich nicht, denn Betrug ist Zwang, kannst Du es also mehr schonen, wie bisher, so bin ich zufriedner.« (13. Oktober 1804)

*   *   *

Sophie Mereau – Sophie Brentano

Unter dem neuen Namen kündigt sie nun ihre nächsten Veröffentlichungen an.* Sie hat Novellen aus dem Spanischen übersetzt und im Oktober, noch von Weimar aus, einen Verleger gefunden, Dienemann in Penig. Der erste Band erschien unter dem Titel *Die lehrreichen Erzählungen und Liebesgeschichten der Donna Maria de Zayas und Sotomayor, herausgegeben von Sophie Brentano.* Vermutlich war auch Clemens an der Übersetzung dieser Liebesgeschichten beteiligt. Sophies Übersetzungen zeigen Textstellen, in denen von dichtenden Frauen die Rede ist; sie verteidigt das weibliche Versemachen mit der ihr eigenen Ironie: es sei besondere Bewunderung für die Dichtungen einer Frau nicht nötig, »denn wäre dies Talent in einem Weibe zu bewundern, da sie keine andern Seelen als die Männer besitzen?«, heißt es in *»Die betrogene Aminta.«*

Für das Journal für deutsche Frauen, von deutschen Frauen geschrieben, bearbeitete sie die *Briefe der Ninon de Lenclos,* die sie mit folgenden Worten einleitet: »Schon neulich hab' ich behauptet, wir Weiber schreiben bessere Briefe als ihr Männer. Heute will ich zu finden suchen, warum.«

Mit einem weiteren Projekt ist sie beschäftigt: Sie will alle vorhandenen Erzählungen und Gedichte in einem Band zusammenfassen, für den sie noch den Titel sucht. Creuzer schlägt »Iris« vor, sie selbst will ihn »Romantischer Almanach« nennen, Arnim aus Berlin schickt gleich eine ganze Palette von Titelmöglichkeiten, von denen sie den einfachsten, *Bunte Reihe,* auswählt. Er paßt am besten zu der verhältnismäßig anspruchslosen Sammlung, in der eine abenteuerliche Erzählung *Der Mann von vier Weibern,* eine Legende *Johannes mit dem güldenen Mund,* alte Lieder aus dem Mittelalter, Szenen aus einem Trauerspiel *Cardenio und Celinde von Gryphius* und *Gedichte auf berühmte Gemälde der Dresdner Galerie* vermischt zusammengestellt wurden. Das Buch wird eröffnet mit einer sehr persönlichen Vorrede an die *Frau Geheime Staatsräthin Sophie von La Roche,* von Clemens verfaßt – seine korrigierte Handschrift liegt bis heute unter Sophies Papieren.

Sophie schreibt ihm, sie wolle »nicht für den Augenblick leben«, sondern für die Zukunft. Sie wünscht Ordnung und klare Verhältnisse, in dichterischer wie in prosaischer Hinsicht.

»Du selbst hast mich sorglicher, nachdenklicher gemacht, ich will nicht nur für den Augenblick allein leben, ich will auch für die Zukunft säen; eine Ernte will ich haben, wie das Jahr, und um säen zu können, muß man sammeln. Hierzu ist jetzt der Augenblick für mich da; ich habe angefangen, meine Einrichtung zu machen, und recht schön, du sollst mich loben, wenn ich Dir alles sagen werde. Wenn Gott mein Bemühen segnet, so wird mirs in Vielem wohler sein. Auch zwischen Dir und mir muß manches entfernt werden, was oft Veranlassung zu Verdrüslichkeiten geworden ist. Ich übernehme nicht mehr die Bestreitung aller Deiner Ausgaben. Jedes Vierteljahr sollst Du mir eine Anweisung auf 200 Rh geben, die ich nach Frankfurt schicke. Dafür besorg ich Wohnung, Holz, Magd, Kost, Wäsche und Licht. Für Dein übriges Geld besorgst Du die Dich allein angehenden Ausgaben, und wendest es an nach Deinem Gefallen, so wie ich für mein Persönchen sorge, was ich leicht kann, bei freier Anwendung meiner Zeit und dem Segen des Himmels.«

Clemens Brentano erhielt diesen Brief in Berlin, wo er seit Oktober 1804 bei Achim von Arnim zu Besuch weilt. Es hatte ihn, den unruhigen Menschen, nicht mehr in Marburg gehalten, nachdem das Kind gestorben und Sophie traurig geworden war. »In steten häuslichen Leiden fühle ich meine Kraft erlahmen«, hatte er dem Freund geschrieben. »Ein Jahr ist es nun, lieber Arnim, daß ich keine Zeile gedichtet, ohne Umgang, ohne Liebe –«

Achim von Arnim antwortete ihm mit einem besänftigenden Brief, bewundernswürdig in seinem tiefen Ernst; das Schreiben des Vierundzwanzigjährigen bezeugt seine hohe Auffassung von der Ehe.

»Ein anderes Wort von Dir verwundert mich, es betrifft Deine eigene Wiege, Deinen Ehestand. Du scheinst hinausgewachsen? Ich kann darüber nichts erraten noch Dir rathen: nur um eins bitte ich dich, störet Euer Vertrauen nicht. Es ist eine höhere Durchdringung als Liebe, und die Liebe hat nur darin ihren Wert. Vertrauen ist die höchste Leidenschaft . . .«

Arnim wird im Verlaufe seiner lebenslänglichen Freundschaft mit Brentano noch viele Klagen zu hören, viele unglückselige Situationen zu ertragen haben, schrecklichere und ausweglosere als die Mißverständnisse des jungen Ehepaares, dessen gegenseitige Zuneigung sich letztlich doch als das tragende Element erwies. Clemens Brentano wird, nach dem frühen Tod von Sophie, eine zweite, überstürzte Ehe eingehen, die so unfriedlich, bizarr und haßerfüllt verläuft, daß sich im nachhinein die Jahre mit Sophie als die glücklichsten, heitersten, liebevollsten seines ganzen Lebens erweisen.

Clemens' zweite Ehefrau war ein Mädchen von siebzehn Jahren, exzentrisch wie er selbst, aber auf eine krankhafte neurotische Weise. Sie war das Gegenteil von dem, was er brauchte und in Sophie Mereau gefunden hatte. Gegen die Ehehölle mit ihr waren die Jahre mit Sophie tatsächlich »ein irdisches Paradies«. Nur Einsamkeit und ein Gefühl von Verzweiflung können die Ereignisse erklären, deren Schilderung die Kluft zwischen den beiden Ehen Brentanos deutlich macht.

Auguste Bußmann (1791–1832), Bankierstochter und mit der Frankfurter Familie Bethmann verwandt, hatte sich, obgleich bereits mit einem holländischen Adjutanten verlobt, glühend in den dreizehn Jahre älteren Clemens Brentano verliebt. Sie ist frühreif, draufgängerisch wie ein Jüngling und schüchtern wie eine Kindfrau – jene Mischung, die einen Mann wie Clemens reizen mußte.

Er nahm es als romantisches Abenteuer und geriet in eine Lebenskatastrophe.

»Daß ich bis jetzt nicht geschrieben, daran ist bloß tiefer Verdruß und Scham über meine Lage schuld. Es ist des Teufels zu werden! Ohne es selbst zu wollen, wider den Willen der ganzen Bethmännischen Familie, die mich noch verflucht, ohne daß ich es verdiene, nachdem ich das Mädchen fünfmal gesehen . . . entschlossen wie ein Mann, jungfräulich schüchtern wie eine Nonne – wirft sich mir Auguste Bußmann . . . an den Hals.« So beginnt Clemens seinen Bericht an Arnim über seinen Unglückstag, den 22. Juli 1807, an dem Napoleon, von Tilsit kommend, in Frankfurt von den deutschen Fürsten begrüßt wird.

»Ich stehe neben ihr im Taxischen Hof auf der Treppe, da Napoleon und die andern Fürsten auf und ablaufen, in einer

Nische mit Claudine und Bettine wie eine Bildsäulengruppe vor den Augen aller Frankfurter. Ihr – Augustes – Betragen ist so toll zärtlich und aufsehenerregend, daß alles auf uns sieht; ich stehe wie am Pranger. Mit unaussprechlicher Angst und trauriger Empfindung war mir es nur eine dunkle Empfindung, daß die Arme, die mich öffentlich umschlangen, mir wirklich ein Halseisen werden könnten ... Mit Mühe halte ich sie zurück, daß sie nicht dem Bonaparte gar zu Füßen fällt und meine arme Person in die Weltgeschichte hineinflicht ... Und ich liebe eigentlich nicht, sondern ehre nur den Mut und entsetzlichen Charakter des Mädchens, der sich mit solcher Gewalt liebend zeigt. Und wie ich immer nur das Herrlichste glaube, scheint mir bloß Liebe und herrlicher Enthusiasmus in einem durchaus scheuen, züchtigen Mädchen, was Fanatismus in einer eigensinnigen, von Jugend intriganten, heimlichen, romanhaften Dame war.«

Er wollte fort, zu Arnim flüchten, aber Auguste Bußmann war listiger: sie veranstaltet nachts eine gewaltsame Entführung, indem sie Clemens zur Flucht überredet, so daß die empörte Familie auf sofortiger Heirat besteht.

Clemens merkt bald, daß er von einer Person ver- und entführt worden war, die ihn nicht im geringsten interessierte, »im Wesen ohne alle ideale Natur, verwöhnt, plump, ohne Reiz des Leibes und der Seele. So war ich zwar noch unkopuliert, doch *honoris causa* dafür erklärt, innerlich aber schon getrennt.« Von einem katholischen Priester werden sie getraut. »Die ganze Handlung war so läppisch, so elend, die Kirche schien über mir einzustürzen, und eine innere Trauer vernichtete mich, daß ich ohne Würde, ohne Rührung drei Sakramente empfing. Gott verzeihe mir meine Schuld. Nun bin ich verheiratet. Die Familie Bethmann dringt in mich, einen Stand zu ergreifen ... Das wäre noch die letzte Höhe! So halte ich es doch in meiner Bibliothek aus und denke an Sophie und Dich ...«

Das Leben mit Auguste Bußmann wird eine einzige Misere. Sie erweist sich als die haltlose Hysterikerin der ersten Stunde, sie tobt, schreit oder schmeichelt nach Bedarf, sie kokettiert mit fremden Männern ebenso wie mit Arnim, der vor Peinlichkeit nicht weiß, wie sich verhalten; sie wirft den Trauring aus dem Fenster, prügelt sich mit dem wütenden Ehemann und täuscht unter großem Skandal Selbstmord vor, den sie dann viel später, nach einer weiteren Ehe, tatsächlich begeht, indem sie sich ertränkt.

Es gelingt Clemens nach fünf Jahren zermürbender Auseinandersetzungen, die Scheidung von Auguste zu erreichen. Sein Schwager Savigny ist ihm behilflich, dem er gesagt hatte, niemals wolle er mit dieser Frau gemeinsam Kinder haben.

*

Welch ein Unterschied! Welch ein Unterschied zu seiner Gemeinsamkeit mit Sophie, die er bat, seine Frau zu werden, damit er ein Kind mit ihr haben könne:

»... daß, sollte ich je mich mit Dir eines Kindes erfreuen, wir es mit der liebenden Freude guter Eltern anschauen können, die ihr Kind schon vor seinem Dasein bedachten ... O Sophie, unser Kind, die unschuldige versöhnende Frucht so mancher wundersamer Schmerzen und Freuden, über den bange schlagenden kämpfenden Herzen ein Engel schwebend mit der Friedenspalme, ach ich kann ihm in die Augen, in die Seele sehen ...« (1803)

»Schreibe mir ja, wobald Du Leben unterm Herzen fühlst, o ihr glücklichen Weiber, die ihr doppelt leben könnt! Teures, geliebtes Weib, werde, sei eine gute Mutter, sei meine gute Gattin ...« (1804)

»Habe guten Mut, sei auf Hulda bedacht, ohne ihrem kränklichen Gemüte zu schaden, habe mich lieb, wenn uns Gott ein Kind erhält, werden wir glücklich sein, ohne Kind ist die Ehe unbegreiflich, mit diesem Segen aber ist sie Gottes Segen selbst.« (1805)

Am 21. Juni 1804 ist das Söhnchen Achim Ariel in Marburg begraben worden. An diesem für ihn traurigen Ort will Clemens nicht länger wohnen, und er beginnt, eine Wohnung in Heidelberg zu suchen, der aufstrebenden Universitätsstadt, wo Fries aus Jena und der Homer-Übersetzer Johann Heinrich Voß wohnen, wo sie sich mit dem Buchhändler Zimmer, dem Mediziner Loos, dem Theologieprofessor Daub anfreunden und ein reges geistiges und gesellschaftliches Leben anhebt. Savigny weilt dort, um am Aufbau der Universität mitzuarbeiten, Christian Brentano, Jung-Stilling, Heise und Tieck kommen zu Besuch wie auch Sophies Bruder Karl, der Medizinstudent, den sie nach Heidelberg holen will.

Während Clemens dort am Paradeplatz eine Wohnung mietet und sich mit Creuzer, der ebenfalls aus Marburg umgezogen ist, mit Caroline von Günderode, Kayser, Daub und Loos trifft, wohnt Sophie Brentano zum erstenmal in seinem Frankfurter Elternhaus »Zum Goldenen Kopf«, wo sie die weitschweifige Brentano-Familie kennenlernen soll.

Vor der Heirat hatte Clemens ein so negatives Bild von seinen Geschwistern entworfen, daß Sophie ihm entsprechend ungehalten schrieb: »Dann freue ich mich auch, daß ich niemals das Haus Deiner Verwandten in Frankfurt zu betreten brauche, ich habe auch nicht das geringste Verlangen, je einen von ihnen zu sehen, ach Clemens, es muß ganz unausstehlich dort sein!«

Umgekehrt hatten sich die Geschwister zu ihrer Verbindung wenig entgegenkommend gezeigt. Franz, Bruder und Vormund, war skeptisch und vorsichtig, Christian beschwor den Bruder zu bedenken, daß, wenn er eine neue Perle, Sophie, an die Schnur reihe, die andern Perlen, die

Geschwister und darunter das Kleinod Bettine, herausfallen würden. Gunda hegte schon lange Vorbehalte gegen ›die Mereau‹, die mit Winkelmann »vertraut« gewesen sei, und warnt Clemens des ungleichen Alters wegen; Bettine endlich, »welcher die Mereau von jeher ein schrecklicher Gedanke war«, weil sie den Clemens gequält, wurde vor Unmut krank. Clemens selber sagte damals voll Erbitterung über den feindseligen Widerstand gegen eine Frau, die sie alle noch nicht kannten: »Ja, zieht und zerrt nur, wir lieben uns, und Ihr müßt Euch einst noch freuen daran!«

Nur die Großmutter Sophie von La Roche, die von der ersten Begegnung an eine Vorliebe für Sophie Mereau gefaßt hatte, gratulierte ihm herzlich:

»Lieber wunderbarer Sohn meiner vortrefflichen Maximiliane, – Dein letzter Brief gab mir eine wehmütige Freude – sage mir, ich bitte dich, die Wahrheit deiner Verbindung – welche ich gut finde – und mit Wünschen für Dein und Sophiens Glück (. . .) Soviel bin ich sicher, wenn Clemens Brentano und Sophie Mereau ihre Kenntnisse und Geist vereint zum Besten verwenden, beide so glücklich sein werden als es wünscht – Großmutter Sophie v. la Roche.« (14. Juli 1803)

*   *   *

Clemens war vor allem an einem guten Verhältnis zu seiner damals neunzehnjährigen Lieblingsschwester Bettine gelegen. Noch bevor sie sich persönlich kennenlernten, schrieb ihr Sophie aus Marburg [1804] einen Brief:

»Ich muß doch endlich meinen Vorsatz, nie an jemand zu schreiben, den ich nicht von Angesicht zu Angesicht gesehen habe, brechen, weil ich Dich so herzlich lieb habe. Ach! es betrübt mich sehr, daß du traurig bist (. . .) Es muß sich also alles lösen, und zwar gut, weil es sich wahr lösen wird. – Ich werde dich nun bald sehen, und kann mir freilich jetzt noch garnicht denken, ob Du Sinn für mich haben kannst. – Denke Dir ein leichtgesinntes, unschuldiges Kind, das ganz allein in eine Wildnis gestoßen wird (. . .).

Doch genug von dem Kind und seinen wunderlichen Leben, sagen will ich dir lieber, daß ich Clemens recht herzlich lieb habe, und ganz zutraulich und ehrlich mit ihm umgehe. Wie das gekommen ist, frage mich nicht; das alles ist Schickung, was weiß ich davon. Lebe wohl, Liebchen, laß dein liebes Herz ganz leicht schlagen, freue dich daß du lebst, daß du so gut bist und daß nun noch ein Herz mehr, und zwar ein sehr gutes, vortreffliches Herz auf der Erde schlägt, das dich lieb hat. – Behalte diesen Brief für dich, denn er ist ja ganz alleine für dich und will niemand etwas sagen ausser dir.

Sophie.

»Sie hat mir eingeleuchtet wie ein Stern«, sagte Bettine Brentano.

Ihr hatte Clemens früher schon geschrieben: »Wenn Du Dich nicht zu *Sophien* neigen kannst, so ist dies nur, weil Du sie ganz verkennst«, es sei keine Liebeständelei, »sondern mannigfache Übereinstimmungen und Ergänzungen der Gemüter, der Ansichten, der Begriffe und der Ausführungen unserer Lebenspläne.« – »Wenn Du sie kennen wirst, liebe Bettine, so wirst Du für sie empfinden, was auch ich für sie fühle. Sie macht alles gesund und blühend, sie ist die ewige Jugend und immer ein Kind . . . Sophie ist die ganz menschliche Freundin meiner Seele.«

Auch die übrigen Familienmitglieder änderten ihre ablehnende Haltung. Die Spannung wich, nachdem man die neue Schwägerin endlich persönlich kennenlernte. Sophie fand liebevolle Aufnahme, und zwischen allen entwickelte sich der freundschaftlichste Verkehr.

Lulu Brentano, seit 1805 verheiratet mit dem Bankier Jordis, lädt Sophie und Hulda spontan auf ihr Landgut bei

Frankfurt ein. Georg Brentano schreibt nach ihrer Abreise: »Marie befindet sich mit ihrem Kind überaus wohl, sie läßt Sie freundlichst grüßen, und das ganze Haus gedenkt Ihrer in aller Freundschaft.«

Sophie selber war zögernd und mit Vorbehalten zu den neuen Verwandten gereist; ihr einziger Bericht vom Aufenthalt »Im Goldenen Kopf« bleibt merkwürdig undurchsichtig, ja zweideutig. Sie schreibt an ihren Freund, den Professor Justi in Marburg:

»Ich gefalle mir hier recht wohl, obgleich Frankfurt der Ort nicht ist, den ich mir zum immerwährenden Aufenthalt wünschte. Doch mußte mir, in neuen Verhältnissen, die Bekanntschaft so vieler mir intressanter Menschen sehr angenehm sein, umso mehr, da ich die meisten meiner Ansichten und Vermutungen durch die Gegenwart bestätigt gefunden habe. – Das Theater besuche ich oft, und es gewährt mir, besonders durch die Vergleichung mit andern Bühnen, vielen Genuß. In einigen Tagen wird Iffland hier erwartet. Clemens ist nach Heidelberg gereist, um dort manches in Augenschein zu nehmen; ich selbst werde noch mehrere Wochen hier bleiben. – Der Brief von Herrn Eichstädt war recht froh und erfreulich und voll zuversichtlicher Hoffnung auf die Genesung der krank darniederliegenden Jenaischen Academie. – Sophie Brentano.«*

Eichstädt und Jena. Der Professor für Eloquenz und Poesie, der sie noch immer liebte, hatte das Gerücht verbreitet, Brentanos Ehe drohe zu scheitern und Sophie käme nach Jena zurück. Clemens ärgerte sich und widersprach. Sophie hielt aber mit den alten Freunden weiterhin Kontakt, mit Geißlers in Gotha, mit Bertuch, mit Böttiger, mit Voigts in Weimar, denen sie von ihrem neuen Leben berichtet: »Ich selbst kann vor vielem Lesen gar nicht zum Schreiben kommen, denn habe ich nicht täglich den Clemens Brentano zu studieren? und außer diesem noch eine Menge seltsamer Bücher, aus welchen seine Bibliothek, vielleicht die einzige in ihrer Art, besteht? und außer diesen noch die Gegend, die sich unter meinen Fenstern in ein schön geschwungenes Tal ausbreitet, und an eine Bergkette anschließt, welche meine Blicke so angenehm wie meine Wünsche beschränkt. –«*

Auch diesmal ist es wieder die alte Sophie von La Roche, die an ihre »Enkel Tochter Sophie« zum Umzug nach Heidelberg und zu ihrem Leben mit Clemens die freundlichsten Briefe richtet.

Sophie von La Roche an Sophie Brentano (2)

Offenbach, d 8 august 1804
Ich danke Ihnen, verehrte Frau Enkel Tochter! recht sehr für den freundlichen Gruß, welchen sie mir gestern zu schickten – es würde mich gefreut haben, Sie noch einmal vor Ihrer Abreise zu sehen – so wie mich innig freut, daß der Sohn meiner Maximiliane in der Gegend wohnen wird, welche sie so schätzte – ich zähle auf die schöne und gute Mutter Natur bei Heidelberg, die alle Jahre nach Frost-Eis und am Stamme aller Teile des herrlichen Landes im Frühjahr sich erneut schmückt und Freude und Wohltun verbreitet – diese Gegend wird, nach Heinrich Hume, Einfluß auf ihre Bewohner zeigen und diese auch nach trockener Kälte und Gleichgültigkeit den Gesinnungen der alten Freundschaft erneuern –

Ich segne meinen Enkel Sohn Clemens zum neuen Vaterland ein und *Sie,* welche sein Leben versüßen und alle Beschwerden erleichtern werden. Ich habe mir gesagt, in meinem Alter soll man nichts mehr wünschen noch hoffen – Gott gebe Ihnen und dem Mann Ihres Geistes und Herzens *alles* was Sie selbsten von ihm bitten – – was ich noch wünschte, würde ohne Wirkung sein – (. . .)

Adieu in Eile von Großmutter
vLa Roche.

Sophie von La Roche an Sophie Brentano (3)

Offenbach, den 14. Ocbr. 1804

Werthe Frau Enkel Tochter!

Nehmen Sie in dem kleinen Brief meinen herzlichen Dank für Ihr liebes, angenehmes Schreiben aus Heidelberg gerne an – *Sagen Sie Clemens, daß sein Gruß mich freut* und ich ihm für diese Freude danke – möge der schöne Himmel und die so gute freundliche Erde um Heidelberg edles Glück und edle Freude für Euch blühen und wachsen lassen, wie ich ihn darum bitte und meinen Segen dazu lege –

Mehr habe den Mut nicht zu schreiben. Möge nun dies, was Euch wünsche, geschehen – in der anderen Welt lernt man sich ganz kennen, gute Kinder, und dies freut mich, auch für Euch –

Frau Hofrat Kröber sagt Ihnen viel Schönes – Sie ist auf einige Tage bei ihrer Freundin von Wahlschmied in Offenbach –

Leben Sie wohl, schätzbare liebe Frau! Und lassen mich immer etwas von sich hören, und glauben an die wahre Freundschaft der Großmutter von Clemens und Sophie Brentano

von La Roche.

* * *

Das erste Ehejahr hätte ruhig und freundlich verlaufen können, wäre in Clemens nicht wieder der Geist der Unruhe erwacht, aber ihm mußten »die Berge ferne sein, um golden zu erscheinen«, er sah das Gute in der Nähe nicht. Getrieben von einer ihm selber unerklärlichen Unrast, folgt er im Oktober 1804, sechs Wochen nach dem Heidelberger Umzug, einer Einladung Arnims nach Berlin. Vom Freund erhofft er sich, was ihm bei Sophie fehlt – um dann bei Arnim zu erkennen: das, was er braucht, kann ihm nur Sophie geben . . .

Es hatte Zerwürfnisse gegeben, bittere Gespräche und

Vorwürfe nach dem traurigen Geschehen im Sommer. Brentano, reizbar wie immer, war in der Seele verwundet: er hatte von der Beziehung zu Georg Philipp Schmidt erfahren, von der gemeinsamen Reise mit ihm. Nun wollte er fort, und Sophie unterstützte diesen Plan nach Kräften.

Als Clemens abreist, am 27. Oktober 1804, erwartet sie bereits wieder ein Kind.

Kaum ist Clemens unterwegs, zu Besuch bei Geißlers, bei Schlichtegroll in Gotha und weiter in Leipzig – schon ergreift ihn das heftigste Heimweh, die Sehnsucht nach ihr. ».. . Ich bin fest entschlossen, in höchstens drei Monaten wieder in Deinen Armen zu liegen, denn ich fühle mich arm und elend ohne Dich« – gesteht er am 9. November, »ach, und in diesem Augenblick möchte ich schon umkehren, aber ich würde mich vor Arnim schämen.« Er kommt in Berlin an, Arnim hat für alles gesorgt, will dichterische Projekte besprechen, er aber kann ohne sie nicht dichten, nicht arbeiten:

»Arnim selbst empfindet seltsam über meine große Sehnsucht nach Dir, er hat eine Achtung vor dieser innern Angst, o Sophie, warum so ferne, warum je ein anderes Wesen als Dich sehen? Ach daß mich Gott segne, daß uns Liebe, Ruhe und Friede werde in einander, daß die große Liebe in mir zu Dir von Dir deutlicher verstanden, empfangen und wieder geboren werde, o Sophie! (. . .) Arnim ist vortrefflich, liebenswürdig, durchaus voll Talent und Ideen, aber Du fehlst mir, Deine Liebe fehlt mir, Dein Kuß, ja etwas Unnennbares, was mir Deine Nähe gewährt, mehr als irgend die Nähe eines Menschen.«

»Ich schwöre Dir Sophie, Du kannst nicht so Dich sehnen, nicht so lieben, wie ich, ich armer innerlich entzündeter Junge, heute schon den ganzen Weg zerreißt mich die Erinnerung an Deine verfluchte Berliner Reise mit Schmidt, bei jedem Gegenstand denke ich an Dich, und daß er unterwegs in einer Stube mit dir schlief, dann ergreift mich eine innere zerreißende Wut, es ist, als könntet Du mich betrügen, als hättest Du mich weggesandt, frei zu sein, ach Sophie! Du bist nicht deutlich, Dein Herz, Dein Sinn ist nicht deutlich, wie konntest Du nur von mir fordern zu glauben, Du habest mit Schmidt so vor nichts und wieder nichts gereist und geschlafen, sieh das zerreißt, nie, nie hätte ich diesen Weg gehen sollen, der meinen alten Schmerz über Deinen Leichtsinn, Deinen bösen Ruf erweckt, o Sophie verzeihe, sieh ich ringe die Hände, in dem ich dieses schreibe, ich liebe Dich, ich bin behext, aber ich bin auch sehr unglücklich, daß Du nicht aufrichtig bist gegen mich.«

Sophie weiß kaum, was sie von dieser Mischung aus Vorwürfen und Begehren halten soll.

»Soll ich weinend oder lachend auf Deinen letzten Brief antworten? – einen größern Don Quichote wie Dich, trug gewiß nie die prosaische Erde! Zuhause sitzt sein treues Weib, liebt ihn, lebt eingezogen arbeitsam, trägt ihn in und unter dem Herzen, und ist ganz zufrieden – er reist ganz lustig durch die Welt, zu einem geliebten, wunderholden einzigen Freund, er könnte ganz ruhig und glücklich sein . . . Ich bitte Dich, nimm doch das Gute wahr, das Dein ist, es nicht genießen, ist auch Sünde, und bekämpfe diesen unbeschreiblichen Hang, stets nach dem Fernen Dich zu sehnen. Diese ewige Sehnsucht gehört nur Gott. – Meine Liebe, meine ich, müßte Dich umgeben wie ein warmes, weiches Kleid, das Du überall mit Dir trägst und in dem Du Dich wohl befindest . . .«

Sie antwortet gleichmäßig klug, beschwichtigend, gerecht. Er aber ist kaum zu beruhigen: »O Sophie, nur eine Minute Dir dieses Liebesgift durch die Adern . . .« – Er nennt sich selbst »behext«, als hätte er Tristans Liebestrank getrunken:

»Ich werde tun, was ich muß, ich habe um Dich gerungen, Dich haben, Dich sehen, Dich ans Herz drücken, Dir nahe sein, von Dir gequält und erfreut werden, o Du peinigst oft süßer, als Du küssest, Sophie, ich will zu Dir, ehe alle Sonnen untergehen.«

Arnim will ihn mit neuen, interessanten Menschen zusammenbringen, mit dem Verleger Unger und dem Komponisten Reichardt, mit Schleiermacher und dem Architekten Schinkel; er führt ihn in den Salon der Rahel Levin und zu Ludwig Tieck – doch Clemens denkt nur an die Rückfahrt, nur an Sophie.

In geradezu paradoxer Umkehrung klagt er, der sich zuvor an ihrer Seite unkreativ, gelähmt fühlte, nun über Arnim: »Hier kann ich nichts mit ihm beginnen, denn ich bin wie von Sinnen ohne Dich.« »Ich weiß auf Erden keine Rettung als in Liebe, ich weiß keine Liebe für mich als in dir, wer mag nochmals durch tausend Mißverständnisse mit mir wandeln, wem mag von neuem mit neuer Qual ich alle Worte sagen, o Sophie, laß alle Liebe nicht verloren sein . . .«

So schreibt er, der einem Verständnis und einer Liebe wie der ihren nie wieder begegnen wird.

Sophie versucht, ihm zur Einsicht zu verhelfen, sein Selbstbewußtsein in seine Fähigkeiten zu stärken:
»Wie kannst Du nur zweifeln, daß Du zum Reisen geboren bist? wem auf der Welt als Dir könnten nur so schnell eine Menge lustiger und seltsamer kleiner Abenteuer begegnen? wer hat Dein Auge, sie zu sehen, Deine Feder, sie zu erzählen? –« Ihre Briefe sind voller Ratschläge und Sorge, ja, sie lobt die Entfernung, weil sie ihm nun endlich sagen könne, was sie über ihn denke, »ob ich gleich weiß, da Du wenigstens ebenso gescheit bist wie ich«.

»Komm zu Dir selber«, das ist es eigentlich, was sie ihm sagt. (17. 11. 1804)

Seine Abwesenheit hat sie für ihre schriftstellerischen Projekte genützt. »Meine Arbeiten rücken fort, und ich arbeite fast immer mit vieler Lust. Die Erzählung ist zu Ende, ich habe sie Creuzer vorgelesen, und sie schien ihm sehr zu gefallen. Er sagte, er sei sehr überrascht, sie so sehr schön zu finden, er habe das nicht erwartet. – Wenn ich alles recht gut mache, so weiß ich auch, daß mir Dein strenges Gewissen noch den Tristrant zugesteht. Es hat ihn doch keiner so lieb wie ich, und – versteht ihn auch niemand so gut. – Sag mir, hast Du denn die Fastnachtsspiele und den Sternwald mitgenommen?«

Brentano ist nicht in der Lage, auch nur eine Zeile zu dichten in der Ferne. Doch: *»Dich zu lieben kann ich nicht verlernen, mit neuen Flammen steigt die Begierde in mir empor . . . Alles, Alles nur Du, nur bei Dir.«*

In ihre dichterischen Fähigkeiten setzt er neues Vertrauen. Er hofft, daß sie Arbeiten von Achim von Arnim in ihre *Bunte Reihe* aufnimmt, ja er verspricht, ihr das höfische Epos, an dem sie am meisten hängt, *Tristan und Isolde* von Gottfried von Straßburg, zur Bearbeitung zu überlassen. »Deine Muse wird gewiß wieder neue, schönere Zweige treiben als je, denn wer solchen Sinn für das Vortreffliche hat, den wird auch das Vortreffliche wieder lieben.« (26. 11. 1804)

Früher als gedacht, macht sich Clemens auf die Rückreise. Sein letzter Brief an Sophie schließt mit den Worten:

»Die Gewalt, die mich zu Dir zieht, ist allmächtig, ich muß, ich bin ganz krank vor Heimweh, o Sophie, so ein Herz voll Liebe ist in mir, ich möchte zerspringen, ich verspreche mich nicht wenn ich sage, daß selbst Kummer an Deiner Seite mir Wollust ist, aber es wird keinen Mehr

geben, ich weiß es, lebe wohl, bald sehe ich Dich, küsse
Dich, decke mir ein Bett neben dem Deinigen in dem
Deinigen in Deinem Herzen in dem Himmel, in Gott!

Clemens.«

Überraschend steht er in der Sylvesternacht vor ihr, unerwartet und doch willkommen. »Mehrere Tage bin ich nun
wieder in der Heimat, wo ich liebevoll, ja sozusagen recht
verliebt aufgenommen worden bin«, schreibt er an Arnim.
»Sophie war im höchsten Putz, da ich in Deinen Stiefeln
anlatschte. Es war Neujahr, sie wollte zum Schmaus gehen
und nahm mit mir vorlieb. Das ganze Gemüt Sophiens hat
sich in meiner Abwesenheit gesetzt, und sie ist recht liebenswürdig, gütig und leidenschaftlich geworden. Ich
kann über nichts klagen.«

KAPITEL XXII
ARNIM BEI BRENTANOS

> Wie Clemens Ihnen verbunden, mag diese
> Reise Ihre Beglaubigung seyn. Er ist nicht
> bei mir frohgeworden . . . sein Sie ihm um so
> mehr und ganz und immer.
>
> Die Ehe ist doch wohl das Wunderbarste auf
> der Welt, mich wundert nicht mehr, daß alle
> Romanen darin schliessen, fester kann nichts
> geschlossen sein . . . Wenn ich Brentano
> denke, sehe ich in seiner Hand eine andre, die
> ihn festhält.
>
> ACHIM VON ARNIM AN SOPHIE BRENTANO

Das Jahr 1805 sollte erfreuliche Ereignisse mit sich bringen: Sophie erwartete wieder ein Kind, und Clemens wartete auf seinen liebsten Freund, auf Achim von Arnim, der
seinen Besuch für den Frühsommer angekündigt hatte.

Arnim kam, und die Rheinfahrt mit ihm und Sophie
wurde Clemens zu einem Höhepunkt des Zusammenseins
mit den beiden Menschen, die seinem innersten Wesen auf
der Welt am nächsten standen.

Für Sophie aber kam neuer Schmerz: Das Kind wurde
geboren und starb, wie vor einem Jahr der Sohn, nach
kurzer Lebenszeit.

Noch bevor Arnim sich im April 1805 über Weimar und
Göttingen nach Heidelberg auf den Weg machte, schrieb er
der Frau seines Freundes einen langen, in drei Teilen abgefaßten Brief. Ohne sie persönlich zu kennen, stand sie ihm
schon nahe: er hatte die ganze quälende Werbezeit Brentanos, die Wiederannäherung und Heirat miterlebt; auf der
ersten gemeinsamen Rheinfahrt 1801 hatte ihm Clemens

ebenso von der lieblichen Dichterin, die von Schiller und Goethe anerkannt wurde, vorgeschwärmt, wie er sich beim Besuch in Berlin 1804 unablässig nach ihr gesehnt hatte. Arnim kannte die extrem überspitzten, oft sich widersprechenden Äußerungen Brentanos über Sophie Mereau, auf die er einmal in richtiger Vorahnung reagiert: »Dein Verhältnis zur Mereau verstehe ich nicht; ich gestehe es, ihr habt euch gegenseitig so potenziert, daß ich nicht recht weiß, ob Deine Liebe realistisch oder idealistisch ist. Wer Dich nicht kennt, würde Dir geradezu sagen, Du liebst sie nicht mehr als eine Romanenperson.«

Beides ist richtig, Brentano liebte diese Frau als sein in die Welt getretenes Ideal, irdisch und sinnlich und zugleich als Verkörperung dessen, was seine Phantasie in kühnsten Träumen ausgemalt hatte. Arnim begriff es, als er Clemens in Berlin wiedersah: größer als die Wiedersehensfreude, als alle gemeinsamen Pläne und Reisen war diese Sehnsucht nach Sophie, die ihn keinen Moment losließ.

Erstaunen über die Veränderung des Freundes mischt sich in Arnims Brief an Sophie mit seiner hohen Achtung vor der Ehe, die ihm das Fundament der Gesellschaft und unauflöslich war. Er hat diese Überzeugung später in seinem großen Roman *Armut, Reichtum, Schuld und Buße der Gräfin Dolores* zum Thema gemacht. »Es ist eine höhere Durchdringung als Liebe«, hatte er auf Brentanos ehelichen Klagebrief geantwortet, »stört euer Vertrauen nicht.« Es ist bemerkenswert, daß Sophie Mereau in ihrem ein Jahr zuvor erschienenen Roman die gleiche Auffassung vertritt. Es schreibt Eduard an Amanda: ». . . und Deine süßesten Versicherungen konnten mich nicht beruhigen. Da sprachst Du: Vertrauen ist das einzige Band, was die liebenden Seelen in fester, zarter Gemeinschaft erhält.« (I, 216). Die wachsende Sympathie zwischen Achim von Arnim und Sophie Brentano hatte in vielen Gemeinsamkeiten ihre Wurzel.

In seinem ersten Brief geht Arnim auf die häuslichen Dissonanzen ein, er vergleicht die Ehepartner mit zwei Musikanten an einer Orgel, die sich gegenseitig behindern, anstatt sich zu ergänzen, und er denkt sie sich in einem Bilde verschlungen wie Efeu an einem Waldbaum. Noch kannte Arnim Sophie Brentano nicht: sie war kein rankender Efeu, sie war eine eigenständige Persönlichkeit mit der festen Energie, selbst mit einem Ehemann wie Clemens ihre schriftstellerischen Arbeiten fortzusetzen.

Später, Bettine gegenüber, hat Arnim sie deswegen bewundert, ihren Fleiß gelobt und ihre Konsequenz, die Vormittage für sich zu reservieren, noch nachträglich mit Staunen quittiert.

Arnims erster Brief an Sophie – insgesamt sind von der Korrespondenz sechs Briefe erhalten – steht noch ganz unter dem Eindruck des abgebrochenen Besuchs von Clemens und seiner Schilderung des Lebens mit Sophie.

Achim von Arnim an Sophie Brentano (1)*

Berlin, d. 3ten Januar 1805
Geehrte Frau eines lieben Freundes!

Wie ich in seinem stillen Zimmer meinen Tritten nachhorche und aufräume, als sollten mir neue Gäste kommen, das werden auch Sie jetzt tun und nicht vergebens, denn er ist Ihnen nahe, vielleicht schon bei Ihnen, der mir der neueste und älteste, der liebste und gewöhnlichste Gast.

Es muß wohl so sein, es muß sogar sein, daß ich Ihnen die Notwendigkeit überzeuge, wie Clemens Ihnen verbunden, mag diese Reise Ihre Beglaubigung sein. Er ist nicht bei mir frohworden, es hat mich wohl gebeugt und verernstet, weil er anders war einst, – wenn hier ihm nichts mehr war, wenn ich ihm nichts mehr bin, sein Sie ihm um so mehr und ganz und immer. – Sie haben ihn befangen mit tausend

Anklängen, es ist ihm im Gemüte bei Ihrer Nähe, als triebe es ihn zu grosser Tat wie bei grosser Musik hinaus ins Freie, und kommt er hinaus, da schlagen sich die Bedienten mit Fackeln und er schämt sich in der Tat und sehnt sich zurück ins Haus. Er wird sich nicht zum zweitenmal hinauslocken lassen – der Gebrannte scheut das Feuer. –

Sind sie immer einig im Hause, höre ich die Leute auf der Gasse fragen, es ist viel Lärmen darin? Himmlisch einig, alles vereinigt sie wie Fugen, was sie stören wollte. Nur eins möchte ich tadeln. Es sind das zwei Meister auf der Orgel, die beide recht spiellustig sind, doch so, daß es erst dem andern einfällt zu spielen, wenn der eine anfängt, und sie haben dieselbe Orgel, das ärgert dann den einen und er zieht dem andern die Pfeifen heraus und will sie stimmen. Da tadeln sie sich untereinander, den einen, weil diese Töne ihm fehlen, die er selbst ausgezogen, der andere jenen, daß er so ungezogen dazwischen pfeift und stimmt. – Entweder, ihr lieben Meister, seid ihr nicht aufrichtig genug oder allzu aufrichtig, weil ihr euch statt aufzurichten, niederschlagt. –

Ja, sagen einige, Meister Clemens übt eine gar fantastische Aufrichtigkeit über die Leute aus, er gibt sich nicht einmal die Mühe, sie kennen zu lernen und sagt ihnen gleich aus sich heraus, was sie gewesen, was sie sind, was sie werden können, doch bittet er jedermann, ihn mit so etwas zu verschonen, er spielt in den Worten, andern befiehlt er ernsthaft darin zu sein, als wenn sie das Spiel nicht verstünden. –

Das kann nicht gut gehen mit den Beiden, sprechen ein paar! – Wohl soll es gut gehen, ruft der andre Meister aus dem dunkeln Fenster heraus, der heimlich in Tränen aus dem Saale geschlichen und dem Gespräche auf der Gasse gedankenlos zuhörte, geht es ihm wohl, so geht es mir gut, wisset, ich stehe nicht fremde über ihn und beobachte ihn, wie ein Mann den Mann, ein Weib bin ich, das fortlebende,

ewig veränderliche, herrliche sich ausflorirende, an ihn
erwachsend zu neuen Kindern, wie ein Epheu verschlungen allen seinen wilden Ästen bis zum höchsten Gipfel, wo
mir die Vögel singen und der Himmel scheint, nicht wie
zwei starre Waldbäume reibt uns der Sturm gegeneinander
bis wir beide brechen, im Sturme deckt er mich und in der
Kälte decke ich ihn, ich werde, wie er gedacht [er] ist, wie
er gelebt, in ihm ist meine Vergangenheit, in mir seine
Zukunft, in ihm mein Ernst, in mir sein Leben. Und ihr
heiligen Glockenschläge, wie ihr gleiche Sekunden zu
Stunden und Jahren herabschellt über die Erde, auch ihr
wäret nicht, fügte sich nicht das gewaltige Rad der Zeit
einem Gesetze wie ihr kleinen Räder, deren Stoß und
Zwang hier verhallen, deren Glockenspiel helle uns nur
umfaßt. Er ist bei mir wieder, ihr himmlischen Stunden,
und ihr seid wieder mein, der mir die Augen zuhält, ich sehe
ihn, der mir den Mund verschließt, erschließt sein Herz
mir, mein Glück und sein Unglück!

*

Ich mag töricht in Ihrem Namen reden, es ist meine Eitelkeit etwas Besseres mir zu denken als ich bin, da bin ich bei
Ihrem Wiedersehen stehen geblieben bei ihnen Beiden und
stehe ganz alleine vor meinem Pulte. Das Pult erinnert mich
an Gelehrsamkeit, Gelehrsamkeit an den Titel Ihrer Zeitschrift, den Sie von uns verlangten. Je nun, alle Dinge der
Welt sind etwas in ihrer und aus ihrer Zeitschrift, wählen
Sie mit jedem *Monat* einen andern Namen, stellen Sie jeden
unter den Schutz seines *Gottes,* oder geben Sie *Eisblumen,*
Maiblumen, Rosen und Granaten nach den Vierteljahren, oder
sei es überhaupt *Bunte Reihe* beim Gastmahl oder Blumen-
strauß. Weihen Sie es der Dauer, sei es *Rubinen Diamanten*
Smaragden Saphiren, ein Schmuck aller Zeit, weil sie die vier
Elemente vorstellen. Steigen Sie auf in die Höhe, nennen
Sie es den *Luftball,* den *Falken, Zugvögel,* oder gehen sie in

die Tiefe, sei es ein *Grubenlicht,* Widerhall oder schwimmen sie darauf zwischen den grünen Wiesen, seien es *Wellen* oder ein *Postschiff.* Wird es ernst und wunderbar, sei es eine *himmlische Konversation, Atmosphärilien* oder ein *Spuk* oder *Amrita* der Trank der Unsterblichkeit, oder die *Tafelrunde* der wunderbaren Abenteuer, oder *Roland* oder *Kastanietten* zum wunderbaren Tanz oder den *Pokal* zum wunderbaren Trank oder das *Tamburin,* die *Kastrolle, den Regenbogen, die Karbatsche,* wenn es satyrisch, und soll es vermischt sein, der *Ölkrug der klugen und unklugen Jungfrauen.* –

Die Ehe ist doch wohl das Wunderbarste der Welt, mich wundert nicht mehr, daß alle Romanen darin schließen, fester kann nichts geschlossen sein. Wenn ich in meinen Augen nachsinne, ich kann mir nicht vorstellen, wie Sie gebildet, noch in meinen Gedanken, wie Sie denken und doch, wenn ich Brentano denke, sehe ich in seiner Hand eine andre, die ihn festhält. Sie sind sehr glücklich, so notwendig ein Dasein dem Ihren verbunden zu haben, es ist herrlich sein Leben ganz und ungeteilt ohne Geheimniß und blinde Hoffnung an eine unendliche Tat zu setzen, das ist Gottes-Freiheit, jenes, das in sich schließt, endet miserabel in Launen, welche die Macht des Teufels auf Erden vorstellen, der Schnee und Hagel ist einzeln, der Frühling schmilzt sie alle mit der Erde zusammen, so nur wird die Welt grün.

Sie haben nun ein hohes gleiches Geschäft einer Hausmutter, der Festschmuck des Hauses, was man Poesie nennt, ist Ihnen dadurch fest zugesichert, ich wünschte, auch Clemens hätte ein Geschäfte des Hausvaters, er sei Lehrer in Heidelberg oder Theaterdichter irgendwo, mit einem Worte irgend etwas, was uns noch von der ehemaligen Herrschaft der Welt eines Bürgers und Hausvaters übrigblieben. Ich glaube dies das einzige Mittel, seine kränkliche Verachtung der meisten Menschen und ihrer Verhältnisse aufzuheben, in der endlich auch seine Poesie sich vernichten muß. Dichter sind nur dann Dichter, wenn sie wirklich notwendig der Welt; um der Welt notwendig zu werden, muß man sich frei in ihrer Not wenden lernen. Ich bin auch eigentlich nichts, das fühle ich schmerzlich, und doch bin ich mit vielen mehr Verhältnissen notwendig gebunden als Clemens; er selbst hat diesen Wunsch eines festen Geschäftes. Man kann Maler, Bildhauer u.s.w. sein, nie ein Poet, es sei denn, daß man als Gott lebte der Welt, sonst ist nichts unpoetischer in der Welt als das Leben eines Poeten, deswegen muß der Poet notwendig mit seinem Leben in stetem Widerspruche sein. Ich habe mich darum nie verwundert, wie Göthe die Direktion eines kleinen Theaters und einiger Bauten und einiger optischer Instrumente so am Herzen liegt, mehr als seine Poesie, eben weil sonst seine Poesie vom Herzen nicht losschmelzen würde. Wie lieb ist mir deswegen die literärische Liebhaberei von Clemens, auch Sie erfreuen sich daran, so treffen Sie Beide immer zusammen, sollten eigentlich beide promoviren, zusammen in Heidelberg Collegia lesen.

*

Ich schwatze so in die Welt hinein; weil alles still ist um mich, niemand mir widerspricht, so glaube ich recht zu haben. Es gibt nur eine Tugend in der Welt, lustig und traurig sein ohne Reue, darum will ich mir auch meine Worte nicht gereuen lassen, ungeachtet ich etwas viel Besseres sagen wollte, das Beste kann doch nie gesagt werden. Ich wünschte bei Ihnen zu sein, ich wünschte, daß Sie hiehergekommen, was wünsch ich nicht alles, vor allem ein gutes neues Jahr Ihnen.

Ehrfurchtsvoll Ihr
ergebener
Achim Arnim

Der Schlußsatz: »Ich schwatze so in die Welt hinein« kann nicht verdecken, daß Arnim die großen Probleme des Freundes in seinem Brief bedacht und sich darum an Sophie gewandt hatte, von der er sich eine Lösung und Entspannung erwartet.

Offenbar war ihm klar, daß die Reibereien und Störungen der »zwei Meister auf der Orgel« ihre Ursache hauptsächlich in Brentanos Berufslosigkeit hatten. Sie habe das Geschäft der Hausmutter, schreibt er Sophie, nun wünsche er, auch Clemens hätte »ein Geschäft des Hausvaters«, er sei Lehrer oder Theaterdichter. Er empfiehlt dem Paar, sie sollten »beide promovieren, zusammen in Heidelberg Collegia lesen.«

Arnim weiß nicht, wie recht er hat. Es war für Sophie Brentano unendlich schwierig, mit einem Mann zusammenzuleben, der keine Beschäftigung hatte außer dem Sammeln von Büchern, keine eigentliche Aufgabe im Leben, keinen Beruf. Sie hatte es ihm gesagt, geschrieben – er wollte nichts davon hören. Er haßte jeden bürgerlichen Berufszwang und blieb lebenslang, wie Guido Görres sagte, »ein geistreicher Dilettant«: »Nicht genötigt, einen bestimmten Beruf im Auge zu behalten und für diesen sich vorzubereiten, lag ihm schon frühe die Versuchung nahe, nur das zu treiben, was ihm eben Vergnügen und Kurzweil gewährte, um es alsbald, wenn die erste Lust verraucht war, mit einem neuen Spielzeug zu versuchen*.« Harte Worte von dem Sohn eines Freundes. Aber der Sachverhalt stimmte und war Brentano auch bewußt. 1801 teilte er Savigny mit: »Die spitzfindige Verachtung Winkelmanns trägt viel dazu bei, daß ich gern ein bestimmtes Studium so weit verfolgen möchte, mein Brot zu verdienen.«

Gesprochen hat er oft davon – gehandelt aber nie.

*　*　*

Auf den langen Brief Arnims hatte nicht Sophie, sondern Clemens geantwortet: »Dein Brief an Sophie ist mir das Herrlichste, was aus Deiner Feder floß, so poetischmild, ungebunden, edel und delikat.« Erst als ein zweiter Brief ins Haus kam, während Clemens in Frankfurt weilte, antwortete Sophie selber und lud ihn zur Taufe ihres Kindes ein, das einen Monat später auf die Welt kommen sollte.

Sophie Brentano an Achim von Arnim (2)

Heidelberg, den 24sten April. [1805]
Clemens ist in Frankfurt und hat mich gebeten, alle Briefe, welche an ihn kämen, zu erbrechen. Wie gern tat ich das dem Ihrigen, den ich an der Aufschrift erkannte! ich bildete mir ein, er sei an mich geschrieben, und glücklicherweise war dieser Brief nicht zu irdisch und zu überirdisch, so, daß ich es denken durfte. Ich habe also Ihren Brief mit großer Lust gelesen und vermißte nur etwas darin. Es ist, daß Sie gar nicht des Kommens gedenken. Sollten Sie andres Sinnes geworden sein? es wäre nicht recht! Denn nach Heidelberg müßten Sie ja doch, das liegt in Ihrem Leben und also warum nicht jetzt? ich würde gar nicht glauben können, daß es Früling und Sommer sei, wenn Sie nicht hier wären! Den Mai gebe ich Ihnen noch Zeit, und zwar gern; aber dann hoffe ich Sie mit zwei Leben zu begrüßen, oder ich werde nur halb zu leben glauben.

Ich hätte Ihnen schon längst schreiben können. Die Xenien gaben mir Veranlassung dazu, und dann später der kleine Stolz, mich über den *Cardenio,* der Sie so entzückt, schon vor Ihnen eben so lebhaft gefreut zu haben. Geben Sie es doch ja nicht auf, ihn neu zu erschaffen! ein Fragment davon erscheint in meinem neuen Buch, dessen größter Vorzug wohl sein Name, den Sie ihm gegeben haben, sein wird. Wenn ich klug bin, werde ich mit dem Ertrag desselben jenen rachsüchtigen Wirt in München bezahlen, der aus

Hohn Luthers Bildnis in seiner Stube hängen hat, weil dieser einst in diesem Wirtshaus eine Bratwurst schuldig geblieben ist, um, wenigstens auf diese Art, meine Schriften zu guten Werken zu machen. Ich hätte Ihnen also schon längst schreiben können, aber ich hielt mich immer für zu ungeschickt dazu. Dies tue ich auch noch heute, aber es freut mich recht, daß ich frei genug gewesen bin, mich sogar über meine eigne Ungeschicklichkeit zu erheben. – Leben Sie wohl? – Clemens wird Ihnen gewiß von Frankfurt aus geschrieben haben, und so vereinigt sich bei Ihnen das, was hier getrennt war.

Heidelberg den 24sten April.   Sophie Brentano

Vier Tage zuvor, am 20. April 1805, war Sophie trotz aller Beschwerlichkeit und der nahen Geburt allein in eine andere Heidelberger Wohnung umgezogen, die größer war und für Hulda »einen Spielgarten« bot. »Es gefällt mir sehr wohl in meiner neuen Heimat und hoffentlich soll es Dir auch nicht unheimlich darin sein. Der beschwerliche Tag des Ausziehens ist still und glücklich vorübergegangen«, meldet sie Clemens. »Als Neuigkeit kann ich Dir schreiben, daß Savigny einen Ruf nach Jena erhalten hat. – Nun leb wohl! ich wünsche Dir alle die Freude, die ich entbehre, und das ist viel, denn Du bist es ja selbst. Ich weiß nicht, ist es der Frühling oder die Liebe selbst, oder die Entfernung, daß ich recht oft mit süßer Lust und Wärme an Dich denke. Wenn Du da bist, kann ich oft vor Dir selbst nicht dazu kommen, Dich recht zu lieben. Leb wohl.«

»Gott grüß Dich im neuen Haus liebes Weib und gebe Dir fröhliche Stunden, mit großer Freude kehre ich zu dir zurück«, schreibt ihr Clemens aus Frankfurt, »ich will lieber unter dem lichten Galgen leben, als hier im Hause. – Teures Weib, ich wollte wir wären wieder beieinander, ich habe Dich so lieb, nun wir wissen es ja, und das Kind unterm Herzen weiß auch davon, sei mir gut, ich bin so unruhig

und verstört, ich kann nur eines sagen, was mit das Wahrste, bestimmteste ist, daß ich Dich herzlich, innig liebe.«
(23. 4. 1805)

Geschwunden sind seine Depressionen und Klagen, Clemens freut sich auf das Kind, freut sich auf Arnims Kommen.

Der Freund hatte ihm noch in Berlin die Zusicherung gegeben, zusammen mit ihm eine geplante Liedersammlung vorzubereiten. Im Februar konkretisierte Clemens den Plan, sein Vorschlag an Arnim lautete: »ein wohlfeiles Volksliederbuch zu unternehmen, welches das platte, oft unendlich gemeine Mildheimische Liederbuch unnötig mache . . . Es muß so eingerichtet sein, daß kein Alter davon ausgeschlossen ist, es könnten die besseren Volsklieder drinne befestigt und neue hinzugedichtet werden.« Arnim antwortete: »Über das Volksliederbuch, denke ich, sind wir lange einig, nicht ohne Dich und mit keinem andern als Dir möchte ich es herausgeben.« Er schrieb ein Vorwort und war schon unterwegs nach Heidelberg, wo er »Gevatter stehen« wollte, als er Sophie unmittelbar von Giebichenstein aus, wo er bei Reichardt Zwischenstation einlegte, für ihren Brief dankte.

Achim von Arnim an Sophie Brentano (3)

Geehrte Frau!
Mir ist zumute, da ich Ihnen schreibe, als spreche ich zu einer schönen Blinden und wäre selbst blind, ich seh Sie nicht; Sie sehen mich nicht. Wie lange wird es dauern, so bin ich bei Ihnen, von Giebichenstein bei Halle kommt Ihnen dieser Brief, wo ich sehr froh bin im Grünen, im Blühenden, und regnete es nicht, ich bliebe Ihr Schuldner im Dank für so gütige Einladung, bis ich ihn mündlich der Hand bezahlen könnte, die mir so schön schrieb. Wie es

mich freut, hier vom kleinsten Winkel mich umfangen zu
lassen, wo ich es sonst für eine prächtige Ehre hielt, allerlei
dumme Gesetze zu entdecken, ich bin ordentlich mit
Schrecken aus der Stadt gekommen, es war, als wenn die
Pflastersteine wie Magnete nach mir zielten, meine Freunde
waren alle ausgezogen, keine Tür öffnete sich aus alter
Bekanntschaft. Aber hier ist ein ewiges Ballschlagen und
Raketenbrennen mit Grünen und Blühen, und man läßt mir
keine Ruhe, ich muß meinen Platz nehmen und mitspielen,
Tintenfaß und Feder sind mir versteckt und die Gedanken
spielen Versteckens mit mir, weil sie lieber mit den Augen
lustwandeln mit mir. O ich denke recht viel an Sie, ich
glaube Sie zu sehen, wie man sehen kann aus lebendigen
Träumen erwachend, und wie ichs bedaure, daß Ihnen der
Monat Wehes antut, der alle freut, das will ich Ihnen lieber
sagen bei der Taufe, ich übe mich täglich im Gevatter
stehen bei allem Herrlichen was geboren wird, dann werde
ich es schon weiter darin gebracht haben.

Hochachtungsvoll
L. Achim Arnim

*

Das Kind wird am 13. Mai geboren, es ist eine Tochter,
Joachime soll sie heißen nach ihrem Paten Achim von Arnim, *Elisabetha* nach (Elisabeth) Bettine Brentano, *Claudia*
nach Claudine Piautaz (1772–1840), die im »Goldenen
Kopf« seit dem Tod von Clemens' Mutter den Haushalt
führte, von allen Brentano-Geschwistern sehr geliebt, *Caroline* hieß sie nach ihrer Patin Caroline Rudolphi (1754–
1811), Vertraute Klopstocks, bedeutende Erzieherin und
Dichterin und die beste Freundin von Sophie in Heidelberg. Sie hatte eine pädagogische Anleitung »Gemälde
weiblicher Erziehung« veröffentlicht, worin zum erstenmal
nicht Respekt und Strenge, sondern eine natürliche und
freundschaftliche Erziehung ›vom Kinde aus‹ propagiert

wurde; in Heidelberg leitete sie ein Mädchenpensionat, in welchem auch Hulda Mereau aufgenommen wurde. –

Zur Pflege des Säuglings hatte Sophie an ihre Schwester Henriette geschrieben, die aber weder kommen konnte noch wollte – des fehlenden Geldes und ihres Freundes Ludwig von Coll wegen, für den nun Sophie bei Savigny um Unterstützung bittet: er möchte doch dem Juristen Coll zu einer Anstellung verhelfen. Jette, der es wieder schlecht geht, verliert weder den Mut noch den Humor, darin ist sie Sophie ähnlich. Lebhaft schildert sie die Vorzüge des jungen Mannes: »*Coll* versteht die Rechte, ist von Adel und katholisch, wär *mir* seine Empfehlung und Anstellung überlassen, so würden ihm bald die Nationen huldigen, wie ich!«

Joachime Elisabetha Claudia Caroline Johanna Brentano (*Johanna* hieß die Mutter von Sophie) wurde kaum fünf Wochen alt. Arnim, der Ende Mai bei den Brentanos eintraf, kam zur Taufe zu spät – aber rechtzeitig zur Beerdigung.

»Früher, lieber Savigny, als wir Ihr gütiges schönes Taufgeschenk erhielten«, schreibt der unglückliche Clemens, »ist meinem seligen Kinde ein Scharlachröckchen verehrt worden, das es mit zu Grabe genommen. Es war gesund, sehr gesund, aber es ist nun tot, es ist uns an einer Kinderseuche, am Scharlach in Zeit von einem Tag und Nacht hingestorben. Morgens hatte es ein rotes Fleckchen, mittags eine rote Wange, keinem Arzt schien es gefährlich, abends tranks noch, am Morgen wars ganz tot. Wir sind sehr unglücklich mit unsern Kindern, meine arme Frau hat unendlich gelitten, zwei so hintereinander kommen, weinen und gehn zu sehen, das ist ein traurig Nachsehen, ein trauriges Dableiben.«

Dicht beieinander lagen Geburt und Tod in jener Zeit. Ein trauriges Dableiben. Es war das dritte Kind, das Sophie verlor, und sie litt unsäglich.

»Von Clemens soll ich Ihnen schreiben?« heißt es in einem Brief dieser Zeit an Amalie und Christian von Voigt in Weimar. »Wenn man sich selbst nicht kennt, wieviel weniger das, was einem lieber ist als das Selbst? ich bin blind für seine Fehler und ganz Auge für seine Tugenden; das ist alles was ich weiß. – Was mich betrifft, so fühle ich mein Gemüt durch den Tod meines Kindes sehr verändert; ich bin nicht mehr so gesund, so freudig und so lebenslustig wie vorher; ob es sich ändert, weiß ich nicht, und es scheint mir auch kaum der Mühe wert.«

Immer war ja bei einer Geburt auch die Mutter in Lebensgefahr; »wie ein Held in der Schlacht«, sagte Clemens, bei jeder Geburt neu, hatte sie den Tod vor Augen: entweder den des Kindes, oder den eigenen. Hilflos stand man dem gegenüber.

Sophie lebte. Das war für Clemens das Wichtigste, sie war lebendig. »Sophie, mein Weib, die mir ihren Leib hinreicht, die mir gern Kinder gebiert (die Gott erhalten möge) lebt, sie lebt, o das ist schon göttlich genug, das ist schon unendlich viel für einen Lebenden, und so bin ich dann glücklich von Herzen.« (1. Sept. 1805)

Sophie weiß, was sie hinter sich hat, und auch, was ihr bevorsteht. Sie sucht sich zu fassen und, mit dem Gedanken an den gewissen Tod, neu zu leben. »Verehrter Freund!« so an den Professor Justi in Marburg, »ich sage nichts von den neuen Leiden, die mich betroffen haben; sie sind von der Art, daß man sie zwar nie vergessen kann, aber entweder sich *sogleich* fassen muß, oder es *niemals* kann. Ich sage mir jeden Tag: das Leben ist kurz, der Tod gewiß, die Zeit kostbar, und diese Gedanken erhalten mir einen heitern und tätigen Mut.«

Die Zeit ist kostbar.

Weiß sie, daß Schiller gestorben ist?

In einem Taschenbuch von 1805 fand sich ein anonymes Gedicht, *Schicksal,* das in Inhalt und Form an Schiller anknüpft, in den Themen auf Sophie Mereaus frühere Lyrik verweist.

> Im Blütenalter seliger Gefühle,
> Wo leichter Tand nicht mehr den Sinn berauscht,
> Das rege Herz der Jugend frohe Spiele
> Für süße Wehmut schwärmerisch vertauscht,
> Fand oft der Abend still, doch wonnetrunken
> Mich in den Traum der Phantasie versunken.
>
> Dort im Gebiet der schönsten Ideale
> Entflammte sich des Geistes Hochgenuß;
> Es bot der Freude reine Götterschale
> Mir lächelnd der verwandte Genius;
> Und selbst der Unbedeutendheit im Leben
> Vermocht' ihr Zauber Rosen einzuweben. . .

Es erschien 1805 und wirkt wie ein Nachhall an Schiller, wie eine Ehrung für ihn, mit den beiden letzten Zeilen:

> Und rein von Ird'scher Glut, in lichten Fernen,
> währt, was das Herz empfand, noch über Sternen.

KAPITEL XXIII
»EINE ERNTE WILL ICH HABEN«

Wäre es doch möglich, dachte ich, so immer
höher zu steigen und dann, in heiliger Einsamkeit, die ganze Erde, ihren einfachen Gesetzen gemäß, dahin wandeln zu sehen, dann
immer weiter dem unersättlichen Durst nach
Wissen zu folgen, und den Sonnen und Sternen ihre ewigen Geheimnisse abzulauschen!

Ich erwarte viel von mir selbst . . ., und die
Kräfte, die ich in mir fühle, sollen eine wohl-
tätige Erscheinung werden und die Fackel
der Tätigkeit auch in fremden Gemütern an-
zünden. Das handelnde Leben . . . reizt mein
Verlangen, und ich brenne vor Sehnsucht,
mein eignes Wesen in Wort und Tat wieder-
zufinden.

SOPHIE MEREAU, AMANDA UND EDUARD

Sophie Brentano stürzt sich in Arbeit. Sie schreibt jeden
Tag.

Die Arbeiten gelingen. Sie übersetzt Boccaccio, bearbeitet mittelhochdeutsche Lyrik und Prosa, Werke, die sie in
der eigenen Bibliothek vorfindet. Friedrich Creuzer schreibt
an seine Freundin Caroline von Günderode: »Die Brentano
bearbeitet jetzt mehrere alte Sachen. Eine poetische Erzählung von einem noch ungedruckten Minnesänger, den Clemens im Manuskript besitzt, und ein Trauerspiel von einem
alten Dichter Gryphius hat sie vollendet. Beides ist ihr, wie
ich urteile, wohl gelungen.«

Sie übersetzte fünf weitere »*lehrreiche Erzählungen und
Liebesgeschichten*« für die zweite Ausgabe der Spanischen

Novellen, die 1806 erschienen. Diese Novellen aus dem Jahre 1636, ähnlich dem »Decamerone« in eine Rahmenhandlung eingefügt, wenden sich vorwiegend an ein weibliches Leserpublikum. Es sind die Damen darin, die die besten Geschichten erzählen, die »lehrreich« sind, weil Frauen daraus lernen können, ihre Schwäche in Stärke zu verwandeln und sich gegen den Betrug und die Übermacht der Männer durchzusetzen.

Auf eine schlechte Beurteilung der Novellen durch Kotzebue im »Freimüthigen« reagierte Brentano mit einer Anzeige in der »Eleganten Welt«: »Die talentvolle, von ihren Lesern geliebte und von würdiger Kritik bis jetzt stets würdig behandelte Übersetzerin begann die Verdeutschung dieser Novellen mit vielfachem Vergnügen, denn es schien ihr nicht ... weniger gewagt, das Werk eines von ihrer Nation geehrten Weibes ihrer Nation zuerst zu geben, da sie auch von der ihrigen geehrt wird.«

Erschienen ist die *Bunte Reihe kleiner Schriften* mit den Sonetten an Brentano und Arnim, mit neuen Gedichten, unter denen, im Sinne der herrschenden Kunstliebe verfaßt, die Verse zu berühmten Dresdner Gemälden erwähnenswert sind, darunter das Gedicht auf die Sixtinische Madonna.

Maria.
Von Raffael.

Sie steigt empor! Die Himmelskönigin,
Aus blauen Wolken Engelshäupter quellen,
Der Himmel selbst will sich vor ihr erhellen
Vor ihres Auges hohem, mildem Sinn!

Fest blickt das Kind in jene Strahlen hin,
Die aus dem Himmel ihm entgegen schwellen,

Den Vater sucht es in des Glanzes Wellen,
– Dem Höchsten ist das Höchste nur Gewinn.

O Mutter! die geliebt mit festem Glauben,
O göttlich Kind! das bei dem tiefsten Schmerz
Wie bei der größten Hoheit kindlich bliebe,

Das willig trug den tiefsten Schmerz aus Liebe,
Mit eurem Bilde füllet ganz mein Herz,
Dann kann mir nichts der Seele Himmel rauben!

Die Frömmigkeit Brentanos steht hinter dieser Dichtung,
seinetwegen trat Sophie möglicherweise zum Katholizismus über, was Dorothea Schlegel, die den gleichen Schritt
vollzog, mit Ärger quittierte*; seinetwegen machte Sophie
eine Reise zur Wallfahrtskirche von Walldürn, die er von
Kindheit an kannte. Es war unmöglich, sich im Zusammenleben mit Brentano seinem Einfluß zu entziehen, in dichterischer wie in religiöser Hinsicht.

*

Deutlich spürbar wird diese Nähe, diese Hinwendung zu
Brentano in dem kleinen Schauspiel *Gustav und Valerie,* zu
dem Sophie, wie sie dem Verleger Göschen mitteilt, durch
den 1803 erschienenen Roman der Frau von Krüdener
»Valérie ou lettres de Gustave de Linar à Ernest de G . . .«
veranlaßt wurde. Dorothea Schlegel hatte das Buch 1804
ins Deutsche übertragen.

Es geht in diesen »Szenen« um die Liebe einer Frau,
Mutter einer kleinen Tochter, zu ihrem zweiten Ehemann
– der sich seinerseits auf Reisen einer Freundin angenähert
hat. Die Lebensumstände der Valerie ähneln bis ins Detail
den eigenen Erlebnissen von Sophie und Clemens. Zu
Beginn singt Valerie sogar eine Variante des Brentanoschen
Lore Lay-Liedes:

Stand ich auf hohen Bergen
Und sah wohl über den Rhein,
Ein Schifflein sah ich fahren,
Ein Schifflein sah ich fahren,
Zwei Ritter saßen darein.

Der Eine der darunter war,
Das war ein Grafen-Sohn,
Tät mir sein' Lieb' versprechen,
Wollt' nimmer die Treue brechen – –

Das Einbringen solcher volksliedhaft-einfachen Gedichte
in ihre Texte – es ist auch in der *Bunten Reihe* der Fall – lassen
erkennen, welche Wendung vom klassischen zum romantischen Lebensgefühl, von klassischer zu romantischer Dichtung Sophie Brentano inzwischen vollzogen hat.

Für den Gustav des Schauspiels hat Brentano Pate gestanden:

»Mich fesselt alles an ihm, selbst seine Fehler, ich bin
verloren an ein fremdes Wesen: er sucht nur das, was ihm
die Welt entrückt; mit heller Sehnsucht fliegt sein Sinn der
ewigen Schönheit zu . . . und kann nur Ruhe finden beim
Vollkommnen. Daß mich sein Wesen schmerzt, ist wahr,
und dennoch lieb' ich's. Er ist nicht schuldig, und ich bin es
nicht. Schuldig ist die Zeit, die Welt, das Unvermeidliche.«

Dies liest sich wie ein Brief von Sophie Brentano an
Clemens. Ihr Text endet: »doch glauben Sie, nicht mehr zu
lieben, wäre für mich das einzige, das größte Unglück! –«

Gustav antwortet auf die Vorwürfe seines Freundes:
»Kannst du ahnen, ich liebe Valerie weniger? Sie ist mir das
Ideal der Weiblichkeit, sie ist mein süßes, vertrautes Weib:
wie sollt' ich ihr nicht innig huldigen?«

Ein weiteres, liedhaftes Gedicht wird zur Laute gesun-
gen:

Dich lieb ich mehr als Leben,
Du bist des Lebens Leben;
Dich lieb ich mehr als Liebe,
Du bist der Liebe Liebe:
Kann ich dich nicht erwerben
So laß mich, laß mich sterben!

Die Szenen zu *Gustav und Valerie* erschienen im *Journal für deutsche Frauen* auf das Jahr 1805. In diesen Jahren, seit ihrer Eheschließung, führt Sophie kein Tagebuch. Was sie notiert, sind poetische Gedanken, Bruchstücke zu Erzählungen, Reiseerlebnisse – aber Tagesereignisse, Besuche, Gespräche mit Brentano –, die finden wir nicht mehr verzeichnet. Arnims Aufenthalt während der Sommermonate in ihrem Hause: auch darüber kein Wort.

Arnims Anwesenheit war ein Trost, als das Kind starb, und die Redaktion der Liedersammlung, das Aussuchen, Zusammenstellen, Bearbeiten der Texte für Clemens eine willkommene Aufgabe – hier war er ganz in seinem Element. *Des Knaben Wunderhorn,* im September 1805 bei Mohr und Zimmer in Heidelberg bereits gedruckt (mit der Jahresangabe 1806), war ein der Freundschaft entsprungenes, gemeinschaftliches Unternehmen, dessen künstlerische Idee von Brentano stammte; Freunde und Bekannte, auch Henriette Schubart und Caroline Rudolphi, natürlich auch Sophie, waren beim Sammeln der Lieder mitbeteiligt. Das Buch, von dem Goethe bemerkte, es gehöre in jeden Haushalt, machte Clemens Brentano berühmt.

Später, in einem Brief an Goethe, den er um eine günstige Rezension auch des zweiten Teils bittet, erinnert sich Brentano jener für ihn glücklichen Zeit. »In einem recht schönen Sommer hatte mich Arnim in Heidelberg besucht, und in wenigen Wochen ordneten wir lustig aus meinem Vorrat den ersten Band des Wunderhorns, den Sie und die Welt und die Kinder so gütig aufgenommen haben . . .«

*

Damals, im August 1805, war Clemens mit Arnim nach Frankfurt und weiter nach Wiesbaden gefahren, um Bäder gegen seine rheumatischen Schmerzen zu nehmen. Seine Briefe von dort sind weniger liebevoll als sonst, vielmehr scheint das Verhältnis sich umgekehrt zu haben: Sophie ist es, die sich sorgt, ihn ihrer Liebe versichert, auf Post wartet. Clemens schreibt gequält und vorwurfsvoll, er ist im Innersten verletzt. Er hat ein Bündel Briefe gefunden, hat von Sophies früherem Verhältnis zu Johann Heinrich Kipp erfahren.

»Ich habe Dich doch eigentlich unendlich geliebt von jeher, und liebe Dich noch, aber eins zerreißt mir das Herz, daß Du mich so lange mit Deinem Verhältnis zu Kipp betrogen hast, liebe Sophie, das hatte ich nicht verdient, das war schrecklich treulos, falsch, ja alles Vertrauen, alle Ehre, alles Glück in Ewigkeit störend, dies treulose Schweigen gegen alle unwiderbringlich goldne verschwundene Bitten und Fragen liebender Jugend kannst Du nie vor Dir selbst rechtfertigen, weniger als die Tat, Sophie, Sophie, jenes Stillschweigen hat mich verzweifeln gelehrt an meinem Weib, und wahrlich ich könnte mich dem Teufel ergeben, wenn Du nichts taugtest.« (1. September 1805)

Er ist halb krank vor Kummer, und er kränkt sie und quält sie mit seinen Vorwürfen, bis sie selbst verzweifelt antwortet: »Was kann ich für mein armes voriges Leben.«

In ihr Notizheft schreibt sie: »Wohl dem, sagt Göthe, der nicht sein ganzes voriges Leben wegwerfen und vergessen muß, um der Gegenwart genießen zu können! Doch will ich es mutig versuchen, um glücklich zu sein.« – »Ich bin recht ruhig. Bin ich besser? ich weiß es nicht. Doch suche ich für andre zu tun, was meine Schwachheit vermag. – Gute Nacht, Tag! möge der, den ich liebe, ruhig schlafen.«

»Den 4ten September 1805. Ich fühle mich sehr glücklich! was man auch sagen und denken mag, der Mensch lebt nur dann, wenn er auf eine ihm angemeßne Weise für Andre lebt. Mein Leben wächst in die Höhe, wie eine blühende Staude breitet es sich der Sonne entgegen. O! gehe auf, Du gütige Sonne von Jenseits! ich kenne Dich, ich liebe Dich, aber es gibt kein Jenseits, es ist Alles nur Eins! Hüte Dich vor dem Tod, lebendiges Herz! Bedenke: es gibt Tod im Leben und Leben im Tod.«

An Clemens schreibt sie zärtlich und wie aus Schuldbewußtsein ängstlich, dann wieder humorvoll:

»Guten Morgen, Lieber! wie geht es Dir? wüßte ich nur, daß Dir wohl wäre, wie ich es wünsche, so wär ich glücklich. Deine Stimmung am Abend vor Deiner Reise war mir sehr traurig, o! warum ward es nicht von Gott in meine Gewalt gegeben, Dein Herz zu erleichtern! – ich bitte Dich, schreib mir gleich, ich muß notwendig Nachricht von Dir haben. . .

Gestern waren wir auf dem Schloß, wo ein neuer schöner Weg entstanden ist, auf welchen man nicht die Musik, sondern nur den Widerhall derselben aus den Ruinen hört. Es macht einen wunderlichen Eindruck, aus den hohlen Fenstern des Schlosses die wilden Tänze so kräftig schallen zu hören, daß die Geister erwachen müssen und wacker darnach tanzen. Als wir zurückgingen, begegnete uns ein Mann, der eine Puppe auf dem Arm trug, und unbekümmert um andre, zu seinen eignen Vergnügen, die Bauchsprache mit ihr redete. Wir beklagten daß Du nicht bei uns warest. Grüß die Sonne von uns. Ob sie noch immer so herrlich strahlt? Wir stehen recht im Schatten, seit sie fern ist . . .

Leb wohl! Liebe die Liebe und lebe dem Leben.«

*

Mit der »Sonne« ist Achim von Arnim gemeint, den sie den Strahlenden, den Phöbus nannte. Zwischen ihr und dem Freund hatte sich eine auf gegenseitiger Achtung basierende Sympathie entwickelt; Arnim hatte begriffen, was Sophie für Clemens bedeutete. Später spricht er es Görres gegenüber einmal aus, als er Brentano in seinem Unglück bedauert: »Ich wünschte ihm von ganzer Seele, daß seine erste Frau nicht gestorben wäre; er hat unglaublich viel durch sie verloren.«

Noch war sie da, und Clemens hatte die beiden zusammengebracht. Eine Zeitgenossin berichtet, Clemens habe bei der ersten Begegnung gesagt: »Arnim war so ritterlich, schön wie ein Engel; züchtig, liebenswürdig; ich war so entzückt von ihm, daß ich ihn selbst zu meiner Frau hinführte, die ich sehr liebte, und ihm sagte: Jetzt küsse sie, aber auch recht, daß es schmatzt.«*

Sophie hatte sich bei Clemens nach Arnim erkundigt. Eine seltsame Scheu hielt sie ab, sich selbst an ihn zu wenden, der ihr noch vor der Abreise seine Unterstützung bei der Veröffentlichung ihres Romans *Fiametta* nach Boccaccio zugesichert hatte. Plötzlich erhält sie einen Brief von ihm, der alle Fragen beantwortet.

Achim von Arnim an Sophie Brentano (4)
                              Frankfurt a. M. d. 1. September [1805]
Geehrte Frau!
Mir ist es, als wenn der Weg hinter mir einstürzte, so gar nichts höre ich von Ihnen, seit Clemens nach Wiesbaden. Ist M. Engelhardt schon nach Gotha? Was macht Hulda? – Wenn M. Enghdt. nicht so ganz von Amors Pfeilen durchlöchert, daß die Gedanken an andre noch haften, so möchte ich sie wohl an unsre Lieder erinnern, an ihren Korrespondenten in Hessen, mein Drucker stößt gewaltig ins Horn,

und die Postkutsche soll bald abfahren. Was macht Fiammetta, brennt sie noch, oder ist sie am Verlöschen? Arbeiten Sie nicht zu viel an dem kleinen Pulte, daß Sie uns nicht krank werden, ich bin so besorglich, weil es regnet, das fließt herab, man weiß nicht wie, aus dem klaren Himmel, daß man von ihm auch keinen Strich sehen kann. Ich muß gar artig sein, einmal da oben hinein zu fliegen, wenn Sie Lust haben mit Garnerin aufzusteigen, kommen Sie bald, den siebenten fährt er gen Himmel. Auch wunderbare Drahttänze der Sr. Furioso und Konsorten beginnen ihr Spiel, Bonaparte läßt seine guten Landeskinder zur Messe kommen, viel altes gutes ehrliches biedres Schwitzer Volk ist schon zusammengelaufen, der Krieg fängt an; was wollen Sie mehr zur Unterhaltung von Frankfurt fordern? Freilich, mit den Standeserhöhungen in Heidelberg ist dergleichen Freude nicht zu vergleichen, mein Glückwunsch den Herren allesamt, wenn mir doch einer seinen abgelegten Titel schenken wollte! Nun ein Wort von Ihren hiesigen Bekannten. Von Fr. v. LaRoche kann ich Ihnen nichts sagen, sie hat gegen mich keine der rührenden Intermezzos ausgehen lassen, ich mochte ihr wohl zu ernsthaft oder zu spaßhaft aussehen; sie warnte Bettina, als wir in den Garten gingen, vor den unreifen Aprikosen, der Farbe nach schienen sie aber schon hinlänglich von Sonnenglut genossen zu haben. Anton Brentano ist jetzt mit seine[r] Reisebeschreibung beschäftigt, all Abend wird im Goldnen Kopf davon ein Stück vorgelesen. Der Doktor hat seine gewöhnlichen Einfälle wie ein altes Haus. Marie Brentano, eine gar annehmliche Frau, hat zu viel Ungeduld gehabt, ihr Kindlein zu sehen, sie leidet noch etwas von der frühzeitigen Geburt. Lulu Jordis schwimmt in lauter Eheständigkeit, sie wird mit dem Untergang der Sonne schon müde, begibt sich also ins Pflanzenreich, spricht nebenbei noch mancherlei nach, was sie gehört hat. Tony Brentano ist wie immer die artige Wirtin, scheint sich aber an ihren Gästen zu langeweilen.

Bettine Brentano macht gar hübsche Lieder und Melo-
dieen, das ganze Haus ist aber von ewigen kleinen Erdstö-
ßen bewegt, es kann keiner viel zum Sitzen kommen –
ausgenommen im Kontor. Mein Papier ist bis zum Rande
voll, meine Feder noch voll guter Wünsche.

Achim Arnim

Nach einer bisher nicht veröffentlichten Handschrift, die
sich, vermutlich durch Bettine von Arnim, in der Sammlung Varnhagen befindet, antwortet ihm Sophie sofort,
nicht wissend, daß sie ihn noch in der gleichen Woche
wiedersehen würde.

Sophie Brentano an Achim von Arnim (5)

[o. D.]

Wenn es Ihnen vorkam, als sei der Weg zwischen uns
zusammengestürzt, so ist es mir jetzt, als hätte Ihr Brief
einen freundlichen Bogen über diese Kluft geschlagen, den
ich, schicklich genug, Himmelsbogen nennen kann, da ich,
wie Sie wissen, nicht wegen Phöbus allein, sondern noch
aus vielen andern Gründen [Sie] der Sonne vergleichen
muß. Wie ich auch bisher in meinen Briefen nach Ihnen
fragen mochte, nie erhielt ich Antwort. Sollte Clemens
vielleicht in Lethe gebadet haben? und weil dies Wort bei
jedem Badenden wenigstens zweimal gebraucht werden
muß, so habe ich für diesmal meine Schuldigkeit beobach-
tet. –

Der harte Engel*, wegen seiner weichen Hand und har-
tem Herzen billig einer Pfirsich zu vergleichen, ist gegen
alle Argumente des verliebten Schulmanns taub geblieben,
hat sich aber doch, durch geheime Kräfte angezogen, auf
die Reise nach Gotha begeben, wo sie seit acht Tagen
wohnt. Die versprochenen Lieder habe ich auch bereits an
Clemens abgeschickt, sowie auch zwei Lieder von Caroline

Rudolphi, der ich gern ein Wörtchen von ihnen darüber zu sagen haben mögte. Sie scheint es zu erwarten, auch die niedliche Schelmin von Calm spitzt immer ihre feinen Öhrchen, so oft ich da bin, ob nicht vielleicht ein Wörtchen von Ihnen zu erlauschen wäre. –

Gestern verführten mich die Horstigs, die allgegenwärtigen, zu einem Spaziergang. Wir kamen zuerst an einen wirklich sehr anmutigen Ort, das sogenannte Stift; den Rückweg aber nahmen sie, aus übermäßiger Genialität, über ein ganz unwegsames, himmelhohes, mir noch unbekanntes Gebürg. Romantisch war es, aber durch einen langen Schweif von Kindern und einigen alten Personen, der mühsam nachkroch, auch ängstlich genug. Es ward Nacht, als wir den Gipfel erreicht hatten, der Mond erhellte nur spärlich den Weg, der unendlich steil und steinig herabschoß, indes die jungen Herren sehr artlich sich in die Gebüsche versteckten und dann unvermutet, wie kleine Waldteufel, hervorsprangen, um uns beim Vorübergehen zu erschrecken. Ich ging mit den rüstigsten unter den Kindern voraus, und zwar so weit, daß ich endlich die Andern gar nicht mehr erwarten konnte, sondern noch heute nicht weiß, was aus ihnen geworden ist.

Ich bin recht böse mit mir selbst, daß ich Ihnen nichts Bessres zu schreiben weiß! ach! ich wollte Ihnen so gern recht artig schreiben, ja, Sie womöglich verführen, mir recht bald wieder zu schreiben! Aber was kann es Sie interessieren, wenn ich Ihnen sage, daß in Heidelberg, wie ich ganz neuerlich entdeckt habe, die Balsamen, die sonst überall geruchlos sind, einen ziemlich herben, rosenähnlichen Duft haben, oder daß wir gestern, bei hellem Sonnenschein, auf einer Stelle des Neckars einen wunderlichen Dampf bemerkten, ohne irgend eine Ursache davon wahrnehmen zu können, woraus wir ein nahes Erdbeben prophezeihen, oder daß der Überrest der Jenaer Academia nun vollends auswandert, und zwar hieher, in das *südliche Athen,* wie Heidelberg in einigen Briefen an mich genannt wird? – ach! und das ist Alles, was ich weiß!

So lebe denn wohl, liebe Sonne, und scheine bald wieder in Heidelberg! – Sophie Brentano.

* * *

Arnim kommt nicht mehr dazu, ihr schriftlich zu antworten. Brentano lädt ihn und Sophie an seinem 27. Geburtstag, dem 8. September 1805, zu einer Rheinreise ein. Er will mit den beiden liebsten Menschen, die er kennt, eine »Reise in den schönsten Teil Deutschlands« machen – für ihn, der in Ehrenbreitstein geboren, die glückliche Kinderzeit, die sorglosen Studentenferien an den Ufern des Rheins verbrachte, wo er die *Lore Lay* dichtete, wo er mit Arnim und Savigny vor Jahren war – für Clemens ein Höhepunkt an Daseinsfreude.

Er hat sich den Kummer von der Seele geschrieben, seine Zuneigung bricht hervor wie früher. »Glaubst Du vielleicht, es sei mir wohl ohne Dich – o Sophie, es ist mit nicht wohl ohne das meinige, ohne mein Weib, ohne meine Qual und meine Freude.« – Er schreibt, sie solle auf der Stelle zu ihm kommen: »Nimm wenig Bagage mit Dir, so viel Weißzeug und Kleider als Du auf ein paar Wochen brauchst, um eine Bürgerfrau zu sein, einen Hut, einen Schleier, und Dein liebevolles Herz, um es dicht, dicht an das meinige zu drücken und mich ans Leben fest zu halten, Sophie, wenn Du ein Engel wärst, ich hätte in dem Augenblick Liebe genug, Dich dem lieben Gott abspenstig zu machen, komme, mein ganzes Glück hängt davon ab, befolge meinen Brief, ich schwöre Dir, diese Reise sollst Du nie vergessen.«

Sophie besinnt sich keinen Tag. Sie gibt Hulda zur Rudolphi in Pflege, packt, bestellt die Extrapost nach Wiesbaden.

Als sie abreist, zu Clemens, zu Arnim, erwartet sie wieder ein Kind, das dritte in ihrer Ehe mit Brentano.

*

Was sie sich von der Reise erhofft, eine Aussprache mit dem gekränkten Ehemann, wohltuende, entspannte Ferienstimmung, das erfüllt sich. Auf der Reise ist Clemens wie umgewandelt – zu Hause aber ist er wie zuvor beleidigt, besitzergreifend, besessen.

Sophie schreibt in ihr Notizbuch:

»Vom zehnten bis 25sten [September 1805] dauerte meine Reise. Ich kam durch die letzten Eindrücke erfrischt, erholt wieder. Es war mir, als könnt ich wieder leben, atmete wieder frei. Ich freute mich sehr eines guten Kindes [Hulda], das aus Sehnsucht fast krank geworden war. (. . .) Bis ich, beinah kühn geworden, meiner Lage freudig zu vertrauen anfing, als auf einmal ein fürchterliches Gericht über mich erging. Nie werde ich diese Qualen vergessen! meine Tränen, meine Ängste, meine Reue, mein herzlicher Wunsch, B. [Brentano] zu helfen! noch jetzt bin ich ganz davon betäubt, ich weiß nicht, was ich denken, was ich tun soll.«

Ein Bündel Briefe. Ein Ehemann, der vor Eifersucht wie rasend war. Er, der als Dichter des *Godwi* die sinnlich-lockende, ›verworfene‹ Frau vom Typ der *Violetta* verherrlicht hatte – er leidet in der Realität Seelenqualen unter einem Liebesverhältnis, das zehn Jahre zurücklag. Dichtung und Leben. Das Leben widersprach seinem Anspruch, die Geliebte ganz zu besitzen und ganz zu beherrschen; da gab es etwas, worüber er keine Gewalt hatte: die Liebe zu einem anderen.

Für Sophie ist Brentanos Verhalten unerträglich. Sie muß sich fragen, was die Verbindung mit diesem Mann, der genial und unmenschlich zugleich ist – so stand es in ihrem allerersten Brief von 1798: ›*göttlicher, unmenschlicher Clemens*‹ – was diese Ehe ihr gebracht hat. Sie erstarrt gleichsam, zieht sich in die innere Emigration zurück.

Friedrich Creuzer, teilnehmender Freund, oft Gast in ihrem Hause, berichtet seiner Freundin, daß Brentano Sophie »mit raffinierten Künsten« quäle. Creuzer, derselbe, der sich von einer ungeliebten Ehefrau nicht trennt und dadurch den Tod der Günderode verursacht, schreibt über Sophie Brentano: »Bei der Freudlosigkeit ihres Lebens, das Clemens so oft trübt – oft mit recht raffinierten Künsten – muß man sie wirklich deswegen bedauern, wiewohl ihr Stolz nie ein Geständnis der Art erlaubt. Es ist ordentlich zum Lachen, wie derselbe Clemens manchmal dann wieder seine Frau hochpreist, ja vergöttert. Nebenbei wann sie nicht dabei und dessen nicht froh werden kann.«

Einen Stolz dieser Art kennt Brentano nicht. Während Sophie sein Kind erwartet, beklagt er sich bei Arnim: »Ich lebe jetzt häuslich sehr ruhig. Sophie ist oft recht liebevoll gegen mich, aber über eine wunderbare Trauer, die sie bei dem Blick auf ihre Geschichte dann und wann erstarrt, in ihr habe ich keine Gewalt; da ist alle Liebe verloren. Härter, hilfloser, starrer, kälter gibt es keine Tränen als die trauernder Frauen, die keinen Gott haben. Ich habe neulich nach stundenlangem Flehen nichts erfahren über die Ursache solcher Tränen als: ›Dich trifft meine Trauer nicht, ich traure über mein verlornes Leben, ich traure, daß ich nichts bin und daß ich noch nicht genug gedemütigt bin.‹ Und das kommt manchmal mitten in den freundlichsten gegenseitig liebevollsten Tagen ohne alle Veranlassung.«*

»Ohne alle Veranlassung«?

Sophie zog sich auf sich selbst zurück. Das Schreiben, immer ihre Freude, wird nun zum Freiraum. Mehrere Beiträge erscheinen in Almanachen und Taschenbüchern; zwei Übersetzungen aus dem Spanischen, *Die Rückkehr des Don Fernand de Lara in sein Vaterland* und *Maria,* eine Novelle im *Taschenbuch der Liebe und Freundschaft auf das Jahr 1806,* sowie die beiden großen Erzählungen »*Die Flucht nach der Haupt-stadt*« und »*Julie von Arwian*«.

Ihr Fleiß war bewundernswert angesichts der seelischen und körperlichen Anstrengungen. Ehrgeizig hielt sie an ihren Plänen fest, verfolgte mit Gewalt ihr Ziel, zu schrei-ben, zu veröffentlichen. »*Ich will nicht nur für den Augenblick allein leben, ich will auch für die Zukunft säen; eine Ernte will ich haben wie das Jahr . . .*«

*

Ende des Jahres 1805 erlitt sie beim Aufhängen eines Spie-gels eine Fehlgeburt. Sie wurde lebensgefährlich krank. Wie hatte sie Clemens geschrieben, damals einen Monat vor der Hochzeit? »Ich werde mit Dir glücklich *sein,* das weiß ich; ob ich es *bleiben* werde, das weiß ich nicht, aber was geht mich die Zukunft an? – Kann ich nicht sterben, eh' ich unglücklich werde? – Es müßte recht angenehm sein, in Deinen Armen und von Dir beweint zu sterben –«

So schrieb sie. Sie hat noch ein Jahr zu leben, jetzt. Leben wird zuweilen zur Dichtung. Dichtung wird zur Wahrheit und tritt ins Leben, zuweilen.

KAPITEL XXIV
DICH ZU LIEBEN
KANN ICH NICHT VERLERNEN

Dich zu lieben kann ich nicht verlernen ...
mit einer großen Scheu denke ich an diese
wundersame Gewalt, die Dir über mich verliehen ist, ich ehre sie, weil sie so unbegreiflich ist, weil ich die Macht Gottes, des
Schicksals Hand unmittelbar in dieser Liebe
finde ... o Wiedersehen, süßes Wiedersehen, Küssen Umarmen, Tränen, Alles Alles
nur Du, nur bei Dir.

CLEMENS AN SOPHIE BRENTANO,
24. NOV. 1804

Ich weiß nicht, wie ich das nennen soll, was
zuweilen aus Dir spricht ... aber es mag
wohl etwas Göttliches sein, weil es soviel
Gewalt hat. Und wenn es auch in der Erscheinung vorübergehend ist, so weiß ich
doch so gewiß, daß es wahr und eigentlich
unvergänglich ist, daß ich darauf sterben
wollte.

SOPHIE AN CLEMENS BRENTANO,
20. JUNI 1806

Clemens Brentano ist zu Beginn des Jahres 1806 mit der
Weiterarbeit an den *Romanzen zum Rosenkranz,* mit Italienischen Märchen und der *Chronika eines fahrenden Schülers*
beschäftigt; er arbeitet das Gedicht hinein, das er einst für
Sophie gemacht hatte: »O Mutter, halt' Dein Kindlein
warm«, mit den Versen:

»Da waren Freuden, Leiden Dein,
Mir Freuden auch und Schmerzen« . . .

Es war einst sein Abschiedsgedicht an sie.

Außerdem hat er intensiv mit Vorarbeiten zum zweiten
Band des *Wunderhorn* zu tun: Er verfaßt ein Rundschreiben
zum Sammeln und Einsenden alter Lieder. In Bibliotheken,
Klöstern und Buchhandlungen fahndet er nach verborge-
nen Schätzen, kauft auf öffentlichen Auktionen und stöbert
in privaten Sammlungen nach seltenen Handschriften, Lie-
derbüchern und Fliegenden Blättern. Nicht nur schriftlich
Überliefertes, sondern auch mündlich bekannte und gesun-
gene Sprüche und Lieder werden erkundet und aufge-
schrieben. Es geschieht dies häufig auf Fußwanderungen
durch die Umgebung, die er mit Sophie unternimmt, nach
Neuenheim, nach Dornberg, nach Schwetzingen, über Ziegelhausen nach Schönau und Neckarsteinach. Hier waren
sie beide zusammen, konnten gemeinsam an einem Werk
arbeiten, lebten die «freie, poetische Existenz« ihrer dichterischen Wunschträume.

Sophie Brentano war bei diesen Unternehmungen eine hervorragende Partnerin. Sie wanderte gern und war bei Berg-
besteigungen und Tagesmärschen unermüdlich.
  Clemens hat ihre Eigenschaften einmal der Günderode
gegenüber gerühmt: »Meine Frau ist ein tüchtiges Weib, an
Leib und Seele gesund und mehr noch rüstig, gewandt und
bis zur Kunst an beiden gelangt durch Anlage, Lust und
Übung; wenn man sie auf den Kopf stellt, fällt sie immer
wieder auf die Füße. Es macht mir oft einen großen Spaß,
daß sie bei mir ist, sie ist ein allerliebster Kamerad, wenn sie
vergnügt ist.« »Sie ist die gesundeste, kräftigste Natur, die
ich kenne, und würde manches Stuben- und Stadtwetter
von Ihrer Seele ableiten.«

Das Leben der Günderode hätte einer Ermunterung sehr bedurft: vergeblich und unerwidert hatte sie Savigny geliebt; vergeblich und hoffnungslos liebte sie nun Friedrich Creuzer. Sie war resigniert und mutlos.

Mutlos aber war Sophie Brentano nie. Sie arbeitete an einem großen Projekt, das eben der Vollendung zuging, an der Übersetzung und Bearbeitung des Romans *Fiametta* von Boccaccio. Das Buch, im Prolog »den liebenden Frauen gewidmet«, behandelt die Geschichte einer sehr jungen und sehr schönen, verheirateten Frau, die an leidenschaftlicher Liebe zu einem jungen Mann fast zugrunde geht. Clemens scheint der Inhalt des Buches fatal gewesen zu sein wegen der Ähnlichkeit zu Sophies eigenen Erfahrungen in ihrer ersten Ehe. Er wollte nicht, daß es unter ihrem Namen erschiene und schlug Achim von Arnim als den Herausgeber vor. Sophie war gutmütig genug, in den Plan einzuwilligen. Es ist typisch, daß es Arnim war, nicht Clemens, der gegen eine solche anmaßende Willkürmaßnahme Bedenken hatte und zur Veröffentlichungsfrage antwortete: »Ich bin noch immer zu allem bereit, aber auch Reimer meinte, der Name Deiner Frau würde besser tun, oder der Deine. Das Merkwürdigste dabei ist immer unsre Vormundschaft über das arme Kind, ganz wie in der alten Komödie wird es verheiratet.«

Sophie Brentano erledigt sich im Frühjahr 1806 der Aufgabe, die *Fiametta* unterzubringen, mit dem ihr eigenen Humor.

Sophie Brentano an Achim von Arnim (6)

[Heidelberg, 18. April 1806]

»Fiametta will hier zu Ihnen kommen und Sie um Ihren Arm bitten, um in das deutsche Publikum eingeführt zu werden. Sie meint, an Ihrer Seite habe sie mehr Mut, in die Welt einzutreten, auch glaubt sie, ihre südliche Heftigkeit

noch ziemlich gemildert zu haben, und hofft, da ihre unermeßlichen Leiden ohnedies als Warnung gegen die Liebe
dienen können, daß sie auch bei strengen Richtern ihrer
Aufrichtigkeit und Frömmigkeit wegen Vergebung finden
werde.

Was die Uebersetzerin noch hinzuzufügen hat, ist folgen-
des. Erstens wegen dem Titel: *Ihr* Name würde immer die
größte und erwünschteste Zierde des Buchs sein; wäre es
Ihnen aber aus irgend einer Ursache zuwider, so möchte
immer der ihrige darauf stehen, Clemens hätte nichts mehr
dagegen. Zweitens wegen dem Preis: natürlich je mehr, je
besser, doch wird sie mit Einem Carolin, für den Bogen
zufrieden sein. Ich genieße jetzt das Vergnügen, oft eines
von den allerliebsten Liedern zu hören, das hier Mode
geworden ist. Es ist aber auch von der Art, daß man es nicht
wieder vergessen kann; die Horstig und Wambold pflegen
es öfters zu girren, es heißt: »Wär mir Lautenspiel nicht
blieben«, und Reichardt hat es sehr anmutig komponiert. –
Wir wohnen jetzt auf dem Paradeplatz, außerordentlich hell
und weitsehend. Am ersten Morgen unsres Einzugs kam
ein großer Vogel, ich glaube es war ein Storch, von der
Wanderschaft zurück und schwang sich recht mit freudigem Flug dreimal um den großen Platz vor unsern Fenstern. Seitdem hab ich ihn nicht wieder gesehen. Ob das
wohl von guter oder schlimmer Vorbedeutung war? Clemens sagt, er wolle Ihnen mit der Briefpost schreiben, da
bekämen sie den Brief schneller. Leben Sie wohl, Unverän-
derlicher!

Sophie Brentano.*

Der große Vogel, der dreimal ums neue Haus strich, er hat
sich als Unglücksvogel erwiesen. Als Sophie den Brief
schrieb, erwartete sie wieder ein Kind.

Die Botschaften an Arnim beweisen, daß sie ihm zugetan war. Und Arnim in Frühlingslaune an Clemens, sich und die beiden, denen er sich verbunden fühlte, miteinander verknüpfend: »Deiner lieben Frau gib in meinem Namen ein Violenkränzchen, lasse Dich mit einflechten, daß ihr das Kränzchen lieb. Achim Arnim.«

Auch Sophie Brentanos Lieder wurden vertont, auf ihr Gedicht *Feuerfarb* von 1792 komponiert Ludwig van Beethoven eine Melodie (Opus 52, 1805); andere Liedtexte erschienen in dem Band: »Zwölf Lieder von Tieck, Goethe, Novalis, A. W. Schlegel, Sophie Mereau und Mahlmann, componiert von W. Schneider.«

Feuerfarb

Ich weiß eine Farbe, der bin ich so hold,
die achte ich höher als Silber und Gold,
die trag' ich so gerne um Stirn und Gewand,
und habe sie *Farbe der Wahrheit* genannt.

Wohl reizet die Rose mit sanfter Gewalt;
doch bald ist verblichen die süße Gestalt:
drum ward sie zur Blume der *Liebe* geweiht;
bald schwindet ihr Zauber vom Hauche der Zeit.

Die Bläue des Himmels strahlt herrlich und mild;
drum gab man der *Treue* dies freundliche Bild.
Doch trübet manch Wölkchen den Äther so rein;
so schleichen beim Treuen oft Sorgen sich ein.

Die Farbe des Schnees, so strahlend und licht,
heißt Farbe der *Unschuld;* doch dauert sie nicht.
Bald ist es verdunkelt, das blendende Kleid:
So trüben auch Unschuld Verläimdung und Neid.

Und Frühlings, von schmeichelnden Lüftchen entbrannt,
trägt Wäldchen und Wiese der *Hoffnung* Gewand.
Bald welken die Blätter und sinken hinab:
so sinkt oft der Hoffnungen liebste ins Grab.

Nur *Wahrheit* bleibt ewig, und wandelt sich nicht:
sie flammt wie der Sonne allleuchtendes Licht.
Ihr hab' ich mich ewig zu eigen geweiht.
Wohl dem, der ihr blitzendes Auge nicht scheut!

Warum ich, so fragt ihr, der Farbe so hold,
den heiligen Namen der *Wahrheit* gezollt? –
Weil flammender Schimmer von ihr sich ergießt,
und ruhige Dauer sie schützend umschließt.

Arnim hatte für Sophie ein »zierliches Gedicht« geschickt;
sie antwortet ebenfalls mit einem Gedicht, worin sie Arnim
als Künstler preist: »Er war jung und von hoher Gestalt«,
heißt es darin, »Da gedacht ich: Gar wohl ist dieses der
Himmlischen Einer,/ Dieser Stoff ist die Welt, was er be-
rühret, wird Kind.«

Die Brentanos waren innerhalb Heidelbergs – Sophie hat
es geschrieben – zum zweitenmal umgezogen, vielleicht des
Kummers wegen, den sie am alten Ort hatten, auch war das
neue Quartier »wohlfeiler und artiger«. Jetzt, im Jahre
1806, mit ihren Plänen, ihren Büchern beschäftigt, von
Träumen und Phantastereien ab und den Realitäten näher-
gerückt, sind sie miteinander einig und glücklich. Solche
Briefe hatte Clemens lange nicht mehr geschrieben wie die
an Arnim vom Sommer 1806. Im Herbst sehe er neuem
Familienglück entgegen, »Du bist zum drittenmal mein
Pate, liebes, goldnes Jugendherz, wie ich aus Dir trinken
kann! Du sollst Dich freuen, was Sophie mich lieb hat und
wie gut sie ist. Wir leben in einer wunderschönen, einigen
Ehe seit neun Monaten. Dein Clemens.«

Die Vorbereitungen zum *Wunderhorn* zweiter Teil werden intensiv betrieben, es laufen Beiträge aus Schwaben und Schlesien ein, auch Jakob Grimm schickt »ein Paket mit Volksliedern«. Clemens wartet nur, daß Arnim endlich selber kommt. »Meine Frau hat den Troubadour immer auf dem Klavier liegen und kann alle Deine Lieder daraus auswendig singen. Ich gestehe Dir auch selbst mit Freuden ein, daß ich sie alle, bis auf wenige Gesänge, die durch täglichen Gebrauch leicht abrunden, sehr schön finde, besonders das Lied ›So bist Du nicht verloren‹ . . . Du weißt, wie herrlich und schnell es mit unsern Liedern ging. Nun eröffnen sich erst nach und nach die Quellen, die durch sie angeschlagen wurden . . .

Wir sind in unsrer neuen Wohnung recht glücklich, Sophie ist recht liebenswürdig. Dein neuer Taufpate dehnt seiner Mutter das Herz schon mächtig aus, Du bist und bleibst mein Pate, und wenn ich selbst mit Stumpf und Stiel sterbe, sollst Du die Zitronen hinter mir hertragen.« Er schildert die Pfingstwanderung mit Sophie: »Um drei Uhr morgens über Ziegelhausen und Schönau durch ein überirdisch schönes Tal nach Neckarsteinach, wo in einem Halbkreis um den Fluß auf einem Bergrücken vier wunderschöne alte Ruinen lauern«; sie trafen einheimische Mädchen und schrieben alte Lieder fürs *Wunderhorn* auf.

Arnim wäre am liebsten sofort nach Heidelberg gekommen, aber nach einem gefährlichen Sturz vom Pferd ging er nach Berlin zurück. Dort kümmerte er sich um einen Verleger für Sophie Brentanos *Fiametta,* er fand ihn in dem Buchhändler und Verleger Georg Andreas Reimer, der auch Schlegel, Schleiermacher und Novalis veröffentlicht hatte, und schickte Sophie den von Reimer unterschriebenen Vertrag.

Berlin, d. 16. Juny 1806

Mein Blatt hat zwei Seiten, hier und immer die freundschaftliche voran, verehrte *literarische* Freundin. Ich muß
meines ernsthaften Literaturwesens selbst lachen, wie ich
Manuskripte verhandle, und indem ich bald aus Gold in
Courant, bald umgekehrt übergehe, den bedenklichen
Buchhändler in die reine Luft der Spekulation führe. Daß
ich mein Geschäft so spät erfülle, daß kommt aus unvermeidlichen Umständen, ich wanderte in Mecklenburg
herum und fand meine Briefe erst hier. Ein gutes Schicksal
hat mir auch den Ihren gegönnt, denn da es viele meines
Namens hier gibt, so ist er wahrscheinlich durch viele
Hände gegangen, es fehlte darauf meine Adresse. Da Clemens nichts gegen die Nennung Ihres Namens, nach Ihrem
Briefe, hat, ich hingegen sehr viel dafür sagen kann, so
bleibt der meine zurück, auch scheint es mir, daß es besser
ist zu verteidigen, wenn ein Feind da ist, als voraus in die
Luft zu fechten, darum bleibt meiner Meinung nach auch
das besser zurück, was ich sonst vielleicht als Einleitung
bestimmt hätte. Sie erhalten die verlangten hundert Taler in
einer Anweisung auf Frankfurt einliegend, die Fries wohl
gleich auszahlen kann, nur einen Taler bin ich über die
Grenze einer Karolin gekommen, doch hat mir Reimer
mündlich versichert, bei vorzüglichem Absatz ein Überho-
norar zu geben. Häufelmaß statt Streichmaß, womit Sie für
heute an mir in Worten und Werken Nachsicht haben müssen, mein Zeitmaß ist ein Sieb, und die Stunden laufen aus
tausend Löchern. Die beiliegenden hübschen Melodien einer Freundin mögen besser zur Freundin reden als ich
selbst kann. Ich bin sozusagen auf der Reise zu Ihnen, aber
wie ein Bächlein werde ich Sie immer vor Augen haben und
doch noch immer auf und nieder in den Falten der Sommer-
erde laufen müssen.

Ganz der Ihre *Achim Arnim*

Ich verpflichte mich hiedurch, an Mdme S. Brentano als Honorar für die Übersetzung der Fiametta, für jeden gedruckten Bogen, Sieben Reichstaler in Laubtalern à [unleserlich] unter der Voraussetzung zu bezahlen, daß das rückständige Mspt vor Ende July in meinen Händen sei. Auf das gedachte Honorar zahle ich vorläufig abschläglich Funfzig Reichstaler und den Rest gegen Ende September des gegenwärtigen Jahres.

Das Buch wird im Druck und Format erscheinen etwa wie die neue Auflage von Novalis Schriften.

Berlin am 16ten Juny 1806   *G. Reimer*

N. S. Den Rest der Fiametta bitte ich recht bald an die *Realschul-Buchhandlung in Berlin* abzuschicken.

Die *Fiametta,* die bis heute in ihrer Übersetzung veröffentlicht wird, erschien unter dem namen *Sophie Brentano* 1806 in Berlin. Als Arnim das Buch zum erstenmal las, 1807, schrieb er begeistert an Clemens: »Die Fiametta ist meisterlich von Deiner Frau übersetzt, ich bin oft gemeint gewesen, Italienisch zu lesen.« Sophie las es nicht mehr, erfuhr es nicht mehr, und Arnim hat sie nicht mehr wiedergesehn.

*   *   *

Sapho und Phaon oder Der Sturz von Leukate. Ein Roman. Er erschien 1806 ohne Herausgebernamen bei Carl Christian Etlinger in Aschaffenburg und gilt seither als ein Werk von Sophie Brentano. Daß das nicht richtig ist, beweisen die Briefe ihrer Schwester Henriette Schubart, die 1805 schrieb:

»Die Geschichte der Sapho rechne ich zu dem besten, was im Romanen-Fach im Englischen geschrieben ward. Sie macht ein mäßiges Bändchen. Sollten *drei* Taler Honorar zuviel sein, so kannst Du, ohne mir's zu schreiben, herabsetzen.« Auf den Rand des Briefes hat Sophie den

Namen *Etlinger* notiert; ihr bekannter Name, ihr Berühmtheitsgrad sorgten für die Veröffentlichung.

Es war Henriette Schubarts Schicksal, immer von der jüngeren Schwester abhängig sein zu müssen, sie um Geld, um Vermittlung bitten zu müssen in einer aussichtslosen Lage. »So wenig ich zu sterben wünsche, denn ich liebe das Leben«, schreibt sie, »und so unerträglich mir noch der Gedanke der Trennung ist, so scheint mir doch beides zuweilen notwendig; denn es fehlt mir an Arbeit, um das Leben zu erhalten und die Trennung zu vermeiden. Wenn mir keine Hülfe kommt: so kanns nicht mehr bleiben.« Sie liebt Ludwig von Coll ohne die geringste Chance, mit ihm glücklich zu werden. »Wenn die Liebe die höchste Poesie ist, da sie allen Verstand ausschließt, und die Poesie nicht verständig sein darf, so ist vielleicht meine Liebe die höchste Liebe, da sie nicht allein den Verstand ausschließt, sondern sogar unverständig ist.«

Sophie hatte den Freund Arnim zu ihr geschickt, der aus England schottische Balladen von Scott mitgebracht hatte. Henriette berichtet: »Er war mehrere Stunden bei mir und tat eine Menge meistens sehr gewöhnliche Fragen an mich, die ich oft mit Fragen nach Dir unterbrach, oder mit Anstrengung noch gewöhnlicher beantwortete – denn ich war nicht wohl, und er war mir entsetzlich beschwerlich – auch hätt' ich ihn nicht gesehen, wenn er nicht von Dir gekommen wäre. Seine Erscheinung hatte mir etwas Mysteriöses. Er war so groß, das Licht brannte so dunkel – ich sah nichts als ein Lächeln und hörte nichts als einen wundervoll zutraulichen Ton – man könnte sagen, daß seine Stimme wie ein Volkslied tönte ... Lange tönte mir noch diese Stimme. – Was macht Brentano? – hab' ihn nur recht lieb! – Er ist ja Dein *Mann!* und o! wie viel kann dies sein!«

Henriette Schubart hat notgedrungen ihren Zorn auf Clemens gemildert; später, als nur noch der Schatten Sophie sie verbindet, wird sie ihm drei, vier sehr freundliche Briefe schreiben. Brentano selbst hatte sich von Sophie überreden lassen, seine Schwägerin positiv zu beurteilen, als Arnim eine Gesellschafterin für seine Tante suchte: »... ebenfalls mußte meine Frau mit unwilligem Wunsch auf Jette Schubart fallen; Du kennst sie, sie ist arm, beinahe bettelarm, voll Talent, voll Fertigkeit, sie liest gut, kann sehr gut Englisch, sie ist mit den besten Schriften vertraut, sie hat Geist, sie hat eine ganz wunderbare Geschicklichkeit zu Handarbeiten, sie ist Sophiens arme Schwester, aber meine Frau wagt doch nicht, sie zu empfehlen, nicht als betrage sie sich schlecht, aber sie ist so der Welt entrückt und verrostet in Einsamkeit und Schweigen (...) auch hat sie jüngst geschrieben, Coll werde wohl abreisen, und dann werde sie Dienste suchen müssen. —«

Über Sophiens gelungene Vermittlung bei dem Roman *Sapho* ist Jette überglücklich. »Das Manuskript sollst Du so bald als möglich bekommen«, schreibt sie am 13. Januar 1806. »Wie soll ich Dir danken, Du Gütige! Du hast mich wieder von einer großen Angst befreit. Ich esse und trinke so wenig als möglich, und gehe noch weniger aus, und konnte mir seit vorigen Sommer nur ein Paar Schuhe machen lassen, die noch ganz gut sind. Der Mangel, welchen mein Geist leidet, ist mir noch empfindlicher ...« — »Ich klage nicht, weil ich mich nicht beschränken *will,* sondern weil ich mich nicht enger beschränken *kann,* wenn ich nicht verhungern will. —«

Wegen Jettes Ungewißheit im Verhältnis zu Ludwig von Coll hatte sich Sophie Brentano mit einem Schreiben an Savigny gewandt. »Ich bin nicht verlegen, Ihnen zu schreiben, lieber Savigny, obgleich das, was ich Ihnen schreiben will, gewissermaßen undelikat genannt werden könnte. (...) Es betrifft Coll. Sie wissen, daß meine Schwester ihn täglich sieht; ihr eigentliches Verhältnis kenne ich nicht, ich weiß nur, daß sie in ihm das Vollkommenste sieht, was sie auf Erden kennt. Sie scheint seine jetzige Lage auf das schmerzlichste zu empfinden.« Sophie bittet Savigny dringend, sich für ihn einzusetzen; ob es erfolgreich war, bleibt fraglich. Coll jedenfalls bleibt in Jena, wird 1810 Privatdozent der Rechtswissenschaft, 1811 Ordinarius. Zu diesem Zeitpunkt, da Jette Schubart sich der Erfüllung aller Wünsche nahe sieht, passiert neues Unglück. Henriettes Hausgenossin in Jena, Bertha Augusti, gibt den Bericht.

»Für Henriette Schubart kamen nun Zeiten tiefen Kummers. Sie hatte ihr reiches Herz einem jungen, talentvollen Manne zugewendet, ohne das erträumte Glück mit ihm zu finden.

Auf einem Balle, wo er in der Française mein vis à vis war, sah ich ihn plötzlich erbleichen und hörte ihn leise sagen: ›Mich drückt der Schuh!‹, was ich als Scherz auslegte; doch kaum hatte der junge Mann wankenden Schrittes die Saaltür erreicht, als er leblos niedersank – er war an einem Herzschlag gestorben. –«

»Warum ist das Schicksal so sehr hart gegen mich«, hatte Jette Sophie einmal gefragt. Sie fand kein Lebensglück. Drei Jahre nach Sophies Tod hat Clemens sie einmal wiedergesehn, ohne Haß und ohne Wärme, als er auf einer Reise abends durch Jena kam. »Ich suchte die Schubart auf, sie war bei Asverus zu Gaste; dieses ist das ehemalige Haus Mereaus. Ich ging sie abzuholen und hörte ihre lachende Stimme, die Sophiens Stimme sehr gleicht, und doch hat sich viel verändert. Ich ließ ihr sagen, nach Haus zu kommen, und setzte mich derweile auf die Hausschwelle, über die all mein Heil und Unheil gegangen. Es war mir sehr traurig, daß ich wie kein Mensch, daß ich wie ein Stein war . . .«

Dem Roman *Sapho und Phaon* ist ein Sonett vorangestellt, das von Sophie stammen wird; ihr, die von Schlegel als »neuere Sapho«, von Vulpius als »Dichterin des Frühlings und der Liebe« bezeichnet worden war, mußte der Romanstoff, auch in der Folge der Ninon-Briefe, zusagen.

Vom engen Kreis der Wirklichkeit umfangen,
Erfüllt den Sterblichen oft schmerzlich Bangen,
Und nirgends findet er ersehnte Ruh:

Da tritt die Liebe lächelnd ihm entgegen,
Und führet auf der Freude goldnen Wegen
Den Glücklichen der Götter Heimat zu.

Sophies Ruhm was damals fest begründet.

Es gibt dazu eine Bemerkung von Görres anläßlich eines literarischen Abends, an dem der Rezitator nach dem Vortrag Clemens fragte, ob die Dichterin Sophie Brentano seine Frau gewesen sei – von einem Dichter Brentano hat er niemals gehört.

KAPITEL XXV
»AUS DEM LEBEN BIN ICH GERISSEN . . .«

Mein einziger Wunsch ist, daß ich tausend
Leben haben, tausend Formen beleben, alle
Verhältnisse durchirren, alle möglichen frohen Empfindungen fühlen könnte, und
meine einzige Sorge, daß irgend eine Fähigkeit ungeweckt in meiner Seele schlummern,
irgend eine Freude ungefühlt vor mir vorüber rauschen möchte!

SOPHIE MEREAU, AMANDA UND EDUARD

Aus dem Leben bin ich gerissen, alles Begonnene ist zerbrochen . . . ich hatte alles in Sophie wiedergefunden, was ich in ihr liebte, in
ihr verlor, was sie war, ach, ich war unaussprechlich glücklich . . . Ach Savigny, ich
habe alles verloren, alle Geschichte meines
Lebens, alles was mich liebte, trieb und erhielt, ich habe keinen Wunsch als zu sterben.

CLEMENS BRENTANO AN SAVIGNY, 1806

Den Heidelberger Frühsommer 1806 genossen Clemens
und Sophie auf ausgedehnten Wanderungen durch die Umgebung. Sie unternahmen mit Hulda eine Wallfahrt zur
Kirche von Walldürn und von dort aus fünf Stunden weiter
zum alten Buchhalter Schwab aus dem ›Goldenen Kopf‹,
der nun in Miltenberg wohnte. Sophie Brentano hatte die
Eindrücke der Reise in ihrem Notizheft beschrieben,
bruchstückhaft, als sollten die Erlebnisse dichterisch noch
umgestaltet werden. Dazwischen zuweilen Gedichtstücke,
auch solche an Clemens.

»Hirschauen. Armee. Singende Franzosen. Eberbach. Anmutiger Eingang. Wirt. Nebenzweig. Galanter Mann. Gute Verrichtung. Gestorbene Götter. Trauer. Merkur. Seist gegrüßt, Maria mein, Bitte wollest gnädig sein, uns bedrängten Sünderlein. Bettler. Schöne Bäuerinnen. Stirnbinden. Heißer Weg.

Waldthürn. Buntes Gewühl. Seltsame Waren. Beständige Prozessionen. Rührender Gesang. Immer mußte ich weinen, wenn ich sie sah und hörte. Ist es nicht immer und ewig die Meinung, der gute Wille, der den innern Wert des Werks bestimmt? und ist es nicht viel, daß Menschen ihren Herd, ihre Ruhe verlassen und die täglichen, irdischen Sorgen vergessen, sich zu einer freien Idee, sei's welche es wolle, erheben, daß sie einen weiten, mühvollen Weg, mit entblößtem Haupt in schrecklicher Sommershitze [gehen] . . .
Manche rutschen noch jetzt auf den Knien zur Kirche. Und wenn sie wächserne Kinder, Arme, Füße andächtig in der Kirche aufhängen, und mit derben Händen die steinernden Engel am Altar streicheln, und dann die Hand voll einwohnenden Segens an irgend eine schmerzvolle Stelle ihres Leibes legen, ist es nicht der Glaube, der sie treibt, ist es nicht die Meinung, die es ehrwürdig macht! (. . .) Ich betete auch, für mein Kind und alles, was mir lieb ist.

Reise nach Amorbach. Schwarzer Sphinx auf dem Kirchhof neben einfachen Kreuzen. Anmaßend. Wie modernes Heidentum neben [der] verfallnen dumpfen Christuslehre. Ängstliche Nacht.
Früher, schöner Weg. Der Knabe. Wunder vom heiligen Blut. Das Büchlein. Vom Sphinx. Der drunter liegt kann ja unter dem schweren Stein nicht auferstehen, und wenn er auch raus könnte und das schwarze Ding erblickt, so kann er gewiß vor Schrecken liegen bleiben!

Ähnlichkeit mit *Jena*.

Miltenberg. Alter, rüstiger Mann [Gustav Schwab]. Wachsherzen. Alte 80jährige Jungfer, die aus ihrer Vaterstadt gekommen. ›Kommen Sie, dort ist der Kirchhof.‹ Junger geistreicher Mann. Treue Liebe.

Schilderung der Einwohner. Charakter des Jahrhunderts. Bei der größten Verfeinerung fast gänzlicher Mangel an Kultur, höchste Selbstsucht. Schönes Schloß. Nach Weillach. Grobe Wirtin. Heitrer ländlicher Abend. Waldluft.

Nach Amorbach. Wunderbar schöne Orgel, wie das Rauschen mächtiger Eichen. Herrliche Bibliothek. Schöne Mühle. Der Wächter des Heiligen Grales und der Engel auf dem Al[tar].

Weg von Amorbach. Fröhliche Gesellschaft mit Musik im Grünen. Schöne Ruine. Den Berg hinauf. Weg durch den *Odenwald*. Lauter Maienwälder. Wahre Dörfer. Charakter des Stadtentfernten, Einsamen. Schöne, vollständige Wohnungen. (. . .) Herrliche Linde.

Nacht in Mutau. Steiler, heißer Weg. Schiffahrt. Süßer Heugeruch. Sturm – Gewitter – Blitz. Kindliches Vertrauen.

Von Neckargemündt. Rüstiger Schiffer. Schnelle Fahrt.

Der Amorbach. Sitte der Kinder, dreimal durch die Quelle zu ziehen und zu segnen. Glaube, daß sie dadurch vor allem Bösen bewahrt werden. – Hütet sie wie ihr nur wollt / Amor vernichtet sie doch!

Aufhören des Wunderbaren. Spötteln darüber. Früher Morgen. Zerstörter Mühlengrund. Glockenblumen. Frisch, einsam. Ich beklage den Mangel an Morgenliedern. Mir fiel keines ein als die Melodie, die ich als Kind gehört hatte: »Wach auf mein Herz und singe!« und da ich die Worte nicht wußte, sang ich mir eins darnach:

Schon schwingt auf fernem Hügel
Das Licht die goldnen Flügel
Und kränzt mit goldnen Flocken
Der Berge grüne Locken.

* * *

Arnim trifft immer noch nicht in Heidelberg ein. Die politischen Ereignisse halten ihn zurück, die Kriegserkärung Preußens an Napoleon steht bevor, er will sich für sein Vaterland bereithalten.

In den Briefen, die um die Jahresmitte 1806 zwischen Clemens und Sophie gewechselt werden, spielen weder die napoleonischen Kriege noch andere politische Ereignisse eine Rolle. Die Juni-Post aus Frankfurt behandelt die Sammlertätigkeit für das *Wunderhorn* und berichtet von den Geschwistern, die Sophie herzlich einladen. Sie ist die erste, die diesmal ihrem Mann einen ausführlichen Brief schreibt, sie erwähnt es mit Stolz und schließt: »Leb wohl! ich wünschte, es wäre Dir so zu Mute, daß Du dichten müßtest, traurig oder froh, nichts Schöneres kann ich Dir wünschen. Leb wohl, mein Geliebter! Deine Sophie.«

Das ist es, was sie ihm wünscht und worauf ihr gemeinsames Leben, außer auf Zuneigung, abgestellt ist: »Daß du dichten müßtest.« Die Hoffnung auf eine irdische und poetische, wirkliche und erdichtete Existenz mit ihm.

Er hofft, daß sie die Einladung seiner Schwester Lulu annimmt, will sie zur Reise überreden und schreibt in unveränderter Liebe: »Du wirst gewiß ein recht fröhliches Herz unter dem Deinen tragen, weil Du während dieser Schwangerschaft so gütig und munter bist, ich habe Dich auch recht aus Herzensgrund lieb, mein teures Weib.« Seine jüngste Schwester Meline berichtet, welch zufriedenen Eindruck Clemens bei diesem Besuch gemacht habe, »er konnte uns nicht genug erzählen, wie herrlich es jetzt in Heidelberg sei (. . .) überhaupt scheint er sich ganz wohl daselbst zu gefallen.«

Auch Sophies Briefe jener Tage an Clemens erweisen, daß die gegenseitige Achtung, Sympathie und Zuneigung, die in Krisenzeiten verlorenzugehen schienen, erhalten blieben und im Laufe der letzten Zeit nur noch verstärkt wurden durch die wachsende Anerkennung des Partners.

Sie hatten sich einst erkannt – nun erkannten sie sich an.

Seltsam eindringlich, einfühlend, prophetisch, ihn ganz in seiner Schwierigkeit, seiner Einmaligkeit wahrnehmend ist der letzte Brief von Sophie Brentano vom 20. Juni 1806.

»Ich kann Dir es nicht leugnen, Clemens, daß mich Dein Brief ganz unendlich gerührt hat. Eine heilige Flut von Glauben, Hoffen und Lieben drang so gewaltig in mein Herz, daß ich in süßer Wehmut vergehn zu müssen glaubte. Ich weiß nicht, wie ich das nennen soll, was zuweilen aus Dir spricht, mit wunderbarer Stimme aus Dir herausschreit, aber es mag wohl etwas Göttliches sein, weil es soviel Gewalt hat, und man so viele Schmerzen darum vergessen kann. Und wenn es auch in der Erscheinung vorübergehend ist, so weiß ich doch so gewiß, daß es wahr, und eigentlich unvergänglich ist, daß ich darauf sterben wollte. –
Ich gönne es Dir recht herzlich, daß Dir so friedlich zu Mute ist, und Du dort mit den Deinigen lebst wie die seligen Götter, denen irdische Sorge und Schmerz nicht nahen darf. Teile diesen Zustand, so lange es Dir möglich ist, denn er ist selten und stärkt auf lange. Ich habe Dich herzlich lieb und freue mich recht, Dich wieder zu sehen.

Dann will ich Dir sagen, daß ich in Deiner Abwesenheit noch oft habe weinen müssen, aber auch, was für neue Hoffnung ich habe. Hulda ist wohl und grüßt Dich.

Sophie.«

Caroline von Günderode hat sich das Leben genommen. Clemens teilt es Arnim mit, Sophie soll es möglichst nicht erfahren. »Weißt Du, daß die Günderode sich zu Winkel auf einem Gut der Servière abends am Rhein erstochen hat? Es ist Creuzers wegen. Dieser wollte sich scheiden lassen und sie heiraten, (. . .) ward hier todtkrank, und im Augenblick, da er sterben will, läßt er ihr feierlich ankündigen, er werde, wenn er auch genese, sie nicht mehr sehen, er habe in diesen letzten Stunden seine Pflicht erkannt und wolle seine Gattin behalten. Nun ist er genesen, noch ist ihm die Nachricht verborgen, welches Genesen!«

Auch Stephan August Winkelmann ist gestorben, am Typhus, während seiner Tätigkeit als Arzt in Braunschweig. Er war gerade sechsundzwanzig Jahre alt. Clemens überdenkt das Schicksal des einst so nahen Freundes und Rivalen, dem er den Umgang mit Sophie Mereau nicht gönnte. »Mich dauert der gute Kerl, der vor Klassiker-, Studenten-, Dozentenleben gar nie zum rechten Leben gekommen ist«, sagte er, und zu Savigny: »Wie ruhmlos und still ist Winkelmann gestorben.«

*

Es wird Herbst, Sophies Niederkunft steht bevor, Arnim soll Pate werden, aber er kommt nicht. Am 9. Oktober 1806 erklärt Preußen Frankreich den Krieg. Arnim verteilt in Göttingen Kriegslieder an die preußischen Soldaten, er folgt der geschlagenen Armee nach Ostpreußen, nach Königsberg. Ein Brief noch erreicht die Brentanos in Heidelberg, bevor die Verbindung mit ihm völlig abreißt, und darin heißt es: »Wahrscheinlich beschäftigt Dich jetzt Dein

Kindchen, und wo ich ein paar schwarze Augen sehe, meine ich, so sieht es aus, und küsse es und wünsche, ich wäre da. Es ist Dir lange übel gegangen, nun wird alles gut.«

Das Kind aber sollte erst noch geboren werden.

Es war ein Jammer, daß Clemens, dessen liebebereites und liebebedürftiges Wesen nach Kindern verlangte, der für Kinder schrieb, Märchen übersetzte und erzählte, in seiner Ehe mit Sophie keine Kinder bekam. »Sage mir nicht mehr, Du wolltest kein Kind«, schreibt er an Sophie, »habe mich lieb, wenn uns Gott ein Kind erhält, werden wir glücklich sein, ohne Kind ist die Ehe unbegreiflich«, und, im gleichen Jahr 1805: »Georg sein Töchterchen ist das gesundeste, kindischste Kind, das mich je ergötzt hat, ach Du lieber Gott, wenn ich denke, daß mir schon zweimal ein solcher Schatz untergegangen.«

Später wird sich Clemens der kleinen Hulda Mereau annehmen, die er adoptiert und mit Liebe aufwachsen sieht. Sie wird von Caroline Rudolphi erzogen und in Clemens' Auftrag von Ludwig Grimm gemalt; sie heiratet 1824 den Theologen Karl Ullmann und führt eine glückliche Ehe, aus der vier Kinder hervorgehen. Hulda stirbt im gleichen Alter wie ihre Mutter Sophie, sechsunddreißig Jahre alt, die Kinder sind noch klein, die Todesursache ist unbekannt.

*

Anfang Oktober, während Clemens sich wegen Arnims Ausbleiben sorgt, ist Ludwig Tieck eine Woche in Heidelberg zu Besuch »und erquickte Creuzer, Daub, Loos und Kompagnie mit Seelenspeise«, natürlich auch die Brentanos. Clemens begleitet ihn nach Frankfurt, wo Tieck »nach Dichterart trotz seiner überfließenden Ernsthaftigkeit Weib und Kind noch acht Tage vergaß, die er von morgens sieben bis nachts zwölf Uhr alle rund und rein in den Labyrinthen des ›Goldenen Kopfes‹ zubrachte. Alles hat ihn geliebt, er ist von Stube zu Stube herumgezogen, hat drei Shakespeare-Stücke vorgelesen, wobei Bethmann dreimal eingeschlafen. Mit Bettinen ist er auf du und du.«

Im anderen Teil Deutschlands finden Kriege statt. Die Schlacht von Jena und Auerstädt am 14. Oktober 1806 ist verloren, Prinz Louis-Ferdinand gefallen, die Franzosen rücken ein. Sophies älterer Stiefbruder Friedrich Pierer, der sich Sorgen macht, weil er von der Schwester aus Heidelberg lange nichts hörte, »die vertrauliche Unterhaltung« mit ihr nicht fortgeführt sah, schreibt ihr über die kriegerischen Ereignisse einen erschütterten Brief.

»In diesen letzten Wochen, besonders in der Mitte des vorigen Monats, haben wir in Sachsen Schrecknisse und Bedrängnisse erfahren, wie sie in unsern mit dem Gräuel des Kriegs ganz unbekannten Gegenden niemand kennen zu lernen sich versah; denn alles, was sich bejahrte Leute aus der Zeit des siebenjährigen Krieges erinnern, ist Kleinigkeit gegen die Jammerszenen dieser Tage, und nur die in Schriften und Chroniken aufbewahrten Berichte aus dem Schweden des dreißigjährigen Krieges geben einige Vergleichung ab. Aber schwerlich stellt die neuere Geschichte ein Beispiel auf, wo in einem Zeitraum so weniger Tage, so unvorbereitet ein so gesegneter Strich Landes den losgelassenen Furien des Krieges so unterlag, als derjenige blühende Teil von Sachsen, den vom 8ten bis 20ten Oktober die französischen Heere durchzogen und mit Blut düngten.

Unser Altenburg ist, außer dem gewöhnlichen Gefolg des Krieges, Verteuerung der Lebensmittel, kostspielige Beköstigung durchziehender Truppen usw., vom eigentlichen Unglück verschont geblieben, aber nur erst seit einigen Tagen atmen wir freier, und mehrere Tage waren wir Plünderungen und persönlichen Mißhandlungen eben so gewärtig, als unsre nächsten Nachbarn in Gera usw., die unsägliches Elend erfahren haben. Den 12ten October standen französische Vorposten (...) zu Schmöller (?), die wurden des Abends erwartet, als sie in der folgenden Nacht mit der ganzen Armee sich nach Jena und Naumburg zuwandten, wo den 14ten die mörderische Schlacht vorfiel, die in der modernen Kriegsgeschichte schwerlich ihres Gleichen hat, da die Franzosen ihren glorreichen Sieg gewiß mit einem Verlust von Menschen erkauften, der dem ihrer Gegner gleich kam, wo nicht überstieg. Nie standen aber auch zwei Heere von solcher Stärke einander entgegen, nie währte eine Schlacht (...) 12 Stunden ohne Unterlaß, da die Austerlitzer Schlacht im vorigen Jahre dagegen in 4 Stunden entschieden war.

Die Jenaische Gegend längs des Saaltals bis auf Naumburg hat unter allen daher auch am meisten gelitten. Dank Deinem Geschick, das Dich in diesen Tagen der Angst an einen ruhigen Wohnplatz versetzte!«

Es ist anzunehmen, daß Sophie Brentano den Brief des Bruders noch erhalten hat. Der Oktober 1806 neigte sich dem Ende zu.

*

Wir wissen, wie es war.

Sie machte mit Clemens einen Spaziergang auf den Heidelberger Schloßberg. Im Schloßgarten werden die alten Linden, die sie so geliebt hat, gefällt. Die Linde war *ihr* Baum und taucht so häufig in den Romanen auf, wie er der Baum der Romantiker, der Volkslieder war. Traurig kehren sie um, es ist fast acht Uhr abends, am 30. Oktober 1806.

Zu Hause finden sie Besuch vor: Joseph Görres mit Frau Katharina und deren Mutter Lassaulx. Er ist als Philosophieprofessor nach Heidelberg berufen worden, will an diesem Abend seinen Antrittsbesuch bei den Brentanos machen. Die Frauen kommen eben zurecht, um Sophie bei den Vorbereitungen zur Geburt ihres Kindes zu helfen, sie holen die Wiege, Sophie setzt sich noch ans Schreibpult und notiert, was sie eben erlebt hat, in ihr Tagebuch:

»Sag, o! Heilige Linde, wer durfte es wagen,/ legen das mordende Beil an den geheiligten Stamm,/ daß dein ehrwürd'ges Haupt, dein grünes vollendetes Leben/« – – die Zeilen brechen ab.

War ihr Leben vollendet? So vieles, was vor ihr lag: die italienischen Novellen, die unfertigen Gedichte, die Bearbeitung von *Tristan und Isolde*. Und eine neunjährige Tochter, die wartete.

Clemens geht mit Görres an den Rhein, das Schiff zu besichtigen, auf dem er selber vor einem Jahr die Rheinreise mit Sophie und Arnim gemacht hat. Er erzählt von diesen glücklichen Tagen, seinen Ängsten, Sophie zu verlieren, zeigt Görres die Stelle, wo er auf dem Verdeck mit ihr stand. Dann befällt ihn Unruhe, sie kehren zurück.

Am 31. Oktober 1806, in den ersten Morgenstunden, stirbt Sophie Brentano-Mereau, sechsunddreißig Jahre alt, an den Folgen einer unglücklichen Entbindung. Sie ist verblutet. Auch das Kind, eine Tochter, stirbt bei der schweren Geburt.

Clemens ist, als man ihm die Wahrheit sagt, vor Schmerz wie von Sinnen.

Friedrich Creuzer berichtet seinem Vetter Leonhard Creuzer, demselben, der Clemens und Sophie drei Jahre zuvor in Marburg getraut hatte:

». . . ich kam von zwei Leichnamen zurück, die ich soeben noch in ihrem Frieden ruhen sah. Es ist Brentanos Frau und Kind, mit dem sie diese Nacht im Wochenbett gestorben ist, nachdem sie noch gestern Abend auf dem Schlosse war, heiter wie immer, und abends noch die Wiege besorgend, in der das Neugeborene liegen sollte. Es ist ein ergreifender Anblick, eine Mutter hingestreckt zu sehen vom Tode mit ihrem Säugling, auf einem Bette, festlich geschmückt wie ein Brautbett . . . Sie ist sanft gestorben und ruht unentstellt und lieblich. Brentano aber ist fürchterlich in seinem Schmerz und fast einem Wahnsinnigen ähnlich.«

Clemens ist völlig verzweifelt. Er weiß nicht wohin; er, der kein Amt, keine Stellung, keinen Beruf hat, hat nun keinen Ort, keinen Auftrag und kein Ziel. Seine achtzehnjährige Schwester Meline schreibt an Savigny: »der Clemens weint und schreit immer überlaut weh weh o weh, und das zehnmal hintereinander. Er tobt ganz unvernünftig, weiß nicht, was er mit sich und der Hulda anfangen soll.«

. . . »Wer mich zu mir selbst weist, tötet mich.« – »Alles liebe ich nur um Deinetwillen, Sophie . . . ich versichre Dich, ich werde keine Zeile dichten können, wenn Du mir ferne bist . . . Aus dem Leben bin ich gerissen . . .«

Brentano kennt sich nicht mehr in der Welt. In Heidelberg will er nicht bleiben, »jede aufgehende Blüte war eine aufbrechende Wunde, jeder Ton ein Schrei nach der Toten.« An Arnim kann er sich nicht wenden, dessen Aufenthaltsort ihm unbekannt ist, der die Post nicht erhält. Über den Verleger Reimer, der gerade die *Fiametta* gedruckt hat, versucht er wenigstens herauszufinden, ob Arnim am Leben ist, dieser einzige Freund, den er noch hat.

Ihm, den er erst nach zweijähriger Trennung unter völlig veränderten Umständen, unglücklich verheiratet, einsam, ziellos wiedersieht, ihm gesteht er dann, er fühle sich ohne Sophie sehr arm.

»Wenn ich sonst so traurig war über den Irrtum und die naseweise Weisheit, die alle Herzen bricht«, schreibt er am

1. Dezember 1808 an Arnim, »so konnte ich die festen Füße Sophiens umarmen, die so rüstig über die gebärende und begrabende Erde hinwandelten. Mit einem Lächeln, mit einem Ernst siegelte sie meine trauerschwankenden Gedanken. Ich sah sie, sie war bei mir, ich hatte sie in den Händen. Mein Leben war wahr, denn ich hatte es wohl gefühlt, daß ich nicht ohne sie leben konnte, und ich konnte den Schmerz ertragen, viele Sonnen untergehn zu sehen. Denn sie mußte mir alles sein: ich hatte sie erlebt und erliebet!«

*　*　*

In seinem Schmerz wendet er sich an Savigny mit diesem Brief vom November 1806:

»Lieber Savigny!

Mein Weib ist tot, sie liegt mit dem neugebornen Kinde unter der Erde. Ich kenne mich nicht mehr in der Welt, wenn ich laut jammre, so höre ich, daß ich lebe, und erschrecke vor mir, ach allmächtiger Gott, so unendlichen Jammer soll man teilen auf der Erde und soll ihn einsam hinabnehmen, wo die herrlichen Menschen vergehen. Fröhlich, glücklich und gesund war mein Weib, wir gingen aufs Schloß abends um 5 Uhr, wo der elende Gatterer die schönen Bäume fällen ließ, die Sophie aus unserm Fenster so gern ansah; sie bat um unsere geliebteste Linde, die Stricke zogen, der Baum fiel, mit Tränen des Unmuts gingen wir herab. Die Sonne ging herrlich unter, Sophie sah froh hinein, sie war lebendig himmlisch wie ein ewiges Kind, sie sagte, ich sehe so in die Sonne, ich will ein recht herrlich Kind gebären. Sie ging froh nach Haus. Die alte Lassaulx, Görres und Kadi waren bei uns, sie waren den Tag vorher zu Schiff angekommen. Kadi und ich und Sophie und Mutter Lassaulx rüsteten freudig die Wiege. Mein Weib ordnete freudig unter Wehen alles noch selbst,

wir staunten sie an. Mein Weib wollte noch keinen Accoucheur, das Kind hatte eine böse Lage, nach einer Stunde
verlangte sie den Accoucheur, ich brachte ihn, keine Gefahr. Um ein Uhr in der Nacht das Kind tot, wodurch weiß
Gott. Mein Weib fragt matt nach dem Kind, wehe, wehe,
ach, und stirbt wie der Held in der [Schlacht] an der Verblu-
tung. Man ließ mich nicht zu ihr, ich war von Sinnen, habe
nicht geredet mit ihr, sie nicht gesehen. Der Morgen kam,
Görres hielt mich in den Armen, man brachte mich aus dem
Haus, aus der Stadt. Ich bin in Frankfurt, die Rudolphi hat
die Hulda zu sich genommen, meine gute treffliche Magd
hütet mein Haus. Aus dem Leben bin ich gerissen, alles
Begonnene ist zerbrochen, was mir bevorsteht, kann ich
nicht lieben, was mir geschehen, ist lauter Jammer. Alles,
Alles ist hin, ich bin versteint, ich hatte alles in Sophie
wiedergefunden, was ich in ihr liebte, in ihr verlor, was sie
war, ach ich war unaussprechlich glücklich! Wohin, wie,
wo, ich weiß nichts (. . .) Die arme Schubart, welche dem
Hunger oft nahe ist, hat nun ihre einzige Stütze verloren,
ich weiß nichts von ihr. Wo Arnim ist, weiß kein Mensch,
vielleicht unter den Toten.

O Savigny, wäre ich tot, mir wäre besser, mir wäre wohl.
Sie waren oft freundlich gegen Sophien, sie war Ihnen sehr
gut, nehmen Sie meinen Dank. Ich kann nur an dies Weib
denken wie an einen Gott, ich habe in dem letzten Jahr
Dinge in ihr begriffen und geliebt, die mich zur tiefsten
demütigsten Liebe zwangen. Ach Savigny, ich habe alles
verloren, alle Geschichte meines Lebens, alles was mich
liebte, trieb und erhielt, ich habe keinen Wunsch als zu
sterben.   Ihr Clemens.«

*

Wie Brentano an diesem Verlust lebenslang litt, ist aus den
Zeilen eines Gedichtes zu lesen, das er zehn Jahre später
schrieb: *Ich bin durch die Wüste gezogen:*

Ich wühlte mit glühendem Schwerte
Den Kindern ihr Grab in die Erde,
Bis auf das letzte fürwahr!
Das ruht' unterm Mutterherzen,
Bis sie es in Jammer und Schmerzen
Hinsterbend dem Tode gebar.

Er hat auch an Arnim geschrieben, der in den Wirren der napoleonischen Kriege diesen Brief erst Monate später erhielt:

»Sophie, die mehr zu leben verdient als ich, die die Sonne liebte und Gott, ist schon lange tot. Blumen und Gras wachsen über ihr und dem Kinde, welches, getötet durch sie, sie tötete, Blumen und Gras sind sehr traurig für mich! Sie war froh und gesund den 30. Oktober 1806, wir waren auf dem Schloß (. . .) Hinten im Schloßgarten wurden grade die schönen Linden durch Gatterer abgehauen: ›Ach, wenn nur die nicht umfällt, die wir aus unserem Fenster sehen!‹ Sie eilte hin, sie bat, aber der Baum war schon unterwurzelt. Die Stricke zogen, er schlug vor ihren Füßen nieder. Da faßten wir uns in den Arm und gingen sehr erschüttert und sehr liebend, aber traurig nach Haus.

Zu Haus war wunderlicher Besuch: die alte Lassaulx aus Koblenz, die Du kennst, und Görres mit seiner Frau, derselbe, der mir einmal so wütend ins Auge geschlagen. Er war auf demselben Schiff bis nach Heidelberg gefahren, auf welchem wir einst mit Sophien gefahren. (. . .)

Sophie fühlte Wehen, mit unendlicher Freude und Seelenruhe rief sie mich hinaus. Ich trug die neue Wiege mit ihr in die Stube; da dachte ich, daß es die dritte neue Wiege war, und weinte. Aber Sophie war wie eine Heilige froh. Sie neckte mich, und wir rüsteten zusammen die Wiege und das Gerät, ihre Stube hatten wir noch selbst dekoriert. Ich holte noch Dein Bild und eine Madonna, die hängte ich hinein, es war abends acht Uhr. ›Nimm die Hulda und gehe mit

Görres auf das Schiff, damit sie nicht jammert, wenn ich schreie; es wird bald vorüber sein!‹ (. . .)

Auf dem Verdeck pochte ich noch mit Tiecks Stock und rief: ›Görres, hier war's!‹ und dann lief ich ans Land. Da ich nach Hause kam, hörte ich Sophie jammern: ›Lieber Clemens, rufe mir den Arzt! Ach Gott, ach Gott, stärke mich!‹ Ich rief den Doktor Mai. Um zwölf Uhr kam die Mutter Lassaulx und sagte: ›Das Kind ist da, man sucht es zu beleben, es ist ein Mädchen.‹ Und ich sprach: ›Lebt mein Weib? ich habe keine Freude an Kindern, sie sterben.‹ – ›Ihr Weib ist sehr schwach!‹ – Da hörte ich Sophien schwer, schwer atmen; sie sagte: ›Lebt mein Kind?‹ und starb, und die Erde starb, alles starb! . . . und Görres drückte mich fest, fest ans Herz, und ich schrie immer: ›Sophie, das Herz ist zerbrochen!‹ – Den anderen Tag brachte mich Görres bis Darmstadt. –«

»Aus dem Leben bin ich gerissen –«

Die Jahre mit Sophie waren die letzten, die Clemens Brentano unbeschwert und voller dichterischer Pläne, voller Hoffnungen verbrachte. Es waren die glücklichsten seines Lebens, »nachher war nichts Gutes mehr, und nichts konnte schlechter werden«. Er reist, er stürzt sich in eine mißlingende zweite Ehe, er sucht Trost in der Religion – nie vergißt er Sophie, die er oft im Traum erblickt, »sehr liebevoll, schön und heilig, ach so wie in der ersten Liebe«.

1. Sophie Mereau
Silhouette mit der Unterschrift: Madame Mereau in Jena.
Um 1795

2. Altenburg in Thüringen, Geburtsort von Sophie Mereau

3. Clemens Brentano
Büste von Friedrich Tieck, 1803

4. Maximiliane Brentano, geb. von La Roche
Clemens' Mutter mit seinen Großeltern Sophie und Georg von La Roche

5. *Georg Philipp Schmidt aus Lübeck*

6. *Sophie Mereau:* »*Das Blüthenalter der Empfindungen, Gotha 1794.*
Titelkupfer von Daniel Chodowiecki

7. *Friedrich Schiller*
Ölgemälde von Ludovike Simanoviz, 1794

8. Schillers Garten in Jena, Zeichnung von Goethe

9. Friedrich Schlegel
Gemälde von Franz Gareis, 1798

10. *Sophie Mereau: »Amanda und Eduard – ein Roman in Briefen«.*
Erster Teil 1803. Titelkupfer von J. H. Ramberg

Amanda und Eduard
ein Roman
in Briefen.
Herausgegeben
von
Sophie Mereau.

Zweiter u. lezter Theil.
Frankfurt a.M. bei Fr.Wilmans.
1803.

11. Sophie Mereau: »Amanda und Eduard«. Zweiter Teil 1803.
Titelkupfer von Rosmaesler

Godwi
oder
Das steinerne Bild der Mutter.

Ein verwilderter Roman
von
Maria.

Bremen
bei Friedrich Wilmans 1801.

12. Clemens Brentano: »Godwi oder Das Steinerne Bild der Mutter.
Ein verwilderter Roman von Maria.« Bremen 1801. Titelblatt

13. Achim von Arnim
Nach dem Ölgemälde von Peter Eduard Ströhling, 1804

14. »Ich sah ein selig Thal voll Frühlingsleben«.
Sonett von Sophie Brentano auf Achim von Arnim, 1805

15. Bettine Brentano
Zeichnung von Ludwig Grimm, 1809

16. Briefhandschrift von Sophie an Clemens Brentano, 17. November 1804

17. Clemens Brentano
Bleistiftzeichnung von Wilhelm Hensel, 1816

18. Clemens Brentano
Radierung von Ludwig Grimm, 1837

19. Letzter Brief von Clemens an Sophie Brentano

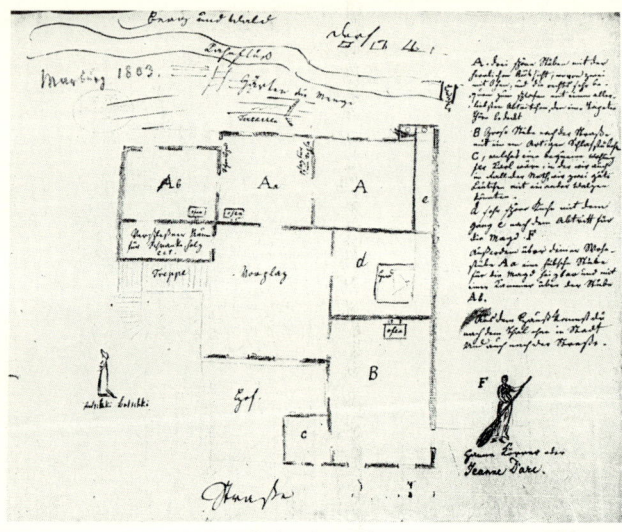

20. Clemens Brentanos Grundrißzeichnung der ersten gemeinsamen Wohnung,
Marburg 1803

ANHANG

1. ANMERKUNGEN

Die Anmerkungen beziehen sich auf die mit einem *
gekennzeichneten Textstellen.

10 *Amanda und Eduard* II, S. 90

13 Alle Zitate aus den Briefen zwischen Clemens Brentano und
Sophie Mereau wurden dem Band entnommen: *»Lebe der Liebe
und liebe das Leben«*. Der Briefwechsel von Clemens Brentano und
Sophie Mereau, hg. von Dagmar von Gersdorff, Frankfurt am
Main (Insel) 1981.

14 Johann Georg Rist, Lebenserinnerungen, hg. von G. Poel, Bd. 1,
Hamburg 1908, S. 66/67.

22 Hoftanzmeister Mereau. Dargestellt von Iffland. In: Berlinischer
Damenkalender auf das Jahr 1803, S. 4-34.

25 *»Licht und Schatten«*: Erstabdruck in Schillers Musenalmanach
von 1798, auch in S. M., Gedichte Bd. 1, S. 54.

26 »Die Herbstgegend«: hier die 1. Strophe, S. M., Gedichte, Bd. 1,
S. 74.

26 »Des Lieblingsörtchens Wiedersehen«: hier wiedergegeben sieben von elf Strophen, s. S. M., Gedichte Bd. 1, S. 88.

28 s. Landsberg: Henriette Herz, Ihr Leben und ihre Zeit, Weimar
1913, S. 54/55.

32 Robert Boxberger, Schillers Briefwechsel mit der Dichterin Sophie Mereau, in: Die Frau im gemeinnützigen Leben, Gera 1889,
S. 123 ff.

40 Caroline. Briefe aus der Frühromantik. Nach Georg Waitz vermehrt herausgegeben von Erich Schmidt, Leipzig 1913, Bd. 1,
S. 408.

54 Woltmanns Rezension in: Allgemeine Literatur-Zeitung Nr. 180,
Mittwoch, 1. Julius 1795, Spalte 1-4. – Eine weitere Rezension
verfaßte Friedrich Nicolai in: Neue Allgemeine Deutsche Bibliothek, Nr. 20, 1. Stück 1795, S. 75/76.

60 Johann Gottlieb Fichte, Gesamtausgabe, hg. von Reinhard Lauth
u. Hans Jacob. Stuttgart 1962-1978, Briefe Bd. 2 S. 136.

80 s. Werner Hoffmann, Clemens Brentano, Leben u. Werk, Bern
und München 1966, S. 149.

88 Johannes Hackenberg: Georg Philipp Schmidt von Lübeck. Ein

volkstümlicher Lyriker aus der klassischen Zeit. (Diss.) Hildesheim 1911, S. 22-25.

91 Die Reise nach Italien hat offenbar nicht stattgefunden.

92 *Ebert*, Paul Ludw. Ferdinand, Dr. jur., Kaiserlicher Reichspost-
meister in Jena, starb im Karlsbade in Böhmen, wohin derselbe
zur Wiederherstellung s. Gesundheit gereist war, 1796 (in: Span-
genberg, Handbuch der in Jena . . . dahingeschiedenen Gelehrten. Jena 1819).

97 Daraus entstand S. M.s Erzählung »Das Feuerwerk« im »Kalathiskos« Bd. 1, 1801.

101 Der Titel »14. Junius« statt »14. Julius« muß ein Versehen sein. –
Das Gedicht wurde 1971 wieder veröffentlicht in: Gedichte u.
Lieder dt. Jakobiner, hg. von H. W. Engels, Stuttgart 1971, S. 11
u. 190.

106 Die Briefe der Korrespondenz Schillers mit S. M. werden zitiert
und datiert nach: Schillers Werke, Nationalausgabe, Briefbände
27 – 36 II, Weimar 1958-1976.

117 Paul Raabe. Die Horen. Einführung und Kommentar, Stuttgart
1959, S. 189: »Hatte Schiller die Absicht, das Dekameron ähnlich
wie Goethes Benvenuto Cellini nach und nach ganz oder doch in
großen Teilen in den Horen wiederzugeben?«

120 Von Fritz Jonas, Friedrich von Schillers Briefe, Stgt/Berlin
(o. D.), und Hans-Heinrich Borcherdt, Schiller u. die Romantiker. Stgt. 1948, fälschlich auf den 15. Dezember 1795 datiert.

122 Caroline. Briefe aus der Frühromantik. Nach Georg Waitz vermehrt herausgegeben von E. Schmidt. Leipzig 1913, Bd. 2, S. 340.

125 Das Datum – in der Weimarer Nationalausgabe mit dem 27. Juni
1797 angegeben – ergibt sich aus Sophie Mereaus Tagebuch.

133 Handschrift in der Universitätsbibliothek Mainz.

134 Hölderlin hatte 1795 als Hauslehrer in Jena die Bekanntschaft von
S. M. gemacht. S. dazu Adolf Beck (Hg.), Hölderlins Diotima
Susette Gontard, Frankfurt am Main 1980. S. 216, 222; zu den
Journalplänen S. 92.

136 Eine Beschreibung jenes Nachmittages bei Schiller findet sich im
Brief der Sophie Brentano an Henriette von Arnstein vom 8.
August 1799 in: E. Schmidt, Festschrift für Karl Weinhold zum
26. 10. 1893, Weimar 1893, S. 5-7. – Ad. Beck (Hg.) s. o. S. 66-69.

138 Zit. nach: Robert Boxberger, Schillers Briefwechsel mit der Dich-

terin Sophie Mereau, in: Die Frau im gemeinnützigen Leben, hg. von Adelheid Sohr, Gera 1889, S. 123 f.

144 Die Briefhandschriften finden sich in Weimar, Goethe- und Schiller-Archiv.

146 Goethe, Werke. Weimarer Ausgabe Bd. IV, 13, S. 268.

152 Das entstandene Porträt, das sie laut Briefnotiz nach der Scheidung an Karl Mereau zurückgab, ist bisher nicht aufzufinden.

160 Alle Zitate aus der Korrespondenz von Clemens Brentano u. Sophie Mereau nach der Briefausgabe: *Lebe der Liebe und liebe das Leben*. Der Briefwechsel von Clemens Brentano und Sophie Mereau, hg. von Dagmar von Gersdorff, Frankfurt am Main (Insel) 1981.

163 Nachruf des Zeitgenossen Franz Gräffer, in: C. B., Ges. Schriften 1855, Bd. 8, S. 52/53 (Anm.).

167 »Ihr dunkles Haar« zit. C. B. auch im Gedicht »Abschied«, UL S. 129. – Sophie Mereau gibt eine Selbstbeschreibung in »Amanda und Eduard« II, S. 168: »mit Schwermut in den schwarzen Augen.« – Diese Beobachtungen entgegen Steig, der S. M. als blond u. blauäugig beschreibt, in: »Sophie Mereau's Bild in Clemens Brentanos Dichtung«, Beilage zur Münchner Allg. Zeitung vom 30. 6. 1894.

169 Im Gedicht »Der Jäger an den Hirten« von C. B. heißt ein Vers: »Schweres Herz hat leichten Sinn«. Dies ist der Titel eines Gedichtes von S. M.: »Schwerer und leichter Sinn«.

172 Nach Karl Schneider, Ein Blick in das Gesellschafts- und Geistesleben Altenburgs am Beginn des 19. Jahrhunderts, in: Festschrift zum 100jährigen Bestehen der Geschichts- und Altertumforschenden Gesellschaft des Osterlandes zu Altenburg, Bd. 15, Heft 1, o. J. (1938).

181 Dazu: Eberhard Puntsch, Das Verhältnis von Dichtung und Existenz in der ersten Schaffensperiode von Clemens Brentano. (Masch. Diss.) München 1956, S. 38-46.

185 Der Name *Brentano*, im Tagebuch immer mit *B.* abgekürzt, wird hier durchgehend ausgeschrieben.

195 S. die Briefe Brentanos vom 18./21. August 1799 in: Briefwechsel, a.a.O., S. 173/174.

199 »Trauriger Abend«, weil Brentano nicht, wie von S. M. erwartet, zu Schellings Sylvesterfeier kam. Er feierte statt dessen mit den

Freunden Winkelmann, Mayer, Erler, Frister, Klingemann und acht weiteren Kommilitonen die Neujahrsnacht bei sich zu Hause. Ein Bericht darüber, »Eine poetische Neujahrsnacht von Studenten in Jena 1799« von Lichtenstein, der dabei war, liegt handschriftlich in der Universitätsbibliothek Mainz. –

209 Woltmann schrieb aus Berlin an S. M.: »Ihre Gedichte sind durch Phantasie und Gefühl so lieblich, als die Schlegel'schen durch den Mangel an beidem dürr und von trocknem Genuß.« (Unveröffentlichte Handschrift der Varnhagen-Sammlung).

210 Helmina v. Chézy, Nekrolog auf Dorothea v. Schlegel, geb. Mendelssohn, in: Beilage zur Allg. Zeitung vom 29. August 1839, Nr. 241.

214 Die Datierung erfolgt nach dem Erstdruck der Briefe durch Heinz Amelung in: Zeitschrift für Bücherfreunde, NF 5, 1913, S. 183 ff. – Der erste Brief (1) ist nach Schwarzburg gerichtet. Die Originalhandschriften der zehn Schlegel-Briefe befinden sich in der Sammlung Varnhagen. –

217 Bei dem *Gedicht* handelt es sich um S. M.s Versepos *Serafine* in sechs Gesängen, das 1802 erschien. – Dieser und die folgenden Briefe sind nach Camburg/Saale gerichtet.

218/219 Brief (5) und (6) veröffentlicht in: Briefe von und an Friedrich und Dorothea Schlegel, hg. von Josef Körner, Berlin 1926, S. 33 und 452.

222 Friedrich Schlegels Drama »Alarcos«, auf der Weimarer Bühne aufgeführt, wurde ein Mißerfolg.

228 Das Sonett ist abgedruckt in: Waldemar v. Olshausen, Neues aus dem Caroline-Kreis. Euphorion Bd. 28, 1927, S. 353.

230 Dazu Reinhold Steig, Über den Göttingischen Musen-Almanach für das Jahr 1803, Euphorion Bd. 2, 1895, S. 312 ff.

235 Zum Vergleich: Schiller als Junggeselle veranschlagte für sich eine Mindestsumme von 450 Talern jährlich.

248 Joseph Görres, Charakteristiken und Kritiken a. d. J. 1804 und 1805. Hg. von Franz Schultz. Köln 1900.

257: *Zeile 2:* Reinhold Steig betrachtet Brentano als Verfasser der Schrift; er schreibt: »Das Fragment über Wilhelm Meister ist ohne Zweifel von ihm, es hat die Sprache des Godwi.« In: R. Steig, Achim von Arnim und Clemens Brentano, Stuttgart 1894, I, S. 352, Anm. 77. –

Otto Mallon, Brentano-Bibliographie, Berlin 1926, S. 9, nennt die Verfasserschaft Brentanos »wahrscheinlich«.

Werner Hoffmann, Clemens Brentano, Leben und Werk, Bern u. München 1966, S. 80/81, betrachtet die Schrift so selbstverständlich als eine Arbeit Brentanos, daß er daraus zitiert.

Konrad Feilchenfeldt übernimmt diese Auffassung ungeprüft in seiner Brentano-Chronik, München 1978, S. 26.

Peter Schmidt im Nachwort zum Faksimile-Druck von S. M.s »Kalathiskos«, Heidelberg 1968, S. 17, vermutet den Verfasser »mit einiger Sicherheit« im Kreise von Brentano, Klingemann, Winkelmann, Wrangel; Sophie Mereau erwähnt er nicht.

Friedhelm Kemp (Hg.) veröffentlichte die Schrift in Brentanos Werken (München 1963, Bd. 2, Beiträge aus Zeitungen und Zeitschriften, S. 1215-1218).

Zeile 13: Dazu Klaus F. Gille, »Wilhelm Meister« im Urteil der Zeitgenossen. Ein Beitrag zur Wirkungsgeschichte Goethes, Assen 1971, S. 63, 79 ff.

Zeile 16: Dazu Clemens Heselhaus: Die Wilhelm-Meister-Kritik der Romantiker und die romantische Romantheorie, in: Robert Jauß (Hg.), Nachahmung und Illusion, München 1969, S. 113.

Zeile 23: Kalathiskos I, 226 und *Amanda u. Eduard* II, 25.

Zeile 33: Im Gegensatz dazu A. W. Schlegel in den Jenaer Vorlesungen 1798 zu den Frauengestalten im WM: »Die einzelnen Figuren sind sehr beschränkte, einseitige Wesen.« (Zit. nach Gille, a.a.O., S. 141).

258 Heinrich Düntzer, Charlotte von Stein, Goethes Freundin. Ein Lebensbild mit Benutzung der Familienpapiere, Bd. II, Stutgart 1874, S. 54.

259 *Zeile 17:* Kalathiskos I, S. 235/236.

Zeile 32: Dazu Gille, a.a.O., S. 96: »Das einzige Zeugnis, das diese romantische Grundposition [Turmgesellschaft als Vorbild] in Frage stellen könnte, ist jener merkwürdig isoliert stehende Aufsatz, der 1801 in Sophie Mereaus Zeitschrift ›Kalathiskos‹ erschien und der wahrscheinlich Clemens Brentano zuzuschreiben ist.«

260 Zur Kunstauffassung von S. M. s. Hang, 1934, S. 110 f.

263 Zum Thema Übersetzungen s. *Weltliteratur*. Die Lust am Überset-

zen im Jahrhundert Goethes. Ausst. Kat. Dt. Schillerges. Marbach 1982. Hier: S. 416.

264 S. Pierre Fauchéry, La Destinée Féminine dans le Roman Européen du 18. siècle, Paris 1972, S. 129/30: »D'autre part, mainte femme écrivaine, en Allemagne surtout, rend hommage à ce modèle de la femme libre: Sophie Mereau traduira la ›Correspondance de Ninon, arrangée par Bussy‹ (1797).«

268 Einen Standpunkt wie Sophie Mereau bezieht in unserer Zeit die Lyrikerin Ulla Hahn. Das entsprechende Gedicht (in: *Herz über Kopf*, Stuttgart 1981) heißt: *Offener Brief an die Prinzessin von Cleves*
. . . Ach Madame Eure Tugend ist nichts als
schlotternde Angst vor dem Leben lieber
stellt Ihr Euch tot als einmal für einen
zu sterben tausend Tode bei lebendigem Leib. Jaja
ich weiß Prinzessin Eure Kälte heißt Treue Ehrbarkeit
Euer Versagen und so geht Ihr dahin
tugendhaft ehrbar und treu nur
nicht gerade als Frau.

271 Von S. M. an Fr. Müller sind drei Briefe erhalten im Goethe-Museum Düsseldorf (1) und im Goethe- und Schiller-Archiv Weimar (2).

304 Dazu Günter Peters, Das tägliche Brot der Literatur, Friedrich Schlegel u. die Situation des Schriftstellers in der Frühromantik. In: Jb. d. dt. Schillergesellschaft, 27. Jg., Stuttgart 1983, S. 235-282.

317 Franz Schultz (Euphorion 1901, 8. Bd., S. 330 ff.) hält die Übersetzungen für eine Arbeit Brentanos, ebenso Steig I, S. 356: »Brentano wird seine Gründe gehabt haben, warum er die Novellen nicht unter seinem Namen erscheinen ließ. Künftig aber sind sie unter den Werken Clemens', nicht Sophie Brentanos, aufzuführen.« Im Gegensatz dazu S. Mereaus Briefe an C.B. s. DG. S. 210 u. 211, Oktober 1803.

326 Original des Briefes in der Universitätsbibliothek Marburg.

327 Original des Briefes im Goethe- und Schiller-Archiv Weimar.

336 Dieser und die folgenden Briefe von Achim von Arnim an Sophie Brentano-Mereau abgedruckt bei Walther Migge (s. das Literaturverzeichnis).

341 Zu C. B.s Untätigkeit: Guido Görres, Historisch-politische Blät-

ter, Bd. 15, München 1845. – UL 203, 213, 217. – Dazu auch Hartwig Schultz, »Zum Kaufmann taugst Du nichts . . .«, in: »Frankfurt ist der Nabel dieser Erde«. Das Schicksal einer Generation der Goethezeit. Hg. von C. Jamme und O. Pöggeler, Stuttgart 1983.

351 Dorothea Schlegel am 1. 12. 1805 an Caroline Paulus: Sophie Brentano ihr Katholizismus wird eben nicht weit her seyn . . .«, in: Deutsche Literaturdenkmale (s. Lit.verzeichnis).

356 Emma von Niendorf, Sommertage mit Clemens Brentano, in: Aus der Gegenwart, 43. Band, Berlin 1844.

358 Der *Engel* ist Caroline Engelhard, von Sophie Brentano-Mereau zur Pflege des Neugeborenen nach Heidelberg eingeladen.

362 Seebaß I, S. 286.

367 Steig I, S. 171.

2. ABKÜRZUNGEN

ADB	Allgemeine Deutsche Biographie
C. B.	Clemens Brentano
DG	Dagmar von Gersdorff (Hg.): Lebe der Liebe und liebe das Leben. Der Briefwechsel von Clemens Brentano und Sophie Mereau. Frankfurt am Main (Insel) 1981, 1983[2]
Hang	Adelheid Hang: Sophie Mereau in ihren Beziehungen zur Romantik. (Diss.) Frankfurt am Main 1934
S. M.	Sophie Mereau
Steig I	Reinhold Steig (Hg.): Achim von Arnim und die ihm nahestanden. Bd. I: Achim von Arnim und Clemens Brentano. Stuttgart 1894
Seebaß	Friedrich Seebaß (Hg.): Clemens Brentano, Briefe. 2 Bände, Nürnberg 1951
Touaillon	Christine Touaillon: Der deutsche Frauenroman des 18. Jahrhunderts. Wien und Leipzig 1919 (Neudruck Bern 1980)
UL	Das unsterbliche Leben. Unbekannte Briefe von Clemens Brentano. Herausgegeben von Wilhelm Schellberg und Friedrich Fuchs. Jena 1939 (Neudruck Bern 1970).
WM	Wilhelm Meister

3. LITERATUR

Die während der dreijährigen Arbeitszeit zu dieser Biographie benutzte
Literatur kann hier nur auszugsweise wiedergegeben werden

Ahlefeld, Charlotte von: Gedichte von Natalie. Berlin 1817

Amelung, Heinz (Hg.): Briefwechsel zwischen Clemens Brentano und Sophie Mereau. Zwei Bände, Leipzig (Insel) 1908. Neue Ausgabe Potsdam 1939

Amelung, Heinz (Hg.): Briefe Friedrich Schlegels an Clemens Brentano und an Sophie Mereau. In: Zeitschrift für Bücherfreunde, N. F. 5, (1913), 1. Hälfte, S. 183-192

Amelung, Heinz: Die Geschichte einer Cid-Übersetzung. In: Preußische Jahrbücher, 81. Band, Berlin 1920

Arnim, Bettina von: Clemens Brentanos Frühlingskranz, aus Jugendbriefen ihm geflochten, wie er selbst schriftlich verlangte. Erster [u. einziger] Band, Charlottenburg 1844

Barth, Ilse-Marie: Literarisches Weimar. Kultur – Literatur – Sozialstruktur im 16. bis 20. Jahrhundert. Stuttgart 1971

Beck, Adolf (Hg.): Hölderlins Diotima Susette Gontard. Frankfurt am Main 1980

Becker-Cantarino, Barbara (Hg.): Die Frau von der Reformation zur Romantik. Bonn 1980

Becker-Cantarino, Barbara: Priesterin und Lichtbringerin. Zur Ideologie des weiblichen Charakters in der Frühromantik. In: Die Frau als Heldin und Autorin. Neue kritische Ansätze zur dt. Literatur, hg. von Wolfgang Paulsen, München/Bern 1979

Becker-Cantarino, Barbara: Schlegels Lucinde. Zum Frauenbild der Frühromantik. In: Colloquia Germanica 1976/77, S. 128 139

Behler, Ernst: Friedrich Schlegel in Selbstzeugnissen und Bilddokumenten, Hamburg 1981

Benzmann, Hans: Zur Erinnerung an Sophie Mereau. In: Zeitschrift für Bücherfreunde 10, 1906/07, S. 457-461

Bode, Wilhelm: Goethe in vertraulichen Briefen seiner Zeitgenossen. Weimar 1969 (Neuauflage 3 Bde. Berlin/Weimar 1982)

Böhm, Elisabeth: Die Frauengestalten in Brentanos Dichtungen. Wien 1940 (Masch.Diss.)

Böttiger, Karl August: Literarische Zustände und Zeitgenossen, Band 1 u. 2, Leipzig 1838

Boxberger, Rudolf (Hg.): Schillers Briefwechsel mit Sophie Mereau. In: Die Frau im gemeinnützigen Leben, hg. von Amalie Sohr und Marie Loeper, Gera 1889

Bovenschen, Silvia: Die imaginierte Weiblichkeit. Exemplarische Untersuchungen zu kulturgeschichtlichen und literarischen Präsentationsformen des Weiblichen. Frankfurt am Main 1979, 1980[2]

Brentano, Clemens: Gesammelte Schriften. Hg. von Christian Brentano. 9 Bände. Frankfurt am Main 1852-1855 (Neudruck Bde. 8 u. 9 Bern 1970)

Brentano, Clemens, Historisch-kritische Ausgabe sämtlicher Werke und Briefe, hg. von Jürgen Behrens, Wolfgang Frühwald, Detlev Lüders. Stuttgart 1975 ff.

Brentano, Clemens: Werke. Bd. I hg. von Wolfgang Frühwald, Bernhard Gajek und Friedhelm Kemp, Bde. II-IV hg. von Friedhelm Kemp, München 1963-66

Brentano Lujo: Clemens Brentanos Liebesleben. Frankfurt/Main 1921

Brinker-Gabler, Gisela (Hg.): Deutsche Dichterinnen vom 16. Jahrhundert bis zur Gegenwart. Frankfurt am Main 1979

Bruford, Walter H.: Die gesellschaftlichen Grundlagen der Goethezeit. Frankfurt am Main 1979

Bruyn, Günter de: Das Leben des Jean Paul Friedrich Richter. Frankfurt am Main 1978

Burkhardt, C. A. (Hg.): Das Repertoire des Weimarer Theaters unter Goethes Leitung, 1791- 1817. Hamburg (Voß) 1891

Burschell, Friedrich: Friedrich Schiller in Selbstzeugnissen und Bilddokumenten, Hamburg 1981

Cardauns, Hermann: Briefe von Clemens Brentano, in: Hochland 18. Jg. 1921

Cardauns, Hermann: Die Märchen Clemens Brentanos. Köln 1895

Caroline. Briefe aus der Frühromantik. Nach Georg Waitz vermehrt herausgegeben von Erich Schmidt. 2 Bde., Leipzig 1913

Creuzer, Friedrich: Briefe an Caroline von Günderode, hg. von Karl Preisendanz, München 1912

Mc Cullar, Sylvie Yvonne: »Ideal« versus »Real«. Womanhood as Portrayed in the Literature and Correspondance of Early German Romanticism. (Diss.) Houston/Texas 1979

Dewitz, Hans-Georg: ». . . traue den süßen Tönen des Sirenenliedes nicht . . .« Zur Rolle von Brentanos Briefen in der Forschung. In: C. B., Beiträge des Kolloquiums im Freien Deutschen Hochstift 1978, hg. von Deltev Lüders, Tübingen 1978

Deutschland. Zeitschrift von J. F. Reichardt, Jg. 1796, 2. Bd. 6. Heft

Drewitz, Ingeborg: Bettine von Arnim. Romantik – Revolution – Utopie. Düsseldorf/Köln 1969 (Neuauflage 1984)

Emrich, Wilhelm: Romantik und modernes Bewußtsein, in: W. E., Protest und Verheißung. Studien zur klassischen und modernen Dichtung. Frankfurt am Main/Bonn 1968[2]

Emrich, Wilhelm: Der Universalismus der deutschen Romantik. Wiesbaden 1964

Erfurter Nachrichten von Gelehrten Sachen, Jahrgang 1800, S. 361 ff. (Kritik J. G. Herders von S. M.s Gedichten)

Fambach, Oskar (Hg.): Ein Jahrhundert der deutschen Literaturkritik (1750-1850), Bd. I-IV, Berlin 1957-1963

Feilchenfeldt, Konrad: Brentano-Chronik. Daten zu Leben und Werk. München 1978

Flitner, Willy: August Ludwig von Hülsen und der Bund der Freien Männer. (Diss.) Naumburg 1913

Fortmüller, Heinz-Joachim: Clemens Brentano als Briefschreiber. (Diss.) Frankfurt am Main 1977

Friedrichs, Elisabeth: Die deutschsprachigen Schriftstellerinnen des 18. und 19. Jahrhunderts. Ein Lexikon. Stuttgart 1981

Fritsch, Th. (Hg.): Briefe von und an J. F. Herbart. Langensalza 1912

Gajek, Bernhard: Zur Wilhelm Meister-Kritik. In: Wirkendes Wort 20, 1970, S. 280 ff.

Geißler, Wilhelmine Henriette: »Gedichte«, Gotha 1823

Gerhard, Ute: Verhältnisse und Verhinderungen. Frauenarbeit, Familie und Rechte der Frauen im 19. Jahrhundert. Mit Dokumenten. Frankfurt am Main 1978

Gersdorff von, Dagmar: Lebe der Liebe und liebe das Leben. Der Briefwechsel von Clemens Brentano und Sophie Mereau. Frankfurt am Main 1981

Gille, Klaus F.: Goethes Wilhelm Meister. Zur Rezeptionsgeschichte der Lehr- und Wanderjahre. Königstein 1979

Goethe, Joh. Wolfgang von: Begegnungen und Gespräche. Herausgegeben von Ernst und Renate Grumach, Band. 1-4, Berlin 1965-1977

Görres, Joseph: Charakteristiken und Kritiken a. d. Jahren 1804 u. 1805, hg. von Franz Schultz, Köln 1900

Greiner, Martin: Die Entstehung der modernen Unterhaltungsliteratur. Studien zum Trivialroman des 18. Jahrhunderts. Hamburg 1964

Hang, Adelheid: Sophie Mereau in ihren Beziehungen zur Romantik. (Diss.) Frankfurt am Main 1934

Halparin, Natalie: Die deutschen Schriftstellerinnen in der zweiten Hälfte des 18. Jahrhunderts. (Soziolog. Analyse). Quakenbrück 1935

Henkel, Arthur: Was ist eigentlich romantisch? In: Festschrift für Richard Alewyn, hg. von Herbert Singer u. Benno v. Wiese, Köln 1967

Herder, Joh. Gottfried: Briefe, 1763-1803. Gesamtausgabe, hg. unter Leitung von Karl-Heinz Hahn, in 8 Bänden, Weimar 1982

Heselhaus, Clemens: Die »Wilhelm Meister«-Kritik der Romantiker und die romantische Romantheorie. In: Jauß (Hg.), Nachahmung und Illusion, München 1969

Hofe, Harald von: Sophie Mereau-Brentano and America, in: Modern Language Notes 75, 1960, S. 427-430

Hoffmann, Werner: Clemens Brentano. Leben und Werk. München 1966

Huch, Ricarda: Die Romantik. Ausbreitung, Blütezeit und Verfall. Tübingen 1951

Huyssen, A.: Die frühromantische Konzeption von Übersetzung und Aneignung. Zürich 1969

Ihringer, Bernhard: Clemens Brentano und Sophie Mereau. In: B. I., Sätze und Aufsätze, Karlsruhe 1911, S. 65-75

Jäckel, Günter (Hg.): Frauen der Goethezeit in ihren Briefen. München 1966

Jäger, Hans: Clemens Brentano's Frühlyrik. Chronologie und Entwicklung. Frankfurt am Main 1926 (Neudruck Bern 1968)

Journal des Luxus und der Moden, hg. von C. Bertuch. Jahrgang Januar 1807 (enthält Horstigs Nachruf auf Sophie Brentano-Mereau)

Kayser, Karl Philipp: Aus gärender Zeit. Tagebuchblätter des Heidelberger Professors Karl Philipp Kayser a. d. Jahren 1793 bis 1827, hg. von Franz Schneider, in: Heimatblätter. Vom Bodensee zum Main, Nr. 24, Karlsruhe 1923

Kerr, Alfred: Godwi. Ein Kapitel deutscher Romantik. (Diss.) Berlin 1898

Kleßmann, Eckart: Caroline. Das Leben der Caroline Michaelis-Böhmer-Schlegel-Schelling 1763-1809. München 1979

Kluckhohn, Paul: Die Auffassung der Liebe in der Literatur des 18. Jahrhunderts und in der deutschen Romantik. Halle 1931 (1966³)

Köpke, Wulf: Die emanzipierte Frau in der Goethezeit und ihre Darstellung in der Literatur. In: Wolfgang Paulsen (Hg.), Die Frau als Heldin und Autorin, München/Bern 1979

Körner, Josef: Krisenjahre der deutschen Romantik. 3 Bde., Bern 1969

Körner, Josef: Romantiker und Klassiker. Die Brüder Schlegel in ihren Beziehungen zu Schiller und Goethe. Berlin 1924 (Reprint Bern 1974)

Kohut, Adolf: Sophie Mereau. Ein weiblicher Charakterkopf. In: Die Gegenwart 1906, Bd. 69, Nr. 44

Lachmanski, Hugo: Die deutschen Frauenzeitschriften des 18. Jahrhunderts (Diss.). Berlin 1900

Lanckoronska-Rümann: Geschichte der deutschen Taschenbücher und Almanache aus der klassisch-romantischen Zeit. München 1954

Lankheit, K.: Das Frauenbild der Romantik. Heidelberg 1952

Laube, Heinrich: Reise durch das Biedermeier. Hg. mit e. Nachwort von F. H. Körber, Hamburg 1965

Mallon, Otto: Brentano-Bibliographie (1778-1842), Berlin 1926 (Reprographischer Nachdruck Hildesheim 1965)

Matthissons Gedichte. Hg. von Gottfried Bölsing. 2 Bde., Tübingen 1912

Migge, Walther: Briefwechsel zwischen Achim von Arnim und Sophie Mereau. Ein Beitrag zur Charakteristik Clemens Brentanos, in: Festgabe für Eduard Berend zum 75. Geburtstag am 5. 12. 1958, Weimar 1959

Niendorf, Emma von: Sommertage mit Clemens Brentano. In: Aus der Gegenwart, 43. Band, Berlin 1844

Olshausen, Waldemar von: Neues aus dem Caroline-Kreis. In: Euphorion Bd. 28, 1927

Jean Paul und Herder. Der Briefwechsel Jean Pauls und Karoline Richters mit Herder und der Herderschen Familie in den Jahren 1785-1804. Hg. von Paul Stapf. Bern 1959

Paulsen, Wolfgang (Hg.): Die Frau als Heldin und Autorin. Neue kritische Ansätze zur dt. Literatur. München/Bern 1979

Prang, H. (Hg.): Begriffsbestimmung der Romantik. Darmstadt 1968

Puntsch, Eberhard: Das Verhältnis von Dichtung und Existenz in der ersten Schaffensperiode von Clemens Brentano. (Masch.Diss.) München 1959

Raabe, Paul: Die Horen. Einführung und Kommentar. Darmstadt 1959

Rehm, Walter: Clemens Brentanos Romanfragment »Der schiffbrüchige Galeerensklave vom Todten Meer«. Berlin 1949

Rist, Joh. Georg: Lebenserinnerungen, hg. von Gustav Poel, Teil 1, Gotha 1880

Rudolphi, Caroline: Gemälde weiblicher Erziehung. Zwei Bände. Heidelberg 1803

Rüdiger, Otto: Caroline Rudolphi. Hamburg 1903

Schellberg, Wilhelm und Fuchs, Friedrich (Hg.): Das unsterbliche Leben. Unbekannte Briefe von Clemens Brentano. Jena 1939 (Neudruck Bern 1970)

Schelling, Friedrich Wilhelm Josef: Briefe und Dokumente. Hg. von Horst Fuhrmans. 2 Bde., Bonn 1973

Schiller-Goethe: Briefwechsel, hg. von W. Vollmer, Stuttgart 1881

Schindel, Karl Wilhelm Otto August von: Die deutschen Schriftstellerinnen des 19. Jahrhunderts, Leipzig 1823-1825

Schlegel, Dorothea: Briefe von Dorothea und Friedrich Schlegel an die Familie Paulus. (Deutsche Literaturdenkmale des 18. und 19. Jahrhunderts) Berlin 1913 (Reprint 1968)

Schlegel, Friedrich: Lucinde. Mit einem Nachwort von Henriette Beese. Frankfurt/Berlin 1980

Schubart, Henriette: Schottische Lieder und Balladen von Walter Scott, Leipzig und Altenburg 1817

Schulz, Günter: Schillers Horen. Politik und Erziehung. Analyse einer deutschen Zeitschrift. Heidelberg 1960

Schultz, Hans-Jürgen (Hg.): Frauen. Porträts aus zwei Jahrhunderten. Darin: Siegrid Weigel, Sophie Mereau (S. 20-32). Stuttgart 1981

Schultz, Hartwig: Brentanos »Gustav Wasa« und seine versteckte Schöpfungsgeschichte oder romantischen Poesie, in: Beiträge des Kolloquiums im Freien Deutschen Hochstift, herausgegeben von Detlev Lüders, Tübingen 1978

Seyffert, Wolfgang: Schillers Musenalmanache. Berlin 1913

Showalter, Elaine: A Literature of Therir Own: British Woman Novelists from Brontë to Lessing, Princeton 1977

Steig, Reinhold: Über den Göttingischen Musen-Almanach für das Jahr 1803. In: Euphorion 1895, Bd. 2, S. 312 ff.

Steffens, Heinrich: Was ich erlebte (1773-1845). Aus der Erinnerung niedergeschrieben. 4 Bde., Breslau 1841

Stern, Selma: Sophie Mereau. In: Die Frau. Monatsschrift für das gesamte Frauenleben unserer Zeit. Organ des Bundes deutscher Frauenvereine, 33. Jg., Berlin 1926, S. 230-235

Stoll, Adolf: Der junge Savigny. Kinderjahre, Marburger und Landshuter Zeit Friedrich Karl von Savignys. Zugleich ein Beitrag zur Geschichte der Romantik. Berlin 1927

Sudhof, Siegfried: Brentano in Weimar (1803), in: Zeitschrift für deutsche Philologie 87, 1968, S. 196-218

Susman, Margarete: Frauen der Romantik. Jena 1929

Taxis-Bordogna, Olga: Sophie Mereau. In: Die Frau 48, 1940/41, S. 327-30

Touaillon, Christine: Der deutsche Frauenroman des 18. Jahrhunderts. Wien und Leipzig 1919 (Nachdruck Bern 1980)

Walzel, Oskar: Vom Geistesleben des 18. und 19. Jahrhunderts. Leipzig 1911

Weltliteratur. Die Lust am Übersetzen im Jahrhundert Goethes. Katalog der Deutschen Schillergesellschaft Marbach 1982

Widmann, Berthold: Zu Clemens Brentanos Briefwechsel vom Sommer 1802 bis Herbst 1803. (Diss.) München 1914

Wolf, Christa (Hg.): Der Schatten eines Traums. Karoline von Günderode, Gedichte, Prosa, Briefe, Zeugnisse von Zeitgenossen. Darmstadt/Neuwied 1980

Wolzogen, Karoline von: Schillers Leben. Stuttgart [o. J.]

Zeitung für die elegante Welt, Nr. 76/82, 1804 (Clemens Brentanos Beiträge zur Herausgabe der Spanischen und Italienischen Novellen durch Sophie Brentano-Mereau).

4. DIE WERKE VON SOPHIE BRENTANO-MEREAU

Maria. Eine Novelle. (Anonym). In: Taschenbuch der Liebe und
Freundschaft, Frankfurt, bei Friedrich Wilmans, 1805

Johannes mit dem güldenen Mund. Eine Legende. In: *Bunte Reihe kleiner
Schriften* von Sophie Brentano. Frankfurt a. M., bei Friedrich Wilmans, 1805

Neudruck: *Johannes mit dem güldenen Mund.* Von Sophie Brentano. In:
Das Reich 5, Buch 1/2, Berlin 1920

Die Flucht nach der Hauptstadt. Von Sophie Brentano. In: Taschenbuch
für das Jahr 1806. Der Liebe und Freundschaft gewidmet. Frankfurt, bei Friedrich Wilmans, 1806

Julie von Arwian. Eine Erzählung. (Anonym). In: Taschenbuch der
Grazien, bey dem Hofbuchhändler Ferd. Kaufmann, Mannheim
1806

III. GEDICHTE

Gedichte. Von Sophie Mereau. Erstes Bändchen. Berlin, 1800. Bey
Johann Friedrich Unger

Gedichte. Von Sophie Mereau. Zweites Bändchen. *Serafine.* Berlin,
1802. Bey Johann Friedrich Unger

Der Sophie Mereau Gedichte. Wien und Prag, bey Franz Haas, 1805
(Neuauflage der beiden Gedichtbände in einem Band)

Einzeln erschienene Gedichte

1791 *Bey Frankreichs Feier des 14. Junius 1790*
  in: Thalia, hg. von Schiller, Jena 1791
  in: Poetische Sammlungen zur Erweckung des Gefühls für Menschenwürde. Im 4. Jahr der Frankenrepublik, 1795
  in: Gedichte und Lieder deutscher Jakobiner, hg. von H. W. Engels,
  Stuttgart 1971

1792 *Die Zukunft*
  in: Thalia, hg. von Schiller, Jena 1792

1792 *Feuerfarb* (vertont von L. van Beethoven, Opus 52, 1805)
  in: Journal des Luxus und der Moden, 1792
  in: Zwölf Lieder von Tieck, Goethe, Novalis, A. W. Schlegel,

Sophie Mereau und Mahlmann, componiert von W. Schneider,
Penig 1807

in: Deutsche Dichterinnen vom 16. Jahrhundert bis zur Gegenwart.
hg. von Gisela Brinker-Gabler, Frankfurt 1978

1793 *Das Bildnis, Die letzte Nacht*

in: Neue Thalia, hg. von Schiller, Jena 1793

1796 *Des Lieblingsörtchens Wiedersehen*

in: »Deutschland«, Berlin, bei Unger. Bd. 1, 2. Stück, 1796 (mit einer
Vertonung von Joh. Fr. Reichardt)

1796 *Schwarzburg* und *Das Lieblingsörtchen*

in: Die Horen, hg. von Schiller, 9. Stück, 1796

1796 *Frühling. Vergangenheit. Das Lieblingsörtchen. Erinnerung und Phantasie*

in: Musen-Almanach für das Jahr 1796. Von Schiller, bei dem
Hofbuchhändler Michaelis in Neustrelitz

1797 *Andenken. Die Landschaft*

in: Musen-Almanach für das Jahr 1797. Von Schiller.

1798 *Bergphantasie. Im Frühling. Schwermuth*

in: Damen-Calender auf das Jahr 1798. Tübingen. Bei Cotta.

1798 *Lindor und Mirtha. Der Garten zu Wörlitz. Licht und Schatten.*

in: Musen-Almanach für das Jahr 1798. Von Schiller.

1799 *Schwärmerei der Liebe*

in: Musenalmanach für das Jahr 1799. Von Schiller.

1800 *An ein Abendlüftchen. Auf einen gefangenen Vogel. Abschied an Lotte.
An einen Freund* (vertont von Zelter, mit Notenbeilage)

in: Berlinischer Damenkalender auf das Jahr 1800, Berlin, bei Joh.
Fr. Unger

1800 *An einen Baum am Spalier*

in: Berlinischer Damenkalender auf das Jahr 1800

in: Deutsche Dichterinnen vom 16. Jahrhundert bis zur Gegenwart,
hg. von G. Brinker-Gabler, Frankfurt 1978

1801 *An die Leserinnen. Amor. Frühling. Das neue Geschlecht. Die Bienen.
Die Wiesenblumen. Abschied an Dornburg. An Hulda.*

in: Kalathiskos, Bd. 1, Berlin, bei Heinr. Frölich, 1801

1802 *Trennung vom Leben. An Goethe.*

in: Kalathiskos, Bd. 2, Berlin, bei Heinr. Frölich, 1802

1802 *Durch Wälder und Felder*

in: Musen-Almanach auf das Jahr 1802, hg. von Bernhard Vermehren

1803 *Epigramme*

in: Musen-Almanach auf das Jahr 1803, hg. von Bernhard Vermehren

1803 *Der Fürstenbrunnen bei Jena. Haß und Liebe.*

in: Taschenbuch für das Jahr 1803. Der Liebe und Freundschaft gewidmet. Frankfurt am Mayn, bei Friedr. Wilmans

1803 *Achtzehn Gedichte*

in: Musenalmanach für das Jahr 1803. Herausgegeben von Sophie Mereau. Göttingen. Bei Heinrich Dieterich

1805 *Schicksal.* (Anonym)

in: Taschenbuch zum geselligen Vergnügen. 15. Jahrgang 1805, hg. von G. W. Becker. Leipzig 1805

1805 *Natur-Erhabenheit. Sittliche Erhabenheit* (Anonym)

in: Journal für deutsche Frauen, von deutschen Frauen geschrieben, Leipzig 1805

1805 *Was sich regt auf diesem großen Balle*

in: Taschenbuch für Freunde und Freundinnen des Schönen und Nützlichen, besonders für edle Gattinnen und Mütter und solche, die es werden wollen, hg. von M. Fr. Herrmann, Leipzig 1805

1805 *Der neue Frühling. An A. von A. Auf eines Ungenannten Büste von Tieck. Auf einige Gemälde der Dresdner Bildergalerie. Die Wasserlilie. Zweifel und Treue. Trost. Die Geister. Das Brünnlein.*

in: Bunte Reihe kleiner Schriften, von Sophie Brentano. Frankfurt a. M., bei Friedrich Wilmans, 1805

IV. ÜBERSETZUNGEN

Die St. Margarethenhöhle oder Die Nonnenerzählung.

Eine alte Legende. – Sammlung neuer Romane aus dem Englischen, herausgegeben von Sophie Mereau (Bd. I). Drei Bände, bei Joh. Fr. Unger, Berlin 1803

Sapho und Phaon oder Der Sturz von Leukate. Roman

Würzburg, Etlinger 1806. – Neuauflage Würzburg 1823. (Anonym erschienen, übersetzt vermutl. von Henriette Schubart)

Fiametta. (Roman). Aus dem Italien. des Boccaccio übersetzt von Sophie Brentano. Berlin, in der Realschulbuchhandlung, 1806 Neuauflagen:

G. di Boccaccio, *Fiammetta*, übers. von Sophie Brentano, Leipzig (Insel) 1906

Giovanni di Boccaccio, *Fiammetta*. Übertragen von Sophie Brentano. Durchgesehen von Katharina Kippenberg. Mit einem Nachwort von Salvatore Battaglia. Frankfurt am Main (Insel) o. J. [1964].

Spanische und Italienische Novellen. Von Sophie Brentano.

Die lehrreichen Erzählungen und Liebesgeschichten der Donna Maria de Zayas und Sotomayor. Erster (und) zweiter Band, Penig 1804 (und) 1806, bey F. Dienemann und Comp

Nathan. Eine Erzählung aus dem Decameron des Boccaz. In Schillers Horen, IX, Stück, 1796

Carl von Anjou, König von Neapel. Nach dem Boccaz. In Schillers Horen, II. Stück, 1797

Briefe der Ninon de Lenclos. In: W. G. Beckers »Erholungen«, Leipzig 1797

Die Prinzessin von Cleves. Frei nach dem Französ. bearbeitet. Von Sophie Mereau. In: Göttinger Roman-Calender für das Jahr 1799 Neudruck: *Die Prinzessin von Cleves.* Von Sophie Mereau. Wien 1821

Der Prinz von Condé. Nach dem Französischen, als ein Beitrag zur Sittengeschichte der damaligen Zeit. In: Berliner Damen-Kalender auf das Jahr 1800, herausgegeben von Sophie Mereau

Ninon de Lenclos. Nach mehreren französischen Schriftstellern. In: Kalathiskos, von Sophie Mereau. Bd. 2, Berlin 1802

Persische Briefe (von Montesquieu). In: Kalathiskos, von Sophie Mereau, Bd. 1 und 2, Frankfurt 1801 und 1802

Geschichte Apheridons und Astartens. Nach dem Französ. In: Kalathiskos, von Sophie Mereau, Bd. 2, Frankfurt 1802

Bruchstücke aus den Briefen und dem Leben von Ninon de Lenclos. In: Journal für deutsche Frauen, von deutschen Frauen geschrieben, besorgt von Wieland, Schiller, Rochlitz und Seume, Leipzig, bei Georg Joachim Göschen, 1805

Der Mann von vier Weibern. Eine Erzählung. (Aus dem Englischen). In: Bunte Reihe kleiner Schriften von Sophie Brentano. Frankfurt, bei Friedrich Wilmans, 1805

Kleine Romanenbibliothek oder Göttinger Roman-Calender von 1799, 1800
und 1801. von B***, August Lafontaine, Mlle Levesque, Sophie
Mereau, Karl Reinhard und G. W. K. Starke. Göttingen, bei Dieterich

Berlinischer Damen-Kalender für 1800 und 1801. Berlin, bei Johann
Friedrich Unger

Kalathiskos. Von Sophie Mereau. Erstes Bändchen Berlin 1801, zweites
Bändchen Berlin 1802, bei Heinrich Frölich
Faksimile-Nachdruck, mit einem Nachwort von Peter Schmidt,
Heidelberg 1968

Göttinger Musen-Almanach für das Jahr 1803. Herausgegeben von Sophie Mereau. Göttingen, bei Dieterich

Bunte Reihe kleiner Schriften, von Sophie Brentano. Frankfurt a. M., bei
Friedrich Wilmans. 1805

―――――

5. BILDNACHWEIS

Archiv für Kunst und Geschichte, Berlin: 4, 7, 15, 17, 18
Bildarchiv Preußischer Kulturbesitz, Berlin: 13
Freies Deutsches Hochstift, Frankfurt am Main: 1, 3, 6, 9, 10, 11, 12, 14
Sammlung Varnhagen: Frontispiz, 20
Aus dem Besitz der Verfasserin: 2, 5, 8, 16, 19

6. PERSONENVERZEICHNIS